JUSTICE POUR LES ENFANTS

DÉJÀ PARUS DANS LA COLLECTION

Kofi Yamgnane
Droits, devoirs... et crocodile, 1992.
Abbé Pierre, Bernard Kouchner
Dieu et les hommes, 1993.
Martin Gray
Vivre debout, 1993.
Laurence Ink
Il suffit d'y croire, 1994.
Alexandre Minkowski
Le Vieil Homme et l'amour, 1994.
Sa Sainteté le dalaï-lama et Jean-Claude Carrière
La Force du bouddhisme, 1994.
Marie de Hennezel
La Mort intime, 1995.
Vénérable Hénépola Gunaratana
Méditer au quotidien, 1995.
Mario Mercier
Le bonheur est fait d'instants successifs, 1996.
Malhon Johnson
Au-delà du miracle, 1997.
Patrick Henry et Marie-Pierre Borde
La Vie pour rien, 1997.
Léon-Claude et Pierrette Lepelletier
Nous marcherons ensemble, 1997.
Marie de Hennezel et Jean-Yves Leloup
L'Art de mourir, 1997.
Bruno Gaumétou
Cette vie que la mort m'a donnée, 1997.
Colette Victor
Le Cœur d'un couple, 1998.
Satprem
La Clef des contes, 1998.
Mitch Albom
La Dernière Leçon, 1998.
Sa Sainteté le dalaï-lama et Howard Cutler
L'Art du bonheur, 1999.
Catherine Enjolet
En danger de silence, 1999.

(Catalogue détaillé en fin de volume)

Collection
AIDER LA VIE
sous la direction de Robert Laffont

Apporter un réconfort ; affirmer que la main tendue est la seule attitude qui vaille ; communiquer une joie possible ; aider les autres à trouver un sens à leur vie... *Aider la vie* : voilà le désir qui anime la collection qui porte ce titre. Avec, pour moi, l'envie d'essayer d'apporter au public quelque chose de plus, par la seule voie que je connaisse, qui me convienne et que j'aime, le livre.

Une tâche que je persiste à ne pas croire utopique. Car, comme je le disais en présentant le premier ouvrage paru dans la collection, si seulement quelques êtres retrouvaient, par la lecture, le fil du chemin perdu, mon but serait atteint : l'important, c'est bien ce partage-là.

R.L.

DU MÊME AUTEUR

La Parole et l'enfant, Dunod, 1999 (avec Pierre Verdier).
La Responsabilité en travail social, Dunod, 1998 (avec Pierre Verdier).
L'Enfant et la séparation des parents, Jeunesse et droit, 1997.
Le dispositif français de protection de l'enfance, Jeunesse et droit, 1995.
Enfants victimes, enfants délinquants, Balland, 1989.

JEAN-PIERRE ROSENCZVEIG

JUSTICE POUR LES ENFANTS

Avec la collaboration de Claude Mendibil

ROBERT LAFFONT

ISBN 2-221-08941-3

Ce livre est d'abord celui de Mouloud, Franck, Anne Yasmine, Ida, Daniel et autres Fodé ou Ahmed, trop souvent victimes de la violence de la vie et des adultes.

Il est aussi celui de tous ces parents qui se battent pour « élever » et tout simplement protéger leurs enfants.

Il est encore celui de tous ceux, professionnels ou militants, résolument engagés pour la cause des enfants.

Qu'enfin soient remerciés tous ceux qui nous ont supportés dans tous les sens du terme le temps d'un été : proches et amis ainsi que Nathalie Chauvel qui, dans un moment décisif, a relu et corrigé ce manuscrit.

Avec l'espoir que tous et chacun se retrouveront dans ce livre avec une mention spéciale pour « mes » greffières, Éliane Dutrieux et Monique Guiot, qui au quotidien « tiennent » le cabinet.

Jean-Pierre Rosenczveig et Claude Mendibil

Préambule

Un peu de justice sur cette terre nous aurait fait plaisir.

Émile Zola

Depuis mes débuts dans la magistrature, il ne s'est guère passé une semaine sans que l'on me pose cette question, d'un air vaguement compatissant : « Mais, enfin, comment pouvez-vous être juge pour enfants ? » Depuis 1992, on ajoute : « Qui plus est à Bobigny ! Ce doit être effroyable... » Non, être juge pour enfants en Seine-Saint-Denis, ce n'est pas une punition, cela ne relève pas non plus des coulisses de l'exploit. C'est un choix. Avec mes collègues juges des enfants, procureurs de la République ou travailleurs sociaux, j'ai simplement voulu être au cœur des problèmes de violence et d'enfance en danger. C'est généralement difficile, il est vrai, parfois bouleversant, toujours passionnant.

La Seine-Saint-Denis est un département sensible, dont l'image renvoie inévitablement à des faits bruts de délinquance et de violence. Lorsque les règles du jeu social sont bouleversées et semblent ne plus être intégrées par les enfants, quand les modes de régulation classique, comme l'autorité parentale ou la discipline scolaire, ne sont plus légitimes ni respectés, quand les institutions – la famille, l'école, la ville – confondent trop souvent liberté et laxisme, c'est alors tout naturellement vers la justice que l'on se tourne. Il y a, bien sûr, des excès dans cette démarche. Saisir le juge est trop fréquemment une solution de facilité. Celui-ci doit savoir alors se déclarer « incompétent » et dire que les conditions ne sont pas réunies pour qu'il soit saisi.

Malheureusement, les passages à l'acte de nombreux jeunes justifient ce recours judiciaire. On en oublierait presque que quatre délits ou crimes sur cinq sont le fait de personnes majeures.

C'est dans ce contexte de violences au quotidien, d'une augmentation et d'un rajeunissement de la délinquance que les magistrats ont dû intervenir et, dans le cadre de la loi, traiter différemment les affaires les plus sensibles. C'est ainsi que le « parquet nouveau » est arrivé qui n'hésite pas à prendre à bras-le-corps les cas urgents afin de soulager les juges qui peuvent se consacrer aux dossiers les plus graves et rester mobilisés pour les enfants maltraités.

Ces dossiers qu'est amené à connaître le juge pour enfants le conduisent certes à sanctionner, mais aussi à protéger, voire à pallier les carences familiales, le faisant s'ériger en « super-papa » qui restaure l'autorité parentale. Mais la justice doit également protéger les enfants contre toutes les formes de violences qui nous sont insupportables, aujourd'hui plus qu'hier. La maltraitance à enfant et plus récemment la prise de conscience des violences sexuelles, les négligences, les carences dans l'éducation, les soins ou la protection sont autant de thèmes qui justifient une interpellation de la justice.

Consciente de ces responsabilités et convaincue de ce qu'à ne pas évoluer elle prenait le risque d'une mort brutale, la justice a entrepris son *aggiornamento* au début des années 90. Mais foin d'angélisme : dans les nouveaux modes de fonctionnement des parquets, il y a une défiance à l'égard des juges des enfants, incapables, pense-t-on, de répondre efficacement à toute la délinquance juvénile ; dans le même temps, les juges des enfants sont critiqués par les conseils généraux qui les estiment irrationnels et dispendieux, quand on sait que ce sont les départements qui assument la plus grande partie du coût des dépenses engagées par les juges.

Il fallait donc sauver l'essentiel : maintenir un dispositif qui ne sépare pas artificiellement les enfants selon l'origine de leur détresse – enfants maltraités, délinquants, fugueurs, etc. – puisque tous ces enfants souffrent de conditions de vie plus difficiles que la normale, et que le véritable nœud du problème est là. La justice des mineurs a alors mué en profondeur : une véritable juridiction existe enfin, et il s'agit désormais de bien mettre en place le jeu des pouvoirs et contre-pouvoirs entre ces pôles judiciaires, pour éviter les dérives et garantir mieux encore les droits des enfants. Là où le juge pour enfants était le seul véritable intervenant judiciaire, il faut désormais compter avec le procureur de la République.

Symboliquement, la Seine-Saint-Denis concentre un certain nombre de problèmes que l'on retrouve pourtant dans d'autres banlieues, mais de façon moins médiatique. C'est donc tout naturellement au tribunal pour enfants de Bobigny que l'impulsion devait se faire et ce qui a été « expérimenté » ici a été cautionné et généralisé récemment par les pouvoirs publics. On a dit et répété que, pour répondre à la délinquance juvénile, c'est à la marge qu'il faut changer la loi. L'important est de réunir les conditions pour que cette législation de qualité satisfasse les besoins des jeunes et les attentes d'ordre public. Parallèlement, il faut demeurer à l'écoute des enfants en danger, sachant que ceux que l'on n'a pas su entendre aujourd'hui seront les délinquants de demain.

Dans le débat politique qui s'est noué, nous avons été entendus et c'est la ligne Bobigny qui a été retenue en juin 1998 comme modèle national. En janvier 1999, les pouvoirs publics ont pris des engagements afin de doter les juridictions de mineurs des moyens qui leur manquaient pour fonctionner efficacement, à savoir garantir aux victimes et aux délinquants le droit à une éducation qui leur permette insertion et réussite sociale. Si nous ne trouvons pas de solutions au problème de la délinquance juvénile, seule la voie répressive restera ouverte et l'on sait toutes les déviances que cette résolution engendrerait. Nous ne pouvons pas avoir pour perspective que 1 % de la population séjourne en prison, pas plus que nous n'acceptons l'idée que 25 % de la population des jeunes immigrés soit incarcérée comme c'est le cas aux États-Unis où un quart des jeunes Noirs ont déjà connu la prison !

Il n'est pas question ici de défendre une institution – la justice des mineurs – ou une profession – juge des enfants. En revanche, il s'agit de montrer quelle place peut jouer cette institution dans la défense des droits des enfants, tels que définis par la Convention des Nations unies, convention ratifiée par la France et la quasi-totalité de la communauté internationale. Il s'agit notamment du droit à une famille, du droit d'être respecté, du droit à l'éducation, du droit de se faire rendre justice, etc. On sait que la Somalie n'a pas ratifié cette convention. Les États-Unis non plus, qui laissent appliquer dans vingt-quatre de leurs États la peine de mort aux mineurs... Nous sommes en

France. La justice y est autre. Originale par ses modes d'intervention, originale, aussi, en regard de ce qui se fait dans des pays qui nous sont proches. Nous n'avons pas à rougir d'un dispositif qui, s'il est largement perfectible, est régulièrement amélioré.

L'un des premiers droits de l'enfant est tout simplement de se voir respecté comme tel. C'est après que l'on pourra exiger de lui le respect des adultes, des personnes et des biens. Cela suppose non seulement que l'on pose des interdits mais qu'on en relégitime régulièrement le sens. Il faut « parler » les règles du jeu social et ne pas se contenter de croire qu'elles sont acquises parce que inscrites dans un code quel qu'il soit.

Notre souci aujourd'hui, la priorité absolue, est de redonner l'espoir à tous ces jeunes. Ceux que je côtoie toute la journée dans mon cabinet n'ont aucune expectative, pas l'ombre d'un projet, ils ne croient plus en rien. Comment peuvent-ils accepter des conditions de vie difficiles sans la perspective que cela change ? S'il s'agissait d'entrer dans la dynamique de l'éducation avec, au bout, l'ascenseur social qui leur assurerait non seulement un statut mais une promotion par rapport aux parents, ils s'inscriraient dans ce mouvement. Mais sans attente, sans promesse d'un changement, ils ne peuvent exprimer que leur révolte ou leur démission qui passent forcément par une violence exercée sur autrui ou sur eux-mêmes.

Avant de leur proposer, comme si on se débarrassait d'eux, une mise à niveau technique ou de se raccrocher au dispositif de formation, l'urgence est d'aller vers ces enfants pour les écouter et se faire entendre d'eux. Les jeunes ont le sentiment que les adultes ne les respectent pas, que tout est joué d'avance en leur défaveur, d'autant qu'ils ont un sens aigu du juste et de l'injuste. Le dialogue doit se réinstaller entre eux et nous, car c'est de leur capacité de trouver confiance en l'autre, puis en eux, que dépendra leur avenir. Pour les enfants, encore plus que pour d'autres, il nous faut partir du principe que rien n'est jamais définitivement joué. L'expérience montre d'ailleurs que l'action sociale réussit d'une façon générale, et plus que les professionnels ne le pensaient eux-mêmes, à rompre la chaîne de l'exclusion en permettant aux enfants d'avoir généralement un sort plus enviable que leurs parents.

Combien de temps serons-nous capables de maintenir ce niveau ? Au fil des ans, la donne s'est sensiblement modifiée et endurcie, et je constate que de plus en plus d'enfants démarrent avec un handicap social et affectif effroyable. Le constat est douloureux mais il est sans appel : la grande majorité des enfants que je reçois dans mon cabinet grandissent sans père. Père inconnu, père enfui, père absent, père transparent... leurs enfants sont les nouveaux orphelins de ce pays. Trop d'enfants sont livrés à eux-mêmes, sans conseils ni repères, et la seule structure qu'ils connaissent est celle de la rue, avec sa loi et son organisation mafieuse qui privilégient essentiellement les rapports de forces. L'absence de schéma parental et d'exemples à suivre ou auxquels se référer fait de ces enfants des êtres sans motivations, sans illusions, paradoxalement dans l'omnipotence alors qu'ils n'ont souvent qu'une piètre idée d'eux-mêmes. C'est « la galère » ou le *no future* qui justifient pour les plus perdus d'entre eux le rejet qu'impliquent les études, les formations professionnelles, le travail.

Les professionnels de l'enfance et leurs institutions ont une tâche importante à mener, une mission à remplir, mais ils ne pourront atteindre leur objectif que si les parents sont mis en situation d'exercer pleinement leurs responsabilités. Il est clair aujourd'hui que c'est au plan le plus général que la société doit se mobiliser pour réduire l'exclusion et la fracture sociale. À chacun ses responsabilités.

Magistrats, policiers, enseignants, travailleurs sociaux ne peuvent pas à eux seuls pallier toutes les carences du groupe social. Cela suppose – et les histoires d'enfants que je relate en témoignent – qu'on aide les parents à retrouver leur rôle. Il suffit parfois de les accompagner dans leurs démarches, en quelque sorte de leur tenir la main, mais aussi de les mettre face à la réalité, si pénible soit-elle à regarder. Les années passant, j'ai acquis la certitude que, dans l'intérêt des enfants, il ne fallait pas faire l'impasse des parents, vouloir se substituer à eux définitivement. Dans la majorité des cas que je rencontre, les parents seraient aptes à faire face s'ils étaient préalablement compris, soutenus, accompagnés. Le problème des familles issues d'une certaine immigration est ici éclairant. N'oublions jamais, par ailleurs, qu'un immigré est un étranger pauvre !

La justice est une institution viscéralement secrète, puisque au nom du respect de la vie privée des enfants et des parents elle ne supporte aucun regard extérieur. En outre, rares sont ceux qui prennent le temps de s'attacher aux mécanismes de son fonctionnement. Les médias diffusent régulièrement des reportages qui la concernent mais privilégient des séquences spectaculaires mettant en scène les réponses apportées aux jeunes qui troublent l'ordre public. Cela paraît dérisoire. Il m'a semblé d'autant plus intéressant de donner à voir cette justice qu'elle reste pour beaucoup totalement mystérieuse.

La justice des mineurs est par ailleurs un révélateur unique des principales problématiques sociales du moment : difficultés des parents à exercer leurs responsabilités; éclatement des familles traditionnelles; absence de repères des enfants qui vivent entre parents naturels et nouveaux conjoints; exploitation des enfants; difficultés d'insertion des enfants issus de l'immigration et absence de réponses aux enfants étrangers dans l'illégalité; limites du pouvoir d'intégration de l'école ou de l'action sociale; pauvreté, enfin. Car tous ces enfants sont parmi les plus pauvres économiquement – la justice des enfants n'a jamais été celle des riches – et affectivement, quand trop d'entre eux sont sevrés de relations avec des adultes responsables qui les aimeraient pour ce qu'ils sont.

Se pencher sur la vie d'un tribunal pour enfants, c'est mesurer ainsi les limites des réponses institutionnelles. C'est aussi suggérer des réponses collectives qui amènent à dépasser le sur-mesure et le « bricolage » quotidien qui nous caractérisent. Des avancées sont possibles qui passent par la loi et probablement par d'autres rapports sociaux, qui consisteraient à relayer au meilleur niveau ce que déjà nombre de professionnels tentent d'apporter à ces enfants, ces hommes, ces femmes qui souffrent. L'indignation ne doit pas être morale mais mobilisatrice pour que le cours des choses change.

Pour décrire le quotidien de cette justice, pour aller au-delà des images simples, il m'a paru pertinent de l'arpenter de l'intérieur afin d'être au plus près du réel et, loin des théories, entrer dans une pratique de la justice. C'est pourquoi j'ai voulu raconter une semaine de permanence d'un juge pour enfants et restituer une atmosphère, montrer le fonctionnement d'une institution en faisant œuvre pédagogique, mais aussi donner à voir des situations humaines auxquelles il faut répondre.

Par respect de la vie privée des enfants, des parents et tout simplement du secret judiciaire, leurs noms et prénoms ont été changés, les lieux, les situations familiales sensiblement modifiés. Mais tous les faits rapportés sont conformes à la vérité, et les paroles des protagonistes respectées, le plus souvent au mot près. Je m'inscris, en quelque sorte, dans une démarche de chercheur avec la même déontologie soucieuse du respect des personnes rencontrées.

Il faut rendre justice à ces enfants, y compris quand il s'agit de leur marquer notre désaccord sur leur comportement, et leur offrir des perspectives. Dans cette quête d'espoir, le tribunal pour enfants a son rôle à jouer. Il n'est pas seul. Mais on compte beaucoup sur lui. Trop peut-être. Chacun appréciera. En attendant, et pour pouvoir se forger un point de vue, je vous invite à pénétrer cet univers et à franchir la passerelle qui sépare la cité de la justice.

Bobigny, le 15 septembre 1999

Lundi

Un week-end mouvementé

« Un pont jeté sur l'eau trouble... », c'est peut-être à cela que ressemble la grande passerelle de métal bleu qui enjambe le trafic infernal des voitures et relie les tours du nouveau Bobigny au palais de justice. Je dois avouer que je l'ai rarement traversée sans éprouver le sentiment de cheminer sur un pont-levis susceptible de se relever à tout instant. Il faut dire que l'architecte du palais a laissé libre cours à son penchant le plus chevaleresque et l'on peut voir – avec un peu d'imagination, j'en conviens –, dans les façades crénelées de verre et les tours de béton en forme de silo, les donjons d'une forteresse médiévale. Forteresse bien gardée car on n'entre pas comme dans un moulin au tribunal de grande instance le plus important de France après Paris !... et l'accueil à l'entrée est identique à celui de toute administration hautement protégée. Le peuple au nom duquel la justice est rendue aura du mal à la prendre d'assaut !

Une fois passé le contrôle réservé aux visiteurs et le tapis roulant qui radiographie les sacs au scanner, après avoir déposé vos clés et ôté votre ceinture dont la boucle en métal affole le portique, vous pouvez pénétrer dans la place, en récupérant vos biens. Vous avez, bien évidemment, abandonné au vigile votre couteau suisse contre un reçu. Pour leur part, les bacs à fleurs de l'esplanade accueillent momentanément tous les objets coupants et les armes à feu refoulés par la sécurité, mais, attention, les voleurs fréquentant également le tribunal, vous risquez de ne pas retrouver votre dépôt en sortant !

La vision rafraîchissante de l'intérieur du bâtiment surprend toujours le visiteur. Moi-même, je ne m'en suis pas encore lassé. Le palais est une closerie, une serre immense où les oiseaux ont élu domicile et se manifestent bruyamment. Des escaliers en brique sombre descendent en cascade vers une sorte de jardin à plusieurs niveaux, que traverse un patio en forme de croix. Dans les couloirs de béton, les mineurs de retour de fugue croisent aussi les pigeons peu farouches de la ville. D'immenses bacs de briquettes rouges accueillent palmiers et plantes exotiques, et sous le monumental toit d'acier et de verre blanc et bleu, régulièrement nettoyé par des alpinistes encordés, cette végétation prend des allures de forêt vierge. Ce hall sert régulièrement de lieu de réception ou de salle de concert où l'orchestre dirigé par un des avocats du barreau de Bobigny accompagne le président du tribunal, émérite joueur de flûte traversière.

Quelques bancs de bois clair semblent jetés ici et là pour abriter les conversations les plus intimes. Et, des balcons qui surplombent cet eldorado, on peut voir quelques larges robes noires à rabats blancs s'agiter et se mêler aux boubous multicolores et aux casquettes de base-ball. Mais autour, dans les multiples salles d'audience, bureaux et cabinets, la vie est nettement moins rieuse et le cœur du palais de justice, cette oasis de fraîcheur, paraît être le lieu de l'ultime respiration avant d'affronter la dure réalité.

Au rez-de-jardin, la cafétéria est le lieu idéal pour s'informer des événements de la journée. Tous les matins, autour d'un café, j'y retrouve les lève-tôt du tribunal pour enfants : une collègue juge pour enfants et les substituts du parquet des mineurs, les trois délégués du procureur, deux ou trois avocats ou éducateurs. Nous échangeons nos impressions sur l'actualité judiciaire ou non et, bien sûr, sur les événements de la veille du tribunal.

Ce matin, nous évoquons l'actualité de la Seine-Saint-Denis en cette fin d'année scolaire. « Samedi : trois jeunes âgés d'une vingtaine d'années sont blessés lors d'une fusillade à la Plaine-Saint-Denis. Dimanche : un adolescent de Villetaneuse est blessé à coups de batte de base-ball par une dizaine de jeunes âgés de seize à dix-neuf ans. »

– Bon, ça va, rigole avec malice notre procureur adjoint en charge de suivre le parquet des mineurs, nous avons le département bien en main !

Eh oui, cela pourrait être pire ! Il me relate dans le détail les péripéties du week-end et précise :

– Tu vas avoir trois jeunes de Villetaneuse arrêtés pour vol à la roulotte. Une bêtise. Ils ne sont pas connus. Je les ai fait déférer car les parents ont perdu le contrôle. Tu te rends compte, ils ont été interpellés vendredi soir et tu les vois cet après-midi ! Ils ont vraiment gagné leur week-end, ceux-là...

Effectivement. Trois nuits en cellule au commissariat et au dépôt du tribunal, c'est beaucoup pour un vol. Il doit y avoir autre chose. Je regagne mon cabinet situé dans l'une des coursives du palais. Ici l'architecte a calculé moins généreusement l'espace que pour le jardin intérieur... J'ignore pourquoi l'endroit qui abrite le tribunal pour enfants ressemble autant à un bunker, mais c'est tout juste si je ne dois pas baisser la tête afin d'y pénétrer !

Je croise l'un des trois éducateurs du SEAT (Service d'accueil éducatif auprès du tribunal pour enfants, service dépendant du ministère de la Justice), de permanence ce jour. Il me confirme :

– Je ne sais pas pourquoi on les a gardés et déférés aujourd'hui seulement. Je les vois et je vous en parle. Je recevrai probablement les parents en fin de matinée, je viens de les appeler. À quelle heure pouvez-vous prendre l'affaire ? Ce matin ou cet après-midi ? Il faut que je puisse prévenir les parents et éventuellement leur dire de revenir après le déjeuner...

– Plutôt cet après-midi car j'ai des audiences de cabinet toute la matinée.

Je traverse le hall du parquet où déjà plusieurs adultes et jeunes gens attendent d'être reçus par les délégués du procureur de la République, et grimpe l'escalier en colimaçon qui nous relie. Sur mon bureau, un message m'annonce la visite imminente de deux mineurs pour une prolongation de garde à vue dans le cadre de la permanence que j'assume comme vice-président du tribunal de grande instance.

D'ailleurs, les voici. Ils ont seize et dix-sept ans, on les croirait tout droits sortis d'un film de Rohmer ! Grands, blonds et fins, ils arrivent dans la pièce, l'air effrayé. Je consulte rapidement les quelques notes transmises en complément de la demande de prolongation, mais je devine assez vite de quoi il retourne : trafic et détention de cannabis d'une certaine envergure dont ils seraient les petites mains.

Ils habitent Vaujours, sont issus de familles apparemment stables et aisées et n'ont jamais été interpellés auparavant. Ce qui explique, sans doute, leur accablement et une extrême fatigue. Je sens comme des relents de quatre cents coups et un déphasage total par rapport aux jeunes dont je m'occupe habituellement.

Je n'ai pas à me soucier du fond de l'affaire mais à évaluer s'il est opportun de prolonger la garde à vue.

– Comment cela se passe au commissariat ? Vous avez vu un avocat ? Vos parents ont été prévenus ?

Le plus grand des deux prend la parole, visiblement énervé :

– Les parents sont prévenus et nous devons voir un avocat plus tard. Mais il y a un problème à la prison du commissariat. On n'a pas eu à manger. Hier soir, j'ai demandé à boire, on n'a eu qu'un verre d'eau pour toute la journée. Cette nuit, pas de couverture pour dormir... Pas de toilettes...

– Comment ça, il n'y a pas de toilettes au commissariat ?

– Nos sanitaires sont bouchés, monsieur. Hier, j'ai dû pisser dans une bouteille...

Le policier qui les escorte ne conteste pas la réalité. Je ne m'inquiète pas pour la nourriture, les parents y pourvoiront. Le jeune poursuit ses récriminations, totalement déconnecté de la gravité de la procédure à laquelle il est mêlé :

– Et puis on nous tutoie quand on nous parle...

Ah... oui.. effectivement. Et c'est probablement ce qui passe le plus mal. Moi, j'ai toujours tutoyé les enfants. Les miens, ceux de mes amis, les jeunes victimes ou les délinquants dont j'ai croisé le parcours chaotique. Le tutoiement est naturel. Il sert, pour ce qui me concerne, à créer des liens, parfois à tendre une perche. Jamais un enfant ne me l'a reproché. Je comprends, en revanche, qu'il soit mal vécu lorsqu'il est agressif comme ce peut être le cas dans un commissariat. À l'inverse, un de mes amis éducateurs ne tutoiera jamais un enfant, même très jeune. J'en suis régulièrement surpris.

Difficile de ne pas prolonger la garde à vue. L'enquête, même désagréable, doit se poursuivre et il n'y a pas lieu d'être très inquiet. La prolongation signée, je raccompagne les jeunes gens vers la sortie et glisse discrètement au policier :

– Dites à votre collègue du commissariat d'acheter une bouteille de Destop. Cela détendra l'atmosphère... et prévenez la mairie pour les travaux à entreprendre chez vous.

Il sourit. Message reçu. Les jeunes ont remis leurs menottes et ils repartent au commissariat. Rien d'autre ne m'est annoncé pour cette permanence « drogue ».

Cet en-cas expédié, je peux rebondir sur mes dossiers de juge des enfants. La semaine s'annonce chargée, avec plusieurs jours de permanence, que prolonge une permanence de week-end. Je ne sais pas comment je me suis débrouillé, mais le tableau affiché dans l'entrée de la présidence du tribunal pour enfants et revêtu de ma signature fait foi. Les dés sont jetés. Maintenant il faut assumer.

Je m'apprête à entrer dans mon cabinet quand l'une de mes collègues m'interpelle :

– Il faudrait que je vous voie pour les incidents que j'ai eus pendant le week-end. J'étais de permanence, j'ai eu un mal fou à avoir un avocat. Et puis l'ASE – l'Aide sociale à l'enfance – m'a fait des difficultés pour prendre les deux jeunes Rwandaises qui m'ont été présentées. Malgré l'appui du procureur ! J'ai dû les confier à l'association Hermès.

– OK ! Je vous vois après mon audience et avant le déjeuner !

Ma fonction de président du tribunal pour enfants fait de moi le réceptacle obligé des problèmes des uns et des autres ! J'essaie de les résoudre un par un, en intervenant sur le cours des choses pour certains, et... en laissant le temps faire son travail pour d'autres.

10 heures

Premier rendez-vous du jour. Mme Mercier et son mari. Je n'ai pas encore de dossier formel ouvert dans mon cabinet pour les enfants, Irvine et Naomi, dont la mère et le beau-père viennent aujourd'hui me confier les problèmes. Madame qui estimait que ses enfants étaient en danger m'a demandé un rendez-vous par écrit. Leur situation m'est apparue effectivement préoccupante. L'absence des adolescents est surprenante car, dans la convocation, j'ai souvenir d'avoir précisé « Madame, Monsieur et leurs enfants ». Nous verrons cela plus tard.

Le premier contact suit toujours le même rituel : j'ai besoin d'identifier au plus tôt et au mieux les difficultés que rencontrent les enfants, ne fût-ce que pour savoir s'il y a un danger et où est le conflit à trancher. J'insiste sur le fait que ce sont les problèmes des enfants qui me préoccupent. Je ne suis pas juge des parents. Je le rappelle régulièrement aux adultes qui viennent se plaindre dans mon bureau des soucis que leur cause leur progéniture.

Il est essentiel de laisser les intéressés s'exprimer avec leurs mots, quitte à faire préciser le sens qu'ils mettent derrière certaines paroles afin d'éviter les quiproquos. Dans le passé, je recevais souvent les différents intervenants les uns après les autres : chacun avait la possibilité d'aller jusqu'au bout de son raisonnement, mais je tombais souvent dans le piège de la compassion envers celui que j'écoutais. Aujourd'hui je reçois tous les intéressés ensemble et je m'évertue à analyser les réactions des uns et des autres aux propos qui s'échangent. Tout compte : les mots bien sûr, mais aussi les silences, les attitudes dans le fauteuil et parfois les vraies et les fausses sorties. J'adore cet exercice du premier entretien où l'on entre dans une situation nouvelle comme on pénètre en *terra incognita,* et où il faut aller à l'essentiel. Ce n'est pas toujours aisé, mes interlocuteurs se perdant volontiers dans les digressions. J'avoue que je n'hésite pas à les interrompre et à activer le mouvement, méchante manie qui remonte à l'école primaire où je proposais la solution du problème avant que notre instituteur ait fini d'écrire l'exercice au tableau noir. J'ai encore le souvenir de quelques belles réussites et des bouteilles de lait chocolaté Mendès France en récompense. J'essaie de pratiquer cet exercice au tribunal. Mais il n'y a plus de surplus laitier à écluser !

Comprenons-nous bien : il s'agit non seulement d'un plaisir intellectuel mais aussi de gagner du temps pour la deuxième étape : tandis que l'on m'expose le problème, je prépare la fin de l'entretien. Et pas question de déboucher dans une impasse. Si j'estime que le problème posé relève bien, au sens de la loi, de ma compétence – je peux décider que tel n'est pas le cas et refuser d'intervenir –, l'issue envisagée doit tenir la route...

Qui plus est, le code civil nous demande de rechercher l'adhésion des membres de la famille – parents et enfants – aux mesures que nous devons prendre. Cet ordre de la loi est essentiel : il oblige le juge des enfants à s'installer dans un rôle d'interlocuteur convaincu, voire convaincant, plutôt que de décideur distant comme peuvent l'être les autres magistrats. Pour clarifier le débat, il lui faut souvent ruer dans les brancards et appeler les choses par leur nom sans heurter qui que ce soit, s'il entend au final emporter l'adhésion. Je sais par expérience que le statut de juge et ma force de conviction personnelle peuvent me faire obtenir l'accord signé de mes interlocuteurs sur quasiment n'importe quoi. Mais c'est une fois sortis de mon cabinet et hors ma présence que parents ou enfants adhèrent ou non à la décision.

Comme tous les professionnels, me semble-t-il, mes astuces reposent essentiellement sur l'expérience acquise. Ici elle consiste à se poser la question : pourquoi cette affaire m'arrive-t-elle aujourd'hui ? N'y voyez là ni nombrilisme ni paranoïa, mais un souci de réalisme. Je m'interroge sur ce qui a pu se passer avant que l'on fasse appel à moi. C'est un bon exercice d'humilité puisque je sais déjà que d'autres avant moi se sont cassé les dents sur cette situation. D'un autre côté, l'enjeu est excitant : vais-je être plus performant que les autres et justifier l'intervention de la justice ? Cela m'oblige aussi à réfléchir aux « manipulations » dont je fais implicitement l'objet : qui attend quoi de moi et pourquoi ? Répondre revient pour un juge à résoudre quasiment le problème qui lui est posé ou du moins à en cerner exactement les contours.

Pour défendre les libertés, le juge des enfants, comme les autres juges, doit connaître les influences exercées sur lui afin qu'il prenne telle ou telle décision. Ce peut être tout simplement une relation institutionnelle. C'est ainsi que l'Aide sociale à l'enfance fait appel régulièrement à l'autorité naturelle du juge lorsqu'une affaire la dépasse. Dans d'autres cas, on peut espérer de moi une décision qui, sur le jeu d'échecs social, permettra à telle pièce de se déplacer au gré de certains. Les parents attendent que je joue au « super-papa » et que je mette leur enfant au pas, les travailleurs sociaux que je remonte les bretelles aux parents, l'Éducation nationale que je la décharge d'un jeune trop dur, le parquet que je protège momentanément la société des agissements d'un délinquant, etc.

Ainsi que je l'explique aux jeunes magistrats stagiaires, comprendre cette programmation est parfois du grand art, donc une grande satisfaction intellectuelle, et rend de multiples services pour la suite des événements.

Il est des pièges dans lesquels il ne faut pas tomber, comme par exemple celui d'adhérer, trop rapidement et sans esprit critique, aux propos d'un jeune qui se présente au juge des enfants de permanence pour se plaindre de ses parents et lui demander d'être « placé » sur-le-champ dans un foyer. Le discours desdits parents remet souvent les pendules à l'heure, ce qui ne veut pas dire qu'aucune difficulté n'existe justifiant l'intervention d'un juge. Mais il n'y a pas les bons enfants d'un côté et les méchants parents de l'autre.

Dans ce premier entretien chacun se présente et se situe immédiatement par rapport aux enfants ou aux autres membres de la famille. Je recoupe ces informations implicites ou explicites avec celles que je peux posséder par ailleurs dans les documents qui ont pu me parvenir. L'un des parents – c'est selon et généralement loin d'être indifférent – raconte l'histoire de la famille.

En l'espèce, ce matin-là, c'est la mère qui a pris la parole. Son époux reste un peu en retrait, en arrière du fauteuil de sa femme qui s'est collée à mon bureau. Dans cette affaire qui pourtant l'intéresse, il montre bien qu'il n'est pas en première ligne. La justice des mineurs, c'est un peu comme le bridge. Chaque annonce ou chaque silence vaut une ou plusieurs informations. À nous de savoir les décrypter. Il m'arrive bien sûr d'aller trop vite et de me fourvoyer. L'information suivante permet de rectifier le tir. Après plusieurs « tours de table », généralement tout s'éclaircit même si on n'a pas nommé précisément le problème. Mon rôle sera, à un moment donné, de mettre les points sur les i. Reste à être totalement disponible pour ce travail de décryptage et ne pas être dérangé par les coups de fil ou les visites impromptues. L'histoire qui m'est contée ce matin a de quoi me stimuler.

Je laisse parler la mère. Je l'interrogerai plus tard sur l'absence des enfants.

Mme Mercier en a gros sur le cœur et son sentiment est à la hauteur de ce qu'elle a partagé avec le père de ses deux premiers enfants :

– Mes enfants sont nés de mon premier mariage avec un... personnage, un Américain que je n'aurais jamais imaginé si léger puisqu'il nous a abandonnés au bout de deux ans. Nous avions eu coup sur coup deux enfants, Irvine, Naomi, et j'étais enceinte de Nicole. Il refusait ces paternités car il ne s'estimait pas capable d'être père. Totalement immature !

– Vous avez mis du temps à le réaliser.

– C'est vrai... mais il était séduisant et nous étions très jeunes !

– Et puis...

– Le divorce a été vite prononcé. Je me suis remariée quelque temps après avec mon mari ici présent et, comme les enfants étaient encore très petits, j'ai décidé d'attendre un peu pour leur révéler que ce nouveau monsieur n'était pas leur vrai père. Vous comprenez, monsieur le Juge, j'ai cru bien faire...

Elle guette mon assentiment. Je repense tout d'un coup à la phrase de Lacan concernant l'éducation des enfants : « Faites comme vous sentez, de toute façon vous ferez mal. » Je me garde de lui révéler cette pensée profonde pour ne pas la démoraliser. D'un regard, je l'encourage à poursuivre son histoire, mais j'en devine déjà les contours.

– Entre-temps, Pierre est né. Les années ont passé et je repoussais sans arrêt le moment de leur dire. Je n'y arrivais pas. Peut-être par honte d'avoir été abusée, je ne sais pas, ou bien pour ne pas « faire de vagues », bref je n'ai rien dit.

Cette présentation me confirme que je n'ai pas affaire au « tout-venant » de mon cabinet. Dans les années 70, Jean-Claude Xuereb, à l'époque président du tribunal pour enfants de Paris, affirmait que « la justice des mineurs était celle des pauvres ». Il avait globalement raison. Ce constat reste vrai aujourd'hui mais, à l'occasion, s'y fourvoient des cadres supérieurs qui ont raté le conseil du médecin de famille ou du copain psychiatre. M. et Mme Mercier confirment la règle.

Je me tourne vers le beau-père des enfants demeuré silencieux.

– Et les enfants ont grandi en pensant que vous étiez leur père ? Cela ne devait pas être très confortable pour vous...

– J'avais beau les gâter, les aimer autant que mon propre fils, je n'étais pas très à l'aise. Pour tout vous dire, monsieur le Juge, pendant dix ans je me suis promené avec une bombe... Je n'osais pas parler à la place de mon épouse, personne ne prenait l'initiative, on remettait toujours « à plus tard », après le contrôle de maths, après leur anniversaire, après les vacances...

– Et un beau jour, la bombe a explosé, n'est-ce pas ?

Il ne répond pas, mais son silence est éloquent.

La mère reprend le récit.

– Je ne me souviens plus comment Irvine l'a appris... c'était à la fin de l'école primaire... mais, à ce moment-là, tout a basculé. Irvine a fait une fugue, il est devenu violent avec ses camarades, insolent avec nous, avec ses profs. Il rejetait tout en bloc. Notre médecin nous faisait toujours la même réponse : « Votre fils est en quête d'identité... »

Je ne peux pas m'empêcher de sourire. Merci les médecins ! Au fond, ce toubib n'avait pas tort, mais qui espérait-il réconforter avec ce genre de réponse ?

– ... On a décidé d'éloigner Irvine de Paris et de le confier à un foyer de Blois. Mais cela n'a fait qu'empirer. Il a commencé à se blesser volontairement, à se taillader la peau avec un cutter. Naomi, qui jusque-là était assez calme, a fait une tentative de suicide. C'était affreux, l'un en sang, l'autre qui voulait mourir... Seule Nicole, très extravertie, ne posait aucun problème, heureusement. J'ai tout essayé, monsieur le Juge, j'ai expliqué, je me suis excusée, mais rien à faire, j'avais l'impression qu'il fallait que je paie, qu'il était hors de question qu'ils me pardonnent si vite. Alors, j'ai décidé de rechercher mon premier mari. Lui, il pourrait peut-être m'aider. Nous ne nous étions pas vus depuis plus de dix ans, je ne savais même pas s'il était vivant ou mort. Je l'ai retrouvé, et il a accepté de revoir les enfants.

– ... Et vous avez demandé à vos enfants si eux désiraient retrouver leur père ?

– Bien sûr. Irvine était d'accord. Immédiatement. Naomi, elle, hésitait encore... Elle verrait le moment venu...

Je souris.

– Pour une fois qu'on leur demande leur avis, ils peuvent s'offrir le luxe d'être un peu capricieux, vous ne trouvez pas ?...

Elle veut bien le reconnaître. Finalement, m'explique-t-elle, le rendez-vous a lieu à Bagatelle, dans les immenses allées du parc. Sans doute a-t-elle pensé que le calme des pelouses, des bosquets et de la roseraie était propre à apaiser les esprits. La veille, Irvine s'est rasé la tête, adoptant une coupe à l'iroquois du meilleur effet... « Recherche d'identité », aurait dit le médecin...

Et la mère continue de me décrire la scène. Nicole n'a pas voulu venir. Au fur et à mesure que l'heure approche, Naomi montre quelques signes de nervosité. Finalement, l'adolescente refuse de rencontrer son père, elle reste dans la voiture et regarde « de loin ». Irvine, lui, s'avance vers son père et, d'entrée, dit qu'il n'est venu que pour poser deux questions : « Pourquoi nous as-tu abandonnés ? Pourquoi n'as-tu pas pris de nos nouvelles depuis dix ans ? » Et le père répond. Pour le coup, il ne se défausse en rien. Il reconnaît ses faiblesses, ses manques, il accepte les reproches de son enfant. Il dit simplement qu'il est trop tard pour rattraper toutes ces années et que, d'ailleurs, il ne sait même pas s'il en serait capable. Mais il ajoute que désormais il sera toujours là s'ils veulent le voir. Qu'ils pourront se rencontrer autant que les enfants le désireront.

– Alors, tout est bien qui finit bien..., dis-je à la mère tout en m'interrogeant sur le revirement de cet homme.

– J'espère. Avant de remonter dans la voiture, Irvine s'est éloigné dans le parc, je l'ai suivi à quelques pas, et tout d'un coup il s'est mis à hurler, comme un fou, comme une bête blessée. Je l'ai serré dans mes bras, il pleurait sans pouvoir s'arrêter. « Je t'aime, maman. Je t'aime... », c'est tout ce qu'il arrivait à dire...

Mme Mercier ne peut contenir son émotion en me racontant la fin de cette histoire. Elle pleure sans bruit, le visage dans ses mains. Son mari tourne la tête vers le mur, je crois que lui aussi retient ses larmes. J'attends quelques minutes. Finalement, je sens que cette histoire va se terminer mieux que je ne le craignais au départ.

– Et depuis ?

– C'est un peu tôt pour le dire... Cette rencontre a eu lieu avant-hier. Irvine semble être comme apaisé. Il est calme et silencieux. On dirait que toute sa rage a fondu...

– Et Naomi et Nicole ?

J'insiste sur le sort des deux filles car leur mère n'en parle pas. Intéressant...

– Je me demande si Naomi ne regrette pas de ne pas lui avoir parlé. Elle peut le voir quand elle veut, on lui a dit... Je vous ai dit que Nicole se moquait de tout cela...

– Et maintenant, qu'est-ce que vous attendez de moi, je veux dire du juge pour enfants ?

– Je me demandais s'il ne fallait pas faire une thérapie familiale... Qu'est-ce que je dois faire maintenant ?

– Pour l'instant, attendez un peu. Vous verrez dans quelques semaines. À présent, les choses ont le mérite d'être claires. Par votre attitude infantile – je n'ose pas lui dire assez lâche –, il faut bien le dire, vous avez obligé votre compagnon actuel et vos enfants à vivre dans le mensonge. Mais aujourd'hui, c'est terminé, les cartes sont sur la table, tout est dit. Vous avez reconnu vos erreurs, vous avez arrangé les choses. Que pouvez-vous faire de plus ? Patientez un peu pour la thérapie. Voyez comment évoluent vos enfants. Soyez particulièrement attentive à Naomi, n'oubliez pas la tentative de suicide, ce n'est pas rien... Et puis, il y a Nicole qui mérite toute votre attention, voilà. La vie continue. Vous êtes là, vous aimez vos enfants, vous le leur avez dit. Vous leur avez redonné leurs places, eh bien, qu'ils les prennent....

Avant de partir, sur le pas de la porte, Mme Mercier se retourne vers moi.

– Est-ce qu'il faut que je leur dise que je suis venue vous voir ?

– Bien sûr. Peut-être serais-je amené à les recevoir s'ils allaient mal... Et je vous en prie, arrêtez de leur cacher les choses. N'oubliez pas qu'ils ont été malheureux à cause de vos mensonges... Ne mentez plus à vos enfants. De toute façon, ils sentent tout...

J'aurais pu ajouter : « Y compris que vous allez voir un juge des enfants sans les prévenir, en les tenant à l'écart, comme d'habitude ! »

Il n'était pas question que Mme Mercier associe les enfants à notre entretien : une nouvelle fois, elle les a éliminés. J'ai la réponse à ma question initiale.

Il y a quelques années, à la suite de ce type d'entretien, il n'était pas rare qu'une personne sorte de mon cabinet en me disant, au moment de me saluer :

« Combien vous dois-je, docteur ? »

Je croyais faire un métier de juge en garantissant les droits des uns et des autres et j'étais perçu comme un guérisseur des âmes ! Il y avait de quoi s'interroger. Chacun son métier !

Aujourd'hui, on ne me traite plus de médecin. Peut-être suis-je devenu juge avec l'âge, la calvitie et une (légère) surcharge pondérale ! Il est bien loin le temps des cheveux longs et des sabots en cuir du jeune juge des enfants de 1974...

Comme à son habitude, Mme Dutrieux, ma sympathique greffière, entrebâille la porte, sans s'annoncer, à peine gênée que je sois en entretien. Là, elle ne vient pas rechercher un de ses dossiers en fouillant sur mon bureau, mais me contemple avec une tête de six pieds de long.

– On en a quatre cet après-midi et quelqu'un veut absolument vous voir maintenant, il attend, il n'a pas rendez-vous ! me lance-t-elle. Pour les trois jeunes de ce week-end, l'avocat ne sera disponible qu'à midi. Vous prenez ce monsieur qui insiste ?

La pression monte. Une affaire chasse l'autre. Je voudrais m'apitoyer que je n'en aurais pas le temps et c'est moi qui donne le rythme. Je raccompagne M. et Mme Mercier en les invitant à me donner des nouvelles des enfants dans quelque temps.

– Et arrêtez de leur raconter des salades... Pitié pour eux...

Quelle histoire ! Ils ont eu chaud. En tout cas elle montre bien les ravages que peuvent causer le mensonge, la dissimulation et la complexité des adultes au sein de la famille, et dont les victimes sont en première ligne évidemment, les enfants. Un argument de plus pour justifier le combat que nous menons, la psychanalyste Geneviève Delaisi de Perceval, Pierre Verdier, ex-directeur des Affaires sanitaires et sociales, actuellement directeur d'une importante association de protection de l'enfance, et quelques autres, pour « parler la vérité » dans le champ familial.

Nous pensons que les enfants ont le droit de connaître leurs géniteurs, si telle est leur volonté, quitte à leur offrir, comme en Grande-Bretagne, un accompagnement social après cette révélation. Beaucoup aujourd'hui partagent ce point de vue, alors que nous étions très minoritaires voici quelques années, mais de fortes résistances existent encore pour pouvoir adapter rapidement notre loi en ce sens. Il nous revient de poursuivre notre entreprise afin de faire bouger l'opinion.

11 heures

Il est déjà tard. Je rejoins Mme Dutrieux au secrétariat. Il est séparé de mon cabinet par une petite pièce que l'on m'avait présentée comme le salon réservé au président pour recevoir ses visiteurs, mais qui est rapidement devenue une bibliothèque-bureau collectif pour mes stagiaires et mes collaborateurs. Dans le grand bureau capharnaüm où, comme dans chaque greffe, des monceaux de boîtes à dossiers attendent de gagner la salle d'archives, Mme Dutrieux et Mme Guiot, ma secrétaire de la présidence du tribunal, s'activent fébrilement. Toutes deux sont des greffières expérimentées. Je les déroute régulièrement, mais elles font face avec sérénité.

Au secrétariat, chacun de mes dix juges et chacun des greffiers a un casier-boîte aux lettres. Le courrier qui arrive de l'ensemble du tribunal et le courrier départ y sont stockés. Le fax crépite en permanence. Bref, ce bureau est un véritable hall de gare, le dernier endroit où l'on se retrouve. Ajoutez-y quelques avocats, éducateurs et justiciables qui viennent régulièrement aux infos ou se désaltérer à la fontaine d'eau minérale que j'ai installée pour supporter la fournaise qui chaque été nous embrase, et vous apprécierez l'ambiance dans laquelle mes collaboratrices tentent de travailler et de se concentrer.

À demi dissimulée derrière une pile de dossiers et de courrier qui en découragerait plus d'un, Mme Dutrieux me lance un regard inquiet.

Je la fais marcher, comme d'habitude, histoire de lui remonter le moral :

– « Seulement » deux procédures et quatre jeunes ? Pour l'instant, ça va ! Y a-t-il des mandats de dépôt requis ?

– Pas de mandat, mais six ou sept jeunes.

– On fera avec. On décolle à 14 h 15. Prévenez l'avocat de permanence. D'ici là je vois la personne dont vous m'avez parlé.

Je calcule immédiatement le temps qu'il me faut pour prendre tous ces dossiers. Lorsque le procureur requiert un mandat de dépôt contre un mineur, il faut compter une heure et demie de procédure entre les entretiens avec les parents, le rapport de l'éducateur et le débat contradictoire. Bon. D'urgence, régler l'histoire des trois jeunes de Villetaneuse. Je sais qu'ils sont au dépôt, au rez-de-chaussée. L'endroit n'est pas des plus joyeux... Une vraie antichambre de la prison qui en dégoûte plus d'un. Sévère ! Et puis, il y a cette personne qui m'attend. Bon. Voyons ce qu'elle me veut... Permanence oblige !

11 h 30

À peine assis, l'homme commence déjà à me raconter son histoire qui, si j'en juge par le tremblement de son œil, lui pose un énorme problème. Il essaie d'être clair et précis dans l'énoncé des faits mais à l'intérieur il bout et je devine en lui une pudeur mêlée à un peu de honte d'avoir à raconter à l'inconnu que je suis les cahots de son existence. C'est d'ailleurs, dans ces moments-là, au seuil d'une nouvelle affaire, que je me sens disparaître derrière ma fonction, et ce n'est pas parce qu'il a du mal à prononcer mon nom – ou qu'il l'ignore, c'est plus fréquent qu'on ne l'imagine – qu'il me donne du « monsieur le Juge ».

– Je m'appelle Jean-Claude Hatide, je suis antillais. Je viens vous voir, monsieur le Juge, parce que ma femme a quitté le domicile avec nos enfants. On en a quatre. Je me suis absenté quelques jours pour raisons familiales, et quand je suis rentré, pfuitt... plus personne à la maison.

Je sens d'emblée que, si cette affaire titille ma curiosité personnelle, elle ne concerne pas du tout le juge pour enfants. La suite me montre que j'ai vu juste. Nous sommes dans le classique conflit conjugal : madame, pour des raisons qui sont les siennes, n'a pas envie de vieillir avec monsieur et crée le rapport de forces en partant avec les enfants. De là à dire qu'ils sont en danger au sens où l'entend la loi... Même si cette situation est particulièrement dure à vivre pour eux, tous les enfants dont les parents se séparent ou divorcent ne relèvent pas nécessairement du juge pour enfants. Monsieur ajoute qu'il a réussi à les localiser mais que sa femme refuse de donner son numéro de téléphone et de lui laisser voir les petits. Là, ce n'est pas normal. Et je peux le conseiller.

– Votre épouse ne veut plus vivre avec vous. Bon. Elle en a le droit, vous l'admettez. (Il acquiesce de mauvaise grâce.) Vous savez que je suis juge pour enfants. Bon. En quoi estimez-vous que vos enfants sont en danger ?

– Elle vit à Saint-Denis, c'est mal fréquenté.

– Peut-être. Mais elle y est par économie, en attendant mieux. Est-ce qu'elle est pour autant maltraitante avec vos enfants ?

– Elle est dure avec eux...

– Elle les bat ?

– Un peu. Pas vraiment.

– Lorsque vous viviez avec elle, cela ne vous dérangeait pas...

– Oui, monsieur le Juge, mais maintenant qu'elle m'a quitté, cela me dérange.

Je réprime un éclat de rire et lui-même réalise le grotesque de ce qu'il vient de dire. Finalement, il convient que les enfants ne sont pas si malheureux que cela et qu'ils ne posent pas de problèmes pour l'instant. Son histoire ne relève pas de moi mais du juge aux affaires familiales qui doit organiser leur séparation. Je lui conseille de voir un avocat pour le saisir. Il fait la grimace lorsque je prononce le mot « avocat » et j'anticipe sa question :

– Si vous avez des difficultés d'argent en ce moment, vous pouvez obtenir l'aide juridictionnelle. Vous pouvez aussi voir un avocat gratuitement au palais de justice. Faites-vous aider.

Il est déjà debout, comme s'il était pressé de reprendre sa vie en main. Je le retiens quelques minutes.

– Encore un mot. Monsieur, exigez d'exercer votre autorité parentale. Montrez que vous voulez vous occuper de vos enfants. Que vous divorciez de votre épouse est une chose. N'oubliez pas que vous ne divorcerez jamais de vos enfants. Ils savent que vous existez, eux, ils ne vous oublieront pas. Demandez que soit organisé un droit de visite et d'hébergement. Vous l'obtiendrez très certainement... si vous m'avez tout dit...

Au tribunal pour enfants, il est habituel que tout un chacun débarque dès qu'il a un problème... d'enfant ! Or, comme le juge pour enfants ne doit intervenir que pour les enfants en danger et les enfants délinquants, il est un juge d'exception. Pour le divorce, le changement de nom ou, encore, la tutelle, il faut faire appel à un autre juge. Je reconnais que ce n'est pas toujours facile de s'y retrouver. En se présentant au tribunal pour enfants, beaucoup espèrent une consultation juridique, une orientation, une prise en charge. J'ignore où se situe le manque dans l'accès au droit mais je vois souvent des parents qui errent dans le tribunal à la recherche d'un interlocuteur. Avec le greffier en chef, nous avons le souci de perfectionner notre dispositif d'accueil, mais, visiblement, il nécessite encore quelques améliorations. Avec les moyens du bord, nous avons le souci que toute personne qui se présente au tribunal soit accueillie, entendue, orientée, même si le problème ne relève pas de nous. Nos deux huissiers, Claude et Vincent, installés derrière leur immense comptoir de brique rouge, s'y efforcent, quitte à interroger le juge de permanence, un greffier ou le président.

12 heures

Il est temps de commencer à m'occuper des trois de Villetaneuse. Dans un premier temps, je regarde rapidement leur dossier : c'est une histoire de vol à la tire, mais il y a aussi un vol à l'arraché. Une affaire claire comme de l'eau de roche. Le procès-verbal des policiers est assez explicite. C'est une littérature particulière, un peu rébarbative. Moi, je lui trouve un certain suspense et parfois beaucoup d'humour, involontaire s'entend. Elle s'attache essentiellement aux faits. On y glane en outre quelques informations sur les conditions de vie des jeunes, leur passé policier, etc.

Ce vendredi, 23 h 30, à Épinay, nous avons été alertés... un témoin... présence de trois individus... la BAC 708 (Brigade anti-criminalité) a interpellé Louis... seize ans, José... quinze ans et Rachid... quatorze ans. Ils tentaient d'ouvrir la portière d'une voiture, dit le témoin... Bon. Les trois mis en cause ont été maîtrisés facilement, sauf le dénommé José... qui s'est débattu maladroitement pendant quelques minutes avant d'être emmené au commissariat pour y être entendu.

Le procès-verbal contient la déclaration de la mère d'un des jeunes.

« C'est tous les vendredis la même histoire. Moi, je ne veux pas qu'il sorte si tard, mais il ne veut pas m'écouter. Il se dépêche de partir avant que son beau-père ne rentre. Je n'arrive plus à le tenir... Louis a dû sortir vers 20 h 30, c'est tout ce que je peux vous dire. Je ne me souviens plus comment il était habillé. »

Elle, elle veut protéger son fils. C'est de bonne guerre. Je lis l'interrogatoire des trois enfants. Évidemment, ils se défendent de toute intention malveillante :

« Qu'est-ce que tu faisais à 23 h 30 autour de cette voiture ?

– On avait froid. Il commençait à pleuvoir en plus, et comme la porte était ouverte...

– ... La porte a été forcée...

– C'est pas nous, nous on a juste voulu s'abriter. Mais on n'a rien pris. »

Effectivement, aucun objet n'est retrouvé sur José et Rachid, mais la poche intérieure du blouson de Louis dissimule un tournevis.

« J' l'avais emprunté à mon beau-père pour réparer ma mob et j'ai oublié d' lui redonner, c'est tout. Vous n'avez qu'à lui demander... »

C'est fou le nombre de jeunes qui se promènent aujourd'hui dans la rue avec un tournevis pour réparer leur mob !

Le dossier contient également la plainte d'une femme à qui on a dérobé le sac à main. Apparemment, il s'agit de la même bande de jeunes. Voyons sa déposition...

« J'étais arrêtée à un carrefour et j'attendais pour traverser. Trois individus m'ont entourée, bousculée et arraché mon sac... L'un des trois portait un sweat bordeaux et une casquette verte. Le plus petit serait de type nord-africain. L'agression a eu lieu à la sortie de la cité Salvador-Allende à Villetaneuse vers 20 heures... »

Est-ce qu'ils donnent le signalement des vêtements des jeunes... ? Ah, voilà. « Le dénommé Louis... porte un vêtement de type sweat-shirt de couleur prune et une casquette verte... » Embêtant pour lui. Est-ce qu'il y a eu un tapissage ? Voyons... « La victime refusant catégoriquement d'être confrontée à ses éventuels agresseurs de peur des représailles, nous avons fait défiler respectivement aux numéros 1, 3 et 5 Louis... Rachid... et José avec deux policiers en civil que la victime n'a pu voir au préalable. Elle reconnaît formellement Louis... et elle hésite pour le dénommé Rachid. »

Je suis plongé dans ma lecture quand Me Bonnemaison, l'avocate commise d'office pour cet après-midi, passe une tête par l'entrebâillement de ma porte :

– Bonjour, monsieur le Président. C'est moi qui m'occupe des trois de Villetaneuse arrêtés ce week-end. Vous avez vu la procédure ?

– Je suis en train, Maître. Asseyez-vous... Voici le double du procès-verbal des policiers. Vous vous êtes déjà entretenue avec les jeunes ?

– Non, pour tout vous dire je déteste descendre au dépôt, je préfère attendre qu'ils montent ici pour discuter avec eux...

Je souris mais je la comprends vraiment. Le dépôt n'est pas un endroit agréable et en premier lieu pour les policiers qui y travaillent. Des couloirs, des grilles, des cellules de quatre mètres carrés, un lieu mal aéré, dont l'odeur âcre – un mélange subtil de bouillon et de transpiration –, dès la mi-journée, prend à la gorge et imprègne les vêtements. Il faut dire que, dans les sous-sols du tribunal de Bobigny, policiers et délinquants vivent à deux pas les uns des autres, et les odeurs de « tambouille » des premiers se mêlent souvent aux odeurs corporelles des seconds... La salle de restauration des policiers est délimitée par une rangée de casiers à vêtements et les personnels féminins n'ont que les cellules pour se changer. Les policiers, notamment l'après-midi, sont fréquemment débordés par les sollicitations de tous les magistrats et il n'est pas rare d'attendre. On se croirait à l'aéroport J.F. Kennedy de New York. Un jour, je m'entendrai répondre :

« Vous êtes en vingt-cinquième position, monsieur le Président, prenez votre tour comme tout le monde ! »

Certains jours de pénurie de gardiens, il est même arrivé au juge pour enfants de permanence de descendre au dépôt procéder à des mises en examen, dans le premier bureau venu, pour être sûr de voir les jeunes dans la journée à une heure raisonnable.

Il faut dire que les conditions de sécurité dans le tribunal sont draconiennes et, à mon sens, excessives, en particulier pour les mineurs. Les risques d'évasion sont pourtant très limités. Quoi qu'il arrive, et contrairement à la loi du 4 janvier 1993 et aux instructions ministérielles, lorsqu'ils montent du dépôt pour venir dans mon cabinet, les mineurs ont les menottes aux poignets, même s'ils sont sages comme des images. Vision choquante pour les autres enfants qui les voient traverser le hall d'accueil. J'ai voulu combattre cette pratique. En vain. Policiers et parquet font cause commune sur ce point.

En définitive, peu de professionnels sont choqués par ces excès. Il est incroyable de constater que des institutions, même composées de gens extraordinairement humains et totalement engagés au service des personnes, peuvent parfois être insensibles à certains « détails ». Ainsi je me suis vu déférer à 19 heures un adolescent présent au tribunal depuis plusieurs heures sans que quiconque s'interroge sur le fait qu'il était pieds nus ! Il avait perdu ses chaussures dans sa course-poursuite avec les policiers et au commissariat. Comme je le libérais, vu la moindre importance de l'affaire, et qu'il s'apprêtait à rentrer ainsi chez lui, l'avocat de permanence se proposa de le ramener et l'éducateur de permanence lui donna quelques dizaines de francs pour aller au centre commercial voisin s'acheter des espadrilles. Autre histoire de chaussures : je reçus une jeune fille accusée d'avoir volé une paire de bottines. Les chaussures dérobées ayant été rendues au commerçant et les siennes ayant disparu, elle arriva pieds nus au tribunal. On ne peut pas ne pas être choqué par ce genre de détails.

Dans la même logique administrative qui veut que le jeune soit sous la responsabilité du policier qui l'escorte, celui-ci n'accepte de le quitter du regard que sur ordre du juge, le temps – quelques minutes – que son avocat le rencontre pour préparer l'audience. Il reste ensuite dans le cabinet du juge ou à la porte jusqu'à ce que l'entretien soit terminé. La seule solution pour éviter cette perte d'énergie en temps de pénurie de personnels est de demander que l'on accompagne le jeune avec sa fouille. D'ores et déjà, il est libre mais il l'ignore.

Il suit le policier jusqu'au bureau du juge, le policier le remet au magistrat en se faisant donner un ordre de mise en liberté. Il va de soi que cette solution est inadéquate si le magistrat veut laisser le jeune dans l'incertitude sinon dans l'angoisse de la décision à intervenir.

Tout compte fait, le dépôt est la pire des prisons. Chaque déféré est détenu dans une pièce minuscule sans fenêtre, vide, dont la particularité est d'être recouverte de carrelage, y compris le banc étroit qui sert de lit et sur lequel on ne peut dormir qu'en chien de fusil... Le prévenu peut séjourner au dépôt plusieurs heures ou encore y rester la nuit, même si nous évitons dans la mesure du possible que des mineurs y dorment et si on essaie de transférer les jeunes vers des cellules plus grandes, disposant de toilettes. Un lieu qui vous dégoûterait d'aller en prison ! Quoi qu'il en soit, ce sont des conditions de travail indignes pour les policiers qui passent des journées entières dans ces oubliettes modernes.

– Tiens, dit l'avocate en regardant plus précisément le procès-verbal, il y en a un qui s'est fait molester parce qu'il ne voulait pas se laisser emmener. C'est vous qui avez le rapport de « Jean-Verdier » concernant le petit José ?

Je cherche dans la procédure la liasse jaune des urgences médico-judiciaires. Chaque mineur en garde à vue doit obligatoirement être examiné par le médecin de l'hôpital Jean-Verdier. J'ai sous les yeux le rapport de l'homme de l'art, d'une calligraphie imposante, illisible pour les non-initiés, mais que les juges et les avocats décryptent d'un seul coup d'œil.

– Je l'ai, Maître. Les urgences médico-judiciaires n'ont relevé aucun trouble particulier si ce n'est quelques traces rouges sur le visage de José et le long de son bras. Rien de grave. L'état de santé de José était compatible avec son maintien en garde à vue.

L'avocate découvre la procédure concernant le vol à l'arraché.

– Finalement on a retrouvé le sac à main de la victime, il y avait tout sauf 900 F...

– Oui, mais le problème c'est que l'on a retrouvé 350 F sur chacun des deux grands et le petit de quatorze ans ne sait plus comment le billet de 200 F qu'il avait sur lui est arrivé dans sa poche !

Elle sourit en hochant la tête.

– Ils nient tous les trois... La couleuvre est un peu dure à avaler...

C'est le tour de l'éducateur du SEAT d'entrer dans mon bureau. Comme il se doit, il n'a pas eu accès au dossier de procédure. Il ne se soucie que du jeune et ne connaît des faits que ce que celui-ci a bien voulu lui en dire. Saisi obligatoirement par le procureur, le SEAT reçoit tous les mineurs déférés au tribunal et me rend compte de leur situation familiale et sociale avant ou dans le moment où je les vois. Son rapport doit me permettre d'aller au-delà des faits quand il s'agira de prendre des mesures provisoires.

L'analyse et les propositions du SEAT sont contenues dans une double page remplie à la main, généralement à la hâte, plus ou moins lisible. Je ne désespère pas de faire comprendre aux dix éducateurs qui composent cette équipe qu'avec un petit traitement de texte portable ils gagneraient en lisibilité et en crédibilité ! Mais même s'ils fonctionnent à l'ancienne, leur expérience les rend très performants et l'information orale prime. Durant leur permanence, ils s'occupent des jeunes délinquants déférés mais également des enfants en danger qui leur sont signalés ou qui se présentent au tribunal. Certaines journées sont épiques et se terminent tard dans la nuit. Il leur faut ensuite faire la liaison avec les services sociaux, notamment de la PJJ (Protection judiciaire de la jeunesse), mandatés par le juge de permanence.

– Ça y est, j'ai vu les trois gosses de ce week-end. Bon, à part Louis qui a l'air d'être en conflit avec sa famille et avec l'école, les deux autres ne posent pas de problèmes. D'ailleurs, les parents sont là, ils n'en reviennent pas. C'est la première fois qu'ils ont affaire à la justice. Il semble que les deux plus petits aient été entraînés. Ils ont pété les plombs. Mais qu'est-ce qu'ils ont fait pour passer trois nuits en prison ?

Je lui explique rapidement que c'est surtout une affaire de circonstances. Le vol à l'arraché venant se greffer immédiatement à l'interpellation près de la voiture, le procureur a demandé un supplément d'enquête. Il fallait absolument confronter la victime aux trois jeunes, mais on a dû attendre le retour de la principale intéressée pour la soumettre au tapissage. Et puis, les délits et les infractions ne prennent pas de week-end et les permanenciers, magistrats, avocats, travailleurs sociaux, ne sont pas des surhommes. Beaucoup oublient que si la justice est parfois lente c'est surtout dans un souci de mieux défendre leurs intérêts. Mais c'est un autre débat... Voilà, en tout cas, comment une simple balade qui dérape peut vous conduire en prison pendant trois jours...

Il est bientôt 12 h 45. Les parents attendent depuis ce matin, ils doivent être affamés et fatigués. Nous également d'ailleurs. Pause d'une heure. Je préviens les parents d'aller eux aussi se restaurer et de revenir à partir de 14 h 15. Il va falloir activer le mouvement.

13 heures

C'est un déjeuner de travail et d'amitié qui m'attend aujourd'hui. Avec Bernard Bobillot, éducateur de la PJJ, nous avons programmé de nous rendre au wagon-restaurant d'application dépendant de la PJJ, installé depuis trois ans à Saint-Denis, devant le lycée Paul-Eluard.

Bernard est affecté au SEAT de Bobigny. C'est avec grand plaisir que nous nous sommes retrouvés au tribunal quand j'y ai été nommé en 1992 car, vingt ans plus tôt, il m'y avait accueilli en stage comme auditeur de justice, c'est-à-dire comme élève magistrat. Je dis souvent qu'il m'a fait sauter sur ses genoux – aujourd'hui il aurait du mal – en me faisant visiter les coins chauds de ce département du « Neuf-Trois », et en me décrivant *in situ* le travail d'éducateur.

En 1972, j'étais parmi les cinq premiers auditeurs de justice affectés au tribunal de Bobigny où, avec mes collègues, nous avons mis une telle ambiance que pendant des années une réputation sulfureuse nous a suivis. Il faut dire que nous nous étonnions sans vergogne de certaines pratiques judiciaires, telles que les disparités de jugement entre les différentes chambres correctionnelles pour des affaires de même nature. Comme l'avouait le magistrat qui nous encadrait à l'époque : « Je ne comprends déjà pas mes enfants à la maison, je ne vous comprends pas ! » Tout était dit. En fait, une nouvelle magistrature émergeait, issue de l'École nationale de la magistrature et de Mai 68, et elle déroutait les anciens.

Depuis, Bernard Bobillot a poursuivi son chemin dans la PJJ pour revenir au tribunal de Bobigny et j'en ai fait autant. Je me retrouve aujourd'hui être « son président », pour reprendre son expression. Nous ne nous lassons pas de rigoler de ce double parcours. Même si nous ne jouons plus *Les Trois Mousquetaires*, mais *Vingt Ans après*, je ne suis pas d'Artagnan, il n'est pas Planchet, il serait ridicule de considérer nos rapports professionnels sur un tel registre. Le plaisir de travailler ensemble comme magistrat et travailleur social sur Épinay est toujours là et, au grand dam d'esprits chagrins, notre complicité est notre meilleur atout. Nous sommes deux pragmatiques qui ne supportent pas les résistances administratives quand il s'agit d'aider les gens. Alors nous agissons souvent en commando... dans le respect de la loi s'entend, que ce soit pour mettre en place des travaux d'intérêt général alors que dans ce département tant renâclent à le faire, ou pour prendre en charge certains adolescents en rupture.

Le wagon-restaurant SNCF de la PJJ a été légèrement réaménagé, avec d'un côté et de l'autre du couloir une table pour deux et quatre couverts. Au bout du wagon, la cuisine reçoit de jeunes garçons et filles suivis par les magistrats et les éducateurs de la PJJ qui leur prodiguent une formation professionnelle de haut niveau dans la restauration et le service. Deux formateurs-éducateurs les encadrent. Le restaurant n'est ouvert qu'à midi faute de personnel en nombre suffisant. Il ne faudrait pas grand-chose pour augmenter singulièrement sa capacité de prise en charge. En outre, la cuisine y est excellente avec des spécialités de poissons, d'où son nom, Le Rail d'Ouessant. On peut y déjeuner pour un prix raisonnable et, compte tenu de sa qualité, le wagon ne désemplit pas. Nous y avons emmené Mme Guigou, ministre de la Justice, lorsqu'elle nous a fait le plaisir de visiter la juridiction après sa prise de fonction en 1997.

Au milieu du repas, le « patron » prévient ses « voyageurs » que le train va démarrer. Effectivement, pendant quelques minutes, un mécanisme fait vibrer la machine et nous donne la sensation d'un wagon roulant sur la voie ferrée. On jurerait que l'on file vers Ouessant ! En réalité j'ai appris depuis qu'il n'y avait aucun mécanisme. Tout simplement les jeunes se réunissent à un moment donné sur la plate-forme à l'extérieur de la salle, à hauteur des boggies, et en sautant tous à pieds joints, parfois avec l'aide de leur éducateur, ils créent ce sentiment de mouvement. L'illusion est parfaite. Un vrai bluff.

La PJJ possède quelques perles comme celle-ci, mais a bien du mal à les conserver, faute de constance dans la gestion de ses personnels. Certaines tables sont exceptionnelles, comme celle de notre ami Charbonnier qui accueille des délinquants parmi les plus durs. Le cadre totalement pensé et rénové par l'équipe y est splendide. Son restaurant, La Crémaillère à Saclas, est inscrit dans une sorte de guide des Relais et Châteaux. Nombre de professionnels de la restauration baveraient d'envie devant un tel instrument de travail. Et ne parlons pas de la chère ! Pour tout dire, je rêve un jour de faire un Gault et Millau de tous ces établissements. Il va de soi que l'on y décernerait des toques... de magistrats.

Parmi les structures d'insertion à dimension économique, la PJJ et les associations travaillent avec des imprimeries, des ateliers de peinture sur bois, des salons de coiffure, des garages, des pâtisseries, des fabriques de voitures à pédales, etc. L'objectif de ces activités est bien évidemment la formation, mais aussi un véritable support de communication avec les jeunes délinquants. En effet, tous ces lieux leur permettent de retrouver confiance en eux, de se confronter à la vie professionnelle mais aussi de rencontrer des adultes équilibrés, engagés dans la vie, exigeants certes, mais à leur écoute. Ce ne sont que des instruments au service d'une aide et ils supposent que les jeunes s'attaquent à leurs vrais problèmes.

Lorsque mon emploi du temps me l'autorise, j'aime bien aller les visiter, nouer des contacts, préparer le cas échéant des collaborations. Ce n'est jamais un investissement inutile pour le tribunal. J'ai pu ainsi me constituer un solide carnet d'adresses pour aider les jeunes de mon cabinet ou relevant de mes collègues. Il n'est pas rare qu'au passage nous montions de nouveaux projets qui se perdront peut-être dans les sables ou qui aboutiront. Peu importe, je suis rarement à court d'idées.

Les affaires pénales s'annoncent nombreuses cet après-midi, sans compter les urgences civiles, il ne faut donc pas tarder. Ma permanence s'étend sur la semaine. J'y traiterai toutes les affaires pénales que le procureur décidera de faire déférer au juge, ainsi que les urgences de tous les cabinets, sauf si les juges sont présents et disponibles pour y faire face. Le permanencier permet aux autres juges pour enfants d'être moins sous pression. Ils peuvent recevoir sans coups de feu leurs familles ou siéger en audience pénale. Je précise qu'à Bobigny, ce qui n'est pas le cas dans tous les tribunaux, les juges pour enfants se consacrent à cette fonction. Ailleurs, il est fréquent qu'ils doivent, en plus de leur cabinet, assumer les fonctions de juge correctionnel ou de juge aux affaires familiales.

Les juges prennent la permanence toutes les onze semaines puisqu'en théorie nous sommes onze depuis peu. Certains appréhendent cette semaine, synonyme généralement d'une surcharge de travail et d'horaires incontrôlables, sans oublier le courrier qui s'accumule. Moi, je trouve l'exercice plutôt excitant intellectuellement : on y découvre des cas bruts de décoffrage et la décision doit être aussi rapide qu'efficace. Il se passe toujours quelque chose d'intéressant. C'est aussi l'occasion de travailler avec des éducateurs ou des avocats qu'on ne fréquente pas sur son secteur. Bref, j'aime cette poussée d'adrénaline que suscite la permanence. Généralement, les affaires se concentrent sur l'après-midi, parfois dès la fin de la matinée. Mais il m'arrive de convoquer le matin si je pressens le risque d'être submergé en fin de journée.

Cette semaine sera un peu originale pour moi car je dois également assurer ma permanence en mairie à Épinay! Comme j'ai mon audience du tribunal pour enfants du vendredi après-midi, un collègue me remplacera sur la permanence. En contrepartie, j'ai pris la permanence de week-end au collègue qui me remplacera ici mercredi et vendredi. Tout cela me semble quand même bien chargé... et l'on peut y ajouter les activités associatives en soirée. Pas de temps morts en perspective! « Ne fais pas celui qui est débordé, tu adores ça... », me dirait encore ma femme. Je ne me plains pas. Pas de chômage, pas de pointeuse au tribunal, un statut social et un salaire honorable! Je ne supporte pas les magistrats qui oublient leur statut de privilégiés et guettent à leur montre l'heure de rentrer à la maison... quand ils viennent au tribunal! Nous sommes payés sur la base de plus de cent quarante heures de travail par mois. Il faut assumer.

Pour le moment, en route pour Ouessant, via les rues embouteillées de Saint-Denis!

14 h 20

Malgré nos efforts, nous sommes un peu en retard. Le hall bruisse déjà des conversations des parents des mineurs interpellés. Et tous ces enfants et parents convoqués par mes collègues se mêlent dans un bazar absolu à ceux qui doivent comparaître devant l'audience du tribunal pour enfants qui a commencé à 13 h 30.

C'est une joyeuse humanité qui discute bruyamment et rigole, consulte les avocats ou les éducateurs, mange, fait des allers-retours frénétiques au distributeur qui fonctionne à une cadence infernale, téléphone tous azimuts et balance au passage quelques claques aux enfants qui s'évertuent à vouloir glisser sur la rampe d'escalier qui va de l'accueil au parquet des mineurs. Certains lisent les revues que nous apportons consciencieusement tous les jours de chez nous pour meubler l'attente. J'y ai parfois vu des enfants faire la lecture à leurs parents ! Régulièrement je demande aux éditeurs de livres pour la jeunesse de m'envoyer leurs invendus. Le soir, tous les livres ou les journaux disposés sont partis.

L'expression « fendre la foule » prend ici toute sa mesure et je regagne mon cabinet où déjà l'avocate et l'éducateur m'attendent.

J'appelle tout de suite le dépôt.

– Pouvez-vous faire monter le jeune Louis Mariachi ? Merci.

J'invite la mère du mineur à entrer dans mon bureau et, quelques minutes plus tard, Louis arrive au dépôt, dûment menotté et relié par une chaîne au policier. La mère et le fils ne se sont pas vus depuis trois jours et ils s'embrassent furtivement. Avec effarement, elle considère les bracelets d'acier et les baskets sans lacets de son fils. C'est le moment – parfois très mal vécu – où les parents réalisent que leur enfant est à ce point dangereux pour la société qu'on a dû l'entraver, mais aussi dangereux pour lui-même puisqu'on lui a supprimé ses lacets comme on le ferait pour un irresponsable. On libère Louis et le policier prend un siège au fond de mon bureau. Le jeune s'assoit en face de moi, près de son avocate avec qui il vient de s'entretenir quelques minutes dans la salle de consultation. Tout le monde est là, on peut commencer.

À tous les jeunes que je reçois pour la première fois dans mon cabinet, je pose systématiquement la même question. Leur réponse me fait souvent percevoir quelques traits de leur personnalité mais, surtout, me permet de savoir qu'il sera capable de comprendre ce qui va se passer dans les minutes qui suivent. L'expérience m'a démontré que certains d'entre eux que je retrouvais quelque temps plus tard n'avaient rien compris à cet entretien. Comment peuvent-ils se défendre s'ils ignorent qu'ils ont un juge en face d'eux ? Comment comprendraient-ils l'enjeu de cette audience alors que la plupart des adultes ne savent pas ce qu'est une mise en examen ? Au risque de dérouter les avocats qui ne me connaissent pas, je place la barre très bas. Je ne suis jamais déçu du voyage.

– Dis-moi, Louis, est-ce que tu sais où tu es ici ?

– À Bobigny.

– Mais encore ?

– Au tribunal...

J'ai déjà eu droit à : dans la maison des enfants, au dépôt, à la mairie si je suis en costume, chez le procureur si je revêts ma robe. Rarement les jeunes savent qu'ils sont entrés dans le cabinet d'un juge. A fortiori ignorent-ils ce qu'il va faire.

– Et est-ce que tu sais qui je suis ? Je ne te demande pas mon nom mais qui je suis dans ce tribunal.

– Vous êtes le juge.

– Pas mal ! Et qu'est-ce que ça fait, un juge ?

– Un juge, ça juge !

On dirait du Prévert. Tous ceux que je reçois ne répondent pas aussi bien que Louis.

– Là, tu te trompes. C'est normalement ce que je devrais faire. Sauf qu'aujourd'hui je ne vais pas te juger. Je n'en ai pas le droit. Ta chance, dans ton malheur, c'est que tu es mineur et que la loi te donne la possibilité de te rattraper. Tu seras jugé plus tard et au regard des efforts que tu auras faits à partir de maintenant. Tu comprends ? Donc, première information : quoi qu'il en soit, cette affaire ne sera pas terminée pour toi aujourd'hui. On se reverra ou tu reverras ton juge.

Cela vient. Tout doucement. Je lui rappelle les faits qui lui sont reprochés. Il acquiesce.

– Tu reconnais les faits ? Sur le procès-verbal, tu niais tout en bloc, comme tes deux camarades José et Rachid.

– Non. C'est moi qui ai arraché le sac, eux ils n'ont rien fait. Ils ont suivi.

Apparemment, « notre » avocate est arrivée à le convaincre de dire la vérité.

– Cette franchise t'honore même si cela n'excuse rien. Tu fais bien d'assumer tes bêtises. Mais pourquoi ce vol ?

– ... J' sais pas !

Je me tourne vers la mère de Louis.

– Madame, comment ça se passe à la maison ? Vous arrivez à vous faire respecter ? Votre fils vous écoute ? Dans le rapport, vous dites : « Je n'arrive plus à le tenir... »

– Oui, c'est vrai. Depuis un an, il ne m'obéit plus. Je n'ose plus lui interdire de sortir...

– Madame, il ne faut pas attendre que vos enfants se retrouvent en prison pour réagir. Faites-vous aider si vous ne pouvez pas les protéger..

– ... je peux le protéger, mais il ne m'obéit pas, et...

– ... si votre enfant de seize ans est dehors à minuit, il court un danger, donc vous ne savez pas le protéger. C'est ce que je voulais dire.

Brusquement, elle a l'air complètement désemparée. Elle n'avait pas vu les choses ainsi. Elle ose avouer son impuissance et voilà que c'est elle que l'on accuse...

Je sens que j'ai été un peu rude :

– Allez... Je sais que vous faites de votre mieux. Mais demandez de l'aide si vous n'y arrivez pas, n'attendez pas qu'il soit trop tard comme aujourd'hui... Vous êtes veuve, je crois, vous avez d'autres enfants ?

– Deux filles plus grandes. Elles étudient, ça va très bien.

– Comment expliquez-vous les faits de vendredi. Cela vous surprend ou vous vous y attendiez ?

– Je suis surprise, monsieur le Juge, mais...

... mais tôt ou tard, cela devait arriver. Un enfant de seize ans que l'on ne parvient pas à garder à la maison après 20 heures, on sait comment cela se termine. Dans mon cabinet... après un séjour au sous-sol !

L'avocate n'a rien de plus à ajouter puisque Louis a reconnu les faits, elle n'a rien trouvé de critiquable dans la procédure, aucune nullité, en tout cas. L'éducateur précise quelques points sur la scolarité de Louis qui, sans être exemplaire, s'inscrit dans une honnête moyenne.

Autre question rituelle à laquelle « mes » mineurs ont droit :

– Est-ce que tu sais ce que tu risques comme peine pour avoir tenté de voler le sac de cette dame ? Laissons de côté l'histoire de la voiture puisque pour l'instant on ne sait pas ce que vous faisiez avec la portière et que vous n'avez rien volé. Alors ? Je te rappelle qu'il y a deux circonstances aggravantes contre toi : vol en réunion, vous étiez trois, et vol avec violences...

– Du sursis... Deux mois avec sursis ?

– Tu es très loin du compte. Oublie le sursis. C'est de la prison ferme que tu risques. Alors, combien ?

– Un an ? Dix-huit mois ?

– Beaucoup plus que ça ? En France, le vol en réunion et avec violences, c'est, selon les cas, cinq à sept ans de prison. Divisé par deux parce que tu es mineur, je te le fais à deux ans et demi. Voilà. Aujourd'hui, je vais te libérer, mais dans quelque temps tu seras jugé pour ces actes et, si tu ne t'es pas tenu tranquille, tu risques deux ans et demi de prison pour avoir volé ce sac... Franchement, tu trouves que ça en vaut le coup?

Brusquement mes paroles ont jeté un froid. Une nuit au dépôt, ce n'était pas drôle, alors deux ans et demi... Un ange passe. Très lentement. La mère ne quitte pas son fils des yeux. Je sens que, ce soir, l'explication va être rude...

En attendant le jugement et pour lui permettre de prouver son désir d'évoluer positivement, je place Louis sous contrôle judiciaire et je lui énumère les contraintes imposées :

– Désormais, tu seras chez toi à 20 heures, pas plus tard. Pourquoi 20 heures? Parce que dans notre pays les enfants de ton âge dînent vers 20 heures et qu'ainsi tu es sûr de voir les Guignols sur Canal +. Ce sera bon pour ta culture générale! Et tu ne ressors pas, sauf autorisation de ta mère. D'accord? Deuxième obligation : je veux qu'une fois par semaine tu ailles pointer au commissariat, immédiatement après ton retour de l'école. Si tu as un empêchement, tu préviens le commissariat. Dernière obligation : je t'interdis à l'avenir de fréquenter José et Rachid. Fini les bêtises. Tu as une mauvaise influence sur eux, donc je t'interdis de les voir.

– Mais ils font du foot dans le même club que moi. Comment on fait?

– Je suis désolé, Louis. Je crois que tu ne te rends pas compte. C'est grave ce que vous avez fait. Imagine que cette dame soit tombée quand vous lui avez volé son sac. Tout se finit à peu près bien, mais ce n'est pas grâce à vous. Alors le foot avec tes potes tu t'en passeras jusqu'au jugement ou alors tu vas dans un autre club. On arrête là maintenant.

Les éducateurs et les avocats qui me connaissent savent que j'aime plaisanter et que je manie volontiers l'humour, histoire de détendre l'atmosphère et de faire comprendre que si l'heure est grave elle n'est pas désespérée. Mais là je suis très sérieux. Je me tourne vers la mère :

– Madame, si votre fils n'est pas chez vous à 20 heures, s'il ressort sans votre autorisation, vous nous prévenez. Et si les policiers le trouvent dans la rue, je le mets en prison tout de suite.

M'adressant à Louis :

– Attention, c'est sérieux. On peut désobéir à ses parents – encore que! – mais pas à un juge. Si tu ne respectes pas ces obligations, je t'incarcère même si tu n'as commis aucun nouveau délit !

Je prie ma greffière de relire les notes qu'elle a prises pendant que Louis s'expliquait et je complète rapidement le contrôle judiciaire et les engagements de chacun. Pour ne pas perdre du temps, j'appelle le dépôt pour faire monter José. Nous signons à tour de rôle. C'est le moment de lancer ma dernière réplique à l'adresse du mineur :

– Allez... Et que je ne te revoie plus... avant le jugement !

Déjà José arrive dans mon bureau, puis Rachid, les parents, souvent un grand frère ou une grande sœur. Rares sont les enfants qui ne sont pas soutenus par quelqu'un de la famille. Si les parents ne sont pas là dans des moments comme ceux-là, quand seront-ils présents ? Pour ces deux très jeunes, le procureur a demandé une mesure de liberté surveillée préjudiciable, c'est-à-dire qu'un éducateur devra se soucier d'eux jusqu'au moment du jugement et davantage si cela s'impose. Un éducateur de la PJJ devrait s'occuper de lui dans les mois à venir. Il entend que cette mesure soit vraiment un coup de semonce pour les enfants qui doivent revenir dans le giron de leurs parents dont l'autorité a failli le temps d'une nuit.

Je prendrai ces mesures de liberté surveillée pour José et Rachid. Encore faut-il maintenant que le service de la PJJ que je mandate soit disponible pour intervenir, car, selon les équipes, la liste d'attente peut être longue. Il n'est pas rare que je reçoive un courrier qui m'informe que la mesure ne pourra pas être exercée avant six mois, parfois plus. De quoi dégoûter nombre de professionnels de faire le travail en amont.

Je place aussi les jeunes sous contrôle judiciaire, en leur interdisant de se fréquenter. Si le commissariat qui reçoit mission de suivre ce contrôle judiciaire me signale qu'ils ne le respectent pas, je peux les incarcérer même s'il n'y a pas de nouvelle infraction. Souvent, cette mesure simple mais répressive suffit.

Il est temps de passer à une autre affaire. Les jeunes peuvent rentrer chez eux. Partis vendredi vers 22 heures, ils sont de retour lundi en fin d'après-midi. Ce qui s'appelle un week-end mouvementé !

16 heures

Ce dossier m'aura occupé quasiment deux heures, durant lesquelles j'ai aussi répondu à des coups de téléphone sur deux situations relevant d'autres cabinets. Dans un cas, un jeune en fugue a été interpellé par la police parisienne, il passera la nuit au foyer de la rue Didot avant d'être présenté à son juge demain matin... s'il n'a pas refugué d'ici là ! Le foyer, par la relation qu'il va nouer avec lui, tentera d'éviter cette hypothèse, mais ses portes sont ouvertes. Dans l'autre, un parent voulait que je lui rende son enfant confié à l'ASE. Je lui ai conseillé de faire une demande en bonne et due forme au juge compétent qui ne manquera pas de le convoquer. Par téléphone, je pouvais difficilement lui donner satisfaction !

Avançons. Mme Dutrieux me fait passer le dernier dossier pénal de Djamel Aznouw, un jeune garçon de seize ans, d'origine algérienne. Je connais bien Djamel, nous nous sommes rencontrés, malheureusement, à maintes reprises. Il n'en est pas à son coup d'essai et reproduit toujours le même schéma, en s'insurgeant contre toute autorité ou en se livrant à des violences pour voler. De l'argent, des sommes minables ou des tickets-restaurant. Il pratique toujours seul, parfois son chien lui donne un coup de « patte » !

Son historique est le reflet d'une existence plutôt désespérante. « Vol avec menace d'une arme, en l'espèce un chien de race berger allemand. Remise de fonds sous la contrainte, coups de laisse (!). Outrages à une personne dépositaire de l'autorité publique. Dégradations dans le bus, notamment en lacérant les sièges. » Et puis la dernière affaire, celle pour laquelle il va m'être présenté tout à l'heure : « violences, coups au thorax et sur la tête... avec menace d'une arme, en l'espèce un chien de race... », précise le procès-verbal. Tiens, encore avec le chien ! Je crois qu'il va falloir séparer ces deux-là pendant quelque temps. Cela risque d'être saignant car Djamel n'est attaché à rien sauf à son chien.

Je feuillette le procès-verbal du commissaire principal de Dugny. « Loisirs : Djamel Aznouw déclare n'avoir aucun ami. Il passe ses journées à regarder la télévision et s'amuser avec son chien... »

Pas gai tout ça. Mais tout de même, il doit se calmer. Voyons ce que je peux faire pour lui.

Il entre avec son père, suivi de sa victime qui vient demander des dommages et intérêts. Ils sont voisins, tout allait bien entre eux, jusqu'à la semaine dernière. La présence de la victime m'étonne. Sans doute la police lui a-t-elle indiqué que le jeune m'était présenté. Généralement elle ne vient que lorsque je la convoque officiellement. Va pour la victime puisqu'elle s'est déplacée. Ce monsieur d'une trentaine d'années a le bras en écharpe.

– Ce jour-là, j'étais tranquillement devant chez moi et il m'a réclamé une cigarette, raconte la victime. Je lui ai refusé. Il est trop jeune. Moi à son âge je fumais pas, mais dans ma cité dès neuf ans...

– ... et que s'est-il passé ensuite?

– Il m'a dit que j'avais touché à son chien, il a commencé à me bombarder de coups de pied partout et il m'a donné un coup sur la tête. Résultat des courses : une clavicule cassée, vingt jours d'arrêt maladie.

– Je prends acte de votre constitution de partie civile, monsieur, mais aujourd'hui je n'irai pas plus loin dans la mesure où je ne peux pas juger ce jeune. Il faut aussi attendre que vous soyez rétabli pour bien fixer votre préjudice. Vous avez réfléchi au dédommagement?

– Déjà, je voudrais être indemnisé pour toutes ces journées de travail perdues. Je vous ferai la lettre pour mon préjudice matériel et mon préjudice moral...

– Très bien, j'attends. Il me la faut pour le jugement. Vous avez encore le temps. Je vous conseille de voir un avocat. Il vous aidera à prévenir la Caisse d'assurance maladie. Je ne vous fais pas perdre votre temps, vous pouvez partir maintenant. Vous serez informé de la date de la prochaine audience. Vous n'êtes pas obligé de venir, mais je vous recevrai si vous êtes là.

La présence de la victime n'a pas été inutile. Durant son témoignage, Djamel a serré les poings et les mâchoires dans une rage sourde absolument phénoménale. J'entendais presque le grincement de ses dents. À présent, il baisse la tête et pleure doucement.

Je l'appelle.

– Qu'est-ce qui se passe, Djamel, ça ne va pas?

– Je ne veux pas aller dans un foyer. J'en ai marre des foyers.

– Attends, attends, ne t'emballe pas. Monsieur Aznouw, quelle est votre situation actuelle, vous en êtes où avec votre fils?

Pendant qu'il me raconte, je regarde la procédure et l'enquête de personnalité faite sur Djamel dans un précédent dossier. Le père vit avec Djamel et son autre fils, Youssef, huit ans, dans une cité à la réputation épouvantable : délinquance ordinaire, violences urbaines, pauvreté, chômage... La mère est partie depuis deux ans, le couple s'est partagé les enfants : les filles avec maman, les garçons avec papa. La séparation ayant été plutôt mal vécue du côté du père, les enfants ne se sont pas revus depuis. Il faudra d'ailleurs que le juge aux affaires familiales règle cette histoire. Il me semble avoir lu dans le dossier que ses petites sœurs manquaient beaucoup à Djamel. Il a été renvoyé de toutes les écoles, puis il est passé dans plusieurs foyers d'où il a toujours fui. À l'époque, il était totalement incontrôlable, le père avait baissé les bras.

– Écoute, Djamel, moi je ne suis pas pour que tu retournes en foyer. L'expérience a prouvé que ce n'est pas une solution puisque que tu fugues à chaque fois. Mais dis-moi, qu'est-ce que je dois faire avec toi ? Tu passes ton temps à agresser les gens pour les voler, à les tabasser ou à les faire mordre par ton chien. Et regarde, je lis dans le dernier compte rendu de tes exploits : « Je ne veux pas écouter mon père, je ne veux pas vivre avec ma mère... » Bon. Alors, dis-moi, qu'est-ce qu'on fait ?

Silence radio. J'attends qu'il se remette du paysage apocalyptique que je lui ai décrit. Je ne veux pas l'enfoncer, mais il ne faut pas se raconter d'histoires. Mon cabinet est le lieu des larmes de repentir, de regret, de désespoir. Il est souvent le théâtre des promesses et des engagements non tenus. Mais à tous je dis les choses le plus précisément possible et sans leur voiler la face. Ce n'est, du moins volontairement, pas auprès de moi que les enfants trouveront de la commisération et je crois que c'est autre chose qu'ils viennent chercher ici. S'ils me rencontrent – et parfois contre leur plein gré – c'est aussi pour faire le point sur leur vie de la manière la plus franche possible, avec le projecteur fixé en permanence sur un aspect de leur existence dont personne jusque-là ne semble leur avoir parlé : leur avenir. « La lucidité est tonique. » J'ai fait de cette phrase un repère.

– Je préfère encore rester chez mon père qu'aller dans un foyer. Je veux être dans ma famille.

– Moi je pense qu'il faut que tu t'éloignes un peu de ta cité. J'ai vu dans ton dossier que c'est ton oncle qui vient chaque fois te chercher au commissariat. Tu t'entends bien avec lui ?

– Oui, il m'aime bien. C'est lui qui me faisait travailler mes devoirs.

Cette fois-ci je me tourne vers le père.

– Monsieur, est-ce qu'il est impensable que Djamel aille passer quelque temps chez lui, en voyant son petit frère autant qu'il le voudra et en respectant l'autorité de son oncle ?

– Ah non, c'est tout à fait possible. Chez nous en Algérie, l'oncle c'est comme un deuxième père. Si Djamel veut, moi ça me va...

– Ne compliquons pas les choses. Le père c'est vous. Mais pour le moment, on calme un peu le jeu. Je sais bien que cet éloignement ne résoudra rien au fond, mais il faut que Djamel retrouve un peu de crédit. On ne doit plus entendre parler de lui pendant quelque temps. On pourra alors s'attaquer avec vous à ses vrais problèmes.

Djamel est d'accord avec cette proposition. J'ai vaguement l'impression qu'il aurait tout accepté plutôt que de retourner en foyer. Bon. Il faut attendre plusieurs semaines. Avant qu'il ne sorte de mon bureau, je le retiens.

– Djamel, n'oublie pas que tu dois être jugé dans deux ou trois mois ! On ne passe pas l'éponge sur tes bêtises et on te jugera sur ta conduite à partir de maintenant. Tu connais la chanson. Alors, chez ton oncle, tu te tiens à carreau. Tu lui obéis et tu appliques les consignes. Tu ne traînes pas le soir. Je te fais confiance. Accroche-toi.

Je n'ose pas dire : « C'est ta dernière chance », je n'aime pas cette formule. Je déteste le mot « dernier », car jusqu'au dernier souffle rien n'est définitivement joué et je hais le mot « chance » qui me rappelle une approche caritative dépassée. Je préfère penser : « Tant que la vie court, il y a quelque chose à faire. »

Je me souviens d'un colloque auquel je participais au Palais des congrès de Lille avec des pédiatres et des puéricultrices, sur le thème : « Tout se joue avant trois ans ». Il me revenait d'en faire l'ouverture devant deux mille personnes. J'ai cru utile de remettre les pendules à l'heure en commençant mon intervention ainsi : « Êtes-vous vraiment prêts à les piquer après trois ans. » Bref, je ne nie pas que la prime enfance soit importante, mais elle ne peut pas tout influer.

Djamel s'avance vers la porte.

– Ah, encore un mot : ton chien, c'est un copain, pas un complice. À la prochaine bêtise, je serai obligé de vous séparer. Penses-y. Seulement, fais attention, le procureur ou le maire peut vous séparer encore plus brutalement et le punir définitivement, si tu vois ce que je veux dire !

Il a parfaitement compris. Exit Djamel.

Je jette un œil sur mon agenda et appelle ma greffière :

– Éliane, vérifiez s'il n'y a pas de nouvelles affaires pour ce soir car je vois que vous m'avez quand même pris deux rendez-vous.

– Désolée, j'avais oublié la permanence !

– On fera avec. Mais vérifiez.

17 h 30

J'avais rendez-vous avec M. et Mme Virelles. Mais ils ne sont pas là et ne se sont pas excusés. Étrange... d'autant qu'ils étaient demandeurs de l'audience. Ils venaient me parler de leur fils Anthony, quinze ans, adopté à l'âge de cinq ans. À l'époque, ils ne parvenaient pas à avoir d'enfant et puis, quelques années plus tard, un petit Benjamin était arrivé. Bien que les parents aient préparé le terrain, Anthony vécut mal cette concurrence. Aujourd'hui, en pleine adolescence, il fait bêtise sur bêtise. Il fréquente le collège « discrètement », il lui arrive de découcher plusieurs nuits mais il n'a pas encore commis de délits. Rien de connu, en tout cas. Si j'ai compris le sens de leur courrier, M. et Mme Virelles adorent Anthony mais se sentent dépassés par les événements et voudraient que le juge des enfants les conseille, voire prenne certaines décisions, telles que l'orientation sur un internat scolaire. Ils pensent que, venant de moi, cela aura plus de poids.

Leur absence m'ennuie. Je vérifierai demain si la convocation est bien partie et je leur proposerai une nouvelle date.

Contrairement à une idée largement répandue, les adoptions d'enfants « réussissent », preuve peut-être que les précautions prises et le temps passé à favoriser la rencontre entre les adultes et l'enfant ne sont peut-être pas inutiles. De quoi justifier ce parcours du combattant souvent évoqué, ainsi que la méticulosité des services sociaux que l'on prend, à tort, pour de l'indifférence.

Dans la mesure où le tribunal pour enfants est un bon révélateur des dysfonctionnements sociétaux, je peux attester que très peu d'enfants adoptés se retrouvent un jour dans mon cabinet. Certes, je me souviens d'une enfant de huit ans, interpellée alors qu'elle était en fugue, qui se plaignait des violences de son père adoptif, mais surtout de l'amie de celui-ci. Cette petite Thaïlandaise avait été adoptée, à la demande de sa mère, par ce couple qui la connaissait bien. L'adoption datait de quelques mois. La petite avait trouvé le moyen de s'échapper peu après son arrivée avec ses parents, en France, pour les vacances. L'évocation de la Thaïlande me rappelait tristement la situation critique de ce pays en matière de droits de l'enfant : la mère n'avait-elle pas vendu sa fille à un riche touriste étranger en mal de chair fraîche ? Je pouvais, hélas, tout imaginer.

Quand le père adoptif, un monsieur d'une soixantaine d'années, est venu me voir avec sa compagne, j'ai été tenté de croire à son histoire. Il avait voulu rendre service à la mère. Il demeurait à titre principal en Thaïlande où il était en coopération pour l'Éducation nationale. Son amie était également enseignante. Ni l'un ni l'autre ne comprenaient la fugue de l'enfant alors que tout se passait bien. Ils me montrèrent une série de photos prises dans leur appartement en Thaïlande, où l'enfant irradiait de bonheur dans les bras du couple. Elle n'avait en rien l'air d'une enfant violentée physiquement ou sexuellement. Ils me demandèrent de reprendre Anne pour repartir en Thaïlande. Évidemment, j'hésitais et je le leur dis. Auraient-ils demeuré en France que j'aurais hésité de la même façon, mais en Thaïlande je n'avais plus aucun moyen de rattraper le coup si je me trompais. J'ai donc attendu plusieurs jours afin de recevoir le rapport du foyer de l'enfance. Entre-temps, j'ai veillé à ce que le couple rencontre plusieurs fois la petite Anne et qu'ils passent du temps ensemble.

Nous avons observé les réactions de l'enfant. Apparemment, Anne était heureuse de retrouver ses adoptants. Alors pourquoi avait-elle fugué ? Peut-être avait-elle craint de ne plus revenir dans son pays, d'être coupée à jamais de sa mère naturelle ? Ils devaient retourner en Thaïlande avec elle, et sans doute avait-elle mal compris le sens de ce voyage, son premier grand voyage. Avec l'aide des travailleurs sociaux du foyer de l'enfance, ces parents adoptifs se sont évertués à la rassurer. Au bout de quelques jours, le foyer m'a confirmé que tout semblait rétabli et j'ai donné mainlevée, après avoir conseillé aux parents d'être plus respectueux du rythme de la fillette et de prendre l'avis d'un psychologue à leur retour.

Les cas similaires à ceux d'Anthony et d'Anne sont rares parmi les dizaines de milliers d'« enfants du juge ». Sans affirmer qu'ils se portent mieux que les autres, je ne suis pas surpris d'apprendre, à travers les travaux de M. Michel Duyme du CNRS, que les enfants adoptés ont un fonctionnement intellectuel parfois supérieur à la normale, preuve que l'inné doit être relativisé au regard de l'acquis. Ces résultats nous confirment que, là encore, l'action sociale est d'une grande efficacité. Avec ses collègues chercheurs du CNRS, M. Assailly et J.-P. Corbillon, M. Duyme nous avait déjà démontré, voici quelques années, que, contrairement à l'idée reçue, l'Aide sociale à l'enfance parvient à rompre la chaîne de l'exclusion. À la question : « Combien d'enfants aujourd'hui confiés à l'ASE ont eu des parents qui, eux-mêmes, étaient pris en charge ? », le simple quidam confiné dans l'image désuète de l'Assistance publique, le député ou le président de la commission des affaires sociales de son département répondront : « Beaucoup ! » J'en ai fait l'expérience lors de mon audition, en 1996, par l'Assemblée nationale pour la proposition de loi Mattei sur l'adoption.

– Beaucoup, d'accord, mais combien ?

– 50 %, peut-être plus, se hasarda un député prudent.

– Mais encore ?

– 75-80 % ! ajouta un autre, plus intrépide.

Ils tombèrent de haut à l'énoncé des travaux du CNRS, qui montrèrent que le chiffre réel se situe entre 4 à 6 %, et est, en tout état de cause, inférieur à 10 %. Ces travaux ont été corroborés par ceux menés sur le devenir des enfants confiés à la PJJ. Les premiers surpris par cette donnée furent, je me souviens, les professionnels du social eux-mêmes qui ont une fâcheuse tendance à véhiculer des images négatives sur leur intervention. Preuve, s'il en est, que nos parlementaires peuvent légiférer sur des sujets qu'ils ignorent ! Mais excellente démonstration que, par notre travail et par la mobilisation des compétences de tous les intéressés, nous pouvons rompre la chaîne de l'exclusion sociale et intervenir sur ce que beaucoup perçoivent comme une fatalité.

De même, les adoptions se passent bien mieux que nous ne le pensons communément même si celles d'enfants étrangers – trois mille sept cent soixante-dix-sept en 1998 – sont plus aléatoires compte tenu de conditions de préparation généralement plus sommaires que pour les adoptions nationales. Cette alchimie extraordinaire, à savoir l'alliance d'un enfant venu d'ailleurs avec des adultes prêts à l'accueillir, qu'ils aient ou non des enfants, surprend mais fonctionne plutôt bien. On évalue à environ vingt mille le nombre de personnes en France qui souhaiteraient accueillir un enfant. À l'occasion du débat sur le PACS, des célibataires délibérés ou non et des homosexuels relancèrent la question de leur droit à l'adoption. Notre société ne leur reconnaît pas ce droit et ne veut pas le reconnaître. Sur le sujet de l'adoption en général, comme sur la question des origines, elle semble d'ailleurs toujours balancer entre les intérêts de l'adulte et ceux de l'enfant... En fait, le nœud du problème est là.

N'oublions pas que l'adoption pour les enfants n'existe que depuis 1923 et qu'elle est née quelques années après la fin de la Grande Guerre de 14-18, afin que les orphelins des poilus de Verdun ne subissent pas le même sort que les enfants des prostituées confiés à l'Assistance publique de l'époque ! Elle permettait à un enfant sans famille de s'inscrire affectivement et juridiquement dans une famille qui deviendrait alors la sienne. L'adoption n'a pas, et n'a jamais eu, vocation à « donner » un enfant à des personnes vivant ou non en couple, d'un même sexe ou non, désireuses d'être parents. Même si ce souhait d'être parent est louable, et je sais combien souffrent de ne pouvoir le réaliser. Personnellement je souhaiterais être jeune, beau, riche et svelte, mais personne ne me donne des assurances de l'être un jour, tout au plus m'exprime-t-on de la compassion sur ma (légère) surcharge pondérale ! En d'autres termes, il faut savoir faire son deuil de l'enfant qu'on n'a pas.

Au risque de choquer, j'affirme que l'enfant délaissé n'est pas un produit de compensation pour frustrés de parentalité. Il nous revient prioritairement de trouver à cet enfant sans famille, laissé à lui-même ou confié aux services sociaux, la ou les personnes qui pourront lui apporter ce que dans notre société nous estimons être les meilleures chances de se développer harmonieusement. A priori, et sans remettre en cause les qualités humaines, la capacité affective, les compétences parentales de personnes célibataires ou homosexuelles, il me semble que les références paternelle et maternelle du couple hétérosexuel sont les meilleurs facteurs d'équilibre existant. Sans en arriver aux théories naturalistes, je pense que, sous nos cieux, on n'a pas encore inventé mieux qu'un papa et une maman nettement identifiés pour élever un enfant. Ce qui ne signifie pas qu'une personne homosexuelle ne puisse pas être un bon éducateur pour un enfant. Sa sexualité ne lui donne aucun droit particulier mais ne le prive de rien. Elle doit être indifférente.

Le Conseil d'État rappelle ainsi que l'on n'a pas à faire interférer la dimension sexuelle et personnelle dans l'habilitation à adopter. En revanche, cette donnée peut jouer s'il s'agit de confier tel ou tel enfant qui, en fonction de son âge ou de sa personnalité, supporterait mal de vivre dans un milieu homosexuel...

Eu égard à tous les couples hétérosexuels « disponibles sur le marché », peut-être devrait-on s'efforcer de confier un enfant à l'un d'entre eux avant de s'orienter dans une voie différente. À moins que des raisons particulières, liées aux besoins de l'enfant, ne poussent à le confier à une personne qui se révèle – mais peu importe au regard de l'objectif – être homosexuelle... Je sais que mon discours sera perçu comme homophobe, ce qu'il n'est pas; il se veut institutionnel et de bon sens. Mon souci permanent est de ne jamais oublier que l'enfant n'est pas un objet de désir, mais un être qui existe de lui-même, pour lui-même.

À cet égard, l'adoption a généré de bien mauvaises habitudes : il a fallu, par exemple, attendre 1984 et la loi que nous avons fait voter avec Georgina Dufoix, pour que les enfants porteurs de handicap aient aussi la chance d'être adoptés. On estimait, jusque-là, que les adoptants étaient trop bons pour qu'on leur confie un enfant diminué! Désormais, tous les enfants ont officiellement le droit de retrouver une famille par l'adoption, qu'ils soient jaunes, verts ou rouges, en bonne santé, malades ou handicapés. C'est ainsi que, chaque année, en France, des familles adoptent dans la plus grande discrétion des enfants qu'ils savent être condamnés à mort par la maladie, afin de leur procurer le bonheur d'avoir appartenu, ne serait-ce que quelques mois, à une famille! Je dois dire que la légalisation de cette pratique me donne une satisfaction intense.

Parmi ces mauvaises habitudes qu'il est urgent de supprimer, je pense à cette disposition de l'adoption plénière qui fait que l'on nie le passé de l'enfant. On veut quasiment forger l'enfant adopté à l'image de celui qui aurait dû naître dans la famille d'adoption et on lui reconstitue son état civil. Comment faire sien un enfant qu'on n'a pas généré? Sans doute en l'adoptant comme il est, avec son histoire, sa singularité, ses qualités et ses défauts. Un lien indéfectible doit forcément exister entre l'enfant adopté et les adultes qui l'accueillent, mais pourquoi aller jusqu'à lui substituer une identité à une autre? Cette amputation de l'enfant ne s'impose pas. J'ai vu beaucoup de petits Africains, dont on avait changé l'identité pour des raisons incompréhensibles, sombrer vers dix-douze ans dans la révolte et la délinquance.

Dans le même esprit, il faut en finir avec le parcours du combattant que subit quiconque veut connaître ses origines. Chacun d'entre nous doit pouvoir savoir, s'il le souhaite, qui est son père et qui est sa mère. Les résistances sont toujours aussi vives à cette évocation. L'idée que l'enfant appartienne à ses parents est coriace. D'ailleurs, là encore, les mots ont du sens : on dit « j'ai un enfant » comme on dirait « je le possède », alors que l'on devrait toujours dire « je suis le père de... » qui exprime le fait d'être parent. Les parents adoptifs sont souvent déstructurés à l'idée que l'enfant apprenne le nom de ses géniteurs, comme s'ils allaient être contestés dans leurs compétences et dans leur affection.

Ici plus qu'ailleurs, l'angoisse des adultes alimente celle des enfants. On peut aimer un enfant parce qu'il nous est cher et non pas parce que nous l'avons engendré. L'actualité du sujet n'échappera à personne : aujourd'hui, un million et demi d'enfants sont élevés par un beau-père ou une belle-mère qu'ils doivent apprendre à respecter et pas uniquement parce qu'ils les nourrissent, les hébergent et qu'ils s'occupent d'eux.

Là encore, les adultes, s'ils ont gagné en liberté dans leur vie affective et matrimoniale, n'ont pas su maîtriser les conséquences pour les plus fragiles, à savoir les enfants.

J'ai vu des adolescents bouleversés d'apprendre par une voisine, bien intentionnée, que leur mère ou leur père n'étaient pas leurs « vrais parents ». Bonjour les dégâts! Comment imaginer fonder une relation avec une telle escroquerie! Comment penser que l'enfant vous conservera sa confiance! L'adoption est une deuxième naissance. C'est une joie et un bonheur. Il faut la « parler » pour la dédramatiser. On voit aujourd'hui de plus en plus d'enfants chercher à connaître leurs géniteurs sans pour autant nier ce que leurs parents adoptifs leur ont apporté et sans remettre en cause l'affection qu'ils ont pour ceux-là. Voilà une démarche saine. Trop longtemps on nous a seriné qu'il ne fallait rien dire! Cela n'a pourtant rien d'extraordinaire ni de honteux d'être né dans une famille et d'être élevé dans une autre qui soit tout simplement aimante de ce que vous êtes. On l'accepte bien des adultes. On rigole des huit mariages de Gloria Lasso ou d'Eddie Barclay, mais on admet très bien que l'un et l'autre aient des vies à rebondissements. Pourquoi ne pas l'accepter des enfants qui, en plus, n'y sont pour rien ?

Je ne conclurai pas cette réflexion sur l'adoption sans aborder la question sensible de l'accouchement sous « X » qui veut que certaines femmes puissent en toute légalité non seulement confier leur enfant à l'Aide sociale à l'enfance dès la naissance, mais encore l'amputer de sa filiation. Il s'agit d'une disposition à caractère administratif et pétainiste introduite dans notre code civil en 1993 par la gauche au pouvoir, dont nous avons, avec le Luxembourg, le monopole en Europe.

Plus que jamais, la question essentielle de notre société est celle du lien. « D'où viens-je et dans quel État j'erre ? », qui ramènent aux thèmes de la vie, de la mort et surtout de la filiation. Chacun d'entre nous s'est un jour posé la question de savoir si son père et sa mère étaient bien les siens. On retrouve les déclinaisons de cette question centrale du lien avec la nationalité, l'inscription dans un territoire ou dans une culture : culture jeune, culture de cité, culture communautaire.

Il est tout de même choquant que nous n'arrivions toujours pas à comprendre la souffrance de ceux qui sont amputés d'une partie d'eux-mêmes et que l'on laisse dans l'ignorance... pour la paix des familles ! Tout cela n'est en réalité qu'une escroquerie moderne destinée à garantir les droits des adultes. Ceux qui cherchent à remonter le cours de leur histoire sont souvent à vif. Ils ne supportent pas que l'État connaisse la vérité et la leur refuse. Le simple fait de leur dire qu'ils peuvent accéder à leur dossier les soulagerait de cette quête douloureuse et je suis sûr que peu d'entre eux feraient d'ailleurs usage de ce droit. Actuellement, les témoignages nous arrivent quotidiennement : ils ne peuvent pas accéder à ces informations, soit que l'administration y fasse formellement obstacle, soit que le dossier ait été organisé pour être vide, ce qui est inadmissible, car le rôle de la puissance publique est bien de protéger le plus faible, en l'espèce l'enfant.

Dans un sondage Sofres de 1985, nous étions 11 % à affirmer le droit de l'enfant à connaître ses origines. Aujourd'hui, nous devons vraisemblablement être majoritaires, mais les résistances restent vives. Il est vrai qu'on imagine mal de poser un principe général permettant à tout un chacun de vérifier d'où il vient. En effet, cela supposerait que tout enfant pourrait un jour poser la question, test à l'appui :

– Papa adoré blond, es-tu vraiment mon papa ?

Imaginez la scène. Comme dans toute famille bourgeoise, madame est dans sa cuisine, ouverte désormais sur le salon, afin qu'elle ne s'imagine pas être enfermée dans son rôle de cuisinière. Monsieur a mis ses charentaises – elles reviennent en force depuis peu ; il sirote son whisky et lit, selon le cas, *Le Figaro*, *Le Monde* ou plus sûrement *L'Équipe* ou *Ouest-France*.

Paul, grande perche au visage boutonneux et aux cheveux frisés, croit la jouer fine :

– Papa, peux-tu frotter ce bâtonnet à l'intérieur de ta bouche. On va savoir si tu es bien mon père.

Car la science permet aujourd'hui des expériences qui n'existaient pas jadis pour faire la preuve de la filiation. Imaginez la tête de madame qui connaît la réponse sans pratiquer le test ! On comprend que la paix des familles se sente menacée par ceux qui sont désireux de connaître leur géniteur.

Puisque nous ne cessons de dire aux jeunes que droit rime avec devoir, commençons à nous appliquer cette règle : on assume l'enfant que l'on fait. Concept judéo-chrétien, qui peut être également laïc si nous inscrivons cette référence dans notre droit. Nous serions alors en conformité avec l'article 7 de la Convention des Nations unies sur les droits de l'enfant, ce qui n'est pas le cas actuellement. À quoi sert d'entonner l'hymne aux responsabilités parentales quand la première marche de ce bel édifice est escamotée et que la loi n'est pas capable de garantir à l'enfant le droit d'avoir un père et une mère dignes de ce nom ? Aujourd'hui, pour presque un enfant sur deux, il dépend du bon vouloir de son géniteur – et de sa mère ! – qu'il ait un père légal. Il est temps d'instituer légalement les pères pour tous les enfants. Déjà, nous les hommes mariés, sommes réputés être les pères des enfants dont nos femmes accouchent. Merci Napoléon ! Bien que, d'après le Centre du droit de la famille de Lyon III, l'on sache que cette présomption est fausse dans 6 à 10 % des cas... Plus difficilement crédible, le rapport Lenoir sur les procréations assistées estime l'erreur entre 10 à 20 %.

De nos jours, plus de 40 % des enfants naissent hors le mariage de leurs parents. Il dépendra alors du bon vouloir des géniteurs qu'ils les reconnaissent, agissent en justice ou se comportent comme parents, que les enfants aient ou non une filiation totalement établie. Or, et c'est pourquoi cette question me tient tant à cœur, ce sont parmi ces enfants privés d'entrée de jeu de père que je retrouve la plupart de « mes clients ». Comment certaines femmes n'ont-elles pas encore compris que, pour avoir une vie familiale et sociale, l'enfant devait avoir un père investi comme tel ?

L'absence des pères sinon des hommes dans l'univers des enfants que nous avons en charge est un problème crucial. Ce n'est d'ailleurs pas toujours une absence physique. Ce peut être un manque de disponibilité ou tout simplement de relations. Pour leur poser fréquemment la question, je suis sidéré du nombre de jeunes qui ne connaissent pas le métier de leur père et a fortiori qui ne sont jamais allés le voir sur son lieu de travail. Cette vie cloisonnée est symptomatique et révélatrice d'une non-communication. L'identification au père n'en est pas facilitée.

La liste des mises à jour législatives qui s'imposent est évidente : rendre obligatoire l'établissement de la filiation paternelle et maternelle comme en Suède, et récemment au Portugal, poser en toutes circonstances les principes de la coresponsabilité parentale ; admettre qu'un enfant puisse avoir une filiation biologique et, dans le même temps, être attaché à une personne qui l'aura élevé : cette filiation affective est essentielle également. Ni plus ni moins. Chacun d'entre nous est fait de couches successives. Admettons que le biologique et l'affectif sont aussi importants l'un que l'autre, quand aujourd'hui certains tentent de supprimer l'un ou l'autre. Mon slogan est simple : 1 + 1 = 1 ! L'enfant est fait de tous les apports qui s'additionnent et le rendent unique, différent et notamment de ceux qui l'élèvent.

On dit que l'adoption est un parcours aux multiples obstacles. C'est un peu vrai, mais la décision est primordiale, aucun droit à l'erreur n'est permis. Actuellement, et l'on doit s'en réjouir, il y a de moins en moins d'enfants adoptables dans nos pays : un peu moins de quatre mille en France. Au début du siècle, pour une population française moitié moindre qu'aujourd'hui, il y en avait cent cinquante mille. Les causes de cette diminution sont multiples : l'amélioration générale des conditions de vie, la maîtrise de la contraception, et son corollaire, l'arrivée d'enfants désirés et non subis, l'amélioration considérable du statut social fait aux mères célibataires, tout cela a contribué à un meilleur accueil de l'enfant que par le passé.

Devant les difficultés qu'ils rencontrent chez eux pour adopter un enfant, les Européens se tournent massivement vers les pays du quart ou du tiers-monde : les journaux télévisés nous montrent les images de nombreux enfants abandonnés. En quinze ans, l'augmentation de l'adoption transnationale, (l'expression me semble préférable à internationale) a été importante. Il y eut trois mille sept cents enfants étrangers adoptés en 1998 par des Français. Aujourd'hui, sur trois enfants adoptés, deux sont étrangers. Cette forme d'adoption n'est pas aussi aisée qu'elle pourrait leur paraître de prime abord. Il leur faut obtenir l'agrément des autorités françaises qui s'y opposent plus souvent qu'on ne le pense. Je me souviens de deux personnes âgées de quarante-huit et cinquante-huit ans qui demandaient au médiateur de la République d'intervenir en leur faveur car on leur refusait l'agrément sous prétexte qu'ils étaient l'un et l'autre aveugles. Ce refus n'empêcha pas un juge brésilien de leur confier deux jeunes enfants, dont un âgé de dix-huit mois !

Dans ces tractations, les intermédiaires coûtent cher, parfois très cher, sans compter, ce qui est plus normal, le fait d'assumer une partie des frais engagés depuis sa naissance pour les soins du jeune enfant. Il faut encore que les autorités et les différents intervenants du pays d'origine acceptent les départs parfois massifs et peu discrets d'enfants. Un temps, les autorités coréennes avaient fait de l'adoption une stratégie de conquête du monde, mais c'était en réalité une justification a posteriori d'un phénomène qu'elles ne pouvaient pas juguler. L'adoption transnationale peut être truffée de pièges infernaux qui vont de l'escroquerie classique au piège d'État, comme le pratiquait si bien M. Ceausescu, l'ancien dictateur roumain, qui se donnait ainsi une marge de négociation internationale.

Les autorités françaises doivent faire preuve d'une vigilance particulière, sachant que nos ressortissants sont prêts à tout pour avoir cet enfant de l'impossible... jusqu'à rédiger une fausse déclaration de naissance à l'ambassade de France à l'étranger, ce qui en France leur vaudrait plusieurs années de prison ! Les incidents diplomatiques fleurissent régulièrement sur ce sujet délicat où les États sont particulièrement soucieux de ne pas apparaître incapables d'assumer le minimum à leurs enfants !

La récente décision de la France de suspendre les adoptions d'enfants vietnamiens a suscité l'ire des associations de parents adoptifs alors qu'elle s'imposait de façon urgente devant les multiples dysfonctionnements observés. À cet égard, je reste frappé par la pratique du double discours : d'un côté on jure la main sur le cœur qu'il faut veiller au respect du droit des enfants, et de l'autre on accepterait n'importe quoi sous couvert de l'intérêt de l'enfant pour satisfaire ses attentes d'adulte !

L'intérêt de l'enfant : voilà encore un beau sujet d'illustration de l'hypocrisie humaine ! Je dis souvent que c'est au nom de l'intérêt des enfants que j'ai assisté aux plus belles atteintes de leurs droits. En vérité, le prétendu intérêt de l'enfant dissimule toujours l'intérêt de l'adulte qui le prône. On dit, par exemple, que c'est l'intérêt d'un enfant de ne pas être séparé de son frère ou de sa sœur, lorsque l'on voudrait prendre en charge les deux enfants. Mais, lors de conflits entre parents, celui qui évoque cet intérêt propose rarement que le petit frère rejoigne sa sœur... chez l'autre parent ! Et on les sépare sans aucune mauvaise conscience... Personnellement, je préfère tenter d'identifier les besoins de l'enfant dont il s'agit et de veiller au respect de ses droits comme celui de ne pas être séparé de sa fratrie.

L'absence de M. et Mme Virelles est regrettable, mais elle va me permettre de gagner du temps dans l'examen des piles de dossiers et de lettres qui attendent.

Mon courrier quotidien se compose essentiellement des rapports de l'Aide sociale à l'enfance, des comptes rendus de mesures comme les mesures d'AEMO (Aide éducative en milieu ouvert) exercées par les équipes publiques ou privées que j'ai mandatées, des rapports d'enquêtes de personnalité, des signalements m'alertant sur de nouveaux cas d'enfants en danger. Je suis prévenu immédiatement de tout changement concernant l'enfant qui vit dans une famille d'accueil ou dans un foyer, ainsi que des violences, coups d'éclat ou fugues de mineurs placés en institutions.

Des parents dont les enfants seront confiés à des services pour négligences ou maltraitances me réclament des droits de visite ou d'hébergement. Dans ce cas particulier, l'étude du courrier est particulièrement longue et délicate. Je dois me reporter au dossier pour vérifier les engagements des uns et des autres, les échéances, et transmettre les correspondances aux travailleurs sociaux afin qu'ils se livrent à de nouvelles enquêtes sur les parents et sur le bien-fondé de leurs demandes.

Certaines lettres ne peuvent pas attendre. À la personne qui me signale les cris quotidiens d'un enfant battu par une mère alcoolique dans l'appartement voisin, je ne réponds pas immédiatement mais je rédige dans l'heure un fax pour les services sociaux ou la police. Pas question de perdre du temps. Je reconnais dans la pile de courrier le tampon de la Direction du contrôle de l'immigration de l'aéroport Charles-de-Gaulle qui me transmet une demande d'asile politique présentée par Anne Zeukine, Rwandaise, avec son petit enfant de trois ans, Émile. L'un des chefs de service de l'ASE me raconte le vent de panique qui a soufflé pendant quelques heures car, écrit-il, « Mme Zeukine était tellement enceinte qu'elle a failli accoucher dans les locaux de Roissy ! » Elle a été conduite d'urgence à l'hôpital, et l'Aide sociale à l'enfance de Sevran a accueilli Émile le temps que sa mère revienne.

En fait, cette péripétie a déjà quelques jours parce que l'ASE me fait parvenir également une lettre de la jeune femme qui dit vouloir récupérer son enfant et qui demande la fin de la mesure de placement provisoire. « Émile est triste sans nous, il est venu me voir tous les jours à la maternité, maintenant il veut vivre avec moi et sa petite sœur. » Je rédige immédiatement la mainlevée de la mesure de placement provisoire afin que cette petite famille se recompose au plus vite. À propos, la maman était tellement reconnaissante aux services de l'aéroport que, pour remercier ses sauveteurs, elle a voulu appeler sa fille « Roissie ». Devant la stupéfaction générale, elle s'est contentée de l'appeler Charlyne...

Il est 19 heures et mon dernier rendez-vous est arrivé.

19 heures

La journée commence à être longue.

Je vais rejoindre la salle d'attente pour appeler Mme Andréa et son fils. Une femme d'une cinquantaine d'années m'interpelle à ce moment.

– Monsieur le Juge, je suis l'assistante sociale de l'institution où vit Alexandre Andréa. Je souhaite m'entretenir avec vous. Pouvez-vous me recevoir avant eux ?

Par expérience, j'essaie toujours d'éviter ce genre de situation. En recevant, hors sa présence, un travailleur social, la famille peut penser que je fomente je ne sais quel complot contre elle, ou que je parle dans son dos. Je n'y recours que très exceptionnellement.

– Sachez que je restituerai tout à l'heure tout ce que vous m'aurez dit !

– Mais ce n'est pas possible, je suis mandatée par l'équipe médicale pour vous faire part de ses inquiétudes concernant Alexandre. Le médecin-chef a insisté pour que je vous voie avant, sous le sceau du secret.

– Soit, mais nous sommes dans un tribunal et pas dans un hôpital. Il existe un principe qui s'appelle le contradictoire : tout ce qui me permet de fonder ma décision doit avoir été entendu et débattu par les deux parties. Il n'y a pas de secret qui tienne. En l'espèce, Alexandre et sa mère doivent savoir ce qui vous inquiète.

Évidemment, mon interlocutrice n'est pas d'accord et elle le montre. Elle s'installe et me délivre le message qu'elle a eu mandat de me faire passer. Sans doute pense-t-elle qu'en homme raisonnable je me rallierai bientôt à son point de vue.

Voici donc, en substance, ce qui préoccupe l'équipe du placement familial thérapeutique : le petit Alexandre a quelques problèmes psychologiques qui supposent, semble-t-il, une prise en charge soutenue que Mme Andréa, bien que s'occupant parfaitement de son fils, ne peut pas assurer. Elle est autorisée à prendre son enfant en week-end tous les quinze jours. Or, il se trouve que Mme Andréa est particulièrement ravissante et que le voisin de l'étage supérieur a entrepris de la séduire. Je commence à me demander où mon interlocutrice veut en venir et, surtout, je m'interroge sur les services de renseignement de cette équipe de placement thérapeutique. J'ai l'impression d'avoir en face de moi un agent du KGB... J'imagine le médecin-chef avec un imperméable couleur mastic et un chapeau de feutre noir surveillant dans l'escalier les allers-retours du monsieur entre le quatrième et le cinquième étage ! L'assistante sociale semble être arrivée au bout de sa démonstration :

– En fait, nous soupçonnons monsieur de courtiser madame pour obtenir les faveurs de l'enfant ! Bref, nous sentons un climat de pédophilie !

– Et qu'est-ce qui vous fait dire cela ?

– Rien de précis... mais c'est le sentiment général!

– En avez-vous parlé à Mme Andréa?

– Certainement pas. Nous voulons d'abord en avoir la certitude... Nous lui en parlerons à la fin de la thérapie d'Alexandre.

– C'est-à-dire?

– Dans deux ans!

Je suis stupéfait et furieux de ce que je viens d'entendre. En fait, on accuse cette mère d'être incapable de protéger son fils, sur la base d'un soupçon dont on ne lui parle même pas. Un bon prétexte pour empêcher l'enfant de rentrer chez lui!

– Bon. On arrête là, dis-je à mon interlocutrice. Je vais recevoir tout le monde.

Je ne me trompais pas en sentant qu'on voulait me piéger lors de cet entretien préalable qui n'avait pour but que de me programmer à refuser le droit d'hébergement que Mme Andréa demandait officiellement et qu'on avait décidé de lui retirer. L'institution acceptait que madame voie son fils... mais dans ses locaux. Combien de temps? « Un certain temps! » aurait dit l'humoriste Fernand Raynaud en parlant du temps nécessaire à un fût de canon pour refroidir...

Je fais entrer Alexandre, douze ans, petit bonhomme un peu chétif, à coup sûr peu expansif, sa mère et l'éducatrice qui exerce la mesure d'AEMO.

– Si je comprends bien, madame, votre enfant se trouve au service de placement thérapeutique à votre demande, dans le cadre d'une prise en charge par la CDES (Commission départementale d'éducation spécialisée).

– C'est exact.

– J'ai vu dans le dossier que le juge pour enfants de Poitiers a été saisi lors de votre hospitalisation qui vous empêchait, momentanément, de vous occuper d'Alexandre. Quelque temps après, vous avez fait une dépression et, si je ne me trompe pas, une tentative de suicide voici deux ans... Le père d'Alexandre ne s'occupe pas du tout de lui?

– Il est parti quand le petit avait six ans. Je l'élève seule. Nous n'avons plus de nouvelles de son père depuis longtemps. Nous en avons souffert tous les deux.

– Vous n'étiez pas mariés?

– Non.

– Il l'a reconnu?

– Oui, mais c'est moi qui ai l'autorité parentale.

L'éducatrice désire intervenir :

– Mme Andréa fait de gros efforts pour reconstruire sa vie. Au sortir de l'hôpital, elle a retrouvé un travail. Cela n'a pas été facile. Elle est encore fragile, mais elle s'occupe au mieux d'Alexandre.

Je reprends l'examen de la situation afin de vérifier les termes du problème à trancher. Je m'adresse à nouveau à Mme Andréa.

– Si je comprends bien, il y a du progrès, mais les conditions ne sont pas encore toutes réunies pour qu'Alexandre revienne définitivement chez vous...

– Il n'y a pas que cela. Je sais qu'il a besoin d'un suivi psychologique et que cet encadrement lui est offert dans la famille d'accueil où il vit actuellement. Et je le vois tous les quinze jours. J'espère que dans peu de temps il pourra revenir à la maison. En attendant, je souhaite le recevoir plus régulièrement, et plus longuement. Je n'ai pu le prendre qu'à Noël et à Pâques. C'est trop peu, monsieur le Juge.

Je sens qu'en face de moi l'assistante sociale piaffe d'impatience. On s'approche de la ligne de défense qu'on lui a demandé de tenir. Je lui donne la parole.

– Je tiens à insister sur le fait que l'équipe thérapeutique n'est pas favorable à ce qu'Alexandre aille chez sa mère. Pour l'instant, nous proposons que ces rencontres se fassent chez nous.

– Eh bien, parlons-en. Vous me disiez tout à l'heure que vous aviez des inquiétudes sur le comportement du voisin du dessus. Peut-être avez-vous des faits précis qui me permettraient d'apprécier...

L'assistante sociale pique un fard et plonge le nez dans son dossier. J'avais pourtant prévenu qu'on se parlerait en toute transparence, mais le message n'est pas passé. Je me tourne vers Mme Andréa.

– Madame, sans entrer dans le détail de votre vie privée qui ne m'intéresse pas et sur laquelle vous n'avez pas à vous justifier, entretenez-vous des relations avec ce voisin ?

– On se croise de temps en temps. Il me plaît. Et je crois que je ne lui déplais pas. Mais sans plus. En tout cas pour l'instant.

– Êtes-vous inquiète du comportement de ce monsieur avec votre fils ?

– Ils se sont vus une seule fois, quelques minutes. Il a été correct. J'étais là. Il ne l'a jamais vu sans moi. Et il n'y a d'ailleurs aucune raison qu'il le voie en mon absence...

Tant qu'à mettre les pieds dans le plat, allons jusqu'au bout...

– ... parce que, apparemment, le service craint que ce monsieur ne tente de vous séduire pour mieux approcher votre fils. En gros, votre voisin serait bien plus intéressé par les petits garçons que par leurs jolies mamans...

Cela m'ennuie un brin qu'Alexandre entende cela, mais il semble plongé dans sa bande dessinée. Il ne réagit pas particulièrement. Mais je parierais qu'il ne loupe rien.

Sur mon dernier propos, Mme Andréa est muette de saisissement. Visiblement, elle découvre un autre monde. Je reprends :

– Madame, pour parler clair, que feriez-vous si vous aviez des doutes sérieux sur l'attitude de ce monsieur à l'égard de votre fils ?

– J'arrêterais immédiatement de le voir, évidemment ! Et je préviendrais la police.

– Bon réflexe.

L'assistante sociale qui a repris ses esprits intervient alors sans me demander la parole avec vigueur et indignation.

– Mais, monsieur le Juge, il y a une ambiance pédophile. Vous ne pouvez pas prendre de risque pour Alexandre ! Et nous pensons...

Je l'interromps.

– Madame, vous oubliez que nous ne sommes pas à l'hôpital mais au tribunal. Je vous rappelle que je préside et vous voudrez bien prendre la parole quand je vous la donnerai. Maintenant je vais vous expliquer quelque chose : on ne peut pas se fonder sur des fantasmes ou des peurs pour limiter les droits des personnes. J'admets que votre équipe est vigilante, mais vous n'avez aucun élément de preuve concernant votre inquiétude, et surtout, comment pouvez-vous vous faire une idée si vous n'en avez pas discuté avec Mme Andréa alors qu'elle est concernée au premier chef ? Comment, vous qui êtes des professionnels de la question, pouvez-vous fonder une psychothérapie sur le non-dit ?

« En tant que juge, je me dois de vous dire deux ou trois petites choses qui semblent vous avoir totalement échappé et, pour des gens comme vous, je trouve cela gravissime.

« D'abord, Mme Andréa est titulaire de l'autorité parentale. Jusqu'ici, elle n'a pas failli à sa mission, sinon un coup de spleen lorsque son ami est parti. Visiblement, elle remonte la pente. Elle sait s'occuper de son enfant qui a besoin de soins, certes, mais surtout de sa mère et d'une mère en pleine forme. C'est madame qui a accepté de vous confier son enfant. Moi, je n'ai rien à lui reprocher. De plus, elle a réagi parfaitement, comme n'importe quelle mère, lorsque j'ai évoqué avec elle le danger que pouvait courir son fils.

« La deuxième chose, c'est qu'il faut des faits graves pour qu'un parent soit privé d'un droit d'hébergement. Déjà votre pratique est arbitraire car il n'y avait qu'un juge qui pouvait jusqu'ici empêcher madame de prendre son fils tous les week-ends. Vous n'en aviez pas le droit. De plus, je suppose que madame doit apprécier d'apprendre qu'elle n'est qu'un instrument de séduction afin de mieux tripoter son fils ! Je n'arrive pas à comprendre pourquoi vous l'avez laissée à l'extérieur de toutes vos suppositions ! Vous voudriez lui faire un procès d'intention que vous ne vous y prendriez pas autrement...

L'assistante sociale a l'air exsangue, comme assommée. Ce qui prouve l'urgence qu'il y avait à redresser la barre. En guise de bouquet final, je ne résiste pas à envoyer cette formule que j'aime et dont je ne me suis jamais lassé :

– La loi de la République n'est pas la loi de Freud ! Ici nous appliquons la loi de la République.

En prononçant ces doctes paroles, j'imagine la tête du chef de service à qui elles seront restituées.

– Et toi, Alexandre, que penses-tu de tout cela ?

Jusqu'ici, Alexandre, calé au fond de son fauteuil gris, n'a pas moufté. C'est un blondinet plutôt timide. Il semble compter les points.

– J'aime bien aller chez maman. Je voudrais y aller plus souvent. Quand est-ce que je reviens chez elle ?

– J'espère le plus vite possible. Nous y travaillons. Tu le vois.

Je ne l'interroge pas sur le voisin séducteur. Difficile de lui demander devant tout le monde :

« À propos est-ce que le monsieur du dessus te fait des avances quand il descend voir maman ? »

Il ne réagit pas. Apparemment, je le déroute.

Je peux rendre mon verdict sans état d'âme car ma religion est faite depuis longtemps.

– Madame, vous prendrez votre fils tous les week-ends, comme vous le souhaitez, ainsi que toutes les vacances. Vous

vous entendrez avec le service pour les horaires. Maintenant, soyez vigilante. Peut-être qu'effectivement le monsieur du haut est un satyre! Mais comme toutes les mères, ne laissez pas votre enfant avec n'importe qui, c'est tout. Il va de soi que je maintiens l'intervention de la Sauvegarde de l'enfance pour vous aider à vous organiser et à préparer les séjours chez vous, mais aussi le retour définitif d'Alexandre.

Je croyais en avoir terminé avec l'assistante sociale, mais « la bête » bouge encore :

– Je crains fort, dans ces conditions, que le docteur Dupont refuse de maintenir Alexandre dans notre service!

Cette dernière perfidie me fait littéralement exploser :

– Ce que vous dites est purement scandaleux! Il ne manquerait plus qu'il prive l'enfant d'une thérapie dont il a besoin, parce que le juge ne partage pas ses craintes sur les risques de pédophilie et la protection apportée par la mère. Si cela se produit, je vous jure que nous en reparlerons avec les responsables de la CDES et ils verront de quel bois je me chauffe! C'est tout de même incroyable cet acharnement!

L'assistante sociale quitte mon bureau sans un mot. La mère d'Alexandre se lève et sort après m'avoir serré la main très fort. Sur le pas de la porte, l'éducatrice d'AEMO me glisse :

– Vous avez eu raison. Cette femme est très bien. Je connaissais la position du placement familial thérapeutique. Elle est inadmissible. Je ne pouvais rien dire car je dois continuer à travailler avec eux pour Alexandre. Ils sont parfois d'une omnipotence écœurante. Il fallait les remettre à leur place. Je crains malheureusement qu'Alexandre n'en fasse les frais. Ils vont lui faire payer. S'il le faut, je lui trouverai autre chose.

(Effectivement, le lendemain, Mme Andréa m'apprit qu'Alexandre était renvoyé du placement thérapeutique. Finalement, je crois que c'est le meilleur service qu'ils pouvaient lui rendre. Comment auraient-ils pu faire du bon travail ensemble dans un tel climat de suspicion? J'adressai une lettre à ce médecin pour dénoncer ses contradictions. J'intervins aussi pour le principe auprès de la CDES pour faire connaître ce comportement inadmissible. Il va de soi que depuis je ne travaille plus avec ce service.)

En fait, au-delà de l'anecdote, cette histoire confirme ce que je percevais en pointillé. D'une façon générale, les institutions de pouvoir vivent leur rapport à la justice comme une chambre de soutien à leur action, alors qu'elle devrait être le lieu chargé de garantir les libertés fondamentales des individus. Lorsque le juge s'avise de ne pas être d'accord, il devient immédiatement l'empêcheur de tourner en rond. Et s'il refuse de jouer le jeu, il faut l'exclure, rompre avec lui pour rester entre soi. Les comportements sectaires : beau sujet à méditer. Et excellente illustration pour mes prochaines interventions publiques sur les logiques de pouvoir et notamment l'abus de pouvoir de certains médecins. Car il est certain que cette assistante sociale s'est faite le porte-parole du médecin-chef.

Profondément choqué par cette audience, mais pas mécontent d'avoir sauvé la veuve et l'orphelin, je plonge sur la pile de lettres que ma secrétaire m'a discrètement posée sur le fauteuil. Dans ce courrier du soir – il est déjà 20 heures – j'aimerais trouver des histoires drôles ou tendres... ou totalement invraisemblables, avec des assistantes sociales et des médecins-chefs qui m'écriraient d'une seule voix : « Monsieur le Juge, nous sommes tout à fait d'accord avec vous... »

En traversant le hall du tribunal pour rejoindre le parking, j'aperçois les lumières de la correctionnelle. Quelques personnes arpentent les couloirs autour de ses portes, en fumant et en buvant des canettes. Les poubelles débordent de journaux, de papiers gras, de gobelets. Il y a des mégots de cigarettes partout. Je suis surpris, comme tous les soirs, de l'état de saleté dans lequel le public laisse les lieux en fin de journée. Demain quand il le réinvestira, tout sera nickel. Je cours encore pour rejoindre Pantin et le lieu du débat sur la sécurité qui commence à 20 h 30. J'ai juste le temps de passer chez moi pour prendre un en-cas.

Mardi

9 heures à la cafétéria

Le substitut de permanence démarre très fort ce matin. Elle interrompt la discussion engagée autour du premier café avec les délégués du procureur – sur les difficultés des habitants des Francs-Moisins, cité de Saint-Denis réputée difficile.

– Voulez-vous innover ? me lance-t-elle.

Méfiant et pas tout à fait réveillé, j'essaie de botter en touche en murmurant un timide :

– Heu... pas nécessairement aujourd'hui...

En fait en venant au tribunal après une nuit un peu courte, suite au débat sur la sécurité, je me prenais à rêver d'une permanence plutôt calme...

– Voilà, poursuit notre collègue procureur en attrapant d'autorité une chaise et en s'installant. Cette nuit, on a arrêté Mohamed Bali que vous avez vu samedi dernier lors de votre permanence. Il conduisait une voiture volée tous feux éteints ; ils étaient deux. Les policiers ont voulu l'interpeller, mais il leur a foncé dessus. Ils l'ont évité de justesse. Finalement il a fini sa course contre un muret. La voiture est morte, mais lui n'a rien. Son passager s'est enfui. Mohamed sera présenté cet après-midi. Je vous propose de révoquer le contrôle judiciaire. Il faut marquer le coup et éviter un drame.

– Mais si je ne me trompe pas, il n'a que quatorze ans et demi. Ce n'est pas possible de l'incarcérer sur un incident à contrôle judiciaire !

– Si, c'est possible. J'ai une décision de la cour d'appel de Grenoble dans un cas analogue. Elle confirme le juge qui a incarcéré. Cette décision est distribuée par l'ENM (École nationale de la magistrature). Je vous en apporte tout à l'heure une photocopie.

J'avoue que je ne connaissais pas cette décision. Qui plus est, elle m'apparaît surprenante.

Le café aidant, cette affaire commence à me réveiller. Je vois venir la difficulté. L'idée avancée par le procureur me séduit, mais la procédure n'ira pas de soi. On verra cet après-midi. À chaque heure suffit sa peine. Il est temps de rejoindre le cabinet.

9 h 30

Aujourd'hui, la matinée est consacrée à l'audience de cabinet qui, contrairement à l'audience de tribunal pour enfants, ne concerne que les mineurs ayant commis des délits peu ou moyennement graves. J'en tiens en moyenne deux par mois.

En tout état de cause, cette audience est le passage obligé pour toutes les nouvelles requêtes pénales qui m'ont été adressées classiquement par le procureur de la République. Je vais procéder à des mises en examen (l'expression est relativement récente, auparavant on parlait d'inculpation), c'est-à-dire qu'en présence d'un avocat je vais leur annoncer officiellement ce qui leur est reproché. Après avoir recueilli leurs observations sur ces faits, je les interrogerai sur leurs conditions de vie et j'apprécierai si des mesures éducatives s'imposent.

Par ailleurs, il me faudra tenir compte des informations que je possède sur eux, notamment à travers d'autres dossiers pénaux ou d'une procédure d'assistance éducative déjà ouverte dans mon cabinet. L'entretien avec les parents me servira à évaluer les suites à donner. Éventuellement, je pourrais les juger immédiatement, à condition de ne prendre que des mesures éducatives. Lorsque je juge qu'un mineur a besoin d'un avertissement plus solennel, je renvoie l'affaire devant le tribunal pour enfants. Mais, en tout état de cause, tout découlera de l'évolution de leur comportement.

Comme tous les magistrats qui tiennent audience dans leur cabinet, le juge et son greffier sont en civil. Seul l'avocat est en robe. Depuis quelques années, je me suis rallié à l'argument d'une de mes collègues qui tient systématiquement ses audiences pénales en robe, sa greffière enfilant elle aussi la sienne. Un temps, je trouvais cela un peu contradictoire : quitte à marquer la fonction judiciaire, il aurait fallu aussi porter la robe pour les affaires d'enfants en danger ! Ma collègue a observé que, souvent, lorsque nous interrogeons des jeunes après leur passage dans un bureau de juge, ils contestent en toute bonne foi avoir été jugés. Ils n'ont pas vu arriver la moindre sanction. En fait, ils manquent de repères, qui plus est quand les mesures éducatives prononcées ne sont finalement que des mots. Il n'est donc pas inutile, à travers le port de la robe, et en cela l'argument de ma collègue est plein de bon sens, de leur signifier visuellement qu'ils sont dans une phase judiciaire, d'instruction ou de jugement.

Alors, je fais parfois comme elle, lorsque ma robe est présentable... et qu'il ne manque pas la moitié des boutons !

Dans la plupart des cas, le mineur, son avocat, un membre ou deux de la famille et un éducateur sont présents. Le procureur informé ne se déplace pas mais a fait connaître ses réquisitions par écrit sur le feuilleton d'audience, sorte de programme édité par la greffière. Trois dossiers pénaux m'attendent, que j'ai lus il y a quelques semaines pour préparer l'audience. Je les consulte rapidement afin de me remettre en mémoire les principaux événements de chaque affaire. J'ai aussi deux procédures d'enfants en danger.

Les histoires de l'enfance délinquante que le juge des enfants examine dans son cabinet sont particulièrement récurrentes : vol, violences, insultes aux forces de police, abus sexuels sont en substance les affaires que je retrouve dans les dossiers que me confie le parquet des mineurs. Et si je n'ai pas la mémoire des noms, les visages me rappellent instantanément les faits en détail. L'avocat de permanence est là. Je lui offre un café et nous commençons. Il me confirme que pour l'audience d'aujourd'hui la plupart des jeunes se sont bien rendus à son cabinet pour préparer leur défense; il y a donc tout lieu de penser qu'ils se présenteront.

C'est la première fois que je rencontre le jeune Wally Mariane. Il arrive accompagné de sa mère, ravissante jeune femme en robe traditionnelle africaine, le visage couvert de fines scarifications. Elle me fait un charmant sourire, la communication s'arrêtera là. Je suppose qu'elle ne parle pas un mot de français, mais elle est là pour supporter – au sens sportif du terme, quoique... – son rejeton. Le père a fière allure. Contrairement à son épouse, il est vêtu à l'occidentale et l'on sent qu'il s'est fait beau pour venir au tribunal.

Ce n'est pas la première fois que je constate ce genre de détail mais cela me touche toujours autant. Wally, lui, ressemble aux jeunes de son âge. Dix-sept ans, couvert de pied en cap de vêtements de marque. Toujours les mêmes, d'ailleurs, et toute la journée j'assiste à un véritable défilé de casquettes Lacoste, de blousons Nike et de baskets Reebok. Je ne comprendrai jamais comment une mère de famille de huit enfants se débrouille pour tous les habiller avec des chaussures à 1 000 F la paire ! Je devine comment certains se les procurent et c'est souvent pour cette raison qu'ils se retrouvent au tribunal. Mais je sais aussi que les parents, même dans la plus grande précarité, que l'on catalogue un peu vite comme « mauvais parents » se saignent pour donner à leurs enfants ce qu'il y a de meilleur.

Il s'agit, une fois de plus, d'une histoire de vol de sac à main dans une voiture. La victime est là aussi. Elle raconte :

– J'étais au volant de ma voiture, j'allais chez des amis. Je me suis arrêtée à un feu rouge. Tout d'un coup, la vitre a explosé, j'ai vu un bras pénétrer par le trou du carreau et quelqu'un m'a volé mon sac.

– Et vous avez reconnu ce jeune homme ?

– Non, pas du tout. Honnêtement, je ne peux pas dire que c'est lui. Alors, dans le doute, je préfère m'abstenir.

Un témoin comme on aimerait en voir plus souvent...

– Vous vous constituez partie civile pour votre sac ?

– Non. D'ailleurs, les policiers l'ont retrouvé quelques minutes après et j'ai tout récupéré.

Je la regarde avec étonnement. Que vient-elle faire là alors ? Je reprends le procès-verbal et je relis rapidement l'histoire. Le vol s'est passé ainsi que la victime l'a raconté. Mais les policiers en faction, cachés derrière un immeuble, ont observé toute la scène et se jettent à la poursuite du voleur qui balance le sac sans rien avoir eu le temps de prendre à l'intérieur. Quelques jours plus tard, alors qu'ils font une ronde dans une rue d'Épinay, ils reconnaissent formellement Wally Mariane comme l'auteur du vol. Ils l'arrêtent, l'emmènent au commissariat et l'interrogent, mais Wally nie tout en bloc.

Il soutient mordicus qu'il n'était même pas dehors à cette heure-là, qu'il regardait la télévision... et qu'il peut même raconter ce qui s'est passé pendant le feuilleton *New York Police Blues*! Bon, on va peut-être se passer de cet épisode. Wally ajoute dans le procès-verbal : « J'en ai marre, on me confond chaque fois avec l'autre. Mais c'est pas moi qui ai fait le coup. »

Je me tourne vers Wally :

– De qui parles-tu ? Avec qui les policiers te confondent-ils ?

– Mais avec Aristide Emmanuel ! Il est haïtien, il habite près de chez moi, on nous confond à chaque coup. Même sa mère, quand je suis dans la cabine téléphonique en bas de l'immeuble, elle m'appelle de la fenêtre. Elle croit que je suis son fils. Moi, j'ai l'habitude, je réponds même pas...

Je le regarde attentivement. Je connais bien la famille Emmanuel, et Aristide est une « vieille connaissance », tant je l'ai reçu dans ce bureau. Vraiment, les deux garçons se ressemblent beaucoup. Même tête rasée, petit bouc identique, même silhouette, mêmes vêtements. On s'y tromperait. J'interroge le père qui, droit sur sa chaise, écoute sans dire un mot, avec une placidité que rien ne paraît pouvoir ébranler.

– Et vous, monsieur, qu'en pensez-vous ? Ce vol, cela ressemble à votre fils ? Il traîne dans la cité ? Il fait partie d'une bande ?

– Mais non, monsieur le Juge, je n'ai jamais vu mon fils faire ce genre de chose. À la maison, il est très calme, il nous respecte, à l'école ça va, je ne sais pas du tout ce qu'on lui veut...

Je regarde la fiche signalétique de la famille. Père et mère d'origine ivoirienne. Profession du père · économe dans une grande chaîne d'hôtels. Profession de la mère : sans. Fratrie : seize frères et sœurs.

– Seize enfants !! Eh bien, dites donc, félicitations ! Ah, vraiment !

– Merci, monsieur le Juge, merci, murmure le père en se redressant sur son siège.

– Madame, vous avez eu seize enfants ?!

– Ma femme ne parle pas français, monsieur le Juge. Pour tout vous dire, j'ai deux femmes et celle-ci est la mère de mes cinq derniers. Mais nous vivons tous ensemble dans une maison que la ville nous loue à prix modéré.

– Et ça se passe bien avec les quinze autres enfants ?

– Aucun problème, monsieur le Juge. Mes enfants sont bien élevés, ils travaillent bien à l'école et mes deux femmes s'entendent bien.

Le paradis sur terre, en quelque sorte. Cette tranche de vie heureuse au milieu des affaires douloureuses que je traite en permanence nous a presque fait oublier la raison de l'audience.

– Bon, revenons à notre affaire, Maître, dis-je en m'adressant à l'avocat de Wally, nous ne pouvons pas aller plus loin aujourd'hui. Il faut vérifier cette histoire de ressemblance. Effectivement, il y a un doute. Je demande tout de suite par commission rogatoire au commissariat d'Épinay de comparer les deux garçons et de me faire parvenir les deux photographies. Si le doute persiste, je convoquerai Wally et Aristide. On verra bien.

J'aurais tendance à croire Wally. Dans ce cas, on va vers une relaxe. N'anticipons pas. Je dicte quelques notes à ma greffière résumant nos échanges et en respectant l'esprit du dialogue. Wally et son père signent au bas de la feuille. Tout le monde se dirige vers la sortie.

– Et encore une fois, félicitations, monsieur Mariane!

– Merci, monsieur le Juge, merci...

Je serre la main :

– Merci de vous être déplacée et de votre attitude!

L'hymne aux responsabilités parentales est régulièrement entonné. Les parents démissionnaires seraient à l'origine de la montée de la délinquance des enfants. Il n'est pas inexact d'affirmer que trop d'enfants manquent de la protection parentale minimale de nature à les détourner de comportements asociaux. Mais de là à dire que la carence des parents est à l'origine de tous les maux sociaux, il y a une marge. D'autres facteurs interfèrent dans la cristallisation de la délinquance juvénile! Tout simplement, les parents des enfants délinquants ne sont pas tous démissionnaires, loin de là.

Cela dit, comment agir pour garantir aux enfants des parents responsables? Le commun des élus fait immédiatement appel au registre répressif : allocations familiales sous tutelle, condamnation pénale des parents, etc. On évite généralement de parler du recours à la déchéance parentale, appelée depuis 1998 « retrait d'autorité », de crainte sans doute de rappeler le XIXe siècle!

Il me paraît difficile d'approuver le recours à la suppression des allocations familiales. Pour deux raisons. La première est que l'on punit les enfants en les privant d'une source de revenus qui leur revient de droit. Ce sont les allocations des enfants et non pas celles des parents. La seconde est que toute la famille pâtit de la situation. Il faut donc préférer la mise sous tutelle des allocations familiales et autres prestations ouvertes du chef de l'enfant si l'on a la preuve que cet argent n'est pas utilisé dans l'intérêt de l'enfant. Un dispositif existe pour cette mise sous tutelle des prestations. Utilisons-le en démontrant le non-exercice des responsabilités parentales. C'est cette voie que le gouvernement a retenue intelligemment en janvier 1999 après avoir longuement tergiversé.

Il est enfin une voie légale qui doit être utilisée, dans la mesure du possible, pour tenter de responsabiliser les parents : il suffit que le juge demande aux parents une contribution aux frais d'hébergement et d'éducation de l'enfant que l'administration doit prendre en charge, directement ou par l'intermédiaire des associations habilitées. 1 000 ou 2 000 F de contribution mensuelle peut faire réfléchir, sachant que le coût réel d'un enfant est souvent de plus de 1 000 F par jour, donc 30 000 F par mois, parfois 45 000 F, 60 000 F dans les nouveaux Centres de placement immédiat !

Ce n'est pas d'aujourd'hui que les juges des enfants ont vocation à mobiliser les compétences parentales. Ils le faisaient pour les enfants en danger, peut-être l'ont-ils un peu négligé pour les jeunes inscrits dans la délinquance. D'une façon générale, et contrairement à l'idée que l'on s'en fait, les parents viennent au tribunal. Mais, régulièrement, le jeune se retrouve seul devant le juge parce que les parents travaillent, sont malades ou en déplacement à l'étranger. Parfois aussi parce qu'il leur a ordonné de ne pas venir ! Et les parents se sont inclinés...

De son côté, le procureur de la République a consacré ses efforts sur les primo-délinquants ou les jeunes en absentéisme scolaire avec un certain succès. Ils sont convoqués au parquet et sont reçus par le délégué, éventuellement avec la victime s'il y a lieu. L'expérience démontre que leurs parents répondent habituellement à cette convocation. Une analyse de la situation est faite. Un diagnostic est dressé, des perspectives sont dessinées et des engagements pris : suivre une psychothérapie, individuelle ou collective, retourner à l'école, s'inscrire à une formation, indemniser la victime, etc. Dernièrement ont été mis en place des stages communs enfants-parents à Colmar et à Villepinte pour réfléchir à la citoyenneté.

Un délai est donné pendant lequel l'intéressé doit se tenir tranquille, ne plus faire parler de lui et respecter ce qui a été décidé dans le bureau du procureur ou de son délégué. On parle alors de « sursis à poursuite » pour trois ou six mois. Il faudra ensuite vérifier que les engagements pris ont été tenus. Et, généralement, ils le sont. À Bobigny, depuis 1993 où ce système a été introduit, on ne compte pas plus de 7 % de récidive dans l'année ! Cela mérite d'être relevé et salué. Un nouveau sursis peut être accordé ou des poursuites engagées pour les faits nouveaux et... anciens.

Pour autant, le sentiment perdure que certains parents ne doivent pas être quittes de leur comportement. Je pense à des poursuites pénales comme le parquet de Bobigny en engage une trentaine chaque année pour quelque douze mille procédures dont il a à connaître. Il s'agit donc d'une réponse symbolique réservée aux parents véritablement démissionnaires. Contestée, bien sûr, par ceux qui ne veulent voir en la politique judiciaire que son rôle répressif en négligeant le reste. À ma connaissance, les sanctions prononcées par le tribunal correctionnel n'ont pas dépassé plus d'un mois de prison avec sursis. Une condamnation symbolique là encore mais qui, à mon sens, présente l'inconvénient de faire du père un délinquant alors qu'il devrait être la référence pour l'enfant. Mais comment agir autrement pour rappeler la loi à ceux qui l'ignorent malgré les multiples avertissements ?

Au-delà de cette sanction, comment faire comprendre à ce père, qui refuse de le voir, que son fils se détruit parce qu'il ne peut pas vivre avec lui malgré les promesses ? Cet adolescent en devient fou, il est malade, il se suicide régulièrement. Et, malgré la violence des signaux de l'enfant, cet homme est incapable de passer à l'acte...

Ou bien encore, à Chartres, ce père malien de deux enfants multirécidivistes fut condamné en mars 1999 pour ne pas avoir su juguler la délinquance de ses fils qui passaient leur nuit à voler, alors qu'ils étaient scolarisés normalement la journée. Le procureur ne comprenait pas comment ces enfants pouvaient être libres de leurs mouvements et tint le père pour coupable de non-exercice des responsabilités parentales, voire mise en péril d'autrui. Le tribunal correctionnel l'a suivi.

Et que dire des parents qui profitent de la délinquance de leurs enfants, et notamment de l'argent de la drogue ? On ne doit jamais oublier combien ce business sert de colonne vertébrale économique à certains quartiers. D'où la difficulté d'en chasser les responsables : l'économie du quartier pourrait s'effondrer ! Il arrive que de très jeunes enfants disposent de liquidités qui dépannent bien les familles financièrement exsangues. Les parents ferment les yeux sur la provenance de l'argent. Difficile d'y résister. Mais si on peut comprendre un certain laxisme qu'engendrent la pauvreté et le besoin, on ne peut tolérer une telle attitude... d'où certaines poursuites pénales à l'encontre des parents.

En l'occurrence, pour punir, la justice se fonde sur deux textes : le non-exercice de l'autorité parentale, qui peut valoir deux ans d'emprisonnement et 1 million de francs d'amende, et l'incitation de mineurs à commettre habituellement des crimes ou des délits, punie de cinq ans et de 1 million de francs d'amende.

Dans la gamme des initiatives visant à mobiliser les parents, il existait des arrêtés municipaux décrétant un couvre-feu qui interdisait aux enfants de traîner dans les rues au-delà d'une certaine heure. Ils ont fait long feu. Ils étaient illégaux et inutiles au regard des dispositions d'ores et déjà existantes. Chacun se doit d'intervenir lorsqu'un jeune enfant se trouve dans la rue dans des circonstances préoccupantes. C'est le cas pour des jeunes de moins de quatorze-quinze ans déambulant dans les rues à 3 ou 4 heures du matin. Il n'y a rien de choquant à ce que les policiers les interpellent, joignent leurs parents pour vérifier leurs réactions et, selon la réponse, adoptent les dispositions qui s'imposent. Ce serait même de la non-assistance à personne en péril que de ne pas intervenir.

Bien évidemment, sur le registre répressif, ces réponses restent limitées. De plus en plus, on s'engage dans des démarches de soutien actif, communautaire ou social dans les quartiers. On voit fleurir les « Écoles de parents » alors qu'il y a quelques années encore ou souriait de l'expression. Un programme gouvernemental de soutien à ces initiatives se développe sous l'égide de la Délégation interministérielle à la famille. Nous l'appelions de nos vœux. On ne peut que s'en réjouir aujourd'hui.

Reste à savoir de quels parents on parle... Si certains enfants sont de nouveaux orphelins faute d'avoir été reconnus, d'autres « débordent » de parents, dont on peut se demander qui est le vrai responsable de la famille. Il faut ici que la loi apporte une partie de la réponse pour sécuriser chacun, adulte comme enfants.

Dans ce contexte on comprend que M. Mariane réjouisse le cœur et l'esprit.

Dossier suivant : Ana Jovanovic. Mais cela se présente mal.

10 heures, Ana, la Rom

Ce matin, malgré les assurances données par son avocat, Ana ne s'est pas présentée à mon cabinet. Je ne suis pas totalement surpris mais, tout de même, un peu déçu : je croyais bien qu'elle viendrait !

Ana est une jeune Rom « yougoslave », une de ces « voleuses » que la police passe son temps à arrêter et qui me donnent souvent un sentiment d'impuissance : celui de ne pouvoir juguler cette forme très particulière de délinquance. Avec mes collègues, sur dix-huit mois, nous avons dû la recevoir une vingtaine de fois. On pourrait en conclure qu'elle n'est pas très douée ou qu'elle fait preuve d'un art consommé pour se faire arrêter, mais si l'on rapporte cela au nombre de pavillons qu'elle a pu visiter seule ou avec tel ou tel de ses cousins ou cousines, et elle travaille tous les jours, « les accidents du travail » sont plutôt rares ! J'avoue que je l'aime bien. Elle est sympathique, toujours souriante, à la fois fragile comme une enfant et déjà volontaire et décidée comme une femme. Pour autant elle doit arrêter de voler.

Mon sentiment d'impuissance s'est renforcé dans la mesure où Ana, petite blonde aux yeux espiègles, est non seulement prisonnière de son peuple et de sa culture mais que toute sa vie est d'ores et déjà programmée. Comme celle de nos enfants, direz-vous. Sans doute, à la seule différence que la sienne passe par la rapine et que, très vite, dès l'adolescence, il lui faut voler pour constituer sa dot et espérer trouver un mari. Espérance en partie déçue dans la mesure où la majorité de ces unions sont arrangées et forcées.

La durée de vie d'une petite voleuse est courte et Ana ne sera bientôt plus en âge de passer à travers les filets de la justice française. Accessoirement, elle partira sur d'autres terrains d'action plus favorables, dans des pays où la justice renonce à les poursuivre, mais cette situation ne pourra pas perdurer. C'est pour cette raison qu'il n'est pas rare de croiser dans les couloirs du métro parisien ou les banlieues pavillonnaires des Roms de huit ou neuf ans, la palme revenant à un enfant que la police arrêta en pleine action sur les trottoirs des Champs-Élysées, âgé d'à peine six ans !

À notre première rencontre, Ana parlait un français rudimentaire mais suffisant pour que nous nous comprenions. Elle me dit que ses parents étaient en Yougoslavie à l'enterrement d'un proche. Je savais qu'elle mentait. Ils n'étaient pas loin, vraisemblablement dans quelque terrain vague qui encercle la capitale, mais la règle rom veut que la mère soit en Yougoslavie et le père en Hollande. Elle prétendait vivre dans un camp chez une tante... dont elle ne connaissait pas le nom. Elle ne savait pas son adresse, mais elle pouvait rentrer chez elle. Elle croyait se souvenir que c'était à Saint-Ouen... J'avais l'impression que je pouvais faire toutes les réponses à sa place...

Combien en ai-je, en avons-nous croisé des Ana ? Toutes aussi sympathiques les unes que les autres. Je me souviens de deux d'entre elles arrêtées ensemble lors d'un cambriolage. Elles me juraient avoir quatorze ans « et demi » ! L'une avait un décolleté et des lignes de hanche qui s'apparentaient plus à Sophia Loren qu'à Lolita ! Au vu de toutes les procédures qu'on leur reprochait, j'avais été contraint de les incarcérer. Elles m'avaient confié qu'elles volaient pour se constituer une dot « en or ». Quand je leur avais signifié leur incarcération, Ana-Sophia Loren m'avait dit, l'œil écarquillé :

– Y a-t-il des garçons ?

Avec mon mauvais esprit, j'avais répondu :

– Non, ce n'est pas une boîte de nuit, jeune fille, mais une prison !

– Vous ne comprenez pas, m'avait-elle précisé. Il ne faut SURTOUT PAS que je rencontre de garçons !

En même temps qu'elle disait cela, elle passait son doigt sur sa gorge.

– Sinon, on me coupe le cou !

Je les avais libérées au bout de quelques jours d'incarcération quand un membre de la famille m'avait apporté leur passeport et une caution de 5 000 F. Elles étaient revenues au tribunal le lendemain, comme je le leur avais demandé, pour régulariser leur procédure. Je n'étais pas sûr de les revoir, mais elles étaient là, ravissantes, vêtues comme des jumelles. J'avais tenté de convaincre Ana-Sophia Loren comme je le faisais avec toutes ses cousines – de suivre des cours pour mieux parler le français. Elle me précisa qu'elle ne pouvait pas accepter car elle devait continuer à fabriquer de la vannerie avec sa mère.

– Moi, j'aimerais bien, mais mes parents ne voudront pas !

Je ne les ai plus jamais revues et, évidemment, nos projets d'école sont tombés à l'eau. Vannerie, cambriolage, mariage, sa vie et celle de ses parents étaient tracées. L'avenir des garçons n'est pas plus brillant qui veut que la tradition les prive d'apprendre à lire et à écrire, alors que les filles ont quelques bases de calcul pour pouvoir tenir les comptes du ménage !

Toutes ces filles – les garçons sont moins nombreux depuis quelques années – sont éduquées à voler dans des écoles spécialisées. Souvent originaires du Kosovo, ils sont littéralement vendus par leurs parents à des professionnels du cambriolage qui s'en servent comme petites mains après les avoir formés dans des écoles du crime en Italie. Parfois, les parents les exploitent eux-mêmes. C'est le cas de « l'Ana » que j'attends aujourd'hui.

Elle ne va plus à l'école depuis quelques années. Lorsque j'aborde le sujet, généralement elle sourit vaguement avec un léger mouvement d'épaule pour exprimer l'inéluctable. Un sourire un peu triste. Je lui explique combien cela pourrait lui servir, ainsi qu'aux enfants qu'elle aura plus tard qui deviendront eux aussi des voleurs voués à la prison si elle ne change pas de vie. Peut-être va-t-elle être touchée et enfin me suivre dans mon raisonnement. Mais non. Une fois de plus, elle refuse mes propositions de rescolarisation ou toute tentative d'alphabétisation.

Elle n'est pas rancunière car si elle a tâté de la prison, c'est un peu à cause de moi. Un week-end, alors que je suis de permanence, on m'annonce l'arrivée d'Ana Jovanovic. J'attends de la voir pour sortir son dossier car les jeunes Yougoslaves utilisent une foule de fausses identités et Jovanovic est aussi répandu en Yougoslavie que Martin ou Dubois chez nous. Un peu plus tard, je la croise dans les couloirs et je la salue. C'est bien « mon » Ana.

– Tiens, te revoilà, toi. Tu tombes mal, aujourd'hui je vais être obligé d'être très désagréable.

Tant pis pour elle, elle est prévenue. Elle ignore encore que quelques semaines plus tôt, en audience de tribunal pour enfants, avec mes assesseurs, nous l'avons condamnée à deux peines pour deux affaires différentes : un mois de prison avec sursis pour l'une, et un an ferme pour l'autre où elle avait multiplié les cambriolages. Ana n'était pas là. Mais comment notifier une citation de se présenter au tribunal à quelqu'un qui n'a qu'un bout d'adresse ? Elle a donc été citée « à parquet », c'est-à-dire que l'huissier chargé de lui communiquer la date de l'audience, ne la trouvant pas, a retourné cette citation au procureur de la République en faisant état de ses vaines recherches. Le code de procédure veut que le tribunal soit alors valablement saisi.

Le train de la justice ne s'arrête pas, même lorsque le justiciable organise l'impossibilité d'être contacté. Pour ménager ses droits, il pourra tout de même, une fois informé du jugement, demander à être rejugé. Mais si, pour cette deuxième audience, il fait à nouveau défaut, la première condamnation est automatiquement confirmée !

Ana n'est donc pas venue à l'audience qui lui était consacrée le vendredi où je siégeais. À la demande du procureur, nous avons prononcé des peines sévères avec exécution immédiate, susceptibles d'être appliquées dès l'interpellation de l'intéressée malgré les recours qu'elle pourrait introduire. Bref, sans le savoir, Ana était inéluctablement appelée à se jeter dans la gueule du loup et, le soir de sa prochaine arrestation, elle dormirait en prison.

Effectivement le piège ne tarda pas à fonctionner. Lorsqu'elle l'a arrêtée, la police l'a informée des deux condamnations, puis le procureur les lui a notifiées officiellement. Je sais d'avance qu'elle fera opposition afin d'être rejugée dès qu'elle aura vu son avocat. Et elle en a le droit le plus absolu. Mais, en attendant, le parquet a décidé de ne pas se priver d'exécuter. Depuis le temps qu'elle lui échappe, on peut comprendre qu'il soit un peu à cran !

Ana a été abasourdie quand je lui ai confirmé la position du procureur. L'aurais-je voulu que je ne pouvais pas m'y opposer. Les dés en étaient jetés depuis la dernière audience du tribunal. Elle quitterait donc mon bureau pour aller directement en prison.

Elle n'a alors que quatorze ans et demi. Elle pensait tout connaître des lois françaises, en tout cas celles qui la concernent et qui empêchent la justice de l'inquiéter sérieusement tant qu'elle n'est pas majeure. Toutefois, certaines subtilités de la procédure pénale comme le jugement par défaut avec exécution provisoire semblent lui avoir échappé. Elle est effondrée. Elle fait appel à tous ses talents pour m'attendrir, elle pleure et se tord les mains en gémissant :

– Monsieur le Juge, je vous jure que je ne recommencerai pas. Ne me mettez pas en prison, par pitié !

J'hésite entre la compassion pour cette gamine et une certaine distanciation. Je sais qu'Ana a été programmée aux risques du métier. Dès son plus jeune âge, on lui a appris quelle attitude tenir avec les policiers et les juges. Aujourd'hui, je n'ai pas envie de faire semblant d'être dupe. Sans état d'âme, j'opte donc pour la deuxième solution, avec un petit sourire en prime.

– Je te fais observer que tu m'as déjà juré cinq, sept, dix fois de ne plus recommencer ! Pourquoi devrais-je te croire aujourd'hui ?

Elle se redresse brusquement et me fait le coup des yeux bleus embués (les siens) dans les yeux bleus secs (les miens). Elle est charmante, mais elle me prend quand même pour un débutant...

– Monsieur, vous pouvez pas me mettre en prison ; je n'ai pas seize ans !

Voilà maintenant qu'elle va m'apprendre mon métier... Et c'est parti pour un cours de droit en accéléré !

– Tu n'as rien compris au film ! Je t'explique, et écoute bien pour le répéter à tes copines, sœurs et cousines de boulot. Ça pourra leur servir. Tu as été condamnée par le tribunal à un an de prison ferme. On n'est plus dans le système de détention provisoire. Tu as plus de treize ans. La décision est exécutoire. Donc tu vas en prison. Voilà.

Elle, dans un souffle... en tout cas ce qu'il lui en reste :

– Je vais rester UN AN en prison ?

Elle a l'indignation de tous les enfants choqués par un fait qui les déroute.

C'est un peu sadique, mais j'ai envie de l'effrayer un peu. Si ça pouvait la faire réfléchir !

– Un an, oui, ou davantage... Tu vas être rejugée. Tu risques une peine de deux ans et demie de prison. On verra bien ce que décidera le tribunal. Une chose est sûre en tout cas, cette fois tu seras là. Et peut-être que tes parents viendront aussi !

– Ils sont en Yougoslavie, m'sieu !

C'est impressionnant. Quand je dis qu'elle est programmée, le mot n'est pas trop fort. Programmée, réglée comme du papier à musique. Dès qu'elle entend le mot « parents », elle répond automatiquement « en Yougoslavie ». C'est pavlovien.

Ana est donc partie en prison. Comme assommée. Ses parents n'avaient pas intégré la distinction entre détention provisoire et peine. Elle se croyait vraiment hors de danger.

Comme prévu, quinze jours plus tard, je retrouvais Ana à l'audience du tribunal pour enfants afin d'examiner son opposition aux deux condamnations de un mois et surtout de un an de prison. Son avocat, choisi par la famille, est là, mais pas les parents. Les faits ne sont pas contestés ni contestables. Depuis le box des détenus, Ana s'adresse au tribunal et m'implore :

– Laissez-moi sortir, monsieur le Juge. J'irai à l'école. Je vous jure.

L'argument massue, mais nous ne sommes plus dans mon cabinet.

Le procureur demande logiquement confirmation des deux condamnations, « parce qu'il faut montrer de la fermeté et arrêter l'escalade » tout en acceptant une confusion en un an ferme.

L'avocat qui consacre une bonne partie de son activité à défendre en justice les membres de la communauté rom plaide simple, fort, vrai, sans effet de manches. Il exploite à fond l'angle « enfants pris en otages par la société qui ne peut pas punir les parents ». En même temps, il n'a pas tort. Ana n'est qu'un instrument entre les mains des professionnels du vol qui tirent d'elle et de ses comparses d'immenses bénéfices.

Il y a quinze ans, on estimait déjà à 5 000 F la recette moyenne quotidienne d'un jeune voleur rom yougoslave ! Quand on sait qu'environ trois cents enfants sévissent régulièrement dans la région parisienne, le calcul est vite fait et l'on imagine les gains exorbitants pour les « familles ». Qui n'a pas vu les Mercedes immatriculées en Hollande, garées sur les larges trottoirs des boulevards extérieurs entre la porte de Montreuil et la porte de Vincennes, d'où sortent régulièrement des commandos de trois ou quatre enfants, ne peut comprendre ce que signifie le mot industrie. C'est d'ailleurs l'un de nos arguments pour les incarcérer : en faisant baisser le chiffre d'affaires, on incite l'entreprise à se déplacer dans une autre région, voire à quitter le pays. Je dois reconnaître qu'en attendant une réflexion concertée entre les pouvoirs publics français et les représentants yougoslaves en France les enfants roms sont un peu « la patate chaude » de la justice ! Et l'actualité au Kosovo ne prête pas à ce type d'accord.

Nous avons délibéré.

« Le tribunal estime qu'il y a lieu de confondre les procédures en un seul dossier. Tous les faits sont constitués et, en répression, il prononce une peine de huit mois d'emprisonnement dont quatre avec sursis, mise à l'épreuve pendant dix-huit mois avec obligation de suivre une scolarité. »

Ana gagne six mois (cinq sur la condamnation principale et un sur la petite peine désormais confondue avec l'autre), mais elle a tout de même quatre mois de prison à faire! Ensuite, je continuerai à m'occuper d'elle. J'observe. La jeune fille ne dit rien, elle encaisse, elle réalise petit à petit qu'elle ne sera pas libre aujourd'hui car nous maintenons l'exécution provisoire.

Quelques jours plus tard, son avocat revient me voir :

– Que vous faut-il pour la mettre en libération conditionnelle?

– Je veux voir ses « vrais » parents et ses « vrais » papiers d'identité.

– Je m'en occupe. Ils ne sont pas loin. Ce ne sera pas facile de vous les amener, mais ils viendront. Ils ne pensaient pas que vous pourriez l'incarcérer.

Une semaine après, l'avocat passe en coup de vent dans mon cabinet :

– Les parents sont dehors. La mère veut bien entrer dans votre bureau mais le père a peur...

Il doit surtout avoir peur que je le jette en prison lui aussi... Ils tombent mal, je suis en pleine audience de cabinet, je n'ai pas le temps de bien les recevoir et de discuter avec eux. Je vais tout de même chercher le père dans le hall d'attente. Apparemment, il a disparu, mais une femme d'une quarantaine d'années, plutôt belle et élégante, s'avance vers moi. La mère d'Ana sans doute, la ressemblance n'est pas frappante... Dans mon bureau, je lui passe un savon.

– Où est passé votre mari?

– Il a peur que vous l'arrêtiez. Quand libérerez-vous notre fille? Elle est jeune.

– Très jeune, je vous l'accorde, mais visiblement assez grande pour voler et importuner les gens à longueur de temps. Et avec votre bénédiction. Si votre fille est en prison, c'est à cause de vous. Vous mériteriez d'y être à sa place. S'il ne tenait qu'à moi, je vous condamnerais immédiatement.

En fait, je brûle de prévenir le procureur qui serait ravi de mettre enfin la main sur eux. Mais je ne peux pas faire ce coup à l'avocat qui a mis sa parole en jeu pour que les parents viennent à moi. Pas question de le griller. Moi-même je me dois de respecter ma parole même si elle est implicite. Je conclus rapidement avec la mère d'Ana sous la forme d'un ultimatum.

– Je ne sais pas quand Ana sortira. En attendant et de toute urgence, je veux voir ses papiers, savoir où elle va vivre et qui en est réellement responsable. Et surtout, je veux avoir son accord pour aller à l'école. J'attends votre réponse.

– ... Elle pourrait vivre chez ma tante. Je vous donnerai son adresse. Et vous aurez ses papiers, monsieur le Juge.

J'y ai cru quelques jours. Elle n'est jamais revenue, je n'ai jamais reçu ni l'adresse ni les papiers.

Ana est incarcérée depuis trois mois. Je la fais extraire de sa cellule pour discuter avec elle et préparer sa sortie de prison et son avenir. Ses yeux brillent de la même lueur espiègle, mais son visage s'est empâté et elle a terriblement grossi. Elle n'a pas la grande forme. Son unique préoccupation est la date de sa sortie et elle ne me cache pas qu'elle n'a aucune envie d'aller à l'école.

– Arrêtez de me bassiner avec ça, me dit-elle.

Je crois que j'ai encore échoué. Évidemment, elle sait que cela me tient à cœur et elle joue à l'enfant qui se venge avec ses armes de celui qui l'a puni. Quelques jours plus tard, ayant bénéficié des réductions de peine, Ana quitte Fleury-Mérogis.

J'ai prévenu son avocat que je souhaitais la voir mardi à mon audience de cabinet pour lui notifier ses obligations de mise à l'épreuve car je n'ai toujours pas son adresse. Il me promet de faire passer le message. Ana et sa mère viendront. Et puis, aujourd'hui, mardi, personne n'est là.

(Je n'ai jamais revu Ana. Elle est partie vraisemblablement dans une autre région ou un autre pays pour reprendre ses activités. Il lui reste environ une année de « travail » avant de disparaître d'un circuit devenu trop dangereux pour elle. Elle entrerait alors dans la zone de la détention provisoire possible au moment de l'arrestation. Mais d'autres Ana attendent à l'ombre des caravanes et de nouvelles générations d'enfants sacrifiés arrivent en remplacement. Les médias nous apprennent régulièrement que tel camp a été encerclé par les gendarmes et que les caravanes, dans la mesure où elles pouvaient être tractées, ont dû partir. Ils changent de commune et la vie continue...)

Quand je lis, dans les rapports de police, les conditions indignes dans lesquelles ces enfants vivent et comment ils sont battus lorsqu'ils ne font pas de « bonnes journées », cette misère provoque en moi une rage aussi grande que le sentiment d'impuissance évoqué plus haut. D'autant que, si l'on bafoue à longueur de journée les droits des enfants, les droits des femmes en prennent aussi un sacré coup, vu l'image rétrograde et avilissante véhiculée par ce peuple. Et tout cela au nom de l'argent et du machisme, car, comme tous les proxénètes dignes de ce nom, leurs tortionnaires vivent dans la plus parfaite oisiveté et une opulence que l'on n'imagine pas...

L'absence d'Ana m'a permis de disposer d'un peu de temps pour aller voir la collègue que je n'avais pas pu rencontrer hier. Par chance, elle était disponible. Effectivement, il me faudra faire le point dans les jours à venir avec le conseil général et le parquet sur le sort que nous devons réserver aux jeunes qui arrivent non accompagnés de l'étranger. On ne peut plus répondre au hasard des personnes en poste tel ou tel jour. Il est vrai que ce qui se passe aujourd'hui au Rwanda et en Sierra Leone fait peser une pression très forte sur Roissy et la Seine-Saint-Denis, au point que les capacités d'accueil sont souvent dépassées.

Quant aux difficultes pour disposer de l'avocat de permanence durant le week-end, c'est un problème aussi vieux que le monde qui veut que le juge d'instruction soit quasiment toujours prioritaire sur le juge pour enfants, qui doit donc attendre que le seul avocat disponible se libère. Un problème de pénurie, donc d'influence ! Ingérable, sauf à en finir avec la pénurie.

10 h 30

L'audience suivante s'annonce. Des violences au lycée : elles sont plus fréquentes qu'on ne l'imagine mais peu nécessitent l'intervention du juge pour enfants. Celle-ci n'est pas très grave, mais il y a tout de même la mise en examen du jeune Hamed Bouaoune suite à la plainte de Rachida Zeroual.

Je relis leurs déclarations mutuelles. Elle se plaint du coup qu'il lui a porté sur le nez, « sans aucune raison » dit-elle. Que dit-il, lui ?

« Elle m'a envoyé sa copine pour me demander si je voulais sortir avec elle. Moi, Rachida, elle m'intéresse pas plus que ça, j'ai dit non, c'est tout. Ça lui a pas plu, c'est clair. Elle m'a agressé à la sortie de la classe, elle m'a donné un coup sur les parties génitales. Elle m'a fait tellement mal que je suis tombé à terre. Mais comme elle restait là, je me suis relevé et je lui ai envoyé une grande claque sur le nez. Elle s'est mise à saigner tout de suite. Je n'en revenais pas. Mais moi, elle aurait pu me tuer... »

J'ai un peu de temps pour me plonger plus en détail dans le dossier et je lis l'enquête de personnalité que réalise, à notre demande, le très attentif et très sensible Pierre-Jean Arrou, ancien instituteur monté du Midi à la capitale. Il a conservé son accent rocailleux. Il est toujours aussi militant de la sociale. Nous travaillons ensemble depuis des années et ses comptes rendus m'émerveillent toujours autant par les précisions apportées sur le cadre de vie ou la psychologie de tel ou tel membre de la famille, et par le regard plein d'humanité qu'il pose sur ses contemporains. J'ai l'impression en lisant ses longs rapports manuscrits, rédigés d'une écriture fluide et agréable, de faire le tour des coursives des cités et de pénétrer dans les appartements. Il se complaît – à juste titre – à me dresser un tableau de l'univers sociologique dans lequel évoluent les jeunes pour lesquels je lui demande d'enquêter. De temps en temps, il fait précéder ses rapports d'une note de synthèse sur telle ou telle cité. Quelle lucidité ! Je me promets toujours de discuter avec lui, mais nous ne faisons que nous croiser. Dommage.

La famille Bouaoune est une famille tranquille même si le quartier qu'elle habite est l'un des plus connus des services sociaux, de police et de justice. « La population de ce coin d'Épinay s'est paupérisée depuis cinq ans, relève M. Arrou, et les familles qui partent sont remplacées par des familles à problème. Le quartier d'Orgemont, c'est quinze mille habitants, et les logements appartiennent pour la moitié à la Caisse des dépôts et consignations. » Plus loin : « La famille semble très unie (ce fut un mariage d'amour, pas un mariage arrangé, dixit le père). Cinq enfants. Aucun redoublement de classe. Manifestement, l'étude et la scolarité ont une grande importance chez eux. Hamed parle de relation " impec " avec ses parents et ses frères et sœurs. »

Visiblement, du gardien d'immeuble à l'entraîneur de judo, tous sont sidérés par la mise en examen de Hamed. Quand même. Le coup porté à la jeune fille était particulièrement violent. Hamed n'aurait pas dû s'emporter ainsi.

– Dis-moi, dans cette histoire, quelle faute penses-tu avoir commise, si tu estimes en avoir fait une ?

– J'aurais pas dû me défendre, peut-être... en tout cas, j'aurais dû maîtriser mon coup. J'ai tapé trop fort, c'est sûr, mais elle m'avait fait tellement mal...

– Pour un garçon calme comme toi, c'est impardonnable. Si toi tu es capable de t'emporter et d'être violent alors que tout le monde dans le quartier chante tes louanges, c'est à désespérer de tout, et moi je rends mon tablier. Tu dois donner l'exemple.

Parole à la défense.

– Maître...

– Je pense que Hamed n'est pas à l'origine de ce qui s'est passé. La jeune fille dit qu'il l'a embêtée dans la classe, qu'il l'a poussée violemment pendant le cours... Je me suis procuré le plan de la classe, j'ai vu que les deux élèves se trouvent pratiquement aux deux angles opposés de la salle, je ne vois pas comment il aurait fait. Et puis les témoins contredisent la version de Rachida, qui ne sont ni des copains de Hamed ni des ennemis de la jeune fille... Je vous fais remarquer également, monsieur le Président, que la jeune Rachida a demandé de l'argent à Hamed pour retirer sa plainte, ce qui n'est pas le signe d'une grande honnêteté.

Bon, j'ai compris. Je me tourne vers le père qui, depuis le début de l'entretien, ne lâche pas des yeux ma robe de juge pendue au crochet de la porte et qui doit se demander qui je suis, où est le vrai juge. C'est la première fois qu'il a affaire à la justice et il ne comprend visiblement pas pourquoi je suis en chemise et pourquoi j'ai placardé des portraits géants d'enfants en habits folkloriques basques sur les murs de mon bureau... Ce sont mes enfants, mais peu le savent. Ils ont « fait » tous mes bureaux depuis quinze ans et, entre-temps, ils ont grandi. Ces photos en couleurs éclairent la pièce sombre qui me sert de cabinet présidentiel.

Dans son enquête de personnalité, M. Arrou a noté que le père vit très mal la mise en examen de son fils, il se sent honteux, humilié.

– Monsieur Bouaoune, est-ce que cette histoire vous étonne, est-ce que votre fils est violent à la maison, est-ce qu'il vous a parlé de difficultés avec ses camarades de classe ?

Jamais je n'omets de poser cette question aux parents du mineur incriminé. Il est rare qu'un enfant se livre à des violences à l'extérieur de chez lui tout en filant doux à la maison. La toute-puissance s'exprime partout, en toutes circonstances et en premier lieu contre l'autorité des parents. Pourtant, ceux-ci escamotent généralement ces difficultés à la maison.

– Mais non, monsieur le Juge (il a compris qui j'étais)... Hamed est un enfant plutôt calme. C'est vrai qu'il reste souvent dans sa chambre avec son ordinateur et sa télé, il n'aime pas trop qu'on le dérange, mais il nous parle gentiment, il rend service. Il respecte sa maman. Non, vraiment, ça va bien avec lui...

Rachida n'est pas venue à l'audience. Ses parents non plus. J'ai vu au dossier qu'ils avaient bien reçu mes courriers. Ils ne se sont pas excusés. Ils n'ont pas désigné d'avocat. Ils n'entendent pas se constituer partie civile. Sans doute ont-ils déjà tourné la page. Peut-être nous faut-il en faire autant. On s'achemine vers la relaxe pure et simple. C'est la parole de Hamed contre celle de Rachida. Aucun des deux n'est sans doute complètement innocent, mais, intuitivement, je sens plus une histoire de chagrin amoureux, d'orgueil blessé, qu'une véritable affaire de violence à l'école. Soyons vigilants mais ne tombons pas dans l'excès inverse, et ne transformons pas un incident scolaire en une affaire d'État, comme trop souvent aujourd'hui.

Alors que je m'apprête à dicter à Mme Dutrieux, on frappe à la porte. Au jugé, j'ai déjà reconnu mon procureur qui a tombé la veste et la cravate. La main appuyée sur la poignée, il passe la tête :

– Monsieur le Président. Je n'ai pas le tableau des COPJ (convocations par officier de police judiciaire). Nous sommes paralysés pour donner des dates.

– Il est parti avant-hier. Voyez avec Mme Guiot.

Il disparaît aussi vite qu'il était venu. Un bref rappel à mes responsabilités de président par-delà mes fonctions de juge pour enfants.

Je reprends.

– Bon. Madame Dutrieux, voulez-vous noter, s'il vous plaît : « Je maintiens que je n'ai pas agressé Rachida Zeroual dans la classe et que j'ai répondu à ses coups par une claque. Je reconnais que c'était un peu fort. »

Comme beaucoup de juges, je dicte à la greffière les propos à noter au procès-verbal, mais certains greffiers suivent attentivement l'échange et tapent directement.

Il est temps que j'exprime ma décision. Avec toujours, évidemment, le risque de me tromper. Ne soyons pas trop pessimiste – à l'image de cet ami qui, fidèle à l'enseignement de sa grand-mère juive, pense que tout ce qui n'arrive pas est une catastrophe évitée !

– Hamed, j'estime qu'il n'y a pas lieu de te condamner. Je ne dis pas que tu as agi comme il le fallait, mais tu avais des excuses et tu n'as pas voulu la blesser. Heureusement tout s'est bien terminé. Je te relaxe. Cette affaire est terminée.

Formalités d'usage. Signatures au bas du procès-verbal. Dernier mot à Hamed qui s'avance vers moi pour me saluer.

– Bon, et que je te ne revoie plus ici. Et rassure ton père, je crois qu'il vit tout ça très mal. Continue à l'école comme tu le fais en ce moment. Et pas d'embrouille avec les filles qui veulent te draguer, OK ? Pense à ceux qui n'ont pas ta chance !

11 heures

Mme Dutrieux m'a glissé une procédure d'assistance éducative parmi les convocations pénales de ce matin.

Au début de l'année 1998, Mme Schneider attire l'attention du procureur de la République sur sa fille cadette « qui, dit-elle, [lui] rend la vie infernale ». Alice ne veut plus aller à l'école, s'absente fréquemment des cours, contrefait la signature maternelle sur le sacro-saint carnet de correspondance du collège et accumule les contraventions RATP ou SNCF...

Suite à cette lettre, à la demande du procureur, la police enquête, rencontre Alice, et la jeune fille confirme qu'elle vit seule avec sa mère, qu'il est devenu impossible de dialoguer avec elle, et qu'effectivement, n'aimant pas plus les études que les profs, elle « sèche » les cours régulièrement. Son père serait sans doute plus compréhensif, mais cet homme instable, porté sur l'alcool, sans métier et sans domicile fixe, ne peut pas subvenir à ses besoins. « Il a déjà du mal à s'occuper de lui, alors de moi... En tout cas, moi je ne peux rien faire pour améliorer la situation avec ma mère », conclut la jeune fille en bas du rapport de police.

Un point partout, la balle au centre. L'agent de police judiciaire – le gardien de la paix – qui a enregistré les deux dépositions conclut en direction du procureur : « la situation ne nous paraît pas aussi noire que le laisse entendre la mère... ». Sous-entendu, il n'est pas évident d'intervenir.

Le parquet estime quand même bon de me saisir. Au cas où...

Lorsque je reçois pour la première fois Mme Schneider et sa fille, les choses ne se sont pas améliorées. La situation a même nettement empiré. Mme Schneider à laquelle je donne la parole en premier se lance dans un tableau sévère des coups pendables que sa fille lui joue. Elle craint le pire pour Alice dont elle a perdu le contrôle. Alice reconnaît qu'elle rentre toujours aussi tard, qu'elle invite des amis de rencontre, qu'elle boit de l'alcool et enfume l'appartement.

– Je n' vois pas en quoi ça regarde ma mère, me dit-elle avec une fausse naïveté.

Il semble qu'elle fasse tout pour partir de la maison, définitivement, sans que je saisisse ce qu'elle cherche à l'extérieur. À la fin de l'année 1998, la cohabitation mère-fille devient invivable. Alice multiplie les gestes de provocation en direction de sa mère et nous décidons ensemble d'un internat scolaire en province dans lequel elle pourra terminer ses études. Alice n'aime pas l'école, mais elle semble être attirée par les enfants. Une formation d'aide-puéricultrice pourrait la motiver et la stabiliser.

Las ! Les premiers rapports de l'internat sont catastrophiques. Bien que souriante, polie et vive d'esprit, la jeune fille refuse catégoriquement de se plier aux règles de l'établissement. Impossible de la tenir à l'approche du week-end. Elle a déjà fugué pour aller se promener en voiture toute la nuit et elle est rentrée d'elle-même au foyer, comme si de rien n'était, presque surprise qu'on la recherche... L'incident se termine bien mais, pour l'établissement, il n'est pas pensable de continuer ainsi et les vacances de février, pendant lesquelles la jeune fille retourne chez sa mère, doivent impérativement la faire réfléchir. Car, à juste titre, on ne tolérera pas d'autres manquements à ces règles.

En guise de prise de conscience, Alice dort toute la journée, traîne dans l'appartement, remplit les cendriers de mégots de « cigarettes artisanales contenant de la résine de cannabis », ainsi que l'écrivent les policiers quand ils parlent des joints... Puis, à la tombée de la nuit, elle retrouve des amis à Paris et ne rentre que vers 2 heures du matin. Complètement impuissante, sa mère me bombarde de coups de fil et, dans ses lettres, commence à envisager une émancipation. À quoi je réponds qu'il ne faut pas trop y compter. En effet, Alice étant incapable de subvenir à ses besoins et de gérer sa vie, la procédure d'émancipation devant le juge d'instance n'a aucune chance d'aboutir.

– Non, il faut être clair, dis-je à Mme Schneider lors d'une nouvelle audience. Soit elle vous respecte, elle joue le jeu jusqu'à sa majorité, soit elle prend la porte.

Finalement, Alice prend les devants. Elle décide de ne pas revenir à l'internat. En réalité, elle voudrait aller vivre à Grenoble avec sa sœur aînée qui a quitté le domicile familial très tôt pour un homme de rencontre dont elle a eu un enfant. En fait, Alice se sent proche de tous ceux qui s'opposent à sa mère. Elle plaint son père d'être sans ressources et tient pour responsable sa mère qui, en divorçant, a provoqué le morcellement de la famille. Un nouveau foyer est prêt à recevoir Alice. Il faut que la jeune fille se décide et qu'elle appelle pour donner son accord et sa date d'arrivée. Alice réfléchit et appelle à l'heure fixée. Mais c'est pour dire qu'il ne lui sera pas possible de vivre dans le foyer... « car je me verrais, dès lors, privée de sorties le soir »... On croit rêver. Alice est aussi butée que ravissante, elle va avoir des ennuis si elle continue ses virées nocturnes. J'ai convoqué d'urgence la mère et la fille.

Claude m'apporte la convocation. Elles sont là.

Je les reçois ensemble, je verrai plus tard si Alice veut me parler en tête à tête. C'est souvent ce qui se passe en fin d'audience de cabinet : je remarque que l'enfant prend son temps pour ranger ses affaires ou enfiler son vêtement, et une fois que les parents, l'avocat et l'éducateur sont sortis de mon bureau, il s'approche de moi et me dit très vite et à voix basse qu'il veut me parler. Après m'être assuré qu'il n'y a rien de grave, je lui demande de reprendre rendez-vous dans les jours suivants. Sinon je le reçois immédiatement. C'est ainsi que j'ai recueilli de multiples confidences, souvent de l'ordre des envies ou des projets, souhaits intimes que leur pudeur empêche d'exprimer librement devant les parents.

L'ambiance chez les Schneider est devenue totalement irrespirable : Alice n'en fait qu'à sa tête, sort et rentre quand elle veut, prend l'appartement pour un hôtel, boit et fume du haschisch dans sa chambre... Je regarde la jeune fille en pensant qu'elle va tout nier mais pas du tout, elle me confirme que oui, elle fait ce qu'elle veut et qu'elle n'a pas de comptes à rendre. Là, je l'interromps :

– Ah si ! tu as des comptes à rendre à ta mère parce que tu es mineure et à moi parce que je suis juge pour enfants...

– Qui vous êtes, vous, pour juger ma vie ? Vous m' connaissez pas...

– Si, je te connais un peu. Je te rappelle que tu vis en société, cette société a des règles, elles sont les mêmes pour tous. Et moi j'ai le droit de juger ta vie parce que tu es mineure, que tu es en danger, et que je suis responsable des enfants en danger de la Seine-Saint-Denis... Tu vois, c'est simple à comprendre...

Alice me jette un regard noir, elle ne sourit pas du tout.

– Vous me gonflez, moi j' vous ai rien demandé.

– Ta mère nous a demandé notre aide...

– Allez, tais-toi, tais-toi...

Il est extrêmement rare qu'un jeune me tutoie et Alice n'est plus une toute petite fille. Mais je la sens ivre de rage contre sa mère, contre moi, contre tout le monde. Le ton s'est terriblement durci depuis quelques minutes. Mme Schneider pleure discrètement, elle parle des médicaments qu'elle prend pour dormir et pour tenir le coup. Elle répète qu'elle ne tiendra pas longtemps.

– La dernière fois, elle est rentrée à 2 heures du matin, j'avais fermé la porte à clé. Elle est allée au commissariat de police pour m'obliger à ouvrir, vous vous rendez compte ? Je suis fatiguée, vraiment, je n'en peux plus, il faut que cela cesse... Si la vie est mieux ailleurs, qu'elle s'en aille !

J'essaie de tempérer l'une et l'autre. Je regarde la jeune fille.

– Toi, comment tu vois les choses ? Est-ce que d'ici ta majorité, je te rappelle que c'est dans un an, tu comptes te calmer et avoir un peu pitié de ta mère ? Et pour tes études, qu'est-ce que tu fais ?

– Je veux continuer à sortir. Et je vais travailler. C'est tout.

– Ah bon, qu'est-ce que tu vas faire ?

– Ça me... mumh...

– Pardon ?

– ÇA ME REGARDE !!!

Elle est à vif, je n'en tirerai rien de plus. De toute façon, elle ne m'entend pas. Elle me regarde fixement, avec une haine... Je suis blindé mais c'est quand même impressionnant ! Elle a les yeux remplis de larmes et je la vois se pincer le bras pour ne pas pleurer. Je viens de prendre une décision. Tant pis, je n'ai plus le choix.

– Madame, vous êtes à bout. Inutile de tomber malade. Il faut que vous sachiez que, même si Alice vit sous votre toit, vous n'êtes pas forcée de supporter tout cela. Rien ne vous oblige à ouvrir votre porte à votre fille à 2 heures du matin. Maintenant, voyons les choses en face : apparemment, Alice n'a pas l'intention de changer de mode de vie...

– Alors, je ne veux plus qu'elle vive chez moi.

– Entendu. À partir de quelle date, nous sommes le 2 mai, comptez-vous donner congé à votre fille ?

Tout d'un coup les choses deviennent terriblement précises.

Son regard s'affole, elle ne sait plus.

– À la fin du mois, peut-être...

– Eh bien, dites donc, pour une situation que vous qualifiez d'infernale, vous êtes prête à la supporter encore un mois ?!

– Non, non, mais ce n'est pas facile à prendre comme décision... Bon. Alors... disons... quinze jours. Je lui donne quinze jours pour faire ses valises et... et quitter la maison...

Elles ne se regardent pas. Alice est en larmes à présent. Elle vient, elle aussi, de réaliser que dans quelques jours il lui faudra trouver un toit. C'est ce qu'elle voulait, disait-elle, mais tout d'un coup elle n'est plus sûre de rien. Je dresse très vite le compte rendu d'audience, qu'elles signent chacune leur tour. La jeune fille tourne aussitôt les talons et sort sans saluer personne. Elle n'attend pas sa mère qui relit une dernière fois le procès-verbal. Elle n'arrive pas à décoller les yeux de la phrase : « Je prends acte de ce que vous m'autorisez à ne plus accueillir ma fille à la maison... Je lui demande de partir le 15 juin... »

Ce procès-verbal fera foi.

Elle me tend la main.

– Merci. C'est une décision terrible. Mais cela ne pouvait pas durer. Qu'elle aille se brûler puisque c'est ce qu'elle veut ! Elle doit être terriblement choquée mais, vous savez, elle sait que je serai là en cas de coup dur...

– Peut-être, mais restez ferme. C'est le meilleur service que vous puissiez lui rendre. Vous avez trop tergiversé, vous n'avez pas su la rassurer et elle n'a plus de repères. Aujourd'hui, votre autorité peut en être un. Aidez-la en vous faisant respecter et vous la retrouverez forcément très vite... ou dans quelques années... Je crois qu'elle nous demande aussi de la laisser faire ses preuves. Il faut avoir confiance en elle... Surveillez-la du coin de l'œil et donnez-moi des nouvelles dans un mois.

Séance éprouvante... Est-ce que, malgré sa révolte et sa haine pour le juge et tout ce que je représente, Alice a entendu, ne serait-ce qu'un tout petit peu, ce que j'ai essayé de lui dire ? Ou bien nous a-t-elle sentis, sa mère et moi, ligués contre elle pour imposer de force notre loi ? Dans ce cas, elle doit être furieuse... Elle est dans la toute-puissance et, dans ces moments-là, il est impossible de faire entendre raison à un enfant ou un adolescent. Mais ses larmes et sa violence montrent qu'elle est aussi dans une grande douleur.

Comment faire comprendre à Alice que le collège et les foyers sont des laboratoires où les esprits rebelles comme le sien se frottent à la vie qui les attend à l'extérieur ? Et comment pourrait-elle se plier aux exigences d'un emploi si elle n'accepte pas les règles de vie en communauté, à commencer par le respect de la vie des siens ?

Mais là encore, comme toujours, ces questions évidentes pour nous les adultes, n'ont aucun sens pour une adolescente comme Alice. Ses problèmes sont ailleurs. Aidez-la à trouver la bonne distance avec sa mère, son père, ses proches, avec elle-même, amenez-la à s'aimer un peu plus elle-même, à répondre aux questions fondamentales que tout adolescent se pose naturellement, et il n'y aura plus de problème Alice. Je ne suis pas pessimiste pour elle. C'est une fille intelligente, elle saura trouver la limite à ne pas franchir, mais entre-temps les dégâts peuvent être importants pour elle et ses proches.

Elle va encore souffrir et faire souffrir. Avec Alice et tant d'autres, il n'y a souvent qu'une attitude à adopter : tenir et donner du temps au temps.

12 heures

Pas le temps de souffler. Je dois recevoir une mère qui a besoin de « super-parent » pour la suppléer. Je garde ma parure.

« Il faut que vous lui passiez un savon, monsieur le Juge. Vous, il vous écoute. Il y a six mois, vous lui aviez remonté les bretelles, et il est resté tranquille. Maintenant, il faut le voir, ça ne va plus du tout... »

Je sais déjà que l'impact de mes paroles et mon influence font effet six mois, pas plus !

La lettre de Mme Damouné a le mérite d'être claire et bien que je n'affectionne pas particulièrement ce rôle de « père fouettard » que certains – parents ou travailleurs sociaux – tiennent absolument à me faire jouer, je sais que pour certains enfants « cela marche ».

Jean-Patrick est venu tout seul. Il me dira que sa mère est au travail, qu'elle n'a pas pu venir, mais je mettrais ma main à couper qu'il n'a pas voulu qu'elle assiste à l'audience. Il aura trouvé le moyen de la dissuader de venir ou tout simplement aura subtilisé sa convocation.

Par réflexe, j'ai regardé son dossier rapidement, mais je le connais bien et il n'y a pas beaucoup d'éléments nouveaux. Absentéisme à l'école, désobéissance à la maison. Les parents sont divorcés, le père disparaît pour des périodes plus ou moins longues. En bref, il ne s'occupe pas de son enfant, la mère est seule au foyer, comme dans une grande partie des cas que je traite tout au long de l'année.

– Ta mère me dit que tu lui poses à nouveau des problèmes. Tu ne vas pas à l'école, tu traînes. Cette fois-ci, elle m'a prévenu avant que tu fasses des bêtises, mais je ne serai pas toujours là pour jouer les garde-fous. Mais avant tout chose : d'après toi, ta mère a-t-elle raison d'être inquiète ?

– Oui, me répond-il franchement.

– OK ! Alors, écoute, c'est très simple : ou l'année prochaine tu continues comme ça et tu finis par te retrouver en prison ; ou tu te reprends tout de suite. C'est comme ça que les choses vont se passer. Il va t'arriver des malheurs, Jean-Patrick, si tu ne réagis pas.

Je lui parle très fermement et lui ne me quitte pas du regard.

– Bon, qu'est-ce qu'on fait à la rentrée ? Quels sont tes projets ?

– Ben... J' suis toujours inscrit à Jean-Vilar.

– Tu as de la chance qu'ils ne t'aient pas viré définitivement ! Pourquoi tu sèches l'école ?

– J' chais pas...

La phrase que je hais le plus au monde... et surtout depuis que je suis redevenu juge pour enfants ! Pour moi, c'est souvent l'illustration parfaite du « Passez votre chemin. Je n'ai rien à vous dire. Allez vous faire voir ! ». Parfois, c'est le refus du jeune d'assumer sa vie. Je ne supporte plus. J'ai donc l'habitude de dire aux mineurs délinquants qui viennent dans mon bureau que chaque « je sais pas... » lui vaudra un mois de prison supplémentaire ! Parfois, cela marche... Un jour, l'un d'eux, après trois ou quatre « je sais pas », avait eu droit à mon avertissement. Emporté par son élan, il en avait encore sorti un quelques instants plus tard.

– Un mois ! lui avais-je claqué.

Notre échange reprend. Sur une nouvelle question, il allait céder à la facilité.

– J' sais p... Je voulais dire que...

Ma recommandation venait de produire son effet. J'avais réussi à garder mon sérieux avec peine. Mais j'en avais conclu que ce gosse, adorable au demeurant, était loin d'être idiot.

Je pars avec Jean-Patrick dans une longue séquence pédago-judiciaire, mi-philosophique, mi-paternaliste, mi-réaliste. J'aurais dû devenir prêcheur.

– Écoute-moi. Ta mère est dépassée par les événements, elle n'a plus d'autorité sur toi. Ton père n'est pas là. Alors évidemment, tu n'as personne pour t'obliger à faire quoi que ce soit. Mais de la même façon personne ne peut te motiver ou te protéger. Tu ne vas plus à l'école et pendant ce temps-là tes camarades, eux, ils accumulent les connaissances. Alors regardons les choses en face. Je sais que tu vis au jour le jour mais je dois voir un peu plus loin que toi. Tu n'as aucune qualification. Apparemment, et ne le prends pas mal, tu es plutôt noir que blanc dans un pays où beaucoup d'employeurs, sans être racistes, embaucheront toujours de préférence un Européen. Tu pars avec un handicap ! Il faut que tu compenses par ta qualification professionnelle. Là, le patron te donnera priorité.

J'hésite souvent à utiliser ce type d'argument, mais je m'aperçois qu'il porte. Il fait écho chez mes gamins. Je dois juste veiller à ne pas exacerber la haine mais à positiver.

Je poursuis :

– Tu n'auras pas un sou, tu voudras de l'argent, tu seras « obligé » de voler des sacs ou de trafiquer des mobylettes. C'est ça tes projets ?

– Non...

– Parce que, si c'est ça, tu n'as pas beaucoup d'ambition pour ta vie et de respect pour toi-même. Si tu ne bouges pas très vite, maintenant, tu vas le payer très cher quand tu auras dix-huit ou vingt ans. Tu n'es pas méchant mais tu seras le dindon de la farce.

Bon, là, ça va, je crois. Sa mère m'a demandé de remettre les pendules à l'heure avec Jean-Patrick mais je l'aurais fait de toutes les façons.

– Jean-Patrick, mon but n'est pas uniquement de te faire peur mais je veux qu'ensemble on prépare ton avenir. Tu n'es pas plus bête qu'un autre et tu dois y arriver comme les autres. Alors, à la rentrée il faut que ça change. Tu retournes à Jean-Vilar et je ne veux plus que tu t'absentes des cours. Sinon, la prochaine fois qu'on se voit, c'est avec les menottes. Tu m'as compris cette fois ?

– Mmmmum...

– Je peux te faire confiance ?

– Mmmmm...

À suivre. La cote est à 50-50 !

Réponse dans six mois... ou dans quelques jours à travers le commissariat ou le parquet des mineurs. Là encore je suis optimiste. On souligne plus souvent nos échecs que nos réussites, mais je sais que beaucoup de nos discours portent leurs fruits. Tout simplement parce que ces gosses ont naturellement l'énergie de la vie et qu'il suffit de réveiller la confiance en eux en leur marquant de l'intérêt pour qu'ils se mobilisent et déplacent des montagnes... en tout cas des collines ! Quoi qu'il en soit, sauf à être morbides et à se nourrir de la souffrance des gens, magistrats et travailleurs sociaux sont condamnés à être optimistes et à y croire. Il est intéressant de relever combien nos greffières, pour la plupart mères de famille, sont plus sceptiques et pessimistes que nous. Peut-être parce qu'elles ne sont pas en première ligne : vous ne pouvez pas vous engager à fond pour convaincre vos interlocuteurs sans croire un peu à ce que vous préconisez. J'avoue que mon optimisme est sans bornes. Je suis là pour remonter le moral afin que mes interlocuteurs mobilisent leurs compétences. Je ne veux pas être un marchand du Temple, mais un marchand d'espoirs raisonnables. Le comble veut que celui qui rassure le mieux est souvent celui qui doute le plus, et que celui qui se veut le plus sécurisant somatise en secret. La vie est bien un jeu de rôles...

Pour tenir le coup, il est indispensable d'avoir un esprit sain dans un corps sain, comme tout (jeune) magistrat qui se respecte, mais également de recevoir quelques satisfactions en retour sur investissement. Et c'est là où tout se corse. Pour vérifier ce retour, il faut du temps, beaucoup de temps. Le juge pour enfants est un artisan. Il doit façonner des réponses chaque fois différentes dans un contexte où tout le conduit à une production de masse. La loi est un instrument de travail indispensable mais insuffisant. S'il investit bien dans son secteur, il se découvrira des relais, travailleurs sociaux, enseignants, élus, militants associatifs, simples quidams jouant un rôle important dans la cité et qui compléteront efficacement son travail. Et il aura, aux meilleurs moments, le sentiment d'avoir effectivement inversé une tendance. Mais pour cela il lui faut du temps.

Tous les jeunes collègues juges pour enfants sortant frais émoulus de l'École nationale de la magistrature n'auront pas, au préalable, entendu ce discours. Dans leurs premiers mois de fonction, ils recevront de plein fouet la douleur de leurs interlocuteurs, jeunes et moins jeunes, avec le sentiment de ne rien pouvoir y faire, sinon apporter des réponses stéréotypées dont ils connaissent eux-mêmes les limites : « placement », suivi par un éducateur, incarcération, etc. Dans l'année de leur installation, ils demanderont leur mutation qu'ils obtiendront quelques mois plus tard, au moment précis où ils auraient pu toucher les bénéfices de leur investissement.

En pratique, les juges pour enfants quittent leurs fonctions au bout de deux ans, deux ans et demi alors que leur mandat (théorique) de trois ans n'est pas achevé, et qu'ils se sont généralement « battus » pour avoir ces fonctions au sortir de l'ENM. Un gâchis de la formation, dirait-on dans le monde de l'entreprise... Ce qui explique qu'en pratique, sur trois cent vingt juges pour enfants, il y en a à peine quelques dizaines qui ont sept à dix ans d'expérience. D'où cette rotation difficile à vivre pour les tribunaux mais aussi pour nos interlocuteurs sociaux. Ne parlons pas des familles qui voient se succéder plusieurs juges dans leur vie et de la difficulté de monter des stratégies au long terme.

13 heures

Il est juste l'heure... de se dépêcher ! La Brasserie du Palais, située à quelques encablures du tribunal de grande instance, n'a peut-être pas le chic des restaurants de l'île de la Cité, mais la chère y est bonne et sans chichis, et Rosa, la maîtresse des lieux, consciente des emplois du temps surchargés de ses principaux clients, fait activer le mouvement dans les cuisines afin que l'on soit servis en un temps record. J'y retrouve souvent des amis avocats, éducateurs ou juges.

Mais aujourd'hui, il va falloir mettre les bouchées doubles ! Dans une heure les audiences pénales et civiles reprennent et je dois retrouver à présent les membres du conseil d'administration de l'APCEJ, l'Association pour la promotion de la citoyenneté des enfants et des jeunes, que j'ai créée il y a cinq ans afin de développer des actions para-judiciaires en direction des jeunes. J'ai réuni autour de moi un groupe d'amis juristes ou travailleurs sociaux auxquels se sont ajoutés, au fil des années, les juristes du contingent qui effectuèrent leur service national au palais de justice et ceux qui ont entendu parler de nous au travers de nos actions.

Ainsi, tous les mois, dans une salle d'audience du tribunal, nous animons des entretiens juridiques sur l'enfance, destinés aux professionnels, nous intervenons régulièrement dans les établissements scolaires pour sensibiliser les adolescents aux principales lois qui régissent notre société, nous recevons des enseignants avec leurs classes pour leur montrer le fonctionnement de la justice, etc.

Pour l'heure, et entre deux bouchées de tagliatelles au saumon, nous passons l'ordre du jour en revue : la diffusion de la boîte de jeu « À vos lois, citoyens !, parcours dans la vie et dans la ville » et l'organisation de la sixième édition du Rallye de la citoyenneté.

Imaginé et conçu par l'association, le jeu est destiné aux adultes et aux jeunes afin de leur apprendre la loi de la République et les institutions. Puisque l'on exige des enseignants qu'ils rappellent la loi aux jeunes, sans vraiment leur en donner les moyens, pourquoi ne pas s'instruire en s'amusant et faire de ce qui d'emblée semble rébarbatif un jeu entre adultes et enfants ? Car si les jeunes doivent apprendre la loi, leurs droits et leurs devoirs, leurs parents ont également grand besoin d'une révision ! Avec ses huit cents questions et son livre de la loi « À vos lois, citoyens ! » est une sorte de Trivial Pursuit-Monopoly, qui nous a paru amusant pour tenter de nouer un dialogue entre adultes et jeunes. La mise au point et la réalisation ont pris deux ans avec un sprint d'enfer entre le 27 août 1998, date de mon retour de vacances, et le 20 novembre, date de la sortie du jeu.

Pour des artisans comme nous, reconnaissons-le, l'entreprise était périlleuse mais finalement nous avons réussi à soulever la montagne de scepticisme qui nous environnait. Il nous faut gérer à présent les succès de notre petite entreprise avec le souci d'intervenir dans les établissements scolaires en relais des enseignants, voire d'aider l'approche de ces questions dans toutes les familles de France.

Au menu, également, l'organisation du Rallye, joyeux périple « dans les Châteaux de la Loi » que nous organisons depuis quatre ans, à raison de deux sessions, l'une lors des vacances de printemps et l'autre en été. Cet été, aidés de Mathieu, dit « 013 » (13e VSN, Volontaires du service national ville affectés au tribunal pour enfants), et guidés par quelques mordus du Rallye, une petite centaine de jeunes regroupés en équipes municipales vont découvrir les acteurs et les lieux de la conception et de l'application de la loi. Ils rencontreront des députés, des magistrats, des avocats, des journalistes, feront l'apprentissage des règles dans le domaine de l'aviation, à l'issue de quoi un baptême de l'air leur sera offert par Me Vaslin, avocat, ex-pilote de chasse mordu d'aviation qui a obtenu qu'un petit Cessna soit mis à notre disposition. Pour la dernière étape du Rallye qui se déroulera au tribunal, dans la salle de la cour d'assises, ils seront les principaux protagonistes d'un procès reconstitué. Certains revêtiront de véritables robes de magistrat et d'avocat et tiendront le rôle de juge ou de défenseur, d'autres seront les victimes, témoins ou accusés, procureur.

Ce Rallye s'inscrit dans le cadre des opérations VVV (Ville, Vie et Vacances) qui succédèrent à l'opération Anti-Été chaud que nous avons mise au point il y a dix-sept ans avec Roland Kessous et Hubert Dujardin, deux collègues magistrats, alors que nous travaillions tous trois aux cabinets des ministres de l'Intérieur, de la Justice et de la Famille. À l'époque, vingt mille jeunes avaient été pris en charge dans ce dispositif destiné à ranimer les quartiers mortifères de certaines banlieues. Comment imaginer que la vie s'arrête deux mois pendant l'été ?

Depuis, le succès ne s'est jamais démenti. À tel point que le gouvernement devait inscrire cette opération au IXe plan. L'imagination au Plan ! Il n'y avait que la gauche pour ne pas voir ce que ce projet contenait d'incongruité. Je pensais que cette opération serait éphémère, et que les politiques reprendraient le relais. Il n'en a rien été, mais, petit à petit, l'idée a fait son chemin : à l'été de 1982, douze départements étaient concernés contre quatre-vingt-onze aujourd'hui ! et huit cent soixante-dix mille jeunes ont été pris en charge en 1998 ! À l'époque l'État avait royalement accordé 5 millions de francs pour l'opération, alors que les 92 millions de francs qu'il investit à présent suscitent quatre fois plus d'investissements des collectivités locales.

Bref, un succès dont je serai totalement fier le jour où nous atteindrons la cible visée au départ : les jeunes abandonnés à eux-mêmes pendant l'été et dont le désœuvrement conduit droit à la délinquance. Il n'est d'ailleurs même pas certain que ces jeunes se trouvent dans les huit cent soixante-dix mille comptabilisés plus haut...

En tout état de cause, parmi les onze mille projets nationaux pour 1999, l'APCEJ apportera encore une fois sa contribution. Ainsi, bientôt, Laurent Fabius, président de l'Assemblée nationale, les recevra au Palais-Bourbon. Dans une autre étape, ils rencontreront des journalistes de *L'Humanité* qui leur parleront de leur métier mais aussi de l'image que la presse véhicule des banlieues. En plus de découvrir de nouveaux lieux, ils rencontreront des hommes et des femmes professionnels engagés, motivés, mobilisés.

Je sais qu'ils ne se gêneront pas pour poser aux hommes politiques, aux journalistes, aux magistrats ou aux avocats les questions qui dérangent. Ils ne sont pas là pour apprendre, mais pour nouer un dialogue tout en s'amusant, car le Rallye est truffé d'épreuves et doté de prix.

L'heure tourne... et apparemment le Rallye roule : nous avons l'encadrement et les financements. Il faut conclure. Difficile de régler les multiples problèmes d'organisation dans ce brouhaha, d'autant que l'ambiance n'incite pas au recueillement : les plaisanteries fusent à tout propos. Je réclame un peu de sérieux mais moi-même – processus classique de décompression – j'ai un mal fou à ne pas distraire l'attention. En tant que président, j'essaie de présider mais ils ne m'aident pas beaucoup ! Fin de la réunion. Nous évoquerons les autres questions à la rentrée, et en particulier le projet de tutorat qui, je le sais d'avance, sera long et difficile à mettre en place.

Mais celui-là, il me tient vraiment à cœur ! Je suis convaincu, en effet, qu'un nombre important de jeunes, notamment issus de l'immigration, pourraient arriver à Bac + 2 – où le chômage est moindre – s'ils étaient mieux soutenus dans la dernière étape de leur scolarité secondaire. Le projet consisterait à mettre au point un parrainage des collégiens en classe de troisième afin de les emmener jusqu'à l'université. Nulle question d'argent, mais d'un soutien psychologique et technique, la présence d'un parrain, pas à la sicilienne, mais un parrain... républicain ! Les parents désirant être soutenus ou relayés dans l'aide qu'ils peuvent apporter à leur enfant seraient bien évidemment associés au projet. J'y crois tellement que j'ai déjà convaincu « mes femmes », c'est-à-dire des amies, des collaboratrices, des membres de ma famille, Laurence Costil, directrice du service d'aide aux victimes, Mme Picardat, ancienne enseignante, assesseur au tribunal pour enfants, et toutes y réfléchissent et travaillent d'arrache-pied. Jean-Claude Félix-Chicaya, éducateur et médiateur culturel, s'est joint dernièrement à notre groupe.

Ce projet est très ambitieux, sans doute et comme tout ce que nous entreprenons, beaucoup trop au regard de nos moyens. D'autant qu'il nous faudra nous engager pour ces jeunes sur la durée. J'y crois tellement que je ne doute pas une seconde d'y parvenir.

Les réunions avec les joyeux juristes de l'APCEJ sont chaque fois de nouvelles respirations, de nouvelles inspirations, dans tous les sens du terme. Pas facile de militer, de parler, de s'écouter, de réfléchir ensemble en si peu de temps, mais il me semble que, comme d'habitude, nous avons rechargé nos accus. Comme pour la mise au point du Jeu, il faudra travailler en plus de nos heures officielles. Mais cet engagement associatif – et quelques autres pour ma part – prolonge et nourrit l'engagement professionnel.

14 h 15

Je regagne mon bureau. La première affaire de la permanence pénale m'attend déjà.

Mme Dutrieux m'apporte les procédures pour cet après-midi. Dans le lot, je retrouve celui concernant Mohamed Bali dont mon substitut m'a parlé ce matin. La nouvelle procédure est effectivement, sinon gravissime, du moins préoccupante pour un adolescent de quatorze-quinze ans : recel d'une voiture volée – on n'a pas la preuve qu'il l'ait volée personnellement –, conduite sans permis, refus d'obtempérer, tentatives de coups et blessures volontaires sur agent de la force publique, défaut de maîtrise, le parquet n'a pas été en peine pour trouver de quoi poursuivre, mais pour autant la loi ne permet pas une incarcération provisoire pour ce mineur.

Le procureur me demande effectivement dans ses réquisitions écrites jointes à la requête pénale de révoquer le contrôle judiciaire que j'ai pris samedi dernier pour vols avec violence. À l'époque, il s'agissait de « vols à l'arraché » de téléphones portables. Compte tenu du passé du jeune, et surtout de l'impossibilité dans laquelle se trouvait son père de le cadrer, je n'avais pu, à défaut d'autres solutions, que le placer sous contrôle judiciaire, avec obligation de pointer une fois par semaine au commissariat, de respecter l'autorité de son père, et surtout de ne pas être hors du domicile familial après 19 h 45 – mon grand classique – sans autorisation de celui-ci. J'avais insisté pour lui rappeler qu'il se devait d'obéir à son père en France comme en Afrique, et que je n'apprécierais pas qu'il ne respecte pas l'autorité d'un juge, en l'occurrence la mienne. Et, trois jours plus tard, le voilà dans une voiture volée fonçant sur des policiers !

La décision qui m'est demandée par le parquet est grave. Il faut que je réfléchisse. Il est très jeune mais déjà dangereux pour autrui sinon pour lui-même. Mais l'heure n'est pas encore venue de traiter cette affaire.

D'autres plus simples sont prêtes.

14 h 30

Dossier Girardt et Macharo. Ils sont toujours ensemble. Nico et Diégo, les deux potes de Dugny, tout le monde les connaît. Copains de CP, de judo, de foot, de virées en rollers, et aujourd'hui complices dans l'agression dont ils ont été les auteurs à l'arrêt du bus de l'Opéra-Bastille. Unis pour le meilleur et pour le pire... Ils revenaient d'une fête. « On avait un peu bu, un peu fumé. » Il était 1 heure du matin. Nicolas Girardt, seize ans, et Diégo Macharo, dix-sept ans, sont accusés d'« avoir tenté de soustraire frauduleusement un blouson, une casquette, un baladeur au préjudice de M. Antar. Tentative aggravée par les deux circonstances suivantes : la réunion et les violences ».

En théorie, ils risquent deux ans et demi de prison. Le dossier ne présente pas de pièce exceptionnelle. Je lis l'enquête de personnalité concernant Nicolas Girardt. Habite chez ses parents... enfin chez sa mère, les parents étant séparés depuis cinq ans. La mère ne s'est jamais remariée. Il voit rarement son père. Quand je lui demanderai plus tard si son père s'occupe de lui, il me répondra qu'il est là « pour les choses importantes ». Mais, aujourd'hui, M. Girardt ne s'est pas déplacé...

Nicolas est en troisième, il travaille honnêtement et les rapports avec sa mère sont bons. Devant moi, il regrettera amèrement de s'être laissé aller à ces violences. « J'ai été idiot de le faire, dira-t-il laconiquement. Mais j'étais là... » Il restera étrangement silencieux, comme s'il ne réalisait pas vraiment la portée de son geste. Au vu des bons rapports avec sa famille et de son attitude sérieuse en classe, j'étais prêt à passer l'éponge avec un avertissement oral. Mais ce laxisme, cette attitude suiviste ne laissent pas de m'inquiéter. Il faut marquer le coup.

Je décide de le remettre en liberté, mais sous contrôle judiciaire en adjurant Mme Girardt de veiller à ce que son fils ne soit jamais dans la rue si tard. Mais, surtout, j'interdis dorénavant à Nicolas de fréquenter Diégo. Et je l'oblige à rencontrer tous les quinze jours un éducateur du SEAT pour réfléchir sur l'autonomie et la responsabilité.

– Tu n'es pas un mauvais bougre, mais je te sens terriblement et dangereusement influençable. Et il faut que cela cesse. Tu as seize ans, tu n'es plus assez petit pour éviter la prison. Il faut te mettre un peu de plomb dans la tête.

Nicolas reste muet devant l'annonce officielle de sa séparation d'avec Diégo. Il sort comme hébété sur les talons de sa mère qui a l'air de trouver, elle aussi, que la punition est sévère ! Je ne vais pas lui dresser une statue, tout de même ! Mal barré, me dis-je.

Diégo Macharo entre dans mon bureau immédiatement après. Avec lui les choses sont nettement plus délicates. Il faut dire que sa mère vit en Bretagne et, ayant complètement refait sa vie, elle paraît avoir tiré un trait sur les protagonistes de son premier mariage... Diégo vit avec son père mais ils ne font que se croiser. D'ailleurs, lui non plus n'est pas venu. En réalité, Diégo est totalement livré à lui-même. J'ai beau être habitué, cela me fait toujours autant bouillir ! Je lis les motifs retenus contre lui, il acquiesce, il reconnaît tout. Apparemment, c'est lui le meneur.

– Je voulais son portefeuille, je voulais de l'argent. Comme il n'en avait pas, on lui a piqué son baladeur et son blouson.

– Quel âge avait ta victime, tu le sais ?

– Dix-neuf ou vingt ans, je crois.

– Dix-neuf ans, c'est ça. Et tu trouves normal, toi, qu'un jeune attaque un autre jeune ? Dans ma génération, les jeunes faisaient bloc contre les vieux. C'était peut-être pas mieux mais cela semblait quand même plus naturel. Aujourd'hui, l'essentiel des agressions de ce type se passe entre jeunes et on assiste à un phénomène étonnant : les jeunes ont peur des autres jeunes. Je ne sais pas, mais moi ça me choque... En plus, ce qui m'énerve, c'est que ta victime est arabe, toi tu es noir, ça va encore alimenter les propos racistes... Tu comprends ?

Il m'écoute. Il réalise tout doucement ce que je suis en train de lui dire et visiblement cela ne lui plaît pas beaucoup. Son dossier m'indique qu'il devrait être suivi par le service localement compétent de la PJJ – en l'espèce la Consultation qui regroupe des éducateurs, des psychologues, un psychiatre, mais actuellement les services sont submergés. Il fait partie des trop nombreux dossiers pour lesquels les mesures prises par les juges pour enfants ne peuvent être exercées faute de moyens. Pas de chance pour Diégo. Il aurait pourtant besoin d'urgence d'un encadrement.

– Tu ne peux pas te laisser aller à tes pulsions comme ça. Que va-t-il se passer quand tu auras dix-huit ans ? Tu y as pensé à ça ? Évidemment tu vis au jour le jour, mais ça va venir très vite. Dans huit mois, tu as dix-huit ans. Je vois sur ton dossier que tu n'as pas la nationalité française. Alors, réfléchis : tu es étranger, tu n'as pas de travail, tu as été condamné pour avoir agressé quelqu'un dans la rue, tu as d'autres bêtises à ton actif... Veux-tu me dire quelles raisons le gouvernement français a de te garder ici ? Qu'est-ce que tu comptes faire à la rentrée ?

Mon discours le ravit de moins en moins mais il me connaît, il sait que je ne lui mens pas.

– Je vais recommencer mon année de formation... J'ai trouvé un truc qui me plaît. Un BEP, option échafaudages métalliques.

– Tu serais vraiment content de faire ça ? Parce que, si c'est le cas, je connais très bien le foyer des Orphelins Apprentis d'Auteuil de Thiais, je dois aller les voir cette semaine. Je sais qu'ils ont des ateliers extrêmement performants. Tiens, je te donne leur numéro, appelle-les de ma part, s'ils t'acceptent, ils t'apprendront un métier. S'ils peuvent te prendre, je fais l'ordonnance tout de suite. Mais attention, c'est un internat. Il faut que tu acceptes d'y demeurer la semaine. Le week-end, généralement, tu reviens à la maison. Ce ne sera pas facile mais je peux quasiment te garantir le résultat si tu y mets du tien. Ils sont au top sur le plan formation et l'ambiance est bonne.

Il regarde la carte de visite que je lui ai tendue d'un air soupçonneux, puis il la range délicatement dans sa banane.

– Juste pour vérifier, tu sais ce que ça vaut comme sanction ce que vous avez fait avec Girardt ? Je te rappelle que c'est un vol avec violences et en réunion. Tu risques cinq ans de prison, divisés par deux parce que tu es mineur : deux ans et demi. Tout ce temps en prison pour un walkman et un blouson, c'est un peu bête, non ?

Je commence à rédiger le compte rendu d'audience. En même temps que j'écris, j'épelle les deux contraintes imposées dans le contrôle judiciaire que je prends pour lui et son copain. « Interdiction de sortir le soir après 19 h 45 sans l'accord formel des parents... Pointer au SEAT deux fois par mois... »

Tout d'un coup, il bondit.

– Quoi ? Deux fois par mois, revenir à Bobigny pour pointer ! Et si je pars en vacances, comment je fais ?

– Tu préviens ton éducateur...

– Non, non, moi je ne veux pas pointer tous les quinze jours...

Il fouille nerveusement dans sa banane. Il prend la carte de visite du foyer de Thiais et la pose sur mon bureau.

– Et tenez, votre carte ! Je trouverai du boulot tout seul. Mais je ne viendrai pas pointer ici...

– Diégo, je te rappelle que tu es poursuivi pour vol avec violences. C'est une mesure contraignante. Ce n'est pas au choix. J'exige que tu viennes au SEAT deux fois par mois. Je n'ai aucune confiance en toi, c'est pour moi le seul moyen de savoir que tu es vu par un éducateur. Si tu ne viens pas, tu auras affaire à moi. Je n'hésiterai pas à te mettre en prison. Tu as dix-sept ans, tu sais que je peux le faire. Et immédiatement si je veux.

Il se tait. Il signe la feuille sans un mot. Il sort précipitamment sans un regard pour ma carte de visite sur la table ni pour moi. Nous en resterons là. J'ai touché un nerf. Il était prêt à vivre en institution, mais n'accepte pas l'atteinte à sa liberté que représente l'émargement deux fois pas mois au tribunal ! La suite dans quinze jours. Je verrai s'il est venu pointer. Mais, à mon avis, c'est fichu. Quelle tête de lard ! Le foyer de Thiais, c'était la chance de sa vie. Il fiche tout en l'air par incapacité de se plier à une autre volonté que la sienne. Dans quelques mois, le couperet tombera, je ne pourrai plus rien pour lui. C'est terrible. Je n'arrête pas de le leur répéter à tous, et ils ne voient pas les perches que je leur tends... Pendant l'entretien j'avais cru pouvoir le convaincre. Erreur. J'ai peut-être perdu une heure. Une fois encore. J'ai un sentiment d'amertume et de gâchis comme chaque fois que j'échoue en ayant cru gagner. Quoi qu'il en soit, je recommencerai ! Tant pis, il a décidé, et on sait bien que l'« on ne fait pas le bonheur des gens malgré eux ».

Comme tant d'autres, Diégo est dans son univers. Celui de son quartier, de son clan, de ses copains. Nous n'avons pas les mêmes codes sociaux. Pourquoi Diégo et ses copains respecteraient-ils nos règles quand ils ont le sentiment qu'elles ne les protègent pas, voire qu'elles les flouent ?

« La citoyenneté est le socle de la sûreté », affirme Jean-Pierre Chevènement dans une interview accordée au journal *Le Monde*, le 6 juillet 1999. Le ministre a tort et raison à la fois. Encore faut-il donner l'espoir de vivre décemment à ces mêmes jeunes, souvent désabusés avant d'avoir mené le moindre combat. Cela passe par la possibilité d'accéder honnêtement à des conditoins de vie correspondant aux standards du moment. Sans cette perspective concrète, le discours sur la citoyenneté ne tient plus. La République avait comme ressort sinon l'égalitarisme, du moins la justice. Aujourd'hui les jeunes ont très tôt le sentiment que le combat est perdu d'avance faute de réel ascenseur social. Jean-Pierre Chevènement l'a compris qui, lui-même, insiste dans une autre partie de son discours sur la nécessité d'« arracher les jeunes au désespoir, reconnaître les qualités qu'ils recèlent : elles sont considérables ». Certes, mais cela passe, en premier lieu, par les moyens pour eux de vivre décemment de leur travail régulier et légal et non des « petits boulots » de la rue, d'un tout autre style, qui rapporteront tôt ou tard beaucoup d'argent mais aussi de nombreux ennuis. Petits boulots qui attirent d'autant plus qu'ils permettent, dans un premier temps, d'accéder à un statut social dans la hiérarchie parallèle qui s'est instaurée dans cette société à structuration mafieuse.

Chaque quartier a ses familles et ses chefs. Les jeunes majeurs y friment avec leurs voitures, leurs téléphones portables, leurs fringues ou leurs bijoux. Les plus jeunes les aident ou tentent de les imiter. Les très jeunes, dès huit-dix ans, ont un rôle à jouer, qu'ils guettent, disséminés dans le quartier, pour prévenir de l'arrivée des policiers ou qu'ils racolent les acheteurs de drogue. Quand ils ne se regroupent pas en bandes qui cherchent à s'inspirer des grands. La ville d'Aubervilliers a ainsi vécu, un temps, la terreur des Mini Blacks Boys qui apportaient leur soutien aux Grands Blacks ! Une référence.

Les plus petits jouent les fourmis et revendent la drogue au bénéfice des grands chefs ; certains volent et rapportent des voitures que leurs aînés désosseront et revendront pour rejoindre un trafic à grande échelle. Il suffit de « monter » à Paris pour récupérer la voiture commandée. Les BMW ont ainsi très bonne cote ! À tel point que l'on trouve de tout dans certains quartiers, dans ce supermarché improvisé qu'est la rue et ses annexes que sont les caves. Rien n'est plus simple que de se procurer sur place une voiture pour 1 500 F ! Je ne connais pas le prix d'un camion, mais lors d'une descente de police sous son autorité au quartier de Stains le procureur de la République devait découvrir dans une cave un camion Iveco totalement démonté !

Il n'est pas rare que nous rencontrions au tribunal des jeunes de seize-dix-sept ans, propriétaires d'une voiture et titulaires de la carte grise – ce qui est tout à fait légal – mais sans droit de la conduire. Le prix a beau être bas, on peut néanmoins s'interroger sur les moyens qu'ils ont de se procurer cette somme et sur l'attitude des parents qui acceptent ces trafics en fermant les yeux !

Vous recherchez un fusil à pompe ou un pistolet à grenaille ! Il suffit de laisser fonctionner le bouche à oreille : si vous avez de quoi payer, vous serez livré en un temps record. À cet effet, il est grand temps d'adopter la loi présentée au printemps 1999 par Bruno LeRoux, député-maire d'Épinay-sur-Seine, qui vise à restreindre la vente et la détention d'armes. Là encore, le temps que mettra ce texte avant d'être adopté laisse entendre que de gros intérêts économiques sont en jeu ! Le lobby des armes n'existe pas seulement aux États-Unis.

L'organisation économique des quartiers dit « chauds » est semblable à une société de type mafieux où, pour le profit de quelques-uns, chacun y a sa place, joue un rôle et jouit sur ce territoire des protections qui lui sont nécessaires. Les empêcheurs de trafiquer en rond commencent à être chassés de leur tour, puis de la rue et de la cité. Les leaders font le vide dans le quartier afin que le « business » prospère. Le mot n'est pas excessif : on est parfois surpris des quantités de drogue, d'armes ou de matériels en tout genre que les policiers trouvent dans les appartements ou les caves. Policiers, pompiers, médecins, travailleurs sociaux, bien sûr, ne pénètrent dans ces quartiers que sur permission ou en force. Ils ont droit aux jets de cailloux, et parfois même de réfrigérateurs, et aux injures. L'école est généralement le dernier lieu public qui survive, parfois comme une aire de paix, mais souvent au diapason du quartier. Et encore, nombre de lieux scolaires sont fréquemment à vif.

Ce système a ses règles et ses lois. On se tait. Quoi qu'il arrive, on nie en bloc. Bien sûr, aucun nom ne doit être donné. On obéit et surtout on tient ses engagements. Les « parrains » rendent la justice à leur manière et l'on explique par des contrats non respectés l'épidémie soudaine de jambes cassées qui frappe mystérieusement les jeunes habitués du tribunal ! Le recours aux armes sert de mode de régulation des accrocs à l'« économie libérale ». La plupart des règlements de comptes, des bagarres et aujourd'hui des fusillades sont les réponses radicales aux contrats non remplis.

À l'inverse, en cas de difficulté, on se serre les coudes. Qu'il s'agisse d'une interpellation ou du moindre contrôle dans le quartier, on alerte les copains qui tombent par dizaines sur les quelques policiers présents. Les injures volent bas, les menaces aussi, avec des passages à l'acte, du vandalisme qu'il sera difficile d'imputer à qui que ce soit. Régulièrement, les policiers doivent prendre la seule décision qui tienne, à savoir rompre le contact. On comprend leur acrimonie et leur sentiment d'impuissance, eux que l'on présente comme les champions de la loi ! Et qui font – je renvoie au film de Raymond Depardon *Faits divers* – un boulot extraordinaire pour éteindre les incendies, notamment familiaux, à toute heure du jour et de la nuit.

Les bandes se soutiennent dans la cité et au tribunal, et lorsque l'un des leurs est présenté devant le juge, on assiste alors à une arrivée « en force » et en tenue réglementaire : survêtement, casquette Lacoste vissée au crâne, tennis Air, Reebok ou Nike selon les arrivages. Attitudes, look, langage, allure générale, ils donnent le sentiment d'un clan plus que d'un groupe d'amis. À dix ou quinze, ils s'agglutinent bruyamment dans le hall devant la salle d'audience ou devant le cabinet du juge – autant de lieux interdits – pour bien montrer que l'otage n'est pas seul.

Ces bandes peuvent avoir une assise ethnique, comme les Blacks, mais souvent les affinités personnelles recoupent cette approche. Reste une vérité d'aujourd'hui confortée par les sociologues : on ne sort plus aussi facilement de la bande par l'intégration économique et le travail. Comme le relève Gérard

Mauger, chercheur à l'Institut de recherches sur les sociétés contemporaines, « le problème vient de ce que l'appartenance aux bandes tend à se pérenniser car le monde du travail ne prend plus le relais du monde de la rue ». Ce que confirme le sociologue David Lepourtre : « La bande correspond à un mode spécifique de sociabilité à cet âge de la vie. Ce qui a changé, c'est que la socialisation par le travail ne succède plus à la socialisation par la bande. La bande et les affrontements guerriers constituent aujourd'hui pour une partie de ces adolescents les seuls supports de la construction de leur identité [1]. »

La reconquête du territoire de ces cités par la République et ses services publics est bien une priorité. Et chacun sait que cela ne passe pas exclusivement par la force publique. Loin s'en faut... D'autant que les malentendus entre jeunes et police sont quotidiens.

Présidant récemment une audience en correctionnelle, j'en ai fait la démonstration criante. Deux jeunes de dix-huit-vingt ans étaient déférés en comparution immédiate pour s'être rebellés contre des gardiens de la paix et leur avoir donné des coups. Deux Blacks. Dans la salle, un public anormalement nombreux. Une fois l'affaire jugée, j'ai eu la surprise de voir partir d'un coup une soixantaine de personnes dont certaines accompagnées d'enfants en bas âge. Un public chaleureux, les jeunes au fond de la salle, les plus âgés devant, sans doute, pour tenter de tempérer leurs proches présents dans le box. Le temps de l'examen de cette affaire, ils ne manquèrent pas d'occasions de calmer le jeu avec force gestes et conseils chuchotés. Dans le box, les deux jeunes avaient du mal à se contrôler. Dès qu'ils le pouvaient, ils prenaient la parole, notamment l'un d'entre eux qui, avec emphase et violence, mettait en cause les policiers.

Il faut dire que ce garçon, par ailleurs appariteur au ministère de la Défense, avait de quoi s'énerver. Ce soir-là, vers 17 h 30, il roulait dans son quartier, au volant de sa belle voiture, avec sa fiancée quand l'automobile devant la sienne pila brusquement. Surpris, il n'eut pas le réflexe de freiner et enfonça tout l'avant de sa voiture dans le pare-chocs de la conductrice qui le précédait. Il mesura rapidement les dégâts et, se sachant impulsif, il dit à sa fiancée :

---

1. *L'Humanité* du 5 juillet 1999.

– Descends et occupe-toi de régler le problème avec elle! Moi je vais faire un malheur!

Son amie alla discuter avec la conductrice restée à son volant. Pour se calmer, notre énervé potentiel tourna autour des voitures sans intervenir dans l'échange entre les deux femmes. Quelques instants plus tard, la police recevait l'appel suivant :

– Venez vite, un homme menace une femme après un accident de la circulation!

Les faits n'étaient pas exactement ceux-là : d'une petite distorsion résulta une véritable insurrection.

Sitôt reçu, sitôt transmis. Deux voitures de police arrivèrent. Immédiatement, un policier interpella le jeune qui était toujours près des voitures. Il résista au policier qui tenta de le retourner face à sa voiture pour lui passer les menottes. Fort de son bon droit, le jeune se débattit comme un dément et prit quelques coups au passage. Avec force gestes, il essayait de convaincre le tribunal :

– Monsieur le Juge, il m'a étranglé. Je vous jure, j'ai vu la mort de près.

Moi :

– Comme le ministre de l'Intérieur!

Cette fine allusion fit sourire autour de moi mais ne le détourna nullement de son propos :

– Je reconnais que j'ai résisté mais il a voulu me tuer, m'sieu le Juge!

Finalement, le policier confirme ce que dit le jeune :

– J'ai dû appliquer une technique réglementaire, monsieur le Président.

Effectivement, ladite technique consiste à étrangler l'interpellé pour le neutraliser. On peut ne pas apprécier qu'on vous l'applique devant ses voisins et copains de quartier, surtout quand vous n'avez rien à vous reprocher...

Le deuxième prévenu est dans le box car, passant par là, il a volé au secours de son copain qu'il voyait en délicate posture. Lui aussi a été difficilement maîtrisé par les cinq policiers mobilisés sur cette affaire. Finalement, tout le monde est emmené au poste. À l'audience, l'affaire aura duré plus d'une heure, le temps que tous s'expliquent, jeunes comme policiers, et que le conflit s'apaise.

Exercice de haute voltige, car chaque parole des policiers, qui essayaient sincèrement de ne pas mettre de l'huile sur le feu en rapportant les termes de leurs procès-verbaux, était l'occasion d'une nouvelle flambée de mon Black agité. J'ai eu beaucoup de mal à lui faire entendre qu'il eût fallu gérer autrement cette affaire. Finalement, il l'admit. Petit à petit, la tension retomba dans la salle. Il faut dire que nous approchions de 23 h 30. Dans le délibéré, nous eûmes le souci de poursuivre dans cette voie par une amende avec sursis. Et tout ça pour un acte de civilité ! La conductrice de la voiture avait vu une copine à un balcon et avait ralenti pour la saluer. Elle n'était pas présente à l'audience. Une histoire banale mais qui montre bien qu'il ne faut pas grand-chose aujourd'hui pour qu'un simple incident soit vécu comme une agression et débouche sur un fait qualifié dans les statistiques de « violences urbaines ». Qu'on me comprenne bien : il ne s'agit pas de nier l'existence de réels incidents au quotidien. Mais, de la même manière, l'erreur serait d'enfermer ces quartiers dans des images stéréotypées.

On mesure le chemin à parcourir pour « changer la vie » de ces quelque quatre cents quartiers sensibles régulièrement inventoriés. Car il ne suffit pas de rénover les murs ou d'ajouter deux arbres et une pelouse. Il faut repenser et reconstruire la ville, recréer des liens entre les habitants et paradoxalement lutter contre les ghettos et contre la paupérisation des quartiers, proposer des perspectives individuelles et collectives à ces jeunes qui constituent souvent 30 à 35 % de la population, etc. En un mot, offrir des conditions de vie décentes à ces familles. Comment s'étonner que les enfants traînent dans la rue quand, comme je l'ai vu fréquemment, huit, dix, quinze personnes vivent dans quelques mètres carrés où la solitude, le calme et l'intimité sont impossibles. Un travail de fourmis s'impose. Personne ne dispose d'une baguette magique. Il faudra prendre le temps de l'analyse afin de ne pas réitérer les erreurs passées, mobiliser des moyens financiers mais aussi l'intelligence et le savoir-faire et pas uniquement des professionnels. Les contrats locaux de sécurité et les contrats-ville sont les moyens administratifs et politiques de cette démarche. Mais le pire des obstacles à vaincre est bien le pessimisme de certains intervenants...

16 heures

Il est temps à présent de recevoir notre ami Mohamed. En fait, depuis ce matin sa silhouette court dans ma tête et son histoire a été la toile de fond de ma journée. Quatorze ans et demi ! Je ne voudrais pas me tromper... Je jette un œil dans la salle d'attente : son père est déjà là, comme d'habitude. Il attend patiemment dans le hall. Seul. Il s'est assis dans un coin. D'origine malienne, M. Bali est âgé d'une quarantaine d'années, mais aujourd'hui, le corps tassé sur la banquette, il en accuse quinze de plus. Nous nous serrons la main et, sans plus attendre, je le fais entrer dans mon bureau. Quelques instants plus tôt, j'ai croisé dans le hall l'avocat de Mohamed qui, trois ans auparavant, a effectué son service militaire dans mon cabinet. Il a déjà vu la procédure. Avec une déférence non dénuée d'humour, compte tenu de notre ancienne complicité, il m'apostrophe :

– Monsieur le Président, le problème est intéressant. Mais cette demande de révocation ne tient pas. M'autorisez-vous à faire une défense de rupture ? Je vais être très ferme. Je monte en bibliothèque pour vérifier mon analyse juridique. J'ai besoin d'une demi-heure.

– Allez-y... Argumentez, argumentez... Moi-même, je réfléchis encore à ce qu'il faut faire... et il y a des arguments valables dans les deux sens. Quant au problème juridique, il n'est pas évident. Avez-vous vu la motivation de l'arrêt de Grenoble ?

– Oui. Nous en reparlerons.

Coup de fil au dépôt. « Faites monter Mohamed. » Pendant que je m'entretiens avec son père, l'avocat discute avec l'enfant sur un banc de bois du hall d'attente. Notre ami avocat est un athlète de haut niveau, par la taille et par les résultats... Il a déjà revêtu sa robe. À ses côtés, Mohamed paraît minuscule.

En attendant, M. Bali me raconte :

– Monsieur le Juge, l'autre jour à peine est-il sorti de votre bureau qu'il s'est enfui. Je n'ai pas réussi à le rattraper. Ce sont des policiers des Hauts-de-Seine qui m'ont prévenu qu'on l'avait arrêté au Plessis-Robinson. J'y suis allé immédiatement. Mais moi, j'en ai assez maintenant, je n'en peux plus. Il faut m'aider. Je veux qu'il reparte au pays. Au moins un certain temps. En plus, j'ai peur pour son petit frère qui commence à prendre le même chemin que lui.

– Combien avez-vous d'enfants ?

– Onze.

– De la même mère ?

– J'ai deux épouses, monsieur le Juge.

Heureux homme.

– Avez-vous des problèmes avec vos autres enfants ?

– Aucun. Mohamed est le seul à faire des bêtises. Il a même décroché de l'école. Maintenant, ça devient grave.

J'ai effectivement sous les yeux l'historique de Mohamed. Depuis dix mois, il en est à sa huitième affaire mise en évidence. On peut imaginer qu'il y en a d'autres. La pression augmente. Il semble comme enragé. D'autant qu'il entre dans la phase des actes de violence contre les personnes ou de la mise en danger d'autrui. Un crescendo classique qui finira mal. À force de lui courir après sans pouvoir le rattraper, le père s'essouffle, mais il ne renonce pas. D'aucuns prétendent que les parents africains se fichent de leurs enfants et ne s'en occupent pas ! Depuis tant d'années, j'ai appris à les connaître : sous des apparences placides ou désinvoltes, ils se soucient d'eux et de leur avenir, mais sont souvent plus démunis que les autres par manque de connaissance de la société dans laquelle ils tentent de s'inscrire et dont ils ont, en plus, à subir l'indifférence, voire l'animosité.

– Lui avez-vous parlé de votre projet de l'envoyer au Mali ?

– Oui, au commissariat.

– Et alors ?

– Il n'a rien dit. Mais sa mère et moi on est d'accord. Il faut qu'il quitte la France, le plus vite possible.

– Mais il est français !

– Il est aussi malien, monsieur le Juge...

– Et qui peut l'accueillir là-bas ?

– Mes frères. Je dois y aller cet été.

L'heure est venue d'introduire Mohamed. Il entre dans mon bureau suivi de son avocat et du policier du dépôt. L'enfant a la même tenue vestimentaire que la dernière fois : survêtement foncé et casquette américaine. Aujourd'hui, je n'ai pas à lui demander de se décoiffer, il la retire de lui-même. Il doit sentir vaguement que ce n'est pas la peine d'en rajouter. Je le regarde s'installer face à moi, à côté du policier qui ne le lâche pas des yeux. Il est vraiment petit et frêle. Un môme. J'ai du mal à l'imaginer au volant d'une voiture. Il me regarde furtivement, pas surpris de me revoir. Quand même, je ne l'attendais pas si tôt !

– Tu devines que je ne suis pas très content de toi. On s'est vus voici trois jours et je te retrouve avec une affaire beaucoup plus grave alors que je t'avais demandé de te tenir à carreau. Bon. Étant donné que tu as l'habitude de ce genre de situation, je vais droit au but. Voici ce qui t'est officiellement reproché. Je vais ensuite recueillir tes explications. Et je demanderai à Mme le procureur de nous rejoindre. Tu sais qu'elle veut que tu ailles en prison pour m'avoir désobéi depuis samedi...

Mohamed ne réagit pas. Il s'est calé dans son fauteuil et attend que l'orage passe. Son père a fermé les yeux, il travaille de nuit en ce moment, il est épuisé, mais je sais d'expérience qu'il écoute.

– Parlons d'abord de ce qui t'est reproché. Reconnais-tu les faits ?

– Oui.

– C'est un peu court, jeune homme. Qu'est-ce que tu faisais dans cette voiture ?

– J'sais pas.

– Vous l'aviez volée ?

– Non.

– Non... mais encore ? À qui appartient-elle ?

– C'est mon copain qui m'a dit qu'on pouvait la prendre.

– Quel copain ?

– Je ne le connais pas. Juste son prénom.

Il faut dire que le copain a réussi à s'enfuir au moment de l'accident.

– Que faisais-tu, à 2 heures du matin, à l'autre bout de Paris ?

Silence.

– Pourquoi n'es-tu pas rentré avec ton père samedi dernier en sortant de mon bureau ?

Silence.

– Est-ce que ton père t'a dit qu'il voulait que tu rentres au Mali ?

Silence toujours, mais je sens que Mohamed, qui n'a pas regardé son père une seule fois depuis le début de l'entretien, vit très mal la perspective d'un retour « au pays ».

– Tu as bien un point de vue tout de même. As-tu envie de partir au Mali dans ta famille ?

– Non.

– Tu y es déjà allé ?

– Non.

– Je comprends que ton père à qui tu désobéis en permanence en ait assez. Est-ce que tu es décidé à obéir à ton père ou bien tu continues à n'en faire qu'à ta tête ?

Silence.

Il faut avancer. Je me tourne vers l'avocat.

– Maître, sur les faits, avez-vous des observations ou des questions à faire poser ?

– Aucune, monsieur le Président.

Je dicte quelques phrases à Mme Dutrieux reprenant l'essentiel des déclarations de Mohamed. Étant donné ses silences, c'est rapide ! Je fais noter les propos du père.

– Dans ces conditions, je demande à Mme le procureur de nous rejoindre tout de suite.

Je l'appelle donc.

– Vous pouvez venir. Nous sommes prêts.

Le temps qu'elle monte jusqu'à nous, M. Bali prend la parole :

– J'insiste, monsieur le Juge, pour que vous m'aidiez. Je ne peux plus courir après lui. Et de lui-même, il ne restera pas à la maison !

Tout en l'écoutant, je relis le compte rendu du SEAT : à mots couverts, l'éducateur qui a rédigé le rapport et qui connaît les réquisitions du parquet m'invite à relayer le père et me fait comprendre que l'incarcération ne serait pas une mauvaise réponse. Il n'a pas d'autre solution à avancer, à part le « retour » en famille dont on sait ce qu'il signifie : la rue à nouveau et tous ses dangers.

Le procureur entre dans le cabinet. Elle prend le siège laissé libre pour elle à côté du policier en tenue. Selon mon habitude, je lui résume les différents échanges qui ont eu lieu en son absence pour qu'elle se remette rapidement dans le bain.

– Madame le Procureur, je vous donne la parole pour vos réquisitions.

Le substitut se lève pour donner plus de solennité à son propos. Elle est en civil comme moi, sans doute devrions-nous porter la robe. L'habit donne du poids et de la gravité aux paroles, c'est indéniable. Moi-même, j'aurais bien enfilé ma robe aujourd'hui, mais il se trouve qu'elle a vraiment besoin de quelques travaux de reprisage et qu'un bon repassage ne lui ferait pas de mal...

– Monsieur le Président, je confirme mes réquisitions écrites. Je suis inquiète devant l'évolution de ce jeune homme : il devient dangereux pour lui-même et pour autrui. Il échappe totalement à l'autorité de son père auquel je donne acte de ses efforts. Ce n'est pas toujours le cas, vous le savez... Les faits sont graves, bien sûr, et ils auraient pu l'être encore plus si les policiers avaient été heurtés par la voiture conduite par ce jeune. Je vous fais observer qu'ils sont la preuve même de ce que le contrôle judiciaire instauré samedi dernier n'a pas été respecté. Il est grand temps de ramener ce garçon sur terre. Son père demande qu'on l'aide à le prendre en charge. Je vous demande donc de faire un incident au contrôle judiciaire. Je sais que ce mineur n'a que quatorze ans et demi. Mais dès lors qu'il a été placé sous contrôle judiciaire, il est possible de l'incarcérer provisoirement. Sinon le contrôle judiciaire n'aurait plus de sens. La décision de la cour de Grenoble que nous avons sous les yeux le permet. Il va de soi que je ne m'opposerai pas à sa remise en liberté s'il s'agit de quitter la France pour le Mali.

Le substitut se rassied. L'avocat de Mohamed prend la parole à son tour mais il reste assis. Je m'attends à un grand débat sur la légalité ou, plus exactement, l'illégalité de la mesure proposée par le parquet. Étonnamment, il n'en est rien. Il a changé de stratégie.

– Monsieur le Juge, effectivement ce jeune est dangereux pour lui et pour autrui, mais une incarcération à cet âge ne servirait à rien. Je vous demande, en conséquence, de le confier, dès ce soir, à son père qui veillera à prendre les mesures de protection familiale qui s'imposent.

– Merci, Maître. Mohamed, tu as la parole en dernier. As-tu quelque chose à dire ?

Non. Mohamed n'a rien à dire. Ce qui ne signifie pas qu'il n'en pense pas moins. Il donne l'impression d'avoir compris ce qui se joue, mais que sait-il de la prison ? Peut-il imaginer que nous nous organisons pour ne lui laisser aucune marge de manœuvre. Il attend la décision des adultes. Lui qui ne supporte aucune autorité attend que l'on décide de son sort.

Peut-être croit-il que ma religion est faite. Il se trompe. Je réfléchis encore et je suis bien seul. La décision de priver quelqu'un de liberté n'est jamais facile. A fortiori quand il s'agit d'un enfant.

Je me pose régulièrement la question de savoir si la réponse avancée par le parquet, qui demande mandat de dépôt, est la mieux adaptée. Les effets pervers ne risquent-ils pas d'être pires que ceux recherchés, c'est-à-dire la protection de la société ? Certes, les règles de procédure, répondant au souci des législateurs successifs, limitent très strictement le recours à la détention pour couper court aux velléités strictement répressives de certains magistrats, solution de facilité par rapport à une réponse éducative qui exige plus de temps.

La loi du 30 décembre 1987 interdit, quoi qu'il ait fait, d'incarcérer un enfant de moins de treize ans. Cette loi est entrée en vigueur en 1989. Mais que l'on ne s'y trompe pas : cela ne veut pas dire qu'il soit impossible de poursuivre un jeune enfant qui aurait commis un délit et, a fortiori, un crime. Les cas sont rares mais ils existent. On se souvient de ces deux enfants âgés d'à peine dix ans à Manchester qui tuèrent un enfant de cinq ans. Et, en France, dans l'Essonne, il y a peu, trois enfants d'une douzaine d'années tuèrent un SDF. Contre une bande de très jeunes racketteurs ou cambrioleurs, des mesures dites éducatives seront prises mais aucune peine ne pourra être prononcée. Jusqu'en 1989, un enfant criminel pouvait être placé en détention provisoire alors qu'il était impossible de le condamner à une peine. Cette aberration était le fruit de deux logiques différentes : d'un côté, la priorité éducative et, de l'autre, le souci de mettre provisoirement quelqu'un à l'écart, le temps de l'instruction de l'affaire. Difficile pour un jeune de comprendre que l'incarcération provisoire n'est pas une punition mais une simple mise à « l'abri » pour ne pas nuire à l'instruction. Désormais, on ne pourra recourir à la détention provisoire de quatre mois renouvelable une fois que pour les treize-dix-huit ans qui ont commis un crime. Pour les seize-dix-huit ans, coupables de délits, l'incarcération est a priori possible pour un mois, renouvelable une fois. En d'autres termes, 1989 a vu également la fin de la détention provisoire pour les jeunes de moins de seize ans, auteurs de délits simples tels que le vol ou le recel, les violences n'ayant pas entraîné d'incapacité de travail, etc.

Il faut reconnaître que la mesure avait beaucoup servi ! Au début de la décennie 80, le premier contact des jeunes avec la justice passait dans un cas sur deux par une incarcération. Depuis 1989, d'autres structures sont envisagées pour accueillir le jeune de moins de seize ans après son délit. La chose est d'autant plus difficile que la PJJ, qui a justement vocation à les accueillir, dispose de peu de possibilités d'hébergement ou répugne parfois à les utiliser. Elle est tentée de mobiliser le réseau des établissements associatifs habilités pour suppléer ses manques afin de la relayer quelque temps, un jour ou deux.

Elle a aussi recours à des familles d'accueil spécialement sélectionnées à cet effet, mais ces familles ne sont pas légion, surtout en région parisienne.

La PJJ doit faire parfois appel à des hôtels. Certaines chaînes offrent ainsi un accueil dont le coût de revient est largement inférieur à celui que les institutions sociales pratiquent d'ordinaire. Savez-vous que le prix moyen de la journée est de 800-900 F et peut monter jusqu'à 2 000 F ! 60 000 F par mois de trente jours ! Reste qu'un hôtel est un lieu impersonnel et froid où les jeunes ne trouvent sûrement pas beaucoup de réconfort ! Je me souviens du témoignage de ce jeune qui y séjourna quelque temps après la fermeture du lieu de vie Cheval pour Tous, et qui décrivait son désarroi et sa solitude dans l'hôtel après avoir vécu à Urbeis dans une véritable relation de famille !

Il y a bien sûr, des contre-exemples comme cet hôtelier d'origine maghrébine qui accueille, dans un établissement de trente chambres, jeunes et familles en difficulté, à la demande du tribunal ou des services sociaux. Cet appoint lui permet de faire face aux charges de son entreprises et, d'autre part, il offre sur le plan humain ce que peu de structures d'accueil peuvent proposer.

L'incarcération doit aussi répondre à des considérations de faits découlant du dossier. Craint-on que le jeune ne s'échappe, ne fasse pression sur les témoins ou la victime, ou tout simplement l'infraction a-t-elle causé un grave trouble à l'ordre public ? Régulièrement le législateur – sauf à interdire carrément la détention dans certains domaines – tente de freiner le recours à l'incarcération provisoire alors que les mêmes parlementaires appellent généralement à résoudre l'insécurité par la fermeté ! Il est de fait que, si l'incarcération provisoire se veut une mesure d'instruction, elle est aussi un pré-jugement et une pré-sanction. D'autant plus pour les enfants qui ne comprendraient pas de ne pas être jugés au plus tôt sur les faits qu'ils ont pu commettre. Consciemment ou pas, en incarcérant, le juge cède fréquemment à cette logique distributive.

La décision d'incarcérer provisoirement un jeune n'est jamais facile quand on sait que la prison peut être l'école du crime et que l'on peut casser une dynamique personnelle, familiale, sociale ou scolaire.

D'expérience, je peux affirmer que, si dans un premier temps l'annonce de son incarcération lui cause un choc, le jeune que je décide d'envoyer en prison admet généralement la décision : « Sévère mais juste ! » Il peut s'effondrer mais, quelques secondes plus tard, il se ressaisit et interroge : « Combien de temps vais-je y rester ? » avant d'ajouter : « Où vais-je ? »

Au moment de la mise en détention du jeune, il est difficile pour un juge de lui dire exactement combien de temps il sera incarcéré. Pour plusieurs raisons. D'abord parce que le juge va procéder à des recherches, des confrontations, qu'il lui faut disposer d'un point de chute pour le jour de la sortie, etc. L'incarcération provisoire n'est pas une peine pré-fixe, mais répond à une préoccupation : protéger le dossier ou l'intéressé contre lui-même ou autrui. Elle n'est pas une fin en soi, mais doit préparer l'étape suivante de la prise en charge du détenu. Il faut dire aussi que dans ce moment intense qu'est le prononcé d'un mandat de dépôt, dans ce jeu de forces entre la société et le délinquant, entre le juge et son client, l'intéressé n'a pas à être rassuré sur la durée de son incarcération.

À la question : « Combien de temps, monsieur le Juge ? », je réplique immanquablement « Un certain temps ! » quitte, en aparté, à rassurer les parents. Le but est que cette incertitude stimule le jeune et qu'il ne s'installe pas dans la sécurité de sa détention. Et puis n'oublions pas qu'il faudra que le juge obtienne le feu vert du parquet pour la mise en liberté. Les échanges, lors du débat contradictoire ou autour, permettent aux deux magistrats de s'accorder implicitement sur les termes à ne pas dépasser.

Le plus important dans ce moment est de bien finaliser l'incarcération pour préparer l'avenir. Je parle souvent et longtemps au jeune de cette sortie, du lieu où il pourrait vivre s'il ne doit pas revenir dans son quartier, de la formation qu'il devrait suivre. J'essaie de le projeter à plusieurs mois, à plusieurs années en avant pour retrouver des perspectives, des projets et donc de l'espoir. Il n'est pas rare que des jeunes que je viens d'incarcérer sortent de mon cabinet pour rejoindre le dépôt avant leur transfert au centre de détention et me disent : « Merci, monsieur le Juge ! » Cela m'étonne toujours. Je veux y voir le signe que dans cette journée, car tout cela a duré une journée, ce jeune aura compris que nous nous occupons enfin de lui, nous, le procureur, l'éducateur du SEAT, l'avocat de permanence, le juge, la greffière... parfois les parents. Mais rassurez-vous : les remerciements restent rares !

Dans quelque temps, un magistrat sera spécialement en charge de se prononcer sur l'incarcération. Il ne sera plus, comme aujourd'hui, chargé de l'instruction. Cette réforme est très controversée. En 1993, nous avons connu ce régime quelques mois durant, avant que le législateur ne revienne sur sa réforme. Le but recherché est de réduire le recours à l'incarcération grâce à un juge qui ne reste pas le nez sur la gestion du dossier. Il sera moins porté à « marchander » la non-incarcération ou la remise en liberté. À l'inverse, il lui sera plus difficile, s'agissant notamment des plus jeunes, de mettre en perspective le recours à l'incarcération qui peut se justifier pour des raisons liées à l'instruction du dossier mais le plus souvent correspond, au risque de choquer le néophyte, à un moment de la prise en charge « éducative » du jeune. J'avoue donc être partagé devant cette réforme. Il faut respecter la volonté du législateur mais, on l'a vu, le Parlement peut aussi évoluer.

Avant d'autoriser l'escorte à se retirer avec le mineur placé sous mandat de dépôt, le juge doit remplir un long questionnaire sur son état de santé physique et psychique. Il n'exprime évidemment que des impressions mais ces indications pourront aider l'administration pénitentiaire, quand quelques heures plus tard elle recevra son nouveau pensionnaire : Est-il malade ? Prend-il des traitements ? Lesquels ? Se drogue-t-il ? Présente-t-il des troubles psychiatriques ? Et bien évidemment : Est-il suicidaire ? Doit-il rencontrer un médecin immédiatement ? etc. Il s'agit d'éviter des accidents ou des drames comme on a pu en connaître où, faute de relais, certaines informations essentielles comme la nécessité pour un mineur asthmatique de prendre de la Ventoline avaient été négligées.

Le juge doit également se prononcer sur la destination d'incarcération. Deux pistes s'ouvrent au juge du 93 : Fleury-Mérogis, et son Centre de jeune détenus (CJD) de quatre cents places, situé dans l'Essonne, au sein d'un centre pénitentiaire nationalement connu de trois mille détenus, ou bien Villepinte et son nouveau Centre de détention des mineurs de vingt-six places, installé au sein de la maison d'arrêt départementale ? Les deux lieux sont en permanence utilisés par le tribunal pour enfants de Bobigny. En moyenne, chaque jour, nous veillons à l'hébergement d'une petite quarantaine de pensionnaires sur les deux sites, et deux cents sur l'année pour des séjours plus ou moins longs, mais rarement inférieurs à huit jours.

Aujourd'hui, Fleury-Mérogis n'a pas bonne presse. Des professionnels, lors d'inspections officielles, ont dénoncé publiquement la violence subie par les détenus de la part d'autres détenus sans que les fonctionnaires puissent l'empêcher et malgré les efforts déployés par certains pour animer ce lieu. La transformation des locaux, annoncée par Mme la garde des Sceaux, est en cours. Mes assesseurs, pour lesquels j'avais pu organiser une visite, étaient revenus enchantés devant la variété des ateliers disponibles : maçonnerie, électricité, cuisine, moulage de prises pour les murs d'escalade, etc. Au retour, j'avais eu quelques difficultés à leur rappeler qu'il s'agissait somme toute d'une prison et pas du Club Med ! Depuis, tout le monde s'attache à dire que la situation s'est bien dégradée dans le CJD.

Plus que jamais, la rue a infiltré les hauts murs : les conflits de bandes de quartiers et les mêmes racismes qui existent dans les cités s'y retrouvent. Les mêmes causes produisant les mêmes effets, la violence y règne, les rackets, les agressions physiques et sexuelles sont fréquents entre jeunes. On s'y bat avec des lames de rasoir ou des couteaux. C'est fou tout ce qui peut pénétrer dans une prison malgré les contrôles !

S'ajoute une explication institutionnelle souvent mal perçue de l'extérieur. Les moins de dix-huit ans y sont incarcérés avec des jeunes qui peuvent avoir vingt et un ans et plus. La majorité pénale n'est pas la majorité pénitentiaire qui reste calée à vingt et un ans. De telle sorte qu'il n'est pas rare que des délinquants en herbe se retrouvent dans le même « quartier » que de bons chevaux de retour ! Bien sûr, la loi veut que chacun soit détenu isolément, mais les occasions ne manquent pas de faire fonctionner cette « école du crime » que dénonçait déjà Alain Peyrefitte dans son rapport sur la violence de 1977. Et je me dois d'ajouter, en m'appuyant sur les propos des surveillants de prison eux-mêmes, que la surcharge pénitentiaire dans toutes les prisons de France rend l'isolement des mineurs quasi impossible.

Il est urgent d'envisager la création de quartiers strictement réservés aux moins de dix-huit ans, comme celui de Villepinte. Les surveillants y sont volontaires et donc intéressés par les difficultés des jeunes. Dès l'arrivée d'un mineur, un bilan de santé et un bilan scolaire sont établis. C'est, heureusement, une orientation que semble prendre la Chancellerie avec le souci de revenir à des petites unités de vingt-cinq détenus. Il y a en France 3 CJD du type de Fleury-Mérogis, avec quatre cents détenus et cinquante-trois quartiers réservés aux mineurs de moins de vingt et un ans dans les maisons d'arrêt. Aucun aménagement particulier n'est prévu pour les jeunes filles : elles sont peu nombreuses, il est vrai, mais tout de même ! On en compte en permanence une trentaine qui sont enfermées avec les majeures. Là encore les conditions de promiscuité sont maximales.

L'État a du mal à restaurer la sécurité dans ses prisons. Ce qui, avouons-le, est un comble ! Quitte à combattre l'insécurité, donnons l'exemple dans les lieux qui sont sous contrôle public.

Il n'est pas inutile de rappeler que de plus en plus de jeunes vont en prison aujourd'hui. L'augmentation est de quasiment 20 % en deux ans. La montée de la délinquance et son aggravation expliquent cette réponse sociale. Sur une année, ce sont désormais quatre mille jeunes qui franchissent le pas de la prison, généralement dans le cadre d'une détention provisoire qui pourra ensuite se transformer en peine. Au 1er juillet 1998, ils étaient cinq cent soixante : cinq cent dix-sept âgés de seize à dix-huit ans et quarante-trois de moins de seize ans. S'ajoutaient à eux deux mille cinquante « jeunes majeurs » de dix-huit à vingt et un ans.

L'orientation sur Villepinte offre aussi pour nous l'avantage de faciliter les visites de la famille au jeune détenu. Certains parents n'abandonneront pas leurs enfants dans cette épreuve mais, au contraire, redoubleront d'attention. D'autres ne feront même pas le déplacement. Les causes de cette carence sont multiples : les difficultés matérielles, la honte, le souci de renforcer la punition, le soulagement, etc. En tout état de cause, un éducateur de la PJJ a pour mission de visiter tous ces jeunes détenus et de se préoccuper d'eux. Il n'engage aucun travail avec eux mais se soucie de vérifier que ses parents ou un travailleur social s'en chargent. Cela peut paraître surprenant mais beaucoup de jeunes incarcérés n'ont pas d'éducateur qui les suive. Leur premier contact avec la justice consistera à se rendre à la case « prison » sans jamais être passé par la case « éducateur ». À cet effet, il n'est pas rare que le juge double l'incarcération d'une mesure éducative, ne fût-ce que pour préparer les conditions de sortie de prison. D'où les instructions données par la Chancellerie à ses « troupes » d'aller au-devant de ces jeunes pour vérifier leurs besoins et rapporter au juge concerné, ou à défaut au juge pour enfants ou au procureur de la République, les carences constatées.

Je réfléchis encore pour Mohamed... J'hésite à franchir le pas. Je sens la pression. Difficile de prendre une décision de cette nature devant tant de monde. Le garçon, son père, la greffière, le procureur, l'avocat, le policier, tous attendent mon verdict. D'autant que je suis effectivement très partagé. Je l'incarcérerais bien afin qu'il n'échappe pas à son père, mais le débat sur la légalité m'inquiète un peu. Je ne crois pas beaucoup aux arguments juridiques avancés par la cour d'appel de Grenoble : je sais parfaitement qu'on ne peut pas mettre en détention provisoire un mineur de moins de seize ans pour un délit simple ! À l'inverse, il est vrai qu'un contrôle judiciaire, dès lors qu'il est prononcé, peut être révoqué, sinon il perdrait toute crédibilité. Là n'est pas la question, le nœud du problème se trouve en amont : le contrôle judiciaire était-il légal en lui-même ? Ne me suis-je pas fait piéger, samedi dernier, en le prononçant ? Aujourd'hui, il faut être cohérent. Pour une fois, je me réfugierai derrière une juridiction plus élevée. On verra bien s'il y a un appel.

La sanction tombe enfin.

– Je vais t'incarcérer, dis-je en m'adressant à Mohamed. Parce que tu as désobéi à l'ordre d'un juge. Tu dois respecter ton père mais tu dois encore plus respecter l'ordre du juge. Je te l'avais dit et je t'avais prévenu des conséquences.

J'ai l'impression très étrange de m'entendre prononcer une sentence avec laquelle je ne suis pas complètement en accord, comme si un autre que moi avait pris la parole...

Le substitut, qui a attendu l'énoncé du verdict, se lève discrètement. Elle a obtenu satisfaction. Elle repart à sa permanence vers d'autres problèmes. Inutile pour elle d'attendre la fin de l'audience d'autant que l'établissement de tous les formulaires nécessaires à l'incarcération va nous prendre un bon quart d'heure.

Je dicte déjà les motivations de l'ordonnance de détention. Passons sur les arguments juridiques. Je dis en substance qu'il est essentiel de permettre à M. Bali d'exercer pleinement son autorité parentale en empêchant son fils de s'enfuir de nouveau en se mettant en danger et en mettant autrui en danger. On ne peut être plus pro-famille !

Je savais qu'il ne pleurerait pas, mais je pensais que Mohamed daignerait sortir de son mutisme pour manifester sa colère. Rien du tout. Sans un regard pour moi, son avocat ou son père, il s'approche du policier, lui tend les poignets et repart avec lui, dûment menotté. Direction : la prison de Villepinte.

Son avocat qui est resté dans mon cabinet me glisse :

– C'était la seule solution. Il m'inquiète comme vous ! L'échange que j'ai eu avec lui avant de vous rejoindre m'a fait peur. Il ne comprend rien à rien.

Avec le père et l'éducateur du SEAT qui nous a rejoints nous réfléchissons encore à l'avenir de Mohamed car la décision prise aujourd'hui n'est qu'une étape, pas une fin en soi.

– Quand comptez-vous l'emmener au Mali ?

– J'avais prévu de partir en décembre. Les billets sont moins chers à ce moment.

– Pas question de le laisser en prison pendant deux mois ! S'il le faut, nous vous paierons le surcoût du billet.

– Je vais m'arranger avec la famille. Vous pouvez l'emmener à l'aéroport avec vos policiers ? Parce qu'avec moi il ne voudra jamais partir...

– Non, monsieur Bali, impossible. Vous imaginez les réactions ? Le président du tribunal pour enfants de Bobigny expulse de force un jeune Français vers l'Afrique, après l'avoir incarcéré sur la base d'une décision juridiquement douteuse ! C'est la totale !

L'avocat sourit dans sa manche mais je ne suis pas sûr que M. Bali ait tout saisi !

– Écoutez, vous avez bien deux cousins ou deux amis qui peuvent vous aider. Ce n'est qu'un enfant après tout. Vous irez le chercher à la prison et vous l'emmènerez à l'aéroport vous-même. Vous lui expliquerez tranquillement qu'il pourra revenir quand les choses – et surtout lui – se seront calmées. Si les policiers s'en chargent, il va avoir l'impression qu'on le jette à la poubelle.

En fait, quelques années plus tôt, cette solution m'aurait profondément choqué, mais les événements auxquels j'assiste depuis quelque temps en Seine-Saint-Denis m'ont fait changer d'avis. Je pense aujourd'hui qu'il ne faut pas craindre un séjour en famille en Afrique pour ces enfants, même si beaucoup d'entre eux ne connaissent pas le pays dont ils sont originaires. L'éloignement pendant quelques mois de leur milieu – la cité, les mauvaises fréquentations – peut être un excellent moyen de désamorcer une situation bloquée et de sortir du cercle infernal des mises en examen à répétition, avec son cortège d'obligations jamais respectées ; et, si l'on veut un peu noircir le tableau, éviter à certains d'entre eux de recevoir deux balles dans la peau – destin auquel semblait voué le petit Mohamed – de la part de policiers ou de voisins excédés et qui n'ont aucune raison de supporter passivement ces agressions quotidiennes. Il faut que les parents puissent exercer leurs responsabilités et, comme tous les parents dignes de ce nom, les pères et mères africains ne se séparent pas sans douleur de leurs enfants. Ils les feront revenir, mais il est indispensable que ces derniers prennent un peu de recul par rapport à la cité et la retrouvent avec une autre motivation.

Mohamed est français, il reviendra en France. On crierait moins s'il s'agissait d'aller en Corse ! Je n'ignore pas que cet éloignement ne résout rien au problème parents-enfants, ou aux difficultés d'insertion de ce jeune en France, mais déjà ce séjour de rupture évitera que les choses ne s'aggravent ici. La stratégie du pire n'a jamais été une solution. J'ai vu des enfants qui, après un séjour dans leur pays d'origine, sont revenus en France et le cours des choses a repris comme avant. Un coup d'épée dans l'eau. Malheureusement ! Pour d'autres, le coup d'arrêt a porté. Mais, en tout état de cause, c'est aux parents de décider de l'opportunité de ce départ. Aucun parent soucieux de l'avenir de son enfant n'accepterait qu'un juge ou un médecin guide l'éducation de sa progéniture. L'ordre public français qui condamne la violence physique sur les enfants au sein de la famille veut également que l'on respecte l'exercice de l'autorité parentale.

Parfois les mis en examen font tout pour éviter de se voir délivrer un billet aller pour Fleury ou Villepinte. Normal, me direz-vous ! On ne peut quand même pas espérer d'eux qu'ils demandent à aller en prison. À cet effet, il me revient en mémoire une affaire assez déroutante.

Pierre Labri, dix-sept ans, et son frère Paul étaient accusés d'avoir commis, entre autres, plusieurs arrachages de sacs à main à la sortie de la poste de Dugny. Le sel de l'histoire veut qu'ils soient jumeaux. La caméra de la poste avait filmé la scène d'agression du matin et permettait d'identifier l'un des deux. Mais lequel ? L'un comme l'autre déniaient toute responsabilité. Pierre prétendait être dans son lit, Paul avec des copains. La mère, interrogée, surprit les enquêteurs en affirmant qu'elle reconnaissait Paul quoique la photo extraite du film fût très mauvaise. J'ignore comment elle pouvait être aussi affirmative. L'instinct maternel sans doute. Les agressions commises l'après-midi mettaient en cause deux voleurs. Deux témoins reconnaissaient, là encore, un des frères Labri mais lequel ? Tous les deux continuaient de nier.

Lors de leur présentation devant moi, après leur garde à vue, je constatai que leur ressemblance était effectivement hallucinante. Sauf que Paul se révélait plus extraverti que Pierre, plus agressif et expansif. D'évidence, il avait prise sur son frère.

C'est d'ailleurs lui qui passa à l'attaque :

– Nous sommes innocents et de toute façon vous ne pouvez pas nous incarcérer car vous ne savez pas lequel d'entre nous est sur la photo ou reconnu par les témoins. Vous commettriez une erreur judiciaire !

Fallait oser. Il a osé. Les renseignements en ma possession démontraient que ces jeunes consacraient leur temps à voler. Passant outre à l'avis de sa femme, M. Labri, leur père, homme de rigueur, les privait d'argent de poche et thésaurisait sur leurs comptes en banque où chacun disposait de 3 000 F. Les jumeaux avaient donc trouvé la solution pour se procurer de l'argent de poche : ils arrachaient les sacs à main de femmes sortant des banques ou des postes ! Ils jouaient souvent sur leur gémellité pour s'en sortir.

La moutarde me montant au nez, je lui répondis :

– Tu n'as vraiment rien compris. Il ne s'agit pas aujourd'hui de vous juger mais, dans le cadre de l'instruction, de prendre des mesures de nature à me permettre de faire la vérité et à éviter le renouvellement de l'infraction. Peut-être que, le jour du jugement, le tribunal aura des doutes sur la question de savoir lequel des deux est l'agresseur du matin, mais je te fais déjà observer que deux jeunes sont mis en cause pour le soir et que ni l'un ni l'autre n'avez d'alibi. En tout état de cause dans le cadre de l'instruction, je peux vous placer en détention provisoire car vous savez l'un comme l'autre qui est le coupable. Il me faut donc éviter que vous ne vous concertiez et que vous ne recommenciez.

Paul devint littéralement fou furieux et, de rage, lança à Pierre :

– Allez, viens, on va à Fleury-Mérogis ! Inutile de discuter avec lui.

– Là encore tu te trompes. Je vous incarcère mais c'est moi qui décide des conditions de votre détention. L'un ira à Fleury et l'autre à Villepinte.

Cette dernière sortie lui fit péter les plombs. Il commença à m'insulter. J'eus du mal à le contenir. La mère intervint alors pour m'expliquer :

– Monsieur le Juge, c'est la première fois qu'ils seront séparés.

– Il fallait bien que cela leur arrive ! Dommage que ce soit pour partir en prison !

Le gag veut que, incarcérés le même jour dans les deux prisons, un mois plus tard, la question du renouvellement du mandat de dépôt se posa. Le greffe de Fleury m'en présenta un, alors que celui de Villepinte avait libéré l'autre la veille, estimant que le mois était écoulé. Chaque greffe appliquait des techniques différentes dans le décompte des jours ! Si la pénitentiaire leur faisait un sort différent, la justice voulait que je ne sanctionne pas l'un par rapport à l'autre. Les deux se retrouvèrent donc en liberté. Ils furent jugés quelques semaines plus tard et écopèrent d'une peine d'emprisonnement ferme couvrant la détention. Mais jamais plus on n'entendit parler d'eux. Les parents profitèrent de cette mésaventure qui leur fit très peur pour régler leurs différends sur l'éducation de leurs fils.

Sans aller jusqu'à ce type de défense pour couper à l'incarcération, les jeunes peuvent contester leur culpabilité de façon plus classique. Il va de soi que la mise en examen et même l'incarcération ne sont pas un jugement sur le fond mais le juge doit quand même regarder si les arguments en défense ont un brin de consistance. Il est vrai que, faute de temps ou de moyens, les confrontations ne sont pas toujours effectuées, on se contente souvent de reconnaissance sur photos au lieu d'aller sur place pousser les vérifications, on oublie des perquisitions ou l'on ne vérifie pas vraiment l'alibi du jeune. Et d'autant plus s'il s'agit d'un « vieux » cheval de retour qui vous a mille et une fois baladé et dont on connaît par cœur les talents d'invention...

C'était le cas pour Nordine accusé d'avoir commis une agression – donc un fait particulièrement grave à 18 h 15 dans un coin de Bondy – et pour lequel un mandat de dépôt était requis, compte tenu de son passé chargé. La victime l'avait reconnu formellement et n'en démordait pas malgré la confrontation. Nordine était déjà allé en prison pour des faits strictement analogues quelques semaines plus tôt. Or il avançait que, ce jour-là, à 18 heures il était chez un masseur-kinésithérapeute au Raincy et qu'il ne pouvait pas avoir commis cette agression. La distance entre les deux villes ne permettait pas à l'agresseur d'être à Bondy un quart d'heure après. Malheureusement, il ne se souvenait plus très bien du nom du kiné ni de l'adresse du cabinet. On imagine le sourire des policiers. Quand je l'interrogeai sur ce point, il me répéta son histoire et sur mon insistance me décrivit la rue, proche de la mairie, et près d'un château d'eau. Nous étions en fin d'après-midi, il fallait en avoir le cœur net.

Je demandai au standard du tribunal de me trouver un kiné au Raincy.

On me passa effectivement un cabinet.

– Allô ! Ici M. Rosenczveig, président du tribunal pour enfants. Connaissez-vous, parmi vos confrères, l'un d'entre eux qui aurait son cabinet près de la mairie, dans une rue dont j'ignore le nom, mais à côté d'un château d'eau ?

Du tac au tac, mon interlocuteur fort sympathique me répondit :

– Oui. Je vois très bien. C'est notre ami Jean B.

– Merci. Vous avez son numéro, s'il vous plaît ?

Il me le donna.

Il était 19 heures. Serait-il encore là ? J'appelai donc ce kiné qui me confirma, sans que je lui détaille l'enjeu de sa réponse, pour ne pas l'influencer, que le jeune Nordine était bien dans son cabinet, tous les soirs, depuis une semaine, à 18 heures pétantes pour y suivre son traitement.

Je n'ai jamais compris pourquoi les policiers ne s'étaient pas livrés eux-mêmes à cette vérification élémentaire qui dut me prendre une dizaine de minutes. En tout cas, ce soir-là, Nordine n'alla pas en prison.

17 heures

Fêtes et feux d'artifice. Le bouquet final pour ma fin de journée. Le jeune homme que l'on va me présenter dans quelques minutes a passé la nuit au commissariat pour avoir voulu fêter le 14 Juillet avec un peu d'avance. Rien de bien méchant, sauf qu'il n'était pas obligé de lancer ses pétards sur le car de police qui faisait sa ronde dans la cité, et, si j'en crois le rapport « de pousser ses camarades à l'émeute en insultant les policiers ».

Notre artificier en herbe est encore au dépôt. Il doit se demander s'il va y passer la nuit. Je le fais monter et ordonne que sa mère qui attend dans le hall vienne dans mon bureau. Une femme africaine en tailleur gris perle très chic, visiblement affectée, entre dans la pièce. Immédiatement derrière elle arrivent Luc et le policier « intimement liés ». À la vue des menottes et de la chaîne, Mme Naomi détourne le regard. La vision de son enfant menotté et les chaussures béantes faute de lacets est insoutenable. Le policier libère Luc au moment d'entrer dans mon cabinet. Une fois son fils assis, elle regarde longuement son visage et son bras en écharpe en hochant la tête, accablée.

Quelques phrases d'entrée en matière et nous voici dans le vif du sujet. Oui, il a bien envoyé des pétards, mais jamais il n'a visé le car. Oui, effectivement, plusieurs ont peut-être dévié de leur trajectoire et ont atterri directement sur le pare-brise, mais il ne l'a pas voulu, pas du tout. Il est en train de se payer ma tête. En fait, il reconnaît qu'il a eu tort d'intervenir pour défendre son pote dont les policiers s'étaient emparés.

– Je leur ai dit : « Calmez-vous. » C'est tout.

Un gosse de quinze ans qui dit : « Calmez-vous ! » à des policiers excédés, c'est sûr, ils ont dû apprécier !

– Mais tu n'as rien dit d'autre ? Ils prétendent que tu les as insultés. Écoute les déclarations du policier Marc Lambert : « Un jeune Noir nous a crié : " Partez, vous êtes chez nous... La guerre est déclarée... On va vous manger, sales Blancs ! " »

Il éclate de rire et, la seconde d'après, il grimace de douleur en me montrant son œil injecté de sang. Sa mère se penche vers lui et l'examine une seconde.

– C'est eux qui m'ont fait ça, et ils m'ont tordu le bras. J'ai cru qu'ils allaient me le casser...

– Ça n'est vraiment pas malin. Tu te retrouves dans le bureau d'un juge, après une nuit au commissariat, l'œil en sang, le bras en écharpe, et tout ça pour un jet de pétards !

– Mais c'est eux qui ont fait une histoire ! Et ils m'ont frappé à coups de matraque dans la voiture en allant au commissariat.

– Écoute, moi je suis prêt à tout entendre mais je sais aussi la vie infernale que vous menez aux policiers de votre quartier. Je ne dis pas que c'est toi. Mais c'est un peu votre faute s'ils sont à cran. Ils en ont marre que vous leur tombiez dessus n'importe quand. Alors, forcément, de temps en temps, ils tapent dans le tas. Ils ont tort car ils doivent se maîtriser, mais essaie vingt secondes de te mettre à leur place.

Je me tourne vers sa mère et, après lui avoir conseillé de montrer dès ce soir son fils à un médecin, je lui demande ce qu'elle pense de tout cela.

– Je suis très étonnée. Le parc des Courtillières où nous habitons n'est pas très gai, beaucoup de jeunes y traînent, mais c'est la première fois que mon fils se fait arrêter par les policiers. Insulter la police, cela ne lui ressemble pas. Luc, il est plutôt gentil. La violence, ce n'est pas son truc ; d'ailleurs, c'est ce qu'il écrit quand il compose ses chansons de rap...

Mme Naomi est mère de trois enfants qu'elle élève seule. Le père, dont elle a divorcé voici quatre ans, vit au Cameroun. Les enfants ne le voient jamais. Lui-même ne se manifeste pas. Je la sens gênée d'être ici, de venir chercher son fils au tribunal. On va abréger ses souffrances.

Dans son intervention, l'avocate de permanence souligne, à juste titre, qu'aucune mesure éducative ne s'impose.

– Je crois que personne n'est blanc-bleu dans cette affaire. Il y a eu de l'énervement de part et d'autre. Je sais que les policiers sont excédés mais je ne pense pas qu'ils soient venus te tordre le bras comme ça, gratuitement. Bon, aujourd'hui, on va en rester là. À l'avenir, tu évites de croiser le chemin des policiers et, si tu les vois dans ta cité, tu ne t'enfuis pas en courant. S'ils te posent des questions, tu réponds normalement, c'est tout. Comme tout le monde. Nous, on y arrive, il n'y a pas de raison que tu n'y arrives pas. Allez... Madame, je vous rends votre fils, rentrez bien... Tu seras jugé plus tard. D'ici là, tu laisses tomber les pétards, tous les pétards, ça ne te réussit pas... Que je ne te revoie plus avant le jugement car, comme je te l'ai dit, il faudra que je te juge. Madame, si vous estimez, après en avoir discuté avec votre fils, qu'il a fait l'objet de violences de la part des policiers, il vous revient de porter plainte, ne fût-ce que pour lui montrer que vous savez aussi le protéger.

Je sais combien ce conseil est illusoire. Je vois mal Mme Naomi, mère africaine isolée, porter plainte contre des policiers français. Mais je me dois de lui donner ce conseil.

Je me tourne vers le policier qui accompagnait Luc.

– Tenez, voici l'ordre de mise en liberté. Expliquez à madame où récupérer son fils à l'arrière du palais. Merci.

18 heures

A priori, la séquence « audience » est achevée. Une autre s'ouvre avant le retour à la maison. Nous restons peu nombreux dans le tribunal. Avant de s'en aller, certains des collègues magistrats, éducateurs ou greffiers qui n'étaient pas de permanence viennent – esprit d'équipe oblige ! – vérifier que tout s'est bien passé. Ceux qui savent pouvoir me joindre plus facilement à cette heure-là m'appellent et il est temps d'affronter les piles de courrier à lire et à signer préparées par Mme Guiot et Mme Dutrieux.

Quelles que soient l'heure et l'abondance du courrier, je ne quitte jamais, ou rarement, le tribunal sans l'avoir consulté. Ce genre d'impasse se rattrape difficilement et je m'efforce de ne jamais avoir deux jours de courrier à traiter, contrairement à certains de mes collègues, plus chargés, il est vrai, en activités judiciaires. Il me paraît impensable de laisser un courrier de plusieurs semaines s'accumuler. Ce sont autant de bombes à retardement qui peuvent s'y trouver : un enfant violenté, enlevé, un enfant qui souffre, etc. Je ne pourrais pas rentrer chez moi en sachant qu'un enfant attend ma réponse alors que je n'ai même pas vu sa lettre. Je suis trop souvent appelé à intervenir à l'extérieur du tribunal, pour prendre le risque de négliger mon cabinet... et les quatre cents à cinq cents dossiers en cours, sans compter les problèmes administratifs liés à la présidence du tribunal. Il faut bien écluser tout cela avant de songer à disserter sur une tribune, dans une commission parlementaire ou un conseil d'administration. Le don d'ubiquité nécessite une bonne dose d'huile de coude !

Tous les soirs, à plusieurs reprises, je fais donc la navette entre mon cabinet et le secrétariat chargé des « bannettes » de dossiers, de lettres, de jugements. La hauteur des piles m'impressionne encore mais une partie d'entre elles s'éliminera rapidement. J'éprouve toujours autant de satisfaction à signer du courrier, surtout lorsqu'il est porteur de décisions. J'ai l'impression de donner du poids aux mots et de faire un peu avancer les choses. En moyenne, je ne prends pas moins de quarante décisions par jour (en comptabilisant les audiences de cabinet, le courrier, les interventions au téléphone ou au sein du tribunal).

Un cabinet moyen de juge pour enfants à Bobigny compte chaque année huit cents dossiers nouveaux ou en cours. Il génère de nombreuses décisions dont la plupart exigent des audiences et d'autres se prennent par courrier.

La pression sur le cabinet est parfois tellement intense qu'il faut faire la part du feu et régler certaines affaires plus rapidement que d'autres. Le renouvellement de mesures demandées par un service éducatif, acceptées par la famille, et ne posant pas de problème particulier peut être effectué sans voir les intéressés. Je n'abuse pas de cette solution de facilité car ce serait l'essence même de mon travail qui disparaîtrait et le juge pour enfants se doit d'être un fil rouge vivant. Les décisions qu'il prend sont importantes mais, plus encore, les appréciations sur les évolutions, les inquiétudes et les satisfactions qu'il exprime devant parents et enfants.

Ainsi, il est nécessaire de recevoir les parents pour les informer de l'arrêt d'une procédure d'assistance éducative. C'est un retour à la vie normale. Les enfants sont censés ne plus être en danger et les parents pouvoir s'occuper pleinement de leurs enfants. Une page se tourne. Un courrier ne remplacera jamais ce qui va s'échanger à ce moment-là. D'autant que les parents et enfants sont fiers de montrer au juge qu'il a eu raison de leur faire confiance. Pour rien au monde je ne les priverais du plaisir qu'ils ont à venir me décrire les progrès accomplis. Et puis, c'est aussi ma récompense...

Les renouvellements de mesures de placement sous tutelle des allocations et autres prestations sociales versées au chef des enfants font partie des affaires que je traite sans recevoir nécessairement les intéressés, dès lors que tous sont d'accord. Les rapports et les courriers au dossier en font foi. En revanche, pour la décision initiale, il est capital de recevoir ceux qui visiblement ont formulé une demande sans trop savoir de quoi il retournait. Ils arrivent devant moi, persuadés que la mise sous tutelle de leurs allocations évitera l'expulsion ou la saisie. On assiste alors à des scènes surréalistes :

– Monsieur le Juge, je demande ma tutelle.

– Mais, madame, on met sous tutelle les allocations des parents qui déméritent en buvant ou en jouant l'argent destiné aux enfants. Ce n'est pas votre cas. Vous avez « simplement » été victime du chômage de votre mari et de votre maladie. Moi, je n'ai rien à vous reprocher.

– Je veux une tutelle car sinon je serai expulsée avec mes enfants.

– Mais, normalement, on n'a pas le droit de vous saisir cet argent !

– Monsieur le Juge, je vous en prie, mettez ces allocations sous tutelle, l'assistante sociale a dit que cette mesure nous garantirait contre l'expulsion.

Et elle n'a pas tout à fait tort ! Une famille sous tutelle sera « moins expulsable » puisque, grâce à l'intervention du tuteur, le créancier est certain de toucher peu, mais régulièrement, de sa créance. Si le juge cède à ce genre de demande, dans la motivation de sa décision, il fera apparaître que cette mesure ne va pas à l'encontre de parents prodigues et qu'elle ne s'exercera que sur une courte durée. Les travailleurs sociaux qui s'occupent de la tutelle ne sont pas des « huissiers », mais ils constituent une ligne de protection essentielle de l'enfance. À partir des difficultés budgétaires qui servent souvent de révélateur des problèmes familiaux, ils font un diagnostic, assurent les premiers soins, éventuellement font appel à leurs collègues du secteur social ou de l'Assistance en milieu ouvert. La tutelle aux prestations sociales a mauvaise presse aujourd'hui. À tort. Certes, elle représente une garantie pour les créanciers, mais elle est surtout une mesure de protection sociale exercée par des professionnels sous le contrôle du juge pour enfants. Combien de fois a-t-elle évité qu'une famille n'éclate suite au placement des enfants, consécutif à la perte de l'appartement !

Cette mesure peut être prise pour une durée de six mois à cinq ans, mais elle dure généralement un an ou deux. Lorsqu'il s'agit de la renouveler et de fixer de nouvelles échéances, le travail préparatoire ayant été réalisé par l'équipe de la Sauvegarde, l'audience ne s'impose pas. En revanche, je convoquerai s'il le faut pour signifier à la famille la nécessité d'en finir avec le confort de la tutelle. Dans la Seine-Saint-Denis, sept cents familles – contre trente-cinq mille au plan national – ont leurs prestations sous tutelle, ce qui est peu lorsque l'on observe la sociologie du département, mais je sais que les travailleurs sociaux sont plutôt contre cette mesure et qu'ils ne nous signalent pas toujours les cas qui le mériteraient. Ils continuent à tenir le discours que nous avions il y a vingt ans, quand nous affirmions que la tutelle était un instrument de contrôle des familles les plus pauvres. Mais les choses ont bien évolué depuis et les tuteurs se sont professionnalisés. Ils ne se contentent pas de faire payer les créanciers ; ils aident et soutiennent les familles.

Plus je signe mes jugements et ordonnances, plus la forme revient ! Au passage, chapeau bas pour le travail qu'abattent les greffières, même si aujourd'hui l'informatique a réduit considérablement le temps de frappe des ordonnances et jugements ! En 1992, lorsque je suis arrivé à Bobigny, on en était encore quasiment à la plume d'oie ! Un ordinateur « génération 1980 » avait bien été installé au secrétariat de la présidence mais la greffière de l'époque avait été débarquée manu militari... avec le mode d'emploi ! Aujourd'hui, les greffes sont de vraies succursales de magasins Darty !

Il y aurait un livre à écrire sur l'informatisation de la justice. Dans une entreprise privée, le responsable serait renvoyé depuis longtemps parce que la maintenance n'est pas assurée vingt-quatre heures sur vingt-quatre. Et la sauvegarde régulière des données accumulées chaque jour est relativement récente ! Avec le procureur, nous n'osons imaginer ce qui se passerait si la mémoire d'une décennie du tribunal disparaissait...

Mais malgré ces limites, et quoi qu'on en dise, cette informatique soulage considérablement la charge du tribunal. Évidemment, pas question de laisser libre cours à sa créativité. Ainsi, l'ordinateur n'a pas prévu, afin d'être cohérent avec le discours que je tiens par ailleurs, que je m'amuse à remplacer le « droit de visite et d'hébergement » reconnu aux parents par un « devoir de visite et d'hébergement ».

Reste que la charge de travail des greffiers est impressionnante. Quand ils ne tiennent pas audience, il leur faut répondre à la cinquantaine d'appels téléphoniques quotidiens de parents ou de jeunes, des services sociaux qui demandent de toute urgence un entretien avec le juge, veulent modifier un rendez-vous, attendent une décision, souhaitent un bon de transport SNCF pour accompagner un jeune dans son foyer, une rectification de nom sur une ordonnance, et mille autres petits problèmes à résoudre dans l'heure. Il leur faut encore frapper toutes les décisions et les notifier avec beaucoup d'attention. Et cela avec le sourire dans la voix ! Au greffe arrivent ainsi tous les appels des parents qui ont un problème avec leur enfant et dont le premier réflexe est de téléphoner au juge... pour enfants. Logique ! Or nombre des problèmes posés relèvent du tribunal de grande instance, du juge aux affaires familiales ou du juge d'instance. Le greffier doit rapidement trouver la bonne orientation et l'expliquer patiemment à son interlocuteur. Et dès qu'il raccroche, le téléphone sonne de nouveau Je comprends que ma greffière se décourage parfois devant ce puits sans fond. Il n'y a pas un jour où je ne sois pas admiratif devant ce travail effectué.

Une fois reportés ces dossiers, je m'attaque à la pile de courrier reçu. Dans la plupart des cas, il s'agit de documents relatifs à des dossiers déjà ouverts. Ma greffière me place le courrier sous le film transparent qui recouvre le dossier, de façon que je puisse immédiatement faire la liaison. Ce sont des comptes rendus d'évolution que je parcours en mettant mon visa et la date. Cela me permet de faire le point sur ces cas alors que l'on est généralement à mi-mesure. Dans six mois ou un an, je devrai convoquer. Mine de rien, j'engrange des informations qui me seront utiles plus tard. Bref, il n'y a pas urgence. La pile descend rapidement car, avec l'expérience, j'ai appris à lire en diagonale pour me concentrer sur l'essentiel.

Il y a aussi ces enquêtes sociales qui me reviennent trois ou quatre mois après que je les ai ordonnées pour mieux analyser une situation préoccupante. Heureusement, il n'y a ni gravité ni urgence quand je reçois ce rapport. Maintenant il se peut qu'entre-temps des faits nouveaux aient accéléré le traitement du dossier. L'enquête arrive alors en décalé. Je me replonge dans le dossier de départ qui, par définition, est peu important puisqu'il a justifié une enquête. Il faut ensuite lire en détail ce qui est restitué par l'enquêteur social, et à partir de son avis motivé adopter une décision d'orientation. Il m'arrive de prendre pour acquis les constats et ne pas partager les conclusions. L'enquête sert de point d'appui au travail à venir.

La première enquête que je trouve dans le courrier de ce soir va m'amener très certainement à une fermeture de dossier. Une mère de famille, par ailleurs principale de collège, a été informée que ses fils s'étaient livrés à des attouchements sexuels sur leur jeune sœur. Les faits avaient cessé voici deux ans : après la projection à l'école d'un film sur l'inceste, les deux garçons réalisèrent ce que leurs petits jeux avaient de répréhensible et il n'en fut plus question. De son côté, la jeune fille, qui avait fini par informer sa mère, raconta également ce qu'elle avait subi à l'infirmière de son collège dont sa propre mère était la principale. Sans autre forme de procès, l'infirmière prévint l'inspection académique.. qui alerta le parquet... qui saisit le juge pour enfants. Tout le monde avait négligé d'en parler avec la mère alors que, mise au courant par sa fille deux ans plus tôt, elle avait éloigné ses fils chez un oncle à la campagne et engagé une psychothérapie pour les trois enfants.

En lisant voici quelques mois la procédure de police, j'avais acquis la conviction qu'aucune intervention judiciaire ne s'imposait dans ce cas. Personnellement je n'aurais pas ouvert de procédure d'assistante éducative – le parquet était allé un peu vite – et je tenais à ce que l'enquête sociale confirme mon premier regard. Cette confirmation m'arrive aujourd'hui. Je recevrai prochainement la mère et la jeune fille pour leur préciser que vu le comportement exemplaire de madame, dans une situation particulièrement délicate, il n'y avait pas lieu que j'intervienne avant.

Beaucoup d'enquêtes sociales attestent en revanche d'une situation de danger. C'est le moment de faire intervenir une équipe qui viendra apporter une aide aux enfants et aux parents, dans le cadre de ce que l'on continue de façon barbare à qualifier de mesure d'AEMO, c'est-à-dire d'Aide éducative en milieu ouvert, par opposition aux mesures éducatives qui s'exercent en milieu clos. Il serait d'ailleurs plus juste de parler de mesure de « soutien éducatif à la famille » ou « à la vie familiale ».

En ordonnant une enquête sociale ou toute autre mesure d'investigation, j'ai toujours à cœur d'identifier précisément les objectifs fixés à l'équipe sociale. Je motive mes décisions et veille à bien éclairer les différents buts visés en partant des faits connus au moment de l'investigation. L'enquête me dira si mes hypothèses étaient avérées ou inexactes. Une enquête sociale est une atteinte à la liberté car l'on pénètre dans l'intimité de la vie privée, elle doit donc être motivée et opérationnelle. C'est aussi une mesure onéreuse : elle coûte entre 5 000 à 14 000 F. Nous avons la possibilité de financer chaque année environ trois cents enquêtes sociales. D'où régulièrement une liste d'attente et l'intérêt du dispositif que nous avons monté pour compléter ce que nous offre la Chancellerie.

Dans le courrier également, des équipes spécialisées, à qui j'ai demandé une investigation précise sur un enfant et non plus sur la cellule familiale me retournent leurs rapports. Là encore j'y trouve, plus ou moins bien motivées, leurs préconisations. Certaines demandes sans précisions particulières me plongent dans une perplexité sans fond : on me parle d'un « placement » pour des enfants sans m'indiquer le type de structure à rechercher (établissement ou famille d'accueil), l'objectif, la durée, ou encore qui se chargera de rechercher la structure idoine. Bref, un rapport qui ne me fait pas avancer.

Et, au bout, un enfant attend. C'est une idée obsessionnelle chez moi...

Depuis toujours, je combats le mot et le concept du « placement ». Bien évidemment, dans certaines circonstances, il est vital qu'un enfant quitte son domicile, sa famille, et je suis le premier à appliquer cette mesure. Mais j'essaie de ne jamais utiliser ce terme car si l'on *place* un objet, en revanche on *accueille* une personne. Je me méfie des mots qui ont le chic pour crisper certaines situations, tels que *maison de correction*, heureusement complètement caduque aujourd'hui, les mots *abandon, placement, déchéance*, etc.

Je vois bien dans mon cabinet les visages se fermer spontanément lorsqu'un travailleur social distrait recourt à l'une de ces expressions. Dans l'esprit des parents, le mot *placement* signifie, à tort, déchéance de l'autorité parentale. Outre que, depuis 1996, la *déchéance* a été remplacée par le *retrait d'autorité parentale*, lorsqu'on leur parle de placement, les parents ont le sentiment qu'ils seront déchus de leurs droits et qu'ils ne reverront plus leur enfant. Le plus grave étant que les enfants eux-mêmes détestent ce mot et le craignent comme la peste ! Combien de fois ai-je rattrapé les dégâts qu'aurait pu causer ce mot en parlant plutôt d'*accueil* et obtenu l'accord des intéressés sur la même destination, sur la même mesure, grâce à cette approche différente. Il n'empêche qu'à longueur de journée j'entends parler d'*enfants placés* et je n'hésite plus à reprendre mon interlocuteur. J'ai parfois l'impression de prêcher dans le vide. Cette sensibilité est peu partagée. Dois-je préciser que, lorsque je serai vieux, je souhaite être *accueilli* et non *placé* ?

Dans le domaine des mots chocs et d'effets pas chics, il serait temps d'en finir avec les notions d'*enfants naturels* et d'*enfants légitimes*. Comme si tous les enfants qui naissent chaque année en France n'étaient pas tous légitimes – ils ont le droit de vivre – à défaut d'être totalement naturels, pour deux mille d'entre eux, nés d'une procréation assistée. Naturel s'oppose à légitime, c'est-à-dire aux enfants nés dans le mariage des parents. Alors qu'aujourd'hui 41 % d'enfants naissent hors mariage (de parents vivant ensemble, doit-on préciser), et que l'on atteindra d'ici peu les 50 %, il est grand temps d'en terminer avec cette approche d'antan où il ne pouvait y avoir de filiation que légitime.

Et ne parlons pas du peu de cas que l'on faisait des enfants nés hors mariage, à savoir les enfants adultérins ou les enfants incestueux. Il serait plus juste, me semble-t-il, de parler d'*enfants nés dans le mariage des parents* et d'*enfants nés hors le mariage des parents ensemble.* Voici une réforme à 0 euro 0 centime mais à très forte valeur symbolique. Trop sans doute pour la morale judéo-chrétienne... et pour ma belle-mère – de gauche s'entend ! – qui depuis des années et à tous les repas me pose la même question :

– Mais enfin, pourquoi ne se sont-ils pas mariés ? C'était mieux pour les enfants.

Les rapports, les enquêtes, les notes de situation défilent, je suis en vitesse de croisière. L'abattage et le pilotage automatique comme tous les professionnels. Je parviens à la fin du courrier du jour. Au fur et à mesure que je les découvre, je mets de côté les cas nouveaux et ceux qui appellent de ma part une réflexion plus poussée, une recherche, une vérification. Tous les jours, deux ou trois nouvelles procédures d'assistance éducative arrivent au courrier. Sans compter de nouvelles procédures pénales que ma secrétaire me donnera plus tard, à part. Dans tous ces cas, il me faut évaluer les premières mesures d'investigation qui s'imposent ou alors prévoir un rendez-vous. Je recherche souvent les antécédents sur l'informatique pour apprécier.

Les nouvelles affaires d'enfants en danger émanent fréquemment de l'Aide sociale à l'enfance, de la police, mais de plus en plus souvent de l'école qui n'hésite plus à signaler les problèmes d'absentéisme scolaire ou de violence à enfants. Il y a aussi ces lettres de parents, de grands-parents ou d'enfants qui me demandent d'intervenir pour des problèmes relevant, la plupart du temps, du juge aux affaires familiales. Ainsi, dans le courrier, ce soir, une grand-mère se plaint de ne plus voir son petit-fils depuis la mort de sa fille et le remariage de son gendre. Une lettre qui nécessite à la fois un mot de réconfort et une information précise. Je lui indique tout de suite comment saisir le juge aux affaires familiales.

Je tombe sur un courrier du préfet qui m'annonce que, pour faire suite à la requête que je lui avais présentée, l'ami de Mlle Kéroubi, jeune mère de deux enfants, peut se présenter au bureau compétent pour se voir délivrer un titre de séjour régulier lui permettant de travailler ou de poursuivre des études. J'interviens régulièrement auprès du préfet ou des maires pour débloquer des dossiers : obtenir des papiers ou un logement. J'en use avec parcimonie pour ne pas dilapider la crédibilité dont je dispose, et ne le fais que sur des cas particulièrement exemplaires. Il faut être pragmatique. Devant la masse des problèmes à gérer, des blocages existent et parfois l'administration peut faire une mauvaise évaluation. Il n'est pas mauvais qu'elle soit sensible à ceux qui repèrent des dysfonctionnements. À l'inverse, pour avancer dans le travail qui nous est confié, il est souvent indispensable de changer le cadre de vie des familles. Comment espérer, en effet, que le travail social suffise à venir en aide à un adolescent délinquant qui vit dans des conditions de promiscuité insupportables ? Je rédige une petite lettre à l'attention de Mlle Kéroubi pour l'informer du courrier du préfet. Elle va être heureuse : un obstacle essentiel à son installation avec son ami se lève. Il va enfin pouvoir sortir de la clandestinité. J'informe également par une autre lettre l'équipe éducative qui suit cette jeune mère et ses enfants.

Je trouve maintenant une lettre de l'Aide sociale à l'enfance m'informant de la situation de deux de ses protégées, deux jeunes filles rwandaises sur le point de partir en colonie de vacances et pour lesquelles on me réclame une « autorisation d'opérer ». C'est fou ce que l'on peut demander au juge pour enfants ! Des autorisations d'opérer, des sorties de territoire, le droit de se faire délivrer une carte nationale d'identité, le droit de toucher son salaire d'apprenti, bref, toutes choses pour lesquelles le juge pour enfants, de par la loi, est incompétent. C'est aux parents et, à défaut, au juge des tutelles d'intervenir mais on m'appelle souvent en catastrophe, lorsqu'on n'a pas pris le soin d'ouvrir une tutelle dans la mesure où les parents sont dans l'incapacité physique d'exercer leurs responsabilités ou si l'on ne veut pas se colleter à eux pour leur demander cet exercice a minima de leurs responsabilités. Pourtant, c'est un test instructif que de voir un parent accepter ou refuser, par-delà le conflit qui l'oppose à son fils, de donner ces autorisations. Il est des démissions qui parlent !

Pour aider les enfants et les travailleurs sociaux, j'accepte d'intervenir dans le cadre des situations que je connais et si l'on me démontre que les parents ont été contactés et ont refusé de signer ces papiers ou bien qu'ils étaient injoignables.

Pour ce qui concerne l'autorisation d'opérer, c'est un autre problème. Il faut savoir que ces autorisations demandées à tous les parents par les écoles et les colonies de vacances sont illégales et a fortiori inutiles. Moi-même, pour mes enfants, j'ai été contraint de céder à la pression « Tu as raison, papa. On connaît ton discours mais, s'il te plaît, signe !! Je ne veux pas d'ennuis... »

S'agissant d'un gros bobo, seule l'urgence de l'intervention doit entrer en considération. S'il y a urgence, le médecin ou le chirurgien n'ont besoin d'aucune autorisation pour exercer leur art. En revanche, ils se rendraient coupables de non-assistance à personne en péril s'ils n'intervenaient pas. S'il n'y a pas urgence, l'organisme à qui l'enfant est confié attendra que les parents soient présents pour prendre une décision. Il y a bien un cas intermédiaire : celui où une intervention s'impose rapidement sans que pour autant le sujet soit à l'article de la mort. Là, le procureur de la République doit être prévenu. En l'absence des parents, il peut donner son autorisation ou saisir le juge pour enfants compétent. Bref, on ne voit pas l'intérêt, sinon rassurer les uns et les autres de ces autorisations en blanc d'opérer. Imagine-t-on un parent accepter une intervention sur son enfant, sans urgence ou nécessité, et sans que l'on ait tenté de le prévenir, à une époque où tout un chacun a un téléphone portable greffé à l'oreille !

Je réponds donc à l'ASE qu'elle ne doit pas méconnaître ces règles. Cette réponse sera ultérieurement diffusée dans tout le département du fait de mon statut de président du tribunal.

Au passage, j'apprends dans le rapport de l'ASE que « les fillettes ne semblent pas souffrir de leur exil. Elles prennent la situation comme elle se présente et participent à tout ce qui leur a été proposé de manière consciencieuse et persévérante ». Elles parlent désormais bien le français et vivent toutes les deux en famille d'accueil, après avoir fait un séjour au foyer départemental de l'enfance. Elles ont aujourd'hui quatorze et treize ans. D'après les actes de naissance dont elles étaient porteuses, elles sont nées à Kigombe au Rwanda, mais ces papiers leur appartiennent-ils vraiment ? Nous n'en savons rien. Elles sont arrivées à Roissy le 3 juillet 1998, en demandant l'asile politique. La police des frontières leur a permis d'entrer en France en leur délivrant un sauf-conduit à titre humanitaire. La justice a pris le relais, puis l'ASE. Elles sont sans nouvelles de leurs parents, leurs lettres au pays restent sans réponse. Seule une cousine a tenté de les contacter. La tutelle s'impose en l'état. Leurs parents, en les mettant à l'avion, leur avaient donné différents contacts en France et en Belgique. Leurs cinq frères et sœurs ont été répartis en Allemagne, en Belgique et aux États-Unis. Je recevrai bientôt les deux enfants afin de réfléchir aux différentes pistes qui se présentent à elles.

Toujours sur le même sujet, voilà un courrier de Martine Bouillon, la présidente de l'association Hermès qui accueillait depuis quatre mois une jeune Sierra-Léonaise que le parquet lui avait confiée. Elle était arrivée en France, seule et sans papiers. Elle serait née en 1983, et les apparences semblent lui donner raison alors que, dans d'autres cas, on doute de l'âge de nos interlocuteurs. Uwa se disait la troisième d'une fratrie de huit. Ses parents ont été menacés par les rebelles sous ses yeux. Elle a dû s'enfuir avec ses frères et sœurs vers le Nigeria et elle ignore ce que ses parents sont devenus.

Dans l'urgence et la désorganisation, les prêtres qui se sont occupés des enfants les ont dispersés vers toutes les destinations qui s'offraient à eux – l'essentiel étant de sauver leur vie. Le drame d'Uwa est d'avoir été séparée de sa sœur jumelle. Dans son style lapidaire – ses rapports dépassent rarement quinze lignes – Martine Bouillon m'informe que, depuis le 1er avril, Uwa a disparu en emportant ses affaires. Rien ne laissait prévoir ce départ, elle n'a rien dit. A-t-elle été retrouvée par des proches ou des parents ? A-t-elle été, comme on le craint pour certaines jeunes filles, contactée par des concitoyens et embarquée ensuite dans un réseau prostitutionnel. Dieu seul le sait, et il n'est pas bavard ! Chaque année, nous perdons ainsi la trace de près de 20 % des jeunes qui nous demandent asile. Je pense que la plupart d'entre eux retrouvent leur famille en France ou en Europe, grâce à des contacts dont ils nous ont caché l'existence.

Autre courrier d'Hermès qui me demande confirmation de l'ordonnance de placement prise par le procureur pour deux jeunes Chinoises. Là, Martine Bouillon est dans sa spécialité : l'accueil des jeunes Asiatiques. Qu'elle suscite l'admiration ou les réserves, Martine est un cas. Comme moi, elle est magistrat en poste à Bobigny. De 1992 à 1993, elle a été en charge du service des mineurs qu'elle a quitté, ne supportant plus de vérifier tous les jours les limites des prises en charge des institutions sociales. Tout en demeurant magistrat, elle a décidé de se lancer avec son ancien gendarme de mari dans l'accueil des jeunes isolés.

Dans un premier temps, elle a essayé d'héberger quelques jeunes délinquants qui voulaient rompre avec leur quartier. Mais elle a été rapidement submergée. Il y a des limites qu'on ne peut pas dépasser malgré la meilleure volonté. Un autre créneau s'est imposé à eux : les jeunes étrangers sans famille en

France. Offrir en catastrophe un toit sécurisant et une table chaleureuse à des enfants esseulés et désorientés, Martine et son mari savent faire : sauf erreur de ma part, ils ont déjà adopté cinq enfants.

Depuis, elle mène une triple vie de magistrat, femme et mère, et responsable d'établissement. Au tribunal d'abord où, entre deux gauloises, elle requiert d'une manière tonitruante. Elle eut droit avec le président de la correctionnelle qui défrayait la chronique à une double page de Cabu dans *Charlie Hebdo*. Dans un ancien prieuré de Beaumont-sur-Oise, ensuite, où elle vit avec ses enfants, son mari, ses chiens, ses chats et ses poissons rouges, elle accueille tous les jeunes que les magistrats sont trop contents de lui confier à toute heure du jour et de la nuit.

Le département du Val-d'Oise, hostile à tout « lieu de vie », c'est-à-dire à une structure d'accueil un peu originale pour enfants, n'a pas fait d'exception pour elle et a refusé de l'agréer. L'association Hermès ne touche donc que les indemnités de « tiers dignes de confiance », un peu moins de 80 F par jour quand un lieu de vie perçoit fréquemment 400, 600, voire 800 F par jour et par mineur accueilli. Quelques jeunes lui sont confiés par la PJJ qui la défraie plus raisonnablement. Malgré cela l'association fait face. Par quel miracle ? Une visite en soirée au prieuré vaut le déplacement. La cuisine est grande mais il faut plusieurs services pour que tout le monde dîne et je crois pouvoir dire sans trop m'avancer que les nems, fabrication maison, sont parmi les meilleurs de France ! Mais c'est bien évidemment l'atmosphère du lieu qui retient l'attention. Avec ses soupentes aménagées, la maison est une ruche où l'on étudie beaucoup. Les hôtes du logis, de jeunes garçons et filles entre quinze et vingt ans, font moins de bruit que mes trois enfants. Chacun, dans le recoin de leur chambre, travaille en silence. Et les résultats sont là : la plupart d'entre eux trouvent un emploi.

De temps en temps, je siège à l'audience correctionnelle en qualité de président avec Martine Bouillon, au banc du parquet. Les affaires de mœurs ou de violences à enfants suscitent de sa part des réquisitions d'une extrême sévérité. Martine est excessive en tout, mais ceux qui lui reprochent sa médiatisation ou sa dispersion ignorent sa générosité et ne feraient pas le dixième de ce qu'elle et son équipe réalisent pour ces enfants. On ne s'étonnera pas qu'avec une bonne partie de l'équipe du SEAT je la soutienne avec force dans sa vie extrajudiciaire.

La procédure m'apprend que, lors d'une descente « très très préparée » dans un gros atelier clandestin de confection, les policiers ont interpellé une trentaine de personnes dont deux jeunes mineures que l'on a confiées à Martine Bouillon via son association. Ce n'est pas la première fois que des ateliers clandestins sont détruits en Seine-Saint-Denis mais cette opération est d'une ampleur exceptionnelle.

Le parcours de Su et Li est identique à celui de bien des jeunes gens et jeunes filles originaires de la région du Win-Shu. Les candidats au départ doivent réunir une somme équivalant à 100 000 F français ! Toute la famille s'endette pour réunir l'argent. Ils arrivent par un circuit compliqué via le nord de l'Europe et l'Allemagne. Au dernier moment, les passeurs leur prennent leurs papiers ou les obligent à les déchirer. Le piège se referme. Il ne leur reste plus qu'à travailler pour rembourser, sinon le pire est promis à leurs proches. Ces esclaves modernes gagneront au mieux 3 500 F par mois en France. Ils quitteront leur atelier une ou deux fois par semaine, contents de voir Versailles ou la tour Eiffel ! Mais, le reste du temps, c'est dans des sous-sols mal éclairés, mal installés, mal ventilés que leur vie s'écoulera et dans lesquels ils travailleront dix, douze, voire quatorze heures par jour...

Dans l'atelier clandestin, les policiers ont trouvé sept machines à coudre.

« Je travaille sur une surfileuse depuis quelques semaines environ, treize heures par jour, cinq jours par semaine, avance Li lors de son audition à la police. Parfois sept jours sur sept. J'ai une pause d'une heure pour manger. Lorsqu'il y a beaucoup de travail, nous pouvons rester jusqu'à 3 heures du matin à l'atelier.

« Je confectionne des maillots de corps.

« J'ai été recrutée suite à une annonce dans un magasin chinois de Belleville.

« Je suis payée 2 F la pièce. On m'a dit que le premier mois je gagnerai 2 500 F puis 3 000 F. Pour l'instant je n'ai rien touché. En ce qui concerne l'hébergement, les hommes ont une pièce, les femmes une autre. Nous avons douche et sanitaires. Les conditions de confort sont relativement acceptables.

« Nous sommes nourris et logés. Je ne paie pas de loyer pour la chambre que je partage avec les autres. (Souvent une arrière-boutique, avec des matelas par terre et des bouts de tissu en guise de cloisons...)

« Nous n'avons jamais été maltraités.

« Je souhaite rester en France et travailler. Je n'ai aucune famille en France. »

Le tout signé d'une belle calligraphie chinoise.

Li est née le 28 janvier 1982. Elle n'a pratiquement aucune chance de rester légalement en France. Actuellement, elle n'est pas expulsable. Martine Bouillon va l'accueillir au mieux, mais que peut-on lui proposer à terme ? Elle n'a pas de place ici et ne veut pas rentrer chez elle sans un sou. Elle est vouée à la clandestinité. Combien sont-ils dans le même cas aujourd'hui, en France et en Europe, tous aussi sympathiques les uns que les autres, et qui n'ont pour toute fortune que leurs vêtements et quelques photos ?

En tant que vice-président du tribunal de grande instance, je préside régulièrement l'audience des « 35 bis », du nom de l'article de l'ordonnance du 2 novembre 1945 sur le séjour des étrangers en France, au cours de laquelle je puis autoriser l'administration à retenir par-devers elle, pendant huit jours, les étrangers en situation irrégulière. Cette expérience m'a permis de rencontrer des Chinois et Chinoises, un peu plus âgés que Li et Su, entrés en France tout aussi clandestinement. Il est évident qu'ils ne restent pas seuls longtemps, ils s'aident mutuellement, mais, quand les autorités policières les interpellent et qu'ils doivent repartir au pays, c'est chacun pour soi. S'ils peuvent présenter un passeport, ils sont remis en liberté afin qu'ils partent d'eux-mêmes. Dans le cas contraire, l'administration se chargera de les expulser.

Su est dans le même cas que son amie. Même motif, même punition. Aucune chance d'être régularisée sauf à épouser un prince charmant français ! Par rapport à d'autres jeunes filles que nous avons reçues, je doute que Su et Li restent longtemps chez Hermès. Elles repartiront vers Belleville à la recherche d'un nouvel atelier. C'est ce qu'elles peuvent espérer de mieux. D'autres, en revanche, qui ont voulu reprendre des études, ont décroché un diplôme et, grâce au juge d'instance, obtenu un certificat de nationalité française. Martine Bouillon ne compte plus les réussites de ses protégés. Les échecs non plus. Elle avance...

Cerise sur le gâteau, je trouve au courrier un message d'alerte pour une jeune fille de seize ans et demi qui désire interrompre sa grossesse. L'assistante sociale du Centre communal d'action sociale (CCAS) m'informe du cas. La jeune fille ne veut pas prévenir ses parents qui ignorent tout de ses relations, et elle craint la réaction violente de son père. L'assistante sociale me demande de voir cette jeune fille pour, éventuellement, lui accorder l'autorisation nécessaire à l'IVG.

Cette jeune fille est à recevoir au plus vite mais je vais également convoquer ses parents. C'est à eux de donner l'autorisation prévue par la loi et non à un juge qui se substituerait à eux. Dès 1975, j'ai accepté d'intervenir dans ce type de situation, non pas pour remplacer les parents mais pour pallier leur absence ou leur refus malin d'intervenir. J'ai pris ainsi des décisions motivées sur l'exercice abusif de l'autorité parentale, mais dans la plupart des cas j'ai réussi à convaincre les parents, jouant le rôle de médiateur dans des situations souvent exacerbées.

J'écris quelques mots à l'assistante sociale pour lui préciser que le rôle du juge dans ce genre d'affaire doit être strictement circonscrit. S'il le faut, je confierai la jeune fille à l'Aide sociale à l'enfance en autorisant celle-ci à délivrer l'autorisation nécessaire au lieu et place des parents défaillants. Mais pour l'instant nous n'en sommes pas là. Je place ce dossier sur le haut de la pile pour que Mme Dutrieux convoque demain en urgence.

Là encore se pose une grave question de principe : au nom de quoi un parent est-il en droit de donner son autorisation à sa fille mineure d'interrompre sa grossesse? Il n'est pas propriétaire de son corps. Je trouve aberrant ce pouvoir reconnu aux parents par la loi Veil. Je n'ignore pas qu'à l'époque il s'agissait d'un compromis quand certains réclamaient la liberté d'avorter pour toutes les femmes majeures ou mineures. Qu'ils soient tenus obligatoirement informés par le médecin de la situation de leur fille, ce qui au passage est une atteinte au respect du secret professionnel, afin d'être présents auprès d'elle dans cette épreuve, pourquoi pas? Et encore peut-on en discuter car certaines jeunes filles peuvent mal le vivre. En tout état de cause, il faut en terminer avec l'accord parental nécessaire. Après tout, on ne demande pas l'avis ou l'accord du père de l'enfant! Lorsque les autres conditions, délai, examens médicaux et sociaux, sont réunies, l'accord de l'intéressée doit suffire. Apparemment, c'est cette voie que semble vouloir suivre Martine Aubry dans la réforme récemment esquissée.

On oublie trop souvent qu'une jeune fille mineure qui refuse d'interrompre sa grossesse, malgré la pression parentale, est parfaitement en droit de le faire. La loi de 1979 a tenu à affirmer que, sans son accord réitéré hors la présence de ses parents, l'interruption volontaire de grossesse ne peut pas avoir lieu...

J'ai quasiment terminé mon courrier. Il me reste encore deux dossiers à lire que m'adresse la direction départementale de l'emploi, pour savoir s'il convient d'autoriser des jeunes à jouer dans une pièce au théâtre Gérard-Philipe... et dans une publicité de couches-culottes ! Les dossiers sont complets : accord des parents, examens médicaux, rapport sur la scolarité, etc. Je donne mon accord et je suggère la jurisprudence habituelle pour le versement des sommes dues à l'enfant : un quart maintenant, le reste est consigné à la Caisse des dépôts. Dans ce département, il est rare que la commission des enfants du spectacle se réunisse physiquement. Nous indiquons chacun notre avis sur dossier, mais s'il le fallait nous nous rencontrerions autour d'un problème à résoudre. Avec les nombreux studios de cinéma installés en Seine-Saint-Denis, j'ai beaucoup de dossiers de cette nature à examiner pour lesquels il me faut lire le scénario du film ou la pièce de théâtre.

Il me reste à rédiger les décisions de cet après-midi que Mme Dutrieux tapera demain et fera partir. Elle va encore avoir un choc en voyant son bureau submergé des bannettes de courrier augmentées de toute l'audience du jour à frapper. Je jette un œil sur le courrier administratif qui relève de ma fonction de président du tribunal pour enfants ou du Conseil départemental d'accès au droit que je préside par délégation du président du tribunal de grande instance. J'ai traité bien des problèmes par téléphone dans la journée ou en allant de cabinet en cabinet. Un travail qui n'a l'air de rien mais dont on me dit qu'il est indispensable. Il commence à être tard. Je renvoie à demain ce que je ne peux plus traiter à cette heure.

19 h 50

Il est temps de partir. Dans un tribunal silencieux comme un musée vide, où les journaux que nous avons mis à disposition du public jonchent le sol au milieu des canettes de Coca, je constate que mes deux collègues des bureaux 101 et 102 sont encore là, tête baissée, en train de rédiger. Des stakhanovistes. Elles communiquent sans se voir par leurs portes restées ouvertes, en se racontant les dernières nouvelles du tribunal, ou en confrontant leurs problèmes de la journée. L'une tire sur sa cigarette, l'autre sur sa bouteille d'eau. À chacune sa drogue. Elles ont une forme royale !

Paternaliste, mais elles savent que je plaisante, je pointe le nez.

– On n'est pas à la Samaritaine. Vous ne faites pas nocturne ce soir ! Rentrez chez vous vivre votre vie, cela ne changera rien à votre notation...

– Oui ! Chef !

Un salut qui peut durer trois secondes ou trois quarts d'heure, car il nous est arrivé d'aborder à ce moment-là, quand tout est calme, des questions concernant le greffe, nos relations avec le parquet, l'ASE ou la PJJ. Ou tout simplement de refaire le monde de la protection de l'enfance.

Je m'en vais... et elles replongent dans leurs dossiers. Elles partiront dans une demi-heure et demain, quand j'arriverai vers 8 h 30, elles seront déjà là ! Certaines fonctions offrent aux lève-tard et aux couche-tard une possibilité de s'organiser. Une chose est certaine, pas question de numerus clausus : chaque dossier doit recevoir une réponse.

Mercredi

8 h 30

Je suis passé de bonne heure au tribunal pour récupérer les dossiers que j'aurai à examiner tout à l'heure à Épinay-sur-Seine. Chaque deuxième mercredi du mois, au Bureau d'information juridique et d'aide aux victimes (BIJAV) et pendant toute une journée, je reçois quelques-uns de mes rendez-vous habituels mais, surtout, je peux rencontrer de façon informelle ceux qui dans la souffrance ou le questionnement ne viendraient jamais me consulter au palais de justice de Bobigny. Le but à travers cette démarche est de répondre aux parents à qui les enfants échappent et qui ne savent pas encore vers qui se tourner, ou bien aux enseignants et aux éducateurs qui bloquent sur un cas particulier. Je sais qu'ils viennent beaucoup plus spontanément ici qu'au palais de justice. Le bulletin municipal les informe des dates de cette permanence.

Un temps, je « siégeais » dans l'immense salle du conseil municipal. J'avais laissé la salle des mariages, encore plus impressionnante, à Bernard Bobillot pour sa permanence d'éducateur. Aujourd'hui, dans la grande pièce au rez-de-chaussée de ce bâtiment bas à toit plat situé sur le côté de la mairie, je me sens un peu plus proche des gens et ils me semblent eux aussi plus à l'aise, moins affectés que dans l'intimidant tribunal pour enfants.

Depuis que je viens ici, j'ai pu observer qu'il régnait dans cette « permanence » une ambiance un peu moins solennelle, même si je reste juge et identifié comme tel. La simplicité du lieu libère davantage la parole de mes interlocuteurs. À l'inverse, il peut arriver que certains soient gênés de venir en mairie où ils pourraient être reconnus. Ceux-là préfèrent le côté impersonnel et froid du tribunal de Bobigny.

Dans le bureau voisin, Bernard Bobillot reçoit les jeunes qu'il suit dans le cadre d'une mesure de liberté surveillée ou de contrôle judiciaire, ou pour lesquels une mesure de réparation ou de travail d'intérêt général doit être mise en œuvre. Comme moi, il est disponible au tout-venant.

De temps en temps, je l'appelle pour que nous découvrions tous les deux une nouvelle situation. Nous profitons généralement du déjeuner pour rencontrer à tour de rôle des professionnels de l'enfance du secteur : enseignants, policiers, travailleurs sociaux, responsables de l'action sociale. À la Pizzeria de l'esplanade François-Mitterrand, face à la mairie, nous créons ou entretenons des liens qui seront ensuite bien utiles, puisque nous serons amenés à travailler ensemble.

Nous tenons cette double permanence depuis cinq ans. Les avocats en font autant de leur côté, dans le même local municipal depuis deux ans.

Ces différentes permanences serviront bientôt de base à la Maison de justice et du droit d'Épinay-Villetaneuse. Un délégué du procureur de la République nous rejoindra ainsi qu'une antenne du service de médiation confié à la Sauvegarde de l'enfance. Épinay, sous l'impulsion de Gilbert Bonnemaison, est de longue date en pointe sur les dispositions à prendre pour rapprocher la justice des habitants et leur faciliter l'accès au droit.

J'allais partir pour Épinay quand je suis informé que M. Bali vient de se présenter au greffe du tribunal. Il n'a pas perdu de temps ! Avec l'aide de quelques amis, il a pu trouver un billet d'avion à destination de Bamako pour vendredi. Décollage prévu à 11 heures. Visiblement, il ne tient pas à ce que Mohamed moisisse en prison. J'en informe immédiatement le parquet qui ne voit aucune objection à la mise en liberté du jeune garçon. Finalement, il ne sera resté que trois jours à Villepinte. Le substitut vient de semer le trouble dans mon esprit : « Il est vacciné au moins ? » m'a-t-elle lancé avant de raccrocher. Les vaccins ! Elle pense à tout et ne veut pas la mort du pécheur. Coup de fil à la prison. On peut en faire certains dans les délais. Il est trop tard pour les autres. Mince !

J'appelle illico l'infirmerie de Roissy-Charles-de-Gaulle. J'arrive à joindre le médecin-chef.

– Pas de problème, mais surtout ne faites aucune vaccination. On s'occupera de tout ici. Il suffit de venir une heure avant le départ.

Impeccable. M. Bali récupérera Mohamed à la prison de Villepinte à 9 heures, puis ils iront directement à l'aéroport qui est proche. Ils peuvent tenir les délais si la levée d'écrou se fait à l'heure. Croisons les doigts pour qu'il n'y ait pas de coup d'État ou de tremblement de terre au Mali d'ici vendredi...

Bon, maintenant, je file. Coup de téléphone à mon secrétariat d'Épinay depuis ma voiture. Le premier rendez-vous m'attend. J'arrive ! J'arrive ! Mais j'aurai un léger retard. Épinay à l'extrémité du département n'est pas facile d'accès depuis Bobigny.

10 heures

Je connais bien Manuel Flauder que je reçois aujourd'hui avec son éducateur du foyer Étoile. C'est un garçon calme et gentil, mais sur lequel tout semble glisser. Avec les enfants dont je m'occupe, je sais grosso modo quand il faut être doux, ferme ou plutôt menaçant, mais face à Manuel je plonge dans une perplexité sans fond et je ressors chaque fois de nos entretiens avec une frustration intense même si, apparemment, je suis parvenu à le débloquer.

Manuel est au foyer Étoile depuis un an et, depuis un an, il ne se passe rien. Dans un rapport on me dit que seul le « placement » dans une structure dépendant directement du ministère de la Justice donc de la Protection judiciaire de la jeunesse pourrait répondre à ses besoins : il ne doit pas oublier qu'il est non seulement un enfant en danger mais qu'il a été condamné par le tribunal pour enfants. Il se doit donc de respecter les obligations, notamment de soins, qui lui ont été imposées. Or, il ne fait rien au foyer. J'exagère : il fait de l'opposition non violente. Je ne suis pas sûr qu'un foyer-Justice sera plus performant dans son cas qu'un foyer-Aide sociale à l'enfance. M. Hadeli, son éducateur, me le confirme :

– Dans tous les foyers, il aura le même problème, monsieur le Juge. Il ne peut aller dans un foyer qu'avec un objectif, un vrai projet. À dix-sept ans, il ne peut pas continuer à dire : « J'en sais rien... je sais pas... »

– Et en ce moment, monsieur Hadeli, comment ça se passe au foyer ?

– Justement, il ne fait rien de toute la journée. Il ne participe à rien. Ça doit même être crevant de ne rien faire à ce point !

Je me tourne vers l'adolescent qui écoute, sans aucune expression.

– Manuel, que tu sois à vif, et que tu veuilles te venger, je le comprends. Mais celui qui est en train de s'autopunir, c'est toi. Et tu ne mérites pas la punition que tu t'infliges...

Manuel relève la tête.

– Je... quoi ?

– Tu ne mérites pas la punition que tu t'infliges.

Tiens, j'ai l'impression d'avoir touché quelque chose. La phrase du rapport écrit de l'éducatrice m'est revenue en tête : « Manuel, par son fort sentiment de culpabilité, ne s'autorise pas à réussir dans un projet quelconque, culpabilité qui l'amène à des conduites d'autopunition et d'échec vis-à-vis de lui-même. »

Il faut avouer que son histoire est l'une des plus désespérantes que j'ai eu à connaître. Il y a une dizaine d'années, les carences en nourriture et en soins sur les quatre enfants Flauder (trois garçons, une fille) étaient telles qu'un juge les retira d'office à l'autorité de leurs parents. Ils furent confiés à l'Aide sociale à l'enfance. Devant l'urgence de la situation, l'ASE les plaça d'abord séparément dans des foyers, puis au bout de six mois ils furent regroupés dans un Village d'enfants, pris en charge par une mère d'accueil.

Le père dont l'inconstance ne fait qu'empirer disparaît pendant des semaines sans donner de ses nouvelles. La mère, en revanche, entretient des relations régulières avec ses enfants. Malheureusement, trois ans après leur placement, elle décède d'un cancer qu'elle avait caché à son entourage. Quelques mois plus tard, suite à des attouchements sexuels sur sa jeune sœur, Manuel quitte le Village et va vivre dans une famille d'accueil. On aurait pu saisir le juge d'instruction, mais, compte tenu de la nature de l'affaire, le parquet estime préférable de faire intervenir le juge pour enfants. En l'espèce l'affaire m'échoit. J'ai été frappé ce jour-là par l'immense tristesse de l'enfant. Il semblait véritablement porter sur ses épaules toute la misère du monde.

Ses frères et sœur sont confiés à une nouvelle famille d'accueil. Manuel rejoint une autre famille. Il y restera six mois, au bout desquels Mme Vallée, l'assistante maternelle, nous suppliera de le reprendre « avant, dit-elle, que mon mari ne fasse un malheur ». Tout allait bien et brusquement Manuel a commencé à détruire ce qu'il avait patiemment échafaudé avec sa nouvelle famille. « On aurait dit qu'il prenait du plaisir à nous faire du mal », conclut Mme Vallée, navrée de cet échec, car elle aimait beaucoup Manuel.

Puis c'est le cortège des foyers ASE du département – il les a tous faits – dont on le renvoie pour non-respect des règles, insolence et violences envers le personnel d'encadrement. Après quelques hésitations, Manuel étant à nouveau exclu pour consommation et trafic de haschisch, le foyer Étoile accepte de le prendre. La suite, M. Hadeli vient de la raconter.

Il semble que la raison pour laquelle le courant ne passe pas entre Manuel, les éducateurs et l'institution est la rage irraisonnée qu'il nourrit à l'encontre de l'Aide sociale à l'enfance. Le jeune garçon pense que l'ASE a précipité la mort de sa mère. En refusant de lui rendre ses enfants, elle a hâté sa fin. En réalité, Manuel se raconte des histoires. Jamais sa mère n'a demandé à les récupérer. Elle savait bien que, seule, elle n'avait pas les moyens de faire vivre correctement quatre enfants en pleine croissance. Comment le faire comprendre à Manuel sans massacrer l'image qu'il s'est construite d'une mère aimante et attentionnée ? Et puis, l'ASE n'y est pour rien : la décision revenait au juge. L'ASE a donné un avis, le juge pour enfants a décidé. Une fois de plus on accuse l'ASE de choses dont elle est innocente. En l'espèce elle n'était que prestataire de services pour le juge.

M. Hadeli me ramène à la réalité :

– Aujourd'hui, l'ASE a épuisé toutes ses ressources dans cette situation. La plupart des lieux de vie contactés ont refusé la candidature de Manuel. Et le foyer Étoile ne peut plus le garder à la rentrée. Là, monsieur le Président, si vous avez une idée, elle sera la bienvenue...

En fait, c'est clair, il n'y a pas de solution qui ne passe par Manuel. Il n'a plus de repères, il a perdu toute confiance en l'adulte et subit seulement les projets des éducateurs. Ce sera peut-être violent, mais il faut qu'il sache la vérité sur sa mère et qu'il arrête de considérer l'ASE comme le fossoyeur de sa famille.

Nous allons en rester là pour aujourd'hui.

– Monsieur Hadeli, vous admettrez que je ne peux pas prendre de décision maintenant. La situation est bloquée. Je vais y réfléchir. Mais déjà il y a une chose à faire. Et cela fait longtemps qu'on aurait dû y penser.

Pourquoi ne pas avoir dit, en son temps, la vérité à cet enfant ? Après tout, Mme Flauder n'était pas une mauvaise mère.

Manuel attend. Malgré moi je viens de créer un suspense !

– Manuel, aujourd'hui, c'est bien simple, on ne peut rien faire pour toi, tu as peur de tout. Quand nous nous reverrons à la rentrée je vais demander à M. Hadeli de te donner accès à ton dossier comme la loi le permet. Il y a des éléments qui t'échappent dans ton histoire et je veux que tu saches exactement comment les choses se sont passées autour de toi depuis le début. M. Hadeli t'aidera à comprendre le dossier.

Manuel se lève.

– Attends une seconde. Tant que tu n'auras pas réglé ce problème-là, les équipes pourront se succéder autour de toi, tout le monde échouera. Il faut que tu arrives à trouver une personne en qui tu aies confiance, pour que l'on trace un début de piste et que nous arrivions à dénicher quelque chose pour toi. Un dernier mot : va lire ton dossier, attentivement, et à la fin des vacances tu réfléchis et tu m'écris ce que tu as envie de faire de ta vie. On se reverra ensuite. Tu peux y aller maintenant.

M. Hadeli m'adresse un clin d'œil avant de refermer la porte. J'ai l'impression que quelque chose s'est passé et a été entendu. À la réflexion, l'entretien ressemble aux précédents : Manuel, bourru, a commencé à faire sa mauvaise tête, dénigrant tout, blasé et suicidaire, puis petit à petit, en le bousculant, j'ai réussi à nouer un dialogue avec lui, il s'est un peu décontracté et est devenu positif.

Pour autant, je crains que, dès son retour au foyer, Manuel ne reparte dans son univers et qu'il ne fasse rien pour voir ce dossier. Il a peur de ce qu'il pourrait y apprendre. Je crois que son problème réside essentiellement en ce qu'il n'a pas réussi à faire le deuil de ses deux parents. Il déborde d'un besoin d'amour et d'affection. Même les familles d'accueil n'ont pas réussi à répondre à son attente. Car personne ne peut y répondre. Ce gosse meurt aujourd'hui d'envie de nouer un dialogue avec nous, mais il n'a pas confiance, il n'a plus confiance en quiconque, le ressort est brisé. Je tente de le retendre, avec la patience qui me paraît s'imposer en l'espèce et aussi en le rudoyant, comme je le ferais avec quelqu'un que j'aime bien. Est-ce la bonne solution ? En tout cas nous faisons une course contre la montre.

Plus que jamais, je suis convaincu qu'il doit entreprendre une psychothérapie. C'est l'obligation que nous lui avons imposée dans le jugement prononcé au tribunal dans le cadre du sursis mise à l'épreuve pendant dix-huit mois, assortissant la peine de dix mois de prison prononcée contre lui.

Chaque fois que je vois Manuel ou son frère Frédéric, je songe à sa jeune sœur et au frère aîné, Simon, qui vit seul à Paris. Simon et Frédéric se voient. Manuel devait renouer avec eux. Encore une étape à franchir ! Quelle famille foudroyée par la vie, privée si tôt de la mère, puis du père, aujourd'hui dispersée, à la recherche d'un équilibre qui passera forcément par leurs retrouvailles ! Et je suis sûr qu'ils se retrouveront.

Coup de fil depuis le tribunal de Mme Dutrieux qui me détaille les messages reçus au cabinet. Pas d'urgence mais j'apprends avec stupéfaction que, dans l'affaire Mohamed Bali, le procureur informé de cette histoire a décidé... de faire appel de ma décision d'incarcération qui répondait pourtant aux demandes de son substitut ! On marche sur la tête ! À la réflexion, je comprends mieux : la question de principe est tellement importante qu'il souhaite simplement que la cour d'appel de Paris confirme la décision... afin qu'elle puisse être réutilisée.

Une vraie partie de poker-menteur ! Je sais que dans les couloirs mes collègues juges pour enfants discutent âprement de ce rebondissement. Ils sont partagés sur ma décision mais admettent qu'il y a un vrai problème. Moi-même, je m'interroge toujours sur le côté scabreux de mon argument juridique, mais je reste convaincu d'avoir bien agi. Attendons la décision de la cour d'appel.

Avec Mohamed, nous étions arrivés à un point de non-retour, c'était la seule solution pour le sauver... et épargner ses victimes potentielles. Inévitablement me reviennent en mémoire deux cas similaires où des jeunes, à peine plus âgés que Mohamed, sans permis et avec des voitures volées, tuèrent deux femmes dans des accidents de la circulation en faisant trois petits orphelins. Je n'ai pas oublié la rage désespérée de l'un des deux maris qui m'accusa de laxisme et qui voulait se venger...

(Quelques semaines plus tard, j'apprendrai par l'éducateur de Mohamed, resté en contact avec M. Bali, que les choses se passent plutôt bien pour son fils au Mali. Il est scolarisé. Pour l'instant il ne parle pas de retour.)

10 h 30

La jeune fille africaine qui a pris rendez-vous pour 10 h 30 avec mon secrétariat d'Épinay est très inquiète pour son frère de dix ans qui lui échappe totalement. Il rentre le soir à 23 heures ou même parfois après minuit. Quand elle l'interroge, il répond qu'il est avec ses copains du même âge. Ils ne font rien de mal. Ils discutent dans les escaliers, dans une cave ou éventuellement chez l'un d'entre eux. Mlle Bocandé a vingt ans. Ses parents sont en Afrique, en Côte-d'Ivoire plus précisément. Ils lui ont confié Aloui depuis dix-huit mois. Elle a un copain, mais vit seule avec sa petite fille et son jeune frère. Les responsabilités qui pèsent sur elle sont lourdes et, malgré la charge familiale, elle poursuit ses études à l'université. Son père lui envoie de l'argent régulièrement.

Elle fait ce qu'elle peut pour encadrer et surveiller Aloui, mais elle n'est que la sœur aînée et apparemment elle n'a pas l'autorité suffisante. Elle vient solliciter de l'aide, avant qu'il ne soit trop tard. Je vais demander à la Sauvegarde de l'enfance d'intervenir, de me faire dans un premier temps une évaluation de cette situation qui sera relayée ensuite par une mesure de soutien éducatif.

11 heures

Mon rendez-vous de 11 heures me fait faux bond. J'en profite pour rappeler ceux qui tentent de me joindre depuis hier soir. Je vais voir Bernard qui s'escrime à organiser une mesure de travail d'intérêt général que nous lui avons confiée au tribunal. Les ateliers municipaux vont accueillir, pendant cent heures et au bénéfice de la mairie, le mineur dont Bernard s'occupe et qui a tagué les murs de la moitié de la ville !... À l'aide d'un Karcher il sera chargé de nettoyer les affiches de la récente campagne électorale. Pour le reste, il aidera les employés municipaux dans les ateliers de la municipalité. Ensuite, on lui donnera publiquement acte de son comportement citoyen.

11 h 30

J'ai rendez-vous avec la directrice d'un des collèges d'Épinay. Elle vient me voir au sujet d'une de ses élèves, Amida Benasser, et est accompagnée du professeur principal et d'Amida qui aura seize ans en juillet. Cette dernière craint que son père ne l'envoie en Algérie pour la marier à un cousin qu'elle ne connaît que de nom. Mme la principale veut savoir comment agir si le cas de figure se présente. D'autant que cela peut arriver pendant l'été, hors la période scolaire. Pour l'instant il n'y a aucun problème. Amida s'entend bien avec ses parents. La vie à la maison est tranquille, pour elle comme pour ses frères et sœurs, si ce n'est ce projet auquel ses parents tiennent pour respecter la tradition. La sœur aînée d'Amida a subi le même sort, elle a aujourd'hui deux enfants et vit en France. Amida, elle, refuse cette voie.

La jeune fille n'a jamais osé aborder le sujet avec ses parents. Ils ignorent qu'elle se refuse à ce projet. Elle a peur de la réaction de son père, peur d'accélérer le cours de l'histoire. Heureusement, elle s'est confiée à une amie, puis au professeur principal qui a immédiatement averti la directrice de l'établissement.

Comprenant de quoi il retourne, j'invite Bernard Bobillot à venir nous rejoindre s'il est disponible. Il a terminé son entretien et s'installe avec nous autour de la grande table. Son aide pourra m'être précieuse.

Sur le plan scolaire Amida n'a aucun problème : élève moyenne, elle pourrait néanmoins poursuivre ses études. Elle le désire. À seize ans, elle ne sait pas encore ce qu'elle veut faire mais ce dont elle est sûre, c'est qu'elle n'épousera pas un homme pour faire plaisir à ses parents !

Les déboires d'Amida me rappellent immédiatement une affaire que j'ai eu à connaître à Versailles en début de carrière, alors que le mariage d'une jeune fille algérienne de quinze ans et demi s'organisait à toute allure. J'avais dû aider la jeune mariée à s'échapper par une porte détournée de la caserne de la Reine, là où se tenait à l'époque le tribunal pour enfants, pendant que j'occupais les parents et le futur mari !

Pour Amida, nous avons le temps de nous organiser. Je ne peux pas ne pas lui venir en aide. Elle est algérienne et élevée dans la culture familiale, mais la conquête des femmes pour leur liberté et la règle d'ordre public veulent que nul ne peut être contraint de se marier contre son gré. Il va de soi que le mariage doit avoir lieu en Algérie, mais Amida vit en France et a vocation de devenir française. Elle est binationale en vérité. Je n'ai aucune hésitation à intervenir pour la protéger. Reste à savoir comment ne pas faire trop de casse car le risque est énorme pour elle qu'en repoussant la règle familiale elle soit rejetée par la famille et livrée à elle-même.

L'expérience m'a prouvé qu'il faut se préparer à cette rupture tout en souhaitant qu'elle ne se produise pas. La jeune fille doit avoir la capacité de vivre hors l'influence, qui n'est pas que négative, de sa famille. Il lui faut en quelque sorte être métisse dans une société pas encore véritablement métissée. Amida devra se montrer suffisamment forte pour se réclamer de deux cultures très typées, en affirmant sa personnalité propre et en étant, plus qu'une autre, capable d'acquérir les clés de son autonomie économique, donc de poursuivre au mieux ses études. À ces seules conditions, la rupture avec la famille peut réussir. En revanche, rejetée et abandonnée par les siens, la jeune fille peut petit à petit dériver vers tous les dangers de la rue comme la prostitution.

Pour Amida, ce risque est limité, mais on ne sait jamais.

– Tu pourras venir me voir dès que tu sentiras que le projet de mariage se précise. Car ils peuvent aussi y renoncer. Je convoquerai alors tes parents et, s'il le faut, je m'opposerai à eux. En te confiant soit à une institution, soit à une personne digne de confiance. Peut-être les parents d'une amie de classe ou un autre membre de ta famille pourraient t'accueillir un temps plus ou moins long. Je l'ai déjà fait sans problèmes.

– Mais mon père me tuera !

– Pas obligatoirement ! On peut s'organiser dans les convocations pour que tu sois déjà à l'écart quand il recevra mon invitation à venir au tribunal. Cela dit, il se peut que les choses se passent plus calmement, que, face à des gens raisonnables car tu m'as quand même dit qu'on pouvait parler avec ton père, il se rende à mes arguments et que les tiens soient entendus.

Je n'ose pas, pour le moment, imaginer avec Amida que la réaction vienne du côté de sa mère. Dernièrement, dans mon cabinet, une femme maghrébine se roulait par terre car sa fille refusait de revenir à la maison. En fait, cette femme craignait les difficultés avec son ex-mari et la justice marocaine, car elle avait obtenu la garde de l'enfant à condition de bien s'en occuper. Or la jeune fille ne s'entendait pas avec son beau-père et refusait de vivre sous le même toit. Un grand classique des deux côtés de la Méditerranée !

J'avais eu beaucoup de mal à maîtriser cette mère en proie à une incroyable crise d'hystérie. J'avais fait appel aux pompiers et il fallut une bonne demi-heure avant qu'elle ne se calme. Pendant ce temps, le beau-père, peu soucieux d'elle, n'avait de cesse de nous culpabiliser, sa belle-fille et moi. L'adolescente regardait sa mère, totalement effondrée par ses dons de comédienne. Car elle n'était pas dupe, sa réaction était très exagérée. Encore affalée sur son fauteuil, la mère repartit de plus belle :

– C'est injuste ! La France est ignoble. Vous nous en voulez à nous les Arabes ! J'aurais dû rester dans mon pays !

Excédé, j'avoue avoir avancé un :

– Il ne tient qu'à vous de repartir, mais sachez qu'en France on respecte quelques règles d'ordre public qui s'imposent à tous, Français ou étrangers, blancs, noirs ou frisés, dont l'une tient compte du fait que, si une adolescente ne s'entend pas avec son beau-père, elle n'a pas à être battue pour autant.

Là encore, un propos de pure forme car je savais ne pas être compris.

Pour Amida on n'en était pas là, mais, en imaginant le pire dans son cas, je revoyais défiler dans ma tête toutes ces séquences précédentes.

L'idéal aurait été que je puisse désigner tout de suite une équipe éducative pour s'occuper d'elle et engager le débat avec la famille afin que celle-ci renonce à ce projet. Mais je ne peux pas le faire aujourd'hui car Amida n'est pas encore en danger au sens de la loi, je ne peux donc ni ouvrir un dossier ni mandater un travailleur social. Dans ces conditions le mieux serait qu'un service social de prévention dépendant du département puisse soutenir Amida dans sa gestion de la scène familiale, voire intervenir auprès des parents. Il faudrait le trouver. On est coincé entre le risque d'intervenir trop tôt et donc de précipiter un départ en Algérie et d'attendre que la date du mariage soit fixé.

– Bernard, peux-tu te préoccuper, discrètement, de la situation de cette jeune fille. Je te fais un « soit transmis », pour que les choses soient claires avec ta direction ! Pour l'instant, on ne précipite rien.

C'est aussi l'avis de Bernard et d'Amida, qui hoche la tête à mes propos.

Je ne résiste pas à plaisanter un peu pour dérider la jeune fille qui semble nerveuse :

– Maintenant, si ton père te force à partir, tu ne paniques pas, tu attends d'être à l'aéroport, et sur l'escalier roulant ou dans l'avion tu cries très fort. On viendra te délivrer à ce moment. Tu n'as jamais vu ça dans les films ? Le commandant de bord refusera d'embarquer quelqu'un de force.

Amida sourit mais, visiblement, cette perspective ne l'enchante guère.

– Madame la Principale, n'hésitez pas à me joindre si vous voyez que les choses se dégradent. Éventuellement vous contactez Bernard Bobillot au tribunal ou ici, il fera le lien avec moi et j'interviendrai vite.

(Je n'entendis jamais plus parler d'Amida. Bernard s'enquit de son sort auprès de la principale : les parents avaient renoncé à leur première intention. Amida leur avait parlé et avait exprimé clairement son refus. J'avoue ne pas être totalement surpris. Dans mon hésitation à intervenir rapidement, il y avait aussi cette intuition qu'Amida n'accepterait pas la loi du père, comme sa sœur l'avait acceptée. Il émanait de ce petit bout de femme une ferme volonté de rompre avec la tradition. Du moins avec cette tradition-là.)

Combien d'Amida n'ont pas eu cette force...

12 heures

Ce matin j'ai rendez-vous avec Norma afin de renouveler pour une année supplémentaire – la dernière possible – sa prise en charge comme jeune majeure. En effet, depuis 1974, date à laquelle la majorité a été abaissée brusquement de vingt et un à dix-huit ans, la loi veut que nous puissions aider les jeunes de plus de dix-huit ans, pendant les trois ans qui suivent leur majorité. Selon son calendrier personnel, Norma a aujourd'hui vingt ans. Au passage on relèvera cette difficulté qui veut que l'administration sociale soit obligée de « lâcher » à dix-huit ans, voire à vingt et un ans, les jeunes en difficulté, souvent privés de parents, pour lesquels elle est intervenue pendant des années, alors qu'ils sont loin d'être sortis d'affaire, quand la plupart des parents de France et de Navarre continuent à héberger chez eux et à soutenir moralement et financièrement leurs enfants jusqu'à vingt-cinq, vingt-sept ou trente ans ! Une réforme s'impose ici.

J'ai rencontré Norma, il y a trois ans, lors d'une permanence au tribunal. Elle portait une robe en jean bleu très courte et un chandail noir. Elle se pelotonnait dans le fauteuil gris face à mon bureau, les jambes repliées dans ses bras comme pour cacher son collant déchiré. Les policiers d'Épinay l'avaient interpellée quelques heures plus tôt dans la rue, où elle venait, disait-elle, de se faire agresser sexuellement. Plusieurs jeunes lui étaient tombés dessus, puis s'étaient enfuis en lui volant ses affaires. Elle avait marché des heures dans les rues et ignorait où avait eu lieu l'agression. D'ailleurs, elle ne connaissait pas cette banlieue et était même incapable de dire ce qu'elle venait y faire ! D'évidence cette jeune fille était dans un trouble profond et totalement perdue. Le parquet des mineurs me l'avait donc présentée.

De Norma, je ne savais que quatre choses. Quatre en tout. C'est peu quand on y réfléchit bien. Et l'histoire démontra que je n'en appris guère plus par la suite. Pour moi, elle reste toujours un mystère.

Norma était femme. Elle ne s'en cachait pas vraiment. Indéniablement elle était noire, ce qui crédibilisait sa thèse selon laquelle elle venait du Mozambique, mais ses origines méritaient d'être vérifiées. Elle parlait un français assez élaboré, avec une petite voix sucrée et un accent indéfinissable rappelant vaguement le portugais. Elle était croyante : la petite bible qui dépassait de sa poche et dans laquelle elle se plongeait dès qu'elle le pouvait attestait de sa passion pour les Saintes Écritures.

En vérité, j'eusse aimé en savoir un peu plus pour pouvoir l'aider vraiment.

En premier lieu, quel était son nom, au moins son prénom, le vrai ? Elle disait s'appeler Norma Ferreira mais quelle preuve en avais-je après le vol de son sac et de ses papiers ? De la même façon, j'ignorais son âge. Elle affirmait avoir dix-sept ans, mais, lorsque je regardais attentivement son visage ou sa morphologie, j'estimais qu'elle pouvait aussi bien avoir vingt ans, peut-être plus. Elle prétendait que sa mère vivait à Lagos, mais elle ne se rappelait ni l'adresse exacte ni le numéro de téléphone dont elle ne nous indiquait que les six premiers chiffres.

D'abord, Norma m'expliqua qu'elle était en France depuis plusieurs semaines. Sa mère l'avait confiée à un ami

– plus tard, elle parlera d'un oncle – pour qu'il l'aide à trouver du travail et qu'elle approfondisse son français. Cet ami, cet oncle, descendit à l'hôtel avec Norma et, la promiscuité aidant, abusa d'elle au bout de quelques jours. Premier viol. Elle s'en souvenait. Profitant d'une absence de celui qui était rapidement devenu son tortionnaire et qui l'enfermait à clé à l'hôtel, elle rassembla ses affaires, fit monter le réceptionniste et exigea qu'il la délivre. Puis elle s'enfuit. Sans argent, sans ami, ne sachant vers qui se retourner, elle dormit quelques jours dans les squares et les entrées d'immeuble.

C'est là qu'elle fut violée une seconde fois, dans la rue. Enfin un élément vérifiable, mais là encore, après examen, les médecins ne le certifièrent ni ne le démentirent ! Mais, compte tenu de son état général, on avait plutôt tendance à la croire. Elle semblait atteinte d'amnésie partielle. Certaines périodes de sa vie avaient sombré dans l'oubli.

Je confiais alors Norma au Service d'accueil d'urgence (SAU) afin qu'elle soit immédiatement prise en charge, qu'elle se rétablisse physiquement et psychologiquement et que l'on engage un dialogue plus approfondi avec elle. Je demandais à une éducatrice de m'appuyer dans l'examen de cette situation. Vu ce qu'elle avait enduré, Norma préférerait sans doute se confier à une femme. Bien qu'entourée de beaucoup d'attention, voire de tendresse, Norma ne montrait guère de bonne volonté ; elle répondait volontiers à nos questions, mais l'investigation n'allait pas loin. Elle nous priait de la croire mais ce qu'elle avançait se révélait invérifiable. J'avais ainsi tenté de localiser sa mère grâce à l'ambassade de France à Lagos en leur communiquant les bribes d'informations données par Norma. En vain.

D'ailleurs, lors de nos entretiens, j'étais toujours mal à l'aise. Mentait-elle par omission ? Était-elle victime de toutes ces agressions ? Je passais régulièrement d'un point de vue à l'autre.

Le temps s'écoulait. Le SAUO (Service d'accueil d'urgence et d'orientation) tournait en rond. Aucune issue ne se dessinait. Or, ce type de service se focalise assez vite sur la sortie du jeune qu'il a accueilli. Faute d'informations suffisantes, il se montrait incapable de reconstituer le passé de Norma et ne voyait pas la nécessité de poursuivre le travail. Finalement, après deux ou trois entretiens particulièrement stériles, je dus me résoudre à appliquer la stratégie préconisée par le SAUO : mettre Norma au pied du mur en ôtant la protection dont elle bénéficiait. Peut-être cette nouvelle urgence lui permettrait-elle de se débloquer. Nous n'avons que ce levier pour tenter d'avancer.

Je la prévins donc que ces entretiens ne servaient à rien, qu'on était arrivés au bout de nos compétences et qu'il fallait à présent qu'elle quitte l'institution pour voler de ses propres ailes ! Je reconnais la cruauté d'un tel procédé ; ce n'était pas un chantage, mais le prix à payer pour tenter de provoquer un déclic. Elle pouvait compter sur nous mais à condition de bouger, de sortir enfin de cette phase apathique. Elle dit d'accord. Norma acceptait tout. En douceur. Résignée en regardant ses pieds. Je ne comprenais pas qu'elle vive si seule sans tenter de rechercher les siens.

Elle partit donc du foyer comme prévu, mais demeura en relation avec moi en me téléphonant, pensant que je pouvais l'aider à régulariser sa situation. Elle ne manquait jamais une occasion de me dire qu'elle voulait rester en France et travailler.

« Mais, lui avais-je dit un jour, comment te régulariser puisqu'on ne sait rien de toi ? »

Elle avait encaissé silencieusement.

Paradoxalement, je semblais le plus inquiet des deux. Je ne pouvais décemment pas la laisser dans la rue. Ainsi, pour la première nuit, la chef de cabinet du préfet que j'avais appelée m'aida, à 19 heures, à lui trouver un foyer pour femmes seules. Puis je retournai dans le hall du tribunal où je l'avais laissée. Norma n'avait pas attendu. Elle s'était enfuie et se retrouvait à la case départ : seule dans la ville « de tous les dangers ». Avec l'éducateur du SEAT de permanence ce jour-là, nous fîmes le tour de Bobigny-centre pour tenter de la découvrir. En vain. Quelques jours plus tard, Norma me téléphona et me dit qu'un jeune couple l'avait hébergée, sur un matelas, dans le couloir de leur studio ! Le temps qu'elle trouve un meilleur logement. Ils avaient été surpris et émus de la voir lire la Bible à la station d'autobus Bobigny où ils s'étaient rencontrés...

La situation de Norma n'évoluait guère. Elle fréquentait les foyers que je contactais pour elle, quand je pouvais en dénicher, ou vivait de la générosité des gens de rencontre. Rien de plus, aucune perspective d'avenir, elle vivait au jour le jour. Un matin qu'elle me téléphonait pour donner de ses nouvelles, je lui rappelai que près d'un an avait passé depuis notre première rencontre et qu'elle n'allait pas tarder à fêter ses dix-huit printemps. Je lui répétai que je ne pourrais plus rien pour elle à partir de ce moment-là – ce qui n'était pas tout à fait exact – et la persuadai de se rendre à l'ambassade du Mozambique avec une éducatrice.

Lors d'une nouvelle audience, elle me raconta plus tard la douche froide en guise d'accueil que lui réserva le deuxième secrétaire, en refusant catégoriquement d'admettre ses origines mozambiques. Les éducateurs me confirmèrent la fâcheuse tendance de cette ambassade à ne jamais reconnaître ses ressortissants. Sans doute ne souhaitait-elle pas assumer le coût de leur retour au pays... Ce contretemps n'arrangeait pas les affaires de Norma... ni les nôtres. Il fallait en finir.

Le SAUO continuait à être en relation avec elle. Eux comme moi nous n'étions pas à l'aise dans notre décision de la laisser se débrouiller et nous assurions le « service après-vente ». En vérité, nous étions très présents auprès d'elle et faisions notre travail. Le SAUO me proposa alors de la confier à une association très psychiatrisée qui accueille des jeunes garçons et filles en difficulté en hôtel ou en studio. Le gîte est assuré et, de plus, une somme d'argent d'environ 2 500 F par mois leur est attribuée mais, en contrepartie, ils s'engagent à suivre deux à trois séances de psychothérapie par semaine. Au préalable, ils ont rencontré l'un des psys de l'association et donné leur accord pour la cure. Norma accepta la proposition du SAUO et entreprit cette « remise à niveau » psychologique sans difficulté.

À ma grande surprise, l'ASE du 93 accepta de financer ce projet, le coût de revient de l'opération se montant quand même à 8 000 F par mois. Un tel investissement pour une étrangère, sans identité certifiée et en situation irrégulière, l'ASE était bonne fille ! Et moi, pas mécontent de savoir, pour une fois, où passaient une partie de mes impôts et une partie des 650 millions de francs de budget départemental de l'Aide sociale à l'enfance.

Les premiers rapports de l'association furent positifs : Norma se rendait régulièrement chez son psychiatre. Le traumatisme semblait profond, mais le spécialiste ne désespérait pas d'arriver à cerner, puis à régler la problématique... Pendant ses journées Norma suivait une formation de secrétaire. Elle était bonne élève et il fallait au plus vite régulariser ses papiers afin qu'elle puisse chercher du travail. J'entrepris les démarches auprès de la préfecture, excipant de tous les malheurs de Norma afin d'émouvoir et de susciter la compassion du plus haut fonctionnaire du département et de ses services.

Nous nous installions dans la contradiction et l'absurdité puisque, après être intervenus au plus haut niveau et avoir investi des sommes rondelettes pour aider cette jeune femme, elle risquait d'être déclarée indésirable en France et de s'installer dans la clandestinité et l'illégalité, étant entendu que pour rien au monde elle n'accepterait de regagner le Mozambique, qui la niait comme compatriote... Mais comment rompre cette logique infernale ? Peut-être par l'obtention du statut d'apatride et de réfugié.

Je lui avais déjà fabriqué un beau « laissez-passer » de réfugié sur papier à en-tête du tribunal, avec sa photo dûment estampillée par Mme Dutrieux. Là, je réinventais un peu les laissez-passer de l'Ancien Régime ! Ce papier n'avait évidemment aucune valeur juridique, mais il attestait que le juge pour enfants, qui plus est, le président du tribunal pour enfants – il faut bien que ce titre serve à quelque chose –, connaissait la personne représentée sur la photo. Aux policiers contrôleurs d'en tirer leurs conclusions, notamment en laissant circuler Norma... ou en me prévenant si un problème apparaissait. Je fais cela régulièrement pour les jeunes étrangers démunis de tout dont je m'occupe. Jusqu'ici sans problème.

Aujourd'hui, je regarde Norma, assise en face de moi, et je repense en un éclair à la femme-enfant en robe de jean et collant filé, trois ans plus tôt. Le travail de psychothérapie est terminé mais elle aura encore besoin d'aide pour se rétablir complètement. Elle est plus sereine à présent bien qu'elle soit toujours aussi renfermée sur elle-même et peu expansive. Elle sourit peu à mes plaisanteries, mais elle est inquiète. Et elle n'a pas tort.

– Norma, je vais renouveler une dernière fois ta prise en charge. C'est tout ce que je peux faire actuellement.

– Merci. Mais quand pourrai-je travailler ? J'ai suivi tous les cours de Pigier.

Bonne question... Je vais entreprendre de nouvelles démarches auprès du préfet pour lui obtenir ce permis de travail. Je réussis souvent dans ces demandes mais jusqu'ici, pour elle, j'ai échoué. On verra bien.

– As-tu des nouvelles de ta mère ?

– Non. Je n'ai pas réussi à la joindre.

A-t-elle vraiment essayé ? A-t-elle d'ailleurs jamais essayé ?

– Tu devrais quand même retourner à l'ambassade du Mozambique. Peut-être sont-ils devenus plus conciliants pour leurs ressortissants ? Ils t'aideraient dans tes recherches.

En fait, je n'y crois pas moi-même. Mais que faire ? Je me raccroche au plus petit signe d'espoir ! En fait, souvent j'entrevois le pire. La plongée de Norma dans l'illégalité et, demain, dans la prostitution comme tant de petites Africaines catapultées sur la capitale. Quoi qu'il en soit, je ne la laisserai pas tomber et je ferai tout pour que sa situation soit régularisée... même si je sais que le passé et l'identité de Norma resteront toujours une énigme. Peut-être un jour recroiserai-je sa route...

13 heures

Le tempo de l'après-midi m'inquiète un peu : un rendez-vous toutes les demi-heures. Il va falloir tenir le rythme ! Il y a toujours une accélération avant les vacances, comme si chacun avait envie de mettre sa vie en ordre... Pour l'heure, c'est la pause roborative avec Bernard au restaurant italien proche de la mairie d'Épinay. Pas le moment de perdre ses forces ! Nous y rencontrons M. Haneau, le responsable des ateliers municipaux d'Épinay, afin de réfléchir aux améliorations que nous pourrions encore apporter au dispositif de travail d'intérêt général pour les mineurs, monté de longue date par la mairie et Bernard Bobillot.

Épinay est l'une des rares communes de Seine-Saint-Denis qui jouent ce rôle pour les mineurs, y compris ceux vivant dans d'autres villes du département. Une convention nous lie pour mettre quelque seize postes de « tigistes » à notre disposition. Quatre ou cinq autres villes s'inscrivent également dans la démarche. Malgré mes relances, je n'ai pas réussi à en entraîner davantage.

Il faut admettre que les torts sont partagés. Un temps, les juges n'étaient pas très emballés par les travaux d'intérêt général. Aujourd'hui, ils sont unanimes à vouloir recourir à l'alternative à l'incarcération, mais les postes TIG manquent, la PJJ ne s'est pas mobilisée pour coordonner la mise en œuvre de ces mesures et, jusqu'à une date récente, beaucoup de travailleurs sociaux estimaient que le travail d'intérêt général n'était pas une mesure à dimension éducative et refusaient donc de s'y investir. C'est pourquoi, aujourd'hui, on peut compter sur les doigts des deux mains les TIG mineurs, alors que tant d'affaires seraient propices à y recourir.

14 h 10

Il y a douze heures, Arianne Massart était encore en prison. C'est sa première sortie depuis deux mois. Elle semble avoir la tête qui tourne un peu. Je regarde ses mains et je m'aperçois qu'elle tremble comme une feuille. Arianne Massart vient de purger deux mois de prison pour avoir envoyé son fils de cinq ans à l'hôpital, à la suite d'un violent coup de pied au visage qui lui a fait perdre connaissance.

Et pourtant la jeune femme en face de moi n'a rien d'une tortionnaire. Elle est frêle et a l'air très timide. Ensemble, nous allons essayer de voir, non pas ce qui s'est passé il y a deux mois, je suppose qu'elle en a abondamment parlé avec le psychologue de la prison et le juge d'instruction, mais plutôt dans quel état d'esprit elle se trouve aujourd'hui par rapport à toute cette histoire. Je dois me faire une idée sur la dangerosité de cette femme pour son fils. Tout simplement, il me faut maintenant définir quel avenir commun est possible pour Mme Massart et James. Peut-on revenir rapidement aux conditions de vie qui étaient les leurs avant « l'accident », sans prendre de risques pour l'enfant ? Ou dois-je décider qu'ils ne revivront plus jamais ensemble, ce qui serait extrêmement sévère et a priori aberrant ?

Contrairement aux autres visiteurs qui s'installent généralement assez loin de mon bureau, Mme Massart a d'entrée de jeu déplacé son fauteuil pour le coller à ma table et boit littéralement mes paroles. Nous examinons rapidement la situation. Dès sa sortie de l'hôpital, son petit James a été confié, dans un premier temps, au service de l'Aide sociale à l'enfance qui m'a proposé d'avoir recours, pour un temps, à la sœur de Mme Massart. J'ai reçu cette femme voici quelques jours : elle était volontaire pour s'occuper de son neveu. Elle est célibataire et compte bien s'appuyer sur sa sœur cadette, qui est mariée, le temps que l'enfant lui sera confié. Ensemble, en famille, elles veulent pouvoir faire face. J'ai accepté cette solution tout en indiquant qu'elle était provisoire. La sœur a acquiescé ; pour elle, sans savoir exactement ce qui s'est passé le jour du drame, il s'agit bien d'un accident. De son côté, la juge d'instruction m'a envoyé un message pour m'indiquer le souhait de l'enfant de rejoindre ses grands-parents à la Guadeloupe.

Une fois de plus, j'observe dans cette affaire, comme dans tant d'autres, que le père a disparu. Mme Massart fait face toute seule. Sans doute a-t-elle craqué.

– Nous sommes séparés depuis deux ans. Quand il venait à la maison, il disait à James que j'étais une conne, alors je préfère qu'il ne vienne plus...

– Dans quel état d'esprit êtes-vous aujourd'hui? Avez-vous pu réfléchir à tout cela quand vous étiez en prison?

– Évidemment, monsieur le Juge. Je crois que je n'ai pas arrêté de penser à mon James... Quand j'étais à Fleury-Mérogis, j'ai été en correspondance avec des éducateurs de l'Aide sociale qui le suivent. Ils m'ont dit que vous alliez certainement désigner une équipe d'éducateurs avec qui je me préparerai à revoir mon enfant...

– J'ai effectivement donné mandat à la Sauvegarde de l'enfance de vous aider. Il faut que vous les contactiez au plus vite. De mon côté, je les joindrai dans quelque temps pour savoir où vous en êtes et vérifier que les conditions sont réunies pour que ce genre d'accident ne se reproduise plus.

– Mais moi non plus, je ne veux plus que cela se reproduise, monsieur le Juge, d'ailleurs c'est pour cela que je vois un psychologue. C'est moi qui ai décidé.

– Dites-moi, dans quel état est votre fils en ce moment? Que dit-il des deux mois que vous avez faits en prison?

– Mais... il n'est pas au courant. Ma sœur n'a pas dû lui dire.

– Comment, vous ne l'avez pas appelé depuis hier?

– Mais je croyais que je n'avais pas le droit! Dans le contrôle judiciaire, il est écrit que je ne dois prendre aucun contact avec lui... Je ne veux pas risquer d'en perdre la garde...

Pour une fois que les instructions de la justice sont suivies à la lettre, c'est un peu excessif. Je n'ai pas l'ordonnance de contrôle judiciaire sous les yeux, et je le regrette, mais, telle que je connais la juge d'instruction, je suis sûr qu'elle n'entend pas interdire toute relation entre la mère et l'enfant. Elle aura sans doute voulu prévenir les initiatives spontanées de celle-ci de reprendre en charge partiellement ou totalement son fils. Je n'imagine pas, vu les faits, qu'elle ait interdit toute relation téléphonique entre eux. Sans doute avec une femme aussi simple et fragilisée que Mme Massart aurait-il fallu être plus précis oralement ou par écrit...

– Madame, vous ne pouvez pas laisser votre enfant dans ce silence ! Depuis deux mois, il doit se demander où vous êtes passée ! Il faut lui dire quelque chose. Appelez votre sœur. Prenez des nouvelles de votre fils, il faut rassurer cet enfant.

Elle me remercie du regard. La perspective de parler à son fils dont elle n'a pas entendu la voix depuis deux mois la bouleverse tellement qu'en une seconde elle est en pleurs. Elle sanglote et des rigoles de larmes dégringolent sur son visage et sur son cou. J'attends un peu mais elle reprend la parole :

– Je veux m'occuper de mon enfant, monsieur le Juge. Je sais que je n'aurais jamais dû le corriger ainsi, mais parfois c'est dur, il est insupportable à l'école et je ne veux pas qu'il tourne mal. Et si on doit me l'enlever, je veux au moins subvenir à ses besoins, je veux qu'il reste à ma charge...

– Mais, madame, il n'est pas question de rompre les liens entre James et vous ! Ma décision en faveur de votre sœur n'est qu'une mesure provisoire. Ne fût-ce que parce que je ne savais pas quand vous sortiriez. Il faut maintenant que le plus vite possible les choses reviennent à la normale. Vous avez géré maladroitement les relations avec votre enfant, mais vous n'êtes pas une perverse... Les travailleurs sociaux vont vous aider à trouver la bonne relation avec James et votre famille aussi vous soutiendra.

– Je ne suis pas un monstre, monsieur le Juge... Je vous jure, tout ça m'a fait réfléchir... J'avais jamais craqué comme ce jour-là. James n'est pas maltraité. Vous pouvez vous renseigner.

– Je le sais. En attendant, acceptez-vous ma décision de confier provisoirement James à votre sœur aînée ?

– Bien sûr !

– Il va de soi que l'on ne doit pas s'éterniser dans cette situation !

– Je l'espère...

Elle reste quelques minutes dans mon bureau pour éponger son visage qui ruisselle. En fait, elle a vraiment cru que j'allais lui interdire de revoir son enfant et qu'en quelque sorte elle serait déchue de son autorité parentale. Tout d'un coup je comprends pourquoi ses mains tremblaient tant quand elle est arrivée... Elle va pour sortir et, soudain, elle me serre la main très fort. Je crois que, si je ne mesurais pas trois têtes de plus qu'elle, elle m'embrasserait. Il faut un peu rectifier le tir. Rien n'est acquis et, dans cette histoire, c'est James qui compte avant tout.

– Madame, mon objectif est que vous reviviez le plus vite possible avec votre enfant, et que l'on oublie cet incident de parcours. Mais on ne va pas brûler les étapes. Aujourd'hui, vous téléphonez à votre fils et vous lui dites que vous le verrez bientôt. Ensuite, avec les éducateurs que je désigne, vous discuterez de votre situation et de vos projets avec James. Ils vont vous faciliter les retrouvailles avec lui. Première étape : revoir rapidement votre enfant. Allez. Donnez-moi des nouvelles de votre fils très bientôt.

On peut être raisonnablement optimiste pour Mme Massart et James. Rien ne permet de dire que les violences exercées sur son fils sont habituelles et qu'il est un enfant martyr. Mme Massart a craqué. Elle a déjà été punie par l'incarcération provisoire et la séparation avec son fils. Elle sera jugée plus tard, mais je ne pense pas qu'elle sera réincarcérée. Bien soutenue sur le plan psychologique, elle doit pouvoir faire face à l'éducation de son fils. Je n'ai pas l'impression que sa famille soit tentée de lui enlever son enfant. L'Aide sociale à l'enfance n'aurait pas fait appel à la sœur si elle avait senti un danger de cette nature.

S'agissant des signalements d'enfants en danger ou d'enfants maltraités, le tribunal pour enfants de Bobigny n'échappe pas à la loi du moment : ils augmentent sensiblement depuis quelques années. En 1998, sept cent douze sont arrivés au parquet, soit plus 68 % en trois ans. Au plan national, le même phénomène préoccupe les spécialistes et doit interroger chacun d'entre nous : vingt mille signalements de maltraitance en 1997 pour quinze mille en 1992. En 1998 on a relevé une légère chute des signalements : dix-neuf mille.

Mais l'augmentation la plus spectaculaire concerne les enfants dits « en risque », c'est-à-dire en danger sans pour autant être battus, signalés à l'autorité judiciaire : trente mille en 1992 et quatre-vingt trois mille en 1998. Pour autant, doit-on en conclure que la maltraitance à enfants augmente ? Les études chiffrées ou qualitatives que nous possédons ne le démontrent pas. Les derniers chiffres connus fournis par l'ODAS (Observatoire décentralisé de l'action sociale) concernant 1998 montrent même que nous atteindrions un palier.

En revanche, nous avons quelques acquis. Les phénomènes de maltraitance sont mieux perçus et répertoriés avec une acuité nouvelle par les professionnels de l'enfance (médecins, travailleurs sociaux, enseignants, policiers) dont les capacités de repérage des situations délicates se sont nettement améliorées.

D'autre part, et ce n'est pas le moindre des changements, notre sensibilité à la maltraitance sous toutes ses formes est plus aiguë. Là encore plusieurs raisons l'expliquent. Tout d'abord, nos yeux et nos oreilles se sont progressivement ouverts sur certaines formes de violences qui existaient, certes, mais que nous n'analysions pas collectivement comme graves ou choquantes. Je veux notamment parler des violences sexuelles à enfants. Nous banalisions ou refusions de voir ces atteintes à la dignité sinon au corps de l'enfant. Le travail que nous avons mené, les uns et les autres, pendant vingt ans, en France comme à l'étranger, sur les droits de l'enfant a fini par payer. Comme je le disais en 1993, il fallait « oser " parler " la maltraitance à enfants », qui plus est, avec lucidité, en des termes autres qu'afflictifs et répressifs.

De 1981 à 1989, ceux qui se succédèrent aux responsabilités publiques aidèrent à libérer la parole des victimes qui osèrent exister en tant que victimes car elles savaient pouvoir enfin être entendues... même si elles se sont illusionnées sur les réponses qui pouvaient s'ensuivre. Là est un autre débat. Aujourd'hui, dans le département de la Seine-Saint-Denis, et sans doute ailleurs, la moitié des signalements d'enfants maltraités a directement ou indirectement pour origine l'enfant lui-même qui n'hésite plus à se rendre à la police, quand il ne vient pas directement au tribunal comme la loi le lui permet, ce que trop de nos contemporains ignorent encore.

Ajoutons que notre dispositif de recueil de signalement d'enfants en danger a été amélioré au fil des années. Le législateur y a contribué – je pense à la loi dite Dorlhac du 10 juillet 1989 – qui oganise, via le président du conseil général, le recueil des signalements, mais, surtout, nombreux sont ceux qui, ayant connaissance de faits graves, ne veulent plus apparaître comme complices en ne les dénonçant pas. Quelques poursuites pénales dirigées contre des travailleurs sociaux, qui avaient omis de signaler des violences à la justice, ont aidé à développer une attitude citoyenne de signalement. Quitte, comme on peut l'observer, à tomber dans l'excès inverse.

Les « signalements-parapluies » se multiplient le vendredi à 16 heures ou à la veille des vacances, sans que ceux qui auraient pu intervenir eux-mêmes aient fait tout ce qui relevait de leurs compétences. Bref, en matière de violences à enfants, on est en droit d'attendre des services sociaux plus que les simples signalements à la justice...

Cette multiplication des signalements n'est, bien évidemment, pas sans conséquences. Les services de police chargés d'enquêter sur les faits relevés sont submergés. Pour être mises en évidence, certaines violences supposent des investigations complexes qu'il sera parfois impossible de concrétiser. La personne signalante ou l'enfant n'a pas toujours un certificat médical et des traces visibles des coups qu'ils dénoncent. Pour autant, cela ne signifie pas qu'ils mentent mais la preuve n'est pas apportée. Il y a longtemps qu'on ne brûle plus la plante des pieds des suspects pour les faire avouer. Réjouissons-nous, c'est plutôt un progrès de la civilisation et de l'État de droit. Mais on comprend la frustration ou la déception de ceux qui signalent des violences et qui ne voient pas l'enquête aboutir faute de preuves suffisantes.

Le procureur, lui aussi submergé, alors que les pouvoirs publics lui demandent une extrême vigilance sur l'enfance délinquante, va user de plus en plus fréquemment, au risque d'en abuser, de ses pouvoirs propres d'intervention en matière d'enfance en danger. En cas d'urgence, la loi lui donne les mêmes pouvoirs que ceux reconnus au juge pour enfants. De mon point de vue, le parquet ne peut y recourir qu'exceptionnellement, compte tenu du caractère extraordinairement dérogatoire de cette procédure. Ce peut être le cas quand le juge pour enfants est indisponible, sachant que dans les grands tribunaux une permanence fonctionne du lundi 9 heures au dimanche 18 heures ! Le parquet peut ainsi « placer » en urgence l'enfant en grande difficulté, et il a huit jours pour saisir le juge pour enfants. Au-delà de ce délai, ses réquisitions sont nulles. Une fois le juge saisi, certains magistrats s'interrogent toujours sur le fait de savoir si celui-ci doit confirmer (ou infirmer) immédiatement la décision du parquet ou s'il dispose de temps pour le faire.

Il faudrait ici que le législateur ou la Chancellerie tranchent une fois pour toutes. Cette question n'est pas anecdotique, lorsque l'on sait que la décision du procureur peut ne pas être motivée, qu'elle est prise sans que les intéressés aient été reçus, et qu'elle n'est pas susceptible d'appel. C'est ainsi que, sur un simple coup de fil, un procureur peut retirer un enfant à ses parents sans que ceux-ci puissent s'y opposer ! À eux, ensuite, de retrouver la piste de leur enfant et d'obtenir un rendez-vous avec le juge pour enfants, éventuellement exiger qu'il exprime sa position, et, si ce magistrat confirme la décision de son collègue du parquet, faire appel de la décision.

Cette procédure peut prendre des semaines, des mois pendant lesquels l'enfant est séparé de ses parents, parfois à juste titre, parfois arbitrairement, dans la mesure où l'ASE, qui a reçu la demande succincte du parquet la requérant de bien vouloir accueillir l'enfant, ne prendra pas le risque de contester cette décision. Je me souviens de cette jeune mère de famille slave, qui un vendredi soir d'août 1997, après avoir un peu trop bu dans un café pour noyer sa déprime, se retrouva dans la salle de dégrisement du commissariat tandis que sa fille de cinq ans était acheminée sur le foyer de l'enfance.

En été, les circuits fonctionnent au ralenti, y compris au tribunal... À mon retour de vacances, découvrant la procédure d'assistance éducative dans ma pile de courrier, je convoquai immédiatement la mère pour lui rendre sa fillette. Sans doute fallait-il protéger cette enfant durant les quelques heures où sa mère, qui n'apparaissait pas comme une alcoolique notoire, se dégrisait. Mais l'enfant méritait-elle de passer un mois au foyer sans aucune relation avec sa mère ?

On voit donc avec quelle célérité on peut intervenir pour protéger un enfant en difficulté, mais on mesure aussi les excès de la précipitation. Ils pourraient conduire certains, comme par le passé, à se méfier exagérément de la police et de la justice et il ne faudrait pas qu'avec des affaires de cette nature la loi du silence s'impose à nouveau. Ici, comme ailleurs, l'équilibre est de mise, et les professionnels compétents doivent faire la part des choses. C'est le rôle des travailleurs sociaux, et cela suppose qu'ils se trouvent aux endroits stratégiques, qu'ils soient formés et informés de leurs responsabilités et de leur marge de manœuvre. Ils s'y emploient, mais force est de constater qu'il reste beaucoup à faire pour améliorer notre dispositif. Toute nouvelle affaire qui éclate nous renvoie à un peu plus de modestie.

La question la plus délicate est bien sûr celle du nombre des effectifs et de leur implantation. Le gros point faible est celui du secteur scolaire qui dépend depuis 1984 de l'Éducation nationale. Deux services sont dans l'école : le service de promotion de la santé sociale et le service social scolaire. L'un comme l'autre sont sous-équipés. On a même parlé de secteur sinistré ! Depuis trois ans, des efforts ont été faits pour répondre à l'attente des uns et des autres, y compris des enfants qui s'étaient exprimés sur ce point au Parlement des enfants de 1998. Mais, pour un secteur crucial comme celui-ci, nous sommes loin du compte. Dans une période de pénurie, la priorité a jusqu'ici été donnée aux collèges, point de fragilité extrême du dispositif scolaire, mais c'est bien dans l'école élémentaire qu'il faut être présent pour repérer les enfants en grand danger, incapables de se défendre seuls ou à appeler à l'aide.

Quoi qu'il en soit, et malgré ses failles et ses lacunes, notre dispositif est aujourd'hui plus compétent et plus vigilant pour recevoir et donner suite aux signaux d'alerte de ceux qui n'acceptent pas qu'un enfant soit maltraité ou en danger. Le thermomètre est donc plus performant, mais la fièvre ne continue-t-elle pas à monter pour autant, et les faits de maltraitance et de violence ne sont-ils pas en train de croître ?

Là encore, si l'on s'en tient aux faits, rien ne prouve actuellement que les maltraitances physiques augmentent. J'aurais même tendance à penser qu'elles sont moindres que par le passé pour la raison évidente que les enfants sont plus souvent désirés que subis comme ce fut trop longtemps le cas. Attendus et bien acccueillis, ils trouvent plus facilement leur place auprès de leurs parents. Une contraception mieux maîtrisée, la légalisation de l'IVG, les aides sociales, le soutien moral et éducatif des travailleurs sociaux, le développement économique de notre pays également ont contribué à ce que l'immense majorité des naissances soit désirée et qu'un lien positif se noue entre enfants et parents. Sans oublier le statut de la mère célibataire qui a heureusement considérablement évolué, et qui fait que, là encore, les enfants sont moins rejetés aujourd'hui qu'ils l'ont été autrefois.

Un chiffre pour exemple : les abandons d'enfants sont en chute libre, au grand dam des candidats à l'adoption. On en compte environ cinq cents chaque année sur sept cent quarante mille naissances. Aujourd'hui, les pupilles de l'État, c'est-à-dire les enfants privés de tout parent, sont à peine trois mille cinq cents alors qu'ils étaient cent cinquante mille au début du siècle pour une population deux fois moins importante !

Nous sommes entrés dans une civilisation de l'oralité et de la communication : on ne frappe plus, on parle ! Confrontés à une difficulté ou une frustration, la violence n'est plus le premier réflexe de nos contemporains. Ces explications peuvent paraître simplistes, mais je pense qu'elles font partie des raisons de la baisse de la maltraitance à enfants.

En revanche, on peut se demander s'il n'y a pas une augmentation des violences sexuelles. Certains l'affirment qui évoquent l'influence de la libération sexuelle et de l'étalage du sexe dans tous les médias, y compris désormais avec Internet qui facilite l'accès à des réseaux sexuels. Internet donnerait de mauvaises idées à certains ! À cela, et en l'absence d'études sérieuses sur le sujet, on peut tout aussi bien répondre que la satisfaction rapide de certaines pulsions évite peut-être des passages à l'acte ! Je constate simplement que, faute de référence, nous ne pouvons pas parler d'augmentation des violences sexuelles. Tout juste sommes-nous parfois confrontés à une réalité qui dépasse l'imagination !

Là encore, attention aux effets-mode. Depuis quelque temps, il est fait appel à l'argument « perversions sexuelles » par des mères de famille peu scrupuleuses, désirant se débarrasser de leur conjoint. Les professionnels de l'enfance sont choqués de voir le nombre de femmes qui accusent le père de leur enfant d'être un satyre pour le déchoir de son autorité et à tout le moins le tenir à distance. De plus en plus, des accusations aussi graves que fréquemment invérifiables embarquent de pauvres enfants dans des procédures extraordinaires où ils devront subir des examens, où leurs moindres propos seront disséqués, interprétés, et où, bien sûr, les hommes joueront leur honneur et leur paternité.

Je ne nie pas que de telles dérives sexuelles existent, y compris dans les familles les plus convenables, mais nombre d'accusations sont montées de toutes pièces qui doivent valoir à leurs auteurs une sévère réaction, voire une punition là où certaines femmes ont voulu porter le fer, à savoir sur l'autorité parentale. Reste à distinguer le vrai du faux, la parole de l'un et la parole de l'autre, et c'est là-dessus que certaines jouent pour jeter la suspicion.

Face à elles, beaucoup de juges s'inclinent et peu d'entre eux acceptent de courir le risque de donner raison au père. Le père est donc privé provisoirement du droit de voir son enfant mais il se passera du temps avant que le juge revienne sur cette décision, s'il y revient. Je crains réellement que l'on n'assiste de plus en plus à des réactions violentes de la part de ces pères qui n'auront pas supporté de perdre leur enfant et leur honneur à cause d'accusations fallacieuses...

Une chose est sûre : jamais on n'a parlé autant de sexe dans les tribunaux ! J'ai été frappé ainsi par l'un des premiers dossiers dont j'ai eu à connaître quelque temps après mon retour aux affaires judiciaires en 1992.

Les deux parents divorcés, âgés tous deux de quarante-cinq ans environ, n'étaient pas assis dans mon cabinet depuis dix minutes que je savais déjà qu'ils s'étaient connus chez les Témoins de Jéhovah, qu'ils s'étaient mariés vierges à quarante ans, que les premiers rapports sexuels n'avaient pas été faciles – d'ailleurs ils avaient rapidement cessé –, qu'un petit était néanmoins arrivé dans le foyer et que monsieur était un violent, un sadique et un pervers qui dès la petite enfance de sa fille abusait d'elle en lui talquant les fesses ! Tout cela dit d'un trait par madame, monsieur ayant quelques difficultés pour en placer une !

En quelques minutes, j'avais pénétré sans le vouloir dans l'intimité de ce couple. J'avais vainement tenté de me faire préciser par madame ce qu'elle reprochait concrètement à son ex-mari. Un peu éberlué par la pauvreté de ses arguments, je me souviens de lui avoir dit :

– Avec ce que vous me décrivez, j'aurais dû passer moi-même en correctionnelle pour m'être occupé de mes filles ! Pourtant je me contentais de suivre les conseils de ma femme en essayant d'être un bon « nouveau père » !

Monsieur avait souri, pas elle qui m'avait regardé d'un œil glacial.

Il était clair que madame faisait tout pour alimenter la révolte de sa fille contre son père. J'en fus témoin où un jour ayant d'autorité exigé que le père voie sa fille comme tout père divorcé, en application de la décision du juge aux affaires familiales, madame avait commencé dans le hall à parler à sa fille alors âgée de sept ans et demi sur le ton suivant :

– Tu as entendu ce qu'a dit le juge ? Tu dois aller chez papa. Papa pourra recommencer à te faire des choses comme lorsque que tu étais petite. Tu ne veux pas, hein ?

Et l'enfant, qui, quelques instants plus tôt dans mon cabinet, avait très calmement et clairement accepté de revoir son père, explosa dans une crise hystérique :

– Je ne veux pas aller chez papa !

J'étais plus que jamais convaincu que cette femme était perturbée sur le plan psychiatrique et sexuel. Sans doute aurait-il fallu connaître sa propre histoire. Sans cela, je ne pouvais agir pour permettre à cet homme d'avoir des relations normales avec sa fille. Je lui confiai rapidement mon scepticisme, au même moment où il me dit que son ex-femme serait capable de se livrer aux pires extrémités, y compris attenter à sa vie, plutôt que de lui permettre de voir l'enfant seul.

Il refusait que nous continuions les séances de travail dans le service de Médiation familiale que j'avais un temps préconisées, estimant que c'était infamant pour lui qui n'avait rien à se reprocher. D'autant que toutes les plaintes portées contre lui par sa femme s'étaient terminées par un classement sans suite ou un non-lieu – ce que j'avais effectivement pu vérifier – alors qu'elle prétendait à chaque entretien que son mari était poursuivi devant le tribunal. Il aurait voulu que j'impose à son ex-femme l'obligation de lui laisser l'enfant. J'avais essayé mais sans succès. Elle multipliait les obstacles, me rappelant que dans le passé tout droit de visite s'était soldé par une nouvelle affaire de violences, son mari n'hésitant pas à la frapper. Il aurait fallu la poursuivre pour non-représentation d'enfant mais qu'aurais-je pu attendre de cette procédure ? La justice touchait ses limites.

J'avais essayé de remonter le moral de cet homme en lui disant que plus tard sa fille saurait faire la part des choses et ne se leurrerait pas sur la conduite de sa mère. Piètre satisfaction, je l'avoue. D'ailleurs, dans quel état psychologique serait-elle après une telle enfance et quelle image aurait-elle de son père avec les portraits pitoyables dépeints par sa mère pendant des années ?

Pour ce qui concerne la violence en général, celle qui fait le fond des dossiers d'enfants en danger, il faut bien reconnaître que l'accentuation de la fracture sociale a une influence directe sur les conditions de vie faites aux enfants. Sans tomber dans l'imagerie classique du chômeur désemparé, qui rentre ivre mort et bat sa femme et ses enfants, il est incontestable qu'entre autres les difficultés financières ont des conséquences sur l'équilibre psychologique et psychiatrique des parents. Certains enfants n'ont pas eu la protection familiale qui leur aurait été bénéfique. Ils traînent dans les cages d'escalier, les halls, la cité, et deviennent petit à petit des enfants des rues.

Comment aider chacun de ces enfants, chacune de ces familles à mieux vivre, à savoir faire face aux difficultés de la vie ? Les travailleurs sociaux dont c'est la mission première y parviennent généralement, en tout cas bien mieux qu'on ne le dit couramment... même s'ils ne veulent pas toujours mettre en valeur leur travail ! Mais il est clair que ces réponses individuelles ne sauraient suffire. Il faut mettre en œuvre des réponses à un autre niveau, plus exigeantes, plus ambitieuses, qui passent inévitablement par des choix politiques.

À notre échelle, il faut affirmer qu'il existe un devoir d'ingérence comme Bernard Kouchner et quelques autres se sont évertués à en convaincre la communauté internationale, s'agissant des exactions de gouvernants commises à l'encontre de leur peuple. Face aux enfants en difficulté, on balance entre deux attitudes. D'abord et généralement un sentiment d'indignation : on critique, on veut que cela cesse au plus tôt. D'autre part, on aurait tendance à ne pas vouloir interférer dans des situations bien plus complexes qu'il n'apparaît au premier degré. Et puis ces rapports parents-enfants ne relèvent-ils pas de l'intimité et de la vie privée ? Le regard public et a fortiori la puissance publique ne peuvent pas pénétrer dans tous les domaines de la vie des individus. Ils doivent rester sur le pas de la porte familiale ! Ce serait une atteinte à la liberté familiale que d'intervenir.

À ce propos, je ne résiste pas à l'envie de raconter ici une histoire très révélatrice que j'ai vécue avec l'un de mes amis sociologue, à l'époque en stage dans mon cabinet à Versailles. À la demande de l'ASE, nous recevions une toute jeune fille de quatorze ans. Sur la pression de l'éducatrice elle venait d'interrompre sa grossesse. Elle sortait à peine de l'hôpital. Sa mère se trouvait aussi face à moi et, un peu en retrait, le beau-père qui avait mis la jeune fille enceinte. L'histoire était simple : veuve avec trois enfants, cette femme d'un certain âge, au physique ingrat, borgne qui plus est, avait cédé aux demandes de celui qui acceptait de l'épouser avec ses enfants. En échange de sa contribution aux charges du ménage, il voulait devenir papa. Madame déclara qu'elle passait la main, mais promit qu'une de ses trois filles s'y collerait ! La deuxième fut désignée pour remplir le contrat et s'était inclinée devant la programmation familiale ! De quoi révolter non seulement l'ASE mais un juge pour enfants à l'ouverture d'esprit la plus large !

Fait exceptionnel, j'avais également demandé au procureur de la République d'être présent à l'audience dans mon cabinet. Il me semblait nécessaire, quitte à ce qu'il n'y ait pas de poursuites pénales engagées contre monsieur et madame, que le procureur vienne rappeler solennellement la gravité des faits, passibles de plusieurs années de prison. Avec la famille et l'éducatrice, j'envisageais donc les différentes suites possibles. Le procureur intervint fortement en indiquant que, la veille, dans une affaire similaire, il avait demandé et obtenu aux assises une peine de dix ans de prison.

À ma grande surprise, loin de se laisser démonter, la mère de famille nous interpella en nous demandant pourquoi nous étions intervenus dans ce qui, somme toute, était un « contrat privé ». Avec mon collègue procureur, nous prîmes le temps d'expliquer fermement notre position; je ne sais pas si nous fûmes compris. Mais le sel de l'histoire est ailleurs. À peine la famille fut-elle sortie du cabinet que mon sociologue d'ami reprit l'argument de la mère à son compte et, pipe au bec, me dit : « Crois-tu vraiment qu'il fallait que l'État intervienne dans cette histoire privée ? Après tout, ils avaient trouvé leur équilibre. Vous cassez tout ! » J'avoue avoir été troublé, mais le jeune juge que j'étais à l'époque argumenta sur le fait que cette jeune fille, elle, n'avait rien demandé et que l'accord des parents ne pouvait pas se faire sur son dos... si je pouvais me permettre l'expression.

Cette anecdote montre bien que, de manière récurrente, la question se pose de la frontière du privé, de la vie familiale, et du public, de la protection de l'enfance. On la retrouve, aujourd'hui, dans la délicate question de l'excision où l'on reproche aux Occidentaux d'interférer avec la loi coutumière que respectent certaines familles. Ma conviction est que la protection de l'intégrité physique d'une fillette ou d'une femme est une règle d'ordre public intangible qui doit être respectée par tous ceux qui vivent sur le territoire français. D'ailleurs, les lois publiques des pays d'origine condamnent-elles aussi ces mutilations sexuelles qui, sous couvert de la religion, donnent la possibilité aux hommes d'asseoir un peu plus leur pouvoir sur les femmes.

Le débat sur l'ingérence est le même concernant les autres formes de violences à enfants. Dans la maison, dans la rue, dans les lieux de scolarité publics, l'enfant doit être protégé dans son corps et son intimité. C'est le rôle de la puissance publique de protéger les plus faibles de la société et il appartient à chacun d'y apporter son écot.

À ce sujet, l'ordre de la loi est clair : la non-assistance à personne en péril est sévèrement réprimée, de cinq ans d'emprisonnement et de 500 000 F d'amende. C'est beaucoup, comparé aux sanctions prévues pour la violation du secret professionnel (un an et 100 000 F d'amende) ou bien les trois ans et 300 000 F d'amende que « coûte » un vol simple. La loi ne vous demande pas de jouer au héros mais de faire ce qui est en votre mesure au regard de ce que vous êtes pour faire cesser cette violence.

En d'autres termes, il vous faudra démontrer, a posteriori, que vous n'êtes pas resté indifférent devant la violence illégitime supportée par autrui. Soit en intervenant personnellement pour aider la personne en danger, soit en prévenant les autorités administratives ou judiciaires compétentes. Il va de soi que le législateur n'attend pas la même réaction du simple quidam et du professionnel. L'un peut se contenter d'appeler Police secours, l'autre doit vérifier ce qu'il en résulte et alerter les intervenants spécifiques. Cette obligation de porter assistance à personne en péril s'impose à tous, professionnels ou non. C'est une responsabilité de citoyen.

Une autre démarche citoyenne est de dénoncer des actes de violence sur enfants ou personnes vulnérables à l'administration ou à la justice. Et foin des états d'âme de ceux que le mot « dénoncer » irrite. La police de cette fin de siècle n'est plus celle qui en 1942 arrêtait les juifs, tout en sachant que, même à l'époque, des policiers républicains résistaient de l'intérieur ! Il n'est plus question de dénonciation ou de délation : le citoyen se doit d'alerter qui de droit s'il a eu connaissance de faits graves portant atteinte à une personne vulnérable, afin que la police fasse son enquête et que les magistrats, tout aussi républicains, en tirent les conséquences. La sanction est lourde qui punit les indifférents et les lâches : quatre ans d'emprisonnement et 400 000 F d'amende.

Reste le cas des professionnels de l'enfance qui se sont abondamment demandé si l'obligation de dénoncer les crimes et délits valait aussi pour eux. En réalité, ce sont eux qui, généralement, ont la révélation de ces violences. Certains ont mal vécu d'être poursuivis, condamnés, voire incarcérés quelques jours, comme au Mans en 1996, pour n'avoir pas révélé des faits de violences sexuelles dont ils avaient connaissance. D'autres ont été récemment l'objet de poursuites disciplinaires pour avoir parlé trop ou trop vite à la police ou à la justice ! On comprend que ce jeu d'équilibre a provoqué un réel malaise dans la profession !

Le malaise est d'autant plus profond que les professionnels de l'enfance ont le sentiment que les règles ne sont pas claires. Sans doute le sont-elles insuffisamment, mais surtout elles n'ont pas été intégrées dans leur contenu et dans leur explication. On peut les rappeler. Ceux qui sont tenus au secret professionnel ont l'obligation et donc le droit de se taire s'ils sont interrogés y compris par la police et la justice. En revanche, la loi les laisse libres de parler s'ils estiment que cela peut être utile au jeune dont ils s'occupent. On ne leur demande pas de justifier leur position. S'ils se taisent, ils violent l'obligation de parler mais ils ont l'autorisation de la loi. S'ils parlent, ils violent l'obligation de respecter la confidentialité des informations recueillies et, là encore, ils le font en toute légalité. C'est à eux qu'il revient d'apprécier l'attitude à tenir en toute conscience et en fonction des règles applicables dans la profession, des règles définies par le service auquel ils appartiennent. On mesure combien la responsabilité des professionnels est grande mais c'est aussi à cela qu'ils sont formés et expérimentés.

En tout état de cause, qu'ils préviennent ou pas la police ou la justice, les professionnels doivent informer leurs supérieurs hiérarchiques pour qu'eux excercent leurs propres responsabilités. À défaut, ils courraient le risque de sanctions disciplinaires.

Tout cela peut paraître complexe, d'autant que ces règles figurent dans des codes différents et dans plusieurs endroits du code pénal. Quoi qu'il en soit, il est temps de rassurer les professionnels de l'enfance sur les règles qu'ils se doivent de tenir. C'est pourquoi, un peu partout, on réfléchit sur les circuits de signalement afin que les codes du jeu soient clairs et connus de tous. Il faut aussi protéger les professionnels qui font des signalements à la police ou à la justice. Je soutiens l'idée avancée par Pierre Verdier de leur conférer, par la loi, le statut de salarié protégé. Si on peut leur remonter les bretelles pour avoir négligé les circuits classiques afin de dépasser des résistances institutionnelles, on ne doit pas pouvoir les licencier pour avoir voulu sauver la veuve et surtout l'orphelin !

Nos législateurs auraient sans doute tout intérêt à se plonger dans les Saintes Écritures. À preuve, le Lévitique 19-16 du Talmud que j'ai eu l'occasion de découvrir lors d'un débat sur « La maltraitance dans la famille juive ». Je me demandais ce que le rabbin présent à mes côtés à la tribune pouvait apporter au débat. Je n'ai pas été déçu. Ce texte apporte une réponse aux injonctions contradictoires, comme celle de parler et de se taire, la nécessité de respecter la vie privée et l'intimité, le fait de venir en aide pour des raisons d'ordre public à celui qui souffre, a fortiori s'il est incapable de se défendre seul comme un mineur, etc.

On appréciera la concision du texte :

Ne va pas colportant dans ton peuple,
Ne reste pas immobile devant le sang de ton prochain,
Je suis Dieu.

Traduction (libre) de ma part de chacun des trois messages :

1 – Chacun est tenu de respecter la vie privée d'autrui, y compris le professionnel (c'est l'article 226-13 de notre code pénal).

2 – Pour autant, au risque de répondre de la non-assistance à personne en danger, chacun a intérêt à intervenir au profit de celui qui souffre sans pour autant se transformer en héros (ce sont les articles 434-1 et 434-3 du code pénal).

3 – « Je suis Dieu » ou : « Ces deux principes étant énoncés, tenu au secret professionnel, tu as le choix de parler ou de te taire (art. 223-13, code pénal), mais l'obligation d'agir (art. 223-6, code pénal), de faire cesser le crime ou le délit qui peut éventuellement se prolonger (art. 434-3, code pénal) et de faire cesser le délit ou le crime ou d'éviter son renouvellement (art. 434-3, code pénal). Tu n'es pas dans la panade ! Aussi je t'invite à élever le débat pour trouver la bonne voie. Bref, je te souhaite d'avoir une référence déontologique, sinon une éthique personnelle. »

Même le laïc forcené que je suis doit admettre que l'on devrait relire plus souvent les Écritures !

On ne pouvait mieux synthétiser le droit pénal et le droit civil, la morale, l'éthique et la déontologie, c'est-à-dire les différents systèmes normatifs dans lesquels chacun se meut. Pouvait-on plus excellemment rappeler qu'aucun code ne dicte la conduite à tenir ? À chaque cas, il faut apprécier la situation au regard des valeurs auxquelles on croit... quitte à subir les foudres de la responsabilité pénale, civile ou morale. Liberté rime avec responsabilité.

L'affaire qui m'attend me ramène sans l'avoir voulu aux Écritures !

14 h 35

Avant d'introduire M. Cassin dans mon bureau, coup de téléphone rapide à ma femme, histoire de me faire confirmer la teneur du quatrième commandement de Dieu.

– ... « Tu honoreras ton père et ta mère... » Tu es sûre ? À ce soir... non, je te raconterai...

Elle doit se dire une fois de plus que je dérape. Ou que je viens de me convertir... J'ai reçu, il y a quelques jours, la lettre d'un père abandonné : M. Cassin déplore que sa fille cadette ne respecte pas le quatrième commandement. « Mais enfin, pourquoi ne veut-elle pas revenir sous le toit paternel ? » me demande-t-il dix fois au cours de sa lettre.

Il entre en se prosternant plusieurs fois, à la japonaise. M. Cassin est étrange, psychotique affirment les médecins, en tout cas terriblement attachant. Depuis deux ans, il me bombarde de lettres dans lesquelles les « eu égard » côtoient les « Votre Honneur » et les « respectueux hommages ». Ses correspondances aux tournures délicatement surannées sont de petits chefs-d'œuvre, un vrai régal.

J'ai eu à m'occuper de cette famille lorsque l'assistante sociale du quartier découvrit avec stupéfaction « l'ignoble gourbi » dans lequel vivaient M. Cassin, sa femme infirme grabataire et Michelle, leur fille de dix-sept ans. Une mesure de soutien éducatif fut immédiatement mise en place. Laurence, la fille aînée, avait quitté la maison deux ans plus tôt, ou plus précisément elle s'en était sauvée, tant l'atmosphère était irrespirable, dans tous les sens du terme. La plus jeune s'apprêtait d'ailleurs à rejoindre sa sœur. Heureusement, malgré les carences déplorables au niveau de l'hygiène, Laurence et Michelle bénéficièrent d'une instruction sans faille. M. Cassin, un peu fou mais fin lettré, veilla à l'éducation de ses filles avec une attention soutenue... alors qu'il laissait lentement mourir de faim sa pauvre femme au fond de l'appartement.

Il faut lire le premier rapport établi par la police, que l'assitante sociale dépêcha sur les lieux en croyant que M. Cassin avait tué son épouse, celle-ci gisant inanimée et baignant dans des linges repoussants. « ... Des sacs-poubelle éventrés, une nuée de mouches en permanence dans la pièce, de la nourriture pourrissant sur des assiettes, des cafards grouillant par terre et sur la table... » Pendant des années les enfants ont nourri leur mère en cachette, se sont occupées de la laver, de la changer puisqu'elle ne pouvait ni se lever ni même bouger. Elles alertèrent la mairie qui envoya une assistante maternelle et pendant quelques mois la maison reprit aspect humain. Et puis, un jour, M. Cassin l'accusa d'avoir volé de l'argent, il la menaça et l'assistante maternelle ne voulut plus revenir.

En désespoir de cause, la fille aînée appela Police secours et sa mère fut placée d'office dans un hôpital où elle finira probablement ses jours, mais dans un environnement digne du respect dû à sa personne. Aujourd'hui, son mari vient la voir toutes les semaines, et leurs rendez-vous se passent dans la plus grande courtoisie. Jamais je ne suis arrivé à faire dire à M. Cassin pourquoi il avait fait subir un tel traitement à son épouse. Personne n'a jamais su ce qu'il avait à lui reprocher. Si tant est qu'il ait quoi que ce soit à lui reprocher !

Désormais les deux sœurs vivent dans le même appartement et elles téléphonent de temps en temps à leur père. J'ai eu entre les mains leurs correspondances à M. Cassin et la déférence avec laquelle elles s'adressent à lui m'a stupéfié : « Cher père »... « Je suis votre obligée »... « Prenez soin de votre santé »... « Embrassez mère pour nous »... Elles l'aiment, elles le respectent, sans doute lui sont-elles reconnaissantes d'avoir encouragé leurs études... mais pas question de revenir vivre avec lui ! Chaque mois, M. Cassin paie rubis sur l'ongle une forte contribution financière pour aider Michelle à poursuivre ses études. Il ne rechigne pas. Pour lui c'est normal. Mais, conformément aux Écritures, il aimerait voir sa fille cadette. Et il vient le dire au juge de la République que je suis pour qu'on veille au respect de cette règle.

– Je suis vraiment désolé, monsieur Cassin, mais, tout juge que je suis, je n'ai pas les moyens de contraindre votre fille majeure à revenir sous votre toit. Vos enfants sont parties et je déplore qu'elles ne respectent pas le quatrième amendement... commandement, pardon... Mais que peut-on y faire ?

Joli lapsus en vérité. M. Cassin me regarde avec une certaine fixité dans le regard. On dirait qu'il boit chacune de mes paroles ! Je l'encourage à continuer à écrire régulièrement à ses enfants puisqu'ils correspondent volontiers. Je le réconforte en lui rappelant combien ses filles l'estiment et lui parlent gentiment. Tous les pères ne peuvent pas en dire autant !

Une dernière question avant de prendre congé de M. Cassin.

– À propos, vous m'aviez parlé de partir en retraite. C'est pour bientôt ?

– Dans deux mois, monsieur le Juge. Il va falloir que je m'occupe mais je ne m'inquiète pas. Vu que je vais être nommé diacre à l'Église catholique romaine à la fin de l'année, je vais avoir de l'occupation...

Je n'en doute pas ! Alléluia !

15 heures

Sofia Kuru a vingt-huit ans, elle est zaïroise et en situation irrégulière sur le territoire français. Depuis quelques années, elle va d'hébergement en hébergement, entraînant dans son errance son fils François, âgé de six ans. Des troubles psychologiques s'ajoutant à sa détresse matérielle, l'Aide sociale à l'enfance dûment mandatée par le juge pour enfants a trouvé bon de confier François à un foyer parisien, dans un premier temps, puis dans le Lot.

Aujourd'hui, Sofia, accompagnée de son éducatrice Mme Pilon, vient faire le point à ma demande sur sa situation et tenter d'établir un calendrier prévisionnel pour le retour de François à la maison. Encore faut-il qu'il y en ait une... car, sur le dernier rapport que l'éducatrice m'a transmis, Mme Kuru habite à Saint-Brieuc, chez sa cousine.

Elle s'est assise en face de moi, dans une robe couleur de feu, orange et rouge. Je ne l'avais pas revue depuis notre premier entretien, elle a toujours ce visage d'enfant gourmand, qui ne se refuse rien, car sur la chaise étroite de mon bureau elle s'épanouit comme un fruit mûr. Elle dit bonjour timidement avec la même toute petite voix. Je crois qu'elle ne passera jamais à l'âge adulte. Sofia Kuru est une petite fille qui vieillit.

– Ça ne doit pas être évident de vivre seule à Saint-Brieuc, dans un foyer, avec son enfant dans le Lot. Vous n'auriez pas envie de vous rapprocher de lui ?

– Oui, et j'ai demandé un appartement en HLM pour le récupérer. Je suis sur une liste. Dès que j'ai du travail...

– Mais justement... vous avez de réelles perspectives de trouver un emploi ?

C'est l'éducatrice qui répond à sa place, l'air très perplexe.

– Cela paraît très compromis, monsieur le Juge...

– Mais cela peut-il évoluer ? Vous, comment voyez-vous les choses dans les mois à venir ?

Sofia se tait. Tout d'un coup, l'avenir a l'air sombre et les difficultés insurmontables. Elle se tourne vers l'éducatrice, son porte-parole...

– En fait, monsieur le Juge, dans cette affaire il faut considérer d'une part la solution rêvée qui consisterait pour Sofia à vivre à Paris avec son fils, dans un nouvel appartement, avec un nouveau travail... et la situation actuelle : pas de carte de séjour, pas de logement, aucune qualification professionnelle...

Bref, pas question pour elle de revivre avec son fils dans un futur proche. En fait, je sens que le problème est ailleurs. Dieu sait si j'en ai vu, dans mon cabinet, des femmes africaines comme Sofia, sans argent, vivant chez des cousins, des amis, mais qui pour rien au monde n'auraient accepté de se séparer de leur enfant. Pauvres, peut-être, mais ensemble. Sofia, elle, ne semble pas dans cette urgence.

Tout a commencé pour Sofia Kuru et son fils François par un feuillet de papier jaune, la requête reconnaissable entre toutes que le parquet de Bobigny m'a fait passer. Avec la formule habituelle : « ... étant donné que la santé, la sécurité, la moralité ou l'éducation du mineur sont compromises, etc. » Les Haltes sociales de Gagny et de Villepinte, qui, tour à tour, hébergèrent Sofia et son enfant, ont alerté les services compétents afin qu'une mesure de protection soit mise en place pour le petit François.

En effet, ainsi que le rapport le mentionne, « après deux semaines de séjour sans problèmes, les équipes sociales ont constaté une rapide dégradation des relations mère-enfant. L'enfant est livré à lui-même des heures durant, il est en proie à des crises d'angoisse que la mère ne semble pas voir ». Mais, surtout, l'un des éducateurs de la Halte sociale a surpris Mme Kuru tenant des propos inquiétants : « Je galère car Satan est là, j'ai oublié Dieu, je n'ai plus fait les sacrifices... » Et un autre jour : « Je n'ai plus d'amour pour François, je ne peux plus le garder, si je veux recommencer ma nouvelle vie avec l'homme que Dieu aura choisi pour moi. »

Quelques jours plus tard, le petit François est retrouvé en pyjama, marchant tout seul à un kilomètre de l'hôtel.

Lorsqu'un surveillant de la Halte sociale appelle Sofia pour la rassurer, la mère éclate de rire et s'étonne : « Pourquoi s'inquiéter ? Il est allé se promener, il connaît le chemin... de toute façon, Dieu est responsable de sa vie... »

Une semaine après cet incident, un jeune couple ramène l'enfant qui errait, seul une fois de plus, dans la galerie marchande du centre commercial de Sevran. « Mme Kuru a beaucoup ri lorsqu'elle a appris cela. »

Il était donc temps de mettre François hors de danger et à l'abri d'une mère, certes rieuse et de bonne composition, mais à tout le moins totalement inconsciente des dangers qu'elle faisait courir à son enfant de six ans, pour ne pas dire perturbée sur le plan psychique. Et puis cette histoire de « Satan » et de « sacrifices » était à surveiller de près. C'est alors que j'avais décidé de confier François à l'Aide sociale à l'enfance. François fut accueilli d'urgence au Foyer départemental de l'enfance.

Sofia ne manifesta ni tristesse ni remords apparents lorsque l'on vint chercher son enfant. « Dieu le veut ainsi... », devait-elle penser. De son côté, François suivit l'équipe éducative sans difficulté. Il s'adapta très bien à sa nouvelle vie. Les éducateurs parlaient de lui comme d'un enfant affectueux et attachant. Lui qui n'avait jamais été scolarisé s'intégra remarquablement au groupe des autres enfants.

La mère et l'enfant se revirent plusieurs fois au foyer. « Madame était contente de revoir son fils. Quant à lui, très ému, il est resté longtemps dans les bras de sa maman. » Mais, lors des dernières visites, Sofia eut un comportement étrange envers son propre fils : elle lui baissa la culotte et se livra à une inspection. D'autres parents, dans une situation analogue, n'ont de cesse de contester l'habillement de leur enfant, son état de santé, sa maigreur ou sa tristesse, avec une mauvaise foi échevelée oubliant dans quel état l'ASE l'a accueilli quelque temps auparavant ! Un autre jour, Sofia glissa une bible sous son oreiller avant de partir. Sans doute voulait-elle marquer qu'elle ne démissionnait pas de l'éducation de son fils. Avec les formes qui étaient les siennes, elle eut le comportement de nombreux parents pour signifier qu'ils sont toujours là.

Je relis rapidement le dossier du psychiatre des hôpitaux, expert près de la cour d'appel de Paris, à qui j'ai demandé, deux mois plus tôt, d'examiner Sofia Kuru. C'est accablant : « humeur instable... fragilités psychiques... immaturité »... Plus grave : « troubles des facultés mentales »... Examen qui vient corroborer celui, plus ancien, du psychiatre intervenu le jour où François avait été retiré à sa mère. « Discours délirant, état d'agitation extrême »... Je vois aussi dans le dossier qu'une psychothérapie est en cours et que Sofia la suit régulièrement.

Inutile d'aller plus loin. Il est impossible de rendre l'enfant à sa mère pour le moment, d'autant que François s'est bien adapté dans son foyer du sud de la France et qu'il y fait des progrès considérables.

– Madame Kuru, au vu du dossier et de ce que vous me dites de votre situation, je ne vois pas comment François pourrait revenir vivre avec vous. On va attendre un peu. Vous êtes d'accord?

Sofia me regarde un peu tristement. Elle ne dit pas non.

– Reconnaissez que François est bien là-bas. Je lis dans le dernier rapport que vous n'êtes pas encore capable de protéger votre enfant. Pour l'instant, on va laisser les choses en l'état. Faites ce que vous devez pour vous. Continuez à voir le médecin puisque cela se passe bien. Et puis faites-vous aider pour trouver un travail. À partir de ce moment-là, on reconsidérera les choses...

– C'est d'accord, monsieur le Juge.

– Si j'ai le sentiment que vous êtes plus équilibrée et solide, si vous pouvez vous occuper de votre fils, non pas une heure, un jour, mais tout le temps, je suis prêt à vous rendre François.

– J'ai bien compris. Mais je peux aller le voir?

– Bien sûr, même si ce n'est pas facile pour les transports. L'Aide sociale à l'enfance vous procurera des bons SNCF pour que le voyage ne vous coûte rien.

– Nous le faisons déjà, ajoute l'éducatrice. Là-bas, le foyer accueille les parents sur place pour que cela coûte moins cher, mais aussi pour qu'ils vivent un peu avec leur enfant.

– OK! Je confirme donc la mesure confiant l'enfant à l'Aide sociale à l'enfance avec un large droit de visite. Le droit d'hébergement est théorique en l'état. Madame Kuru, je prends cette mesure pour deux ans car nous ne pouvons pas nous voir tous les jours, mais bien sûr à tout moment, si vos conditions de vie changent, vous pouvez me téléphoner. Je vous recevrai. Si rien n'a changé dans deux ans, nous nous reverrons obligatoirement pour réfléchir à l'avenir. Occupez-vous de votre enfant, madame! Vous avez l'autorité parentale.

J'attendais une agressivité directe, une déception franchement exprimée, et finalement elle accepte la décision. Simplement. Raisonnablement. Je la regarde partir avec le sentiment qu'il se passera quelques années avant que la mère et le fils vivent sous le même toit. Pour être franc, je doute même que cela arrive du temps de la minorité de François. Peut-être un jour prendra-t-il lui-même sa mère à charge? Mais aujourd'hui, Mme Kuru, malgré l'affection évidente qu'elle porte à son fils et indépendamment de ses problèmes financiers, n'est pas capable de le protéger vingt-quatre heures sur vingt-quatre. Il faut veiller à ce qu'elle exerce au mieux ses responsabilités pour que François ait une mère, mais on doit le préserver par ailleurs. Il faut souhaiter à présent que chacun joue le jeu. L'ASE, mais aussi l'équipe qui accueille François. Cela semble bien parti mais ce sera un travail de longue haleine.

Sans doute faudra-t-il, pour Sofia, faire appel à une équipe pratiquant l'ethnopsychiatrie, c'est-à-dire intégrant la dimension ethnique à la psychiatrie clinique. Le cœur du problème me paraît être là.

15 h 30

Elle a téléphoné la semaine dernière, sur ma ligne directe, comme le font beaucoup d'enfants dont je m'occupe, et qui peuvent me joindre toute la journée au cabinet, sans risque, sauf réunion importante, de se heurter au mur d'un secrétariat imperméable. Par principe, je tiens téléphone ouvert car dans ces appels, par-delà le dérangement, il se joue des choses importantes. Elle a parlé très rapidement, comme le criminel dans les films policiers compte le temps qu'il lui faut pour délivrer son message sans se faire repérer par les écoutes téléphoniques. Elle sait pourtant que ce n'est pas le genre de la maison.

– Monsieur le Juge, c'est Lili. Tout va bien. Si vous voulez appeler ma mère pour lui dire que je ne suis pas morte, vous pouvez le faire. Si ça l'intéresse... Je voudrais vous voir, j'ai des trucs à vous demander. J'en ai pas pour longtemps. Et puis, dites à vos policiers d'arrêter de me chercher, ils m'emmerdent. De toute façon, j'ai bientôt dix-huit ans... Je peux venir quand?

Elle s'arrête. Je peux enfin dire un mot.

– Viens mercredi prochain après-midi, à Épinay, si tu préfères ne pas venir au tribunal... Moi je peux te voir à 15 h 30.

– Impec.

Et crac. Elle raccroche. Ni au revoir ni merci. Je vous l'ai dit, comme dans un film.

Il est bientôt 16 heures... et Lili Duroy ne viendra pas. Elle m'a déjà fait le coup. Depuis trois mois, les policiers la recherchent à ma demande car je suis inquiet pour elle, mais elle a évité soigneusement les endroits pièges et elle court toujours. Je me répète ses derniers mots pour tenter de trouver une explication à son absence, mais ils ne me renseignent en rien. « J'ai bientôt dix-huit ans. » Je regarde son dossier. Effectivement, le 25 octobre 1999. Je suis sûr qu'elle veut me parler de ça, savoir ce que cette majorité changera pour elle. Tous se posent cette question. Certains en rêvent et voient venir la date tant espérée avec la certitude que, du jour au lendemain, cette liberté nouvelle sera synonyme d'une nouvelle vie. D'autres, plus lucides, et Lili fait partie de ceux-là, ont conscience de l'extraordinaire parapluie que forment, au-dessus d'eux, les multiples dispositions de la justice des mineurs et comprennent qu'à partir de cette limite ils devront rendre compte à d'autres juges pour qui l'excuse de la minorité ne jouera plus.

Quatre ans ont passé depuis ma première rencontre avec Lili. Je me souviens, elle avait quatorze ans, et ce jour-là, dans le courrier, je reçus la lettre de M. Ramaud, son beau-père, passablement inquiet...

« Aidez-moi, Monsieur le Juge. Ma belle-fille Lili ne va plus régulièrement à l'école et nous ne pouvons pas la contrôler. D'ailleurs, nous ne savons jamais où elle est. Si on lui pose une question, elle crie tout de suite et elle sort. Alors souvent on ne lui demande rien pour qu'elle reste un peu à la maison... Le plus grave, et c'est la raison pour laquelle je me suis décidé à vous écrire, c'est qu'elle a fugué toute une nuit, il y a une semaine de cela, c'était la première fois. Nous ne savons pas où elle a dormi. À quatorze ans, Monsieur le Juge ! »

M. Duroy, le vrai père de Lili, a disparu avant sa naissance. Et elle ne l'a revu qu'à l'âge de onze ans ! Depuis, tous les quinze jours, ils passent leurs week-ends ensemble. Les problèmes de Lili datent de l'époque du remariage de sa mère. À quatre ans, Lili perturbe sa classe de maternelle, puis elle redouble le cours préparatoire. Aucune trace de soutien éducatif ou psychologique dans son dossier. Il semble qu'elle ait grandi sans que quiconque se soit préoccupé de cette scolarité déplorable qui aurait pourtant dû faire office de signal d'alarme. Il faut attendre la cinquième, les absences au collège dûment signalées par la direction, et surtout cette fugue, pour que quelqu'un bouge !

Entre-temps, les fugues s'accélèrent à une vitesse vertigineuse : il lui arrive maintenant de rester cinq jours sans rentrer. À la Brigade des mineurs qui la retrouve par terre dans un couloir de métro avec des marginaux, elle déclare qu'elle ne veut plus vivre avec sa mère, qu'elle veut être « placée ». Je suis immédiatement alerté par le parquet des mineurs. En attendant, elle est ramenée chez elle.

Le parquet ouvre une procédure d'assistance éducative dans mon cabinet.

J'ai donc mission désormais de m'en préoccuper. Sans le savoir, j'ai touché le gros lot ! Mes dossiers sont comme les pochettes-surprises que l'on m'achetait, enfant, je ne savais jamais exactement ce que j'allais y trouver. Lili est un cas : une gamine très attachante, qui crève de manque de tendresse et d'amour et qui fait tout pour se rappeler au bon souvenir de ceux qui l'ont abandonnée. Elle aura l'occasion de mettre quelques-uns de nos éducateurs et éducatrices sur les rotules !

Je convoque donc Lili, ses parents et son beau-père dans mon cabinet. Avant même que l'entretien ne commence, Mme Ramaud affiche une lassitude avec laquelle il va être difficile de composer. Grande, blonde, vêtue de noir, sans apprêt particulier, elle écoute son mari me répéter ce qu'il m'a dit dans sa lettre : « ne respecte rien... manque l'école... on ne peut rien lui dire... et puis toutes ces fugues ».

Lili garde le silence. Le sourire aux lèvres, elle regarde tour à tour sa mère, son beau-père, son père, surprise de les voir tous les trois réunis dans la même pièce. Cela ne doit pas arriver très souvent. Ils n'ont pourtant pas l'air de se détester. Étrangers les uns aux autres, c'est plutôt cela. M. Duroy prendrait bien Lili chez lui, « s'il le faut, ajoute-t-il avec tact, mais j'en ai déjà parlé avec elle. Elle dit qu'elle ne serait pas libre, elle veut faire ce qu'elle veut... ».

Lili n'est pas bavarde. Elle reconnaît qu'elle n'a pas une vie normale, « mais je ne peux pas expliquer pourquoi », dit-elle. En tout cas, il n'est plus question de foyer, elle insiste pour rester chez sa mère. Devant sa famille, elle s'engage à reprendre le chemin de l'école et à ne plus fuguer. La mère semble désabusée : visiblement, elle n'en croit pas un mot. Mais, pour le moment, il n'y a pas d'autre solution.

Trois mois plus tard, l'assistante sociale scolaire m'informe par un courrier qu'après avoir passé le week-end chez son père, et alors que rien ne le laissait présager, Lili n'est pas rentrée chez sa mère. Les fugues recommencent de plus belle ainsi que les absences à l'école. Je prends connaissance du bulletin scolaire du premier trimestre. Les notes sont horriblement mauvaises et, dans la colonne des appréciations, un professeur demande : « Que venez-vous faire en classe ? » Une seule bonne note : en arts plastiques...

Un soir, alors que Lili a fugué une fois de plus, la police de Meudon l'interpelle et téléphone à Mme Ramaud pour qu'elle vienne la chercher au commissariat, mais celle-ci refuse de se déplacer. « Qu'elle dorme en prison, cela la fera peut-être réfléchir ! » répond Mme Ramaud, à bout de nerfs, ce à quoi le procureur, non moins excédé, lui rétorque que ce n'est pas à elle de décider ce genre de mesure et lui ordonne de venir la récupérer... à 6 heures du matin !

Suite à cet épisode, je confie Lili à l'Aide sociale à l'enfance de Villetaneuse. Compte tenu de ses difficultés on fait appel à un service spécialisé : le Service d'accueil d'urgence de Bondy, d'où elle fugue à nouveau. Ses escapades prennent l'aspect d'une véritable errance : deux camarades de classe disent l'avoir vue à Montreuil rasée et tatouée... De son côté, avec une légèreté alarmante, Lili appelle le foyer pour dire que tout va bien et elle revient comme si de rien n'était !

À partir de ce moment, Lili entre dans un processus de marginalisation inquiétant. Elle traîne dans le métro et avoue aux éducateurs avoir des rapports sexuels non protégés. Elle se met constamment en danger. Il faut savoir qu'à quatorze ans elle a l'allure et les formes d'une jeune fille de dix-sept ans, elle se maquille, elle aime séduire et aguicher. Sans cesse je l'imagine victime d'une agression lors d'une mauvaise rencontre et découpée en morceaux par un psychopathe ! Maintenant ses parents la rejettent sans vergogne et ne veulent même pas lui donner leur nouveau numéro de téléphone. Lili semble insouciante, dispersée, comme « ailleurs ». Totalement immature : « Elle a un comportement et un discours d'enfant. Figurez-vous qu'en entretien avec moi je l'ai vue croiser les doigts " pour ne pas que cela compte " ! » m'écrit l'éducatrice. Lili se vante auprès des filles du SAUO de fumer du haschisch, de coucher avec des garçons, et par son arrogance se met tout le foyer à dos.

Après une entrevue pénible, où elle pleure dans mon cabinet et ne dit pas un mot, je dirige Lili vers une famille-relais que je connais bien, les Quéneau, où elle devrait trouver un peu de réconfort. Mme Quéneau me racontera que, le jour de son anniversaire, Lili a attendu une visite, une carte, un appel téléphonique, mais rien n'est venu de ses parents, et la petite fête organisée pour elle n'a, semble-t-il, fait que mettre en lumière l'absence de sa véritable famille...

La tendresse et l'attention de M. et Mme Quéneau ne la retiennent pas longtemps. Mais, cette fois-ci, elle disparaît pendant onze jours d'affilée. Elle revient sale et amaigrie, les oreilles infectées, avec des ganglions. Pourtant, elle dit qu'elle est heureuse, même si elle ne mange pas tous les jours et si elle dort ici et là. Elle passe très rapidement sur une ou plusieurs tentatives de viol sur sa personne. Impossible de savoir si elle bluffe. Le SAUO organise un entretien avec son éducateur mais elle s'enfuit une heure avant. Interpellée dans la soirée, elle est hospitalisée à l'hôpital Jean-Verdier de Bondy pour une grave infection de la gorge. Souffrant de douleurs au ventre, Lili demande un examen gynécologique et le médecin de l'hôpital constate des traces d'agression sexuelle.

Je reçois ses parents – mère et beau-père s'entend – quelques jours plus tard et, avec une éducatrice du SAUO, nous envisageons à présent un « lieu de vie » pour obliger Lili à rompre avec son milieu. Dès sa sortie de l'hôpital, elle pourrait rejoindre un foyer en Bretagne. Lili est d'accord, « ... mais je ne sais pas pourquoi... », ajoute-t-elle. Elle s'inquiète déjà : « J'espère que ce n'est pas un trou paumé, sinon je ne resterai pas... » Ça commence bien.

Le lieu de vie est en passe, si je puis dire, de devenir un lieu de « mauvaise vie »... Lili reçoit dans sa chambre au foyer de jeunes hommes de la région avec qui elle a lié connaissance. Dans le village, sa réputation est déjà faite. Pourtant certains éducateurs la soutiennent et m'écrivent : « Elle est très gentille, très attachante, elle compense son vide affectif par une quête désespérée auprès des hommes... Par ailleurs, que pensez-vous, Monsieur le Juge, de sa famille qui pendant tout le mois d'août ne donne pas un coup de fil, n'envoie pas une lettre ? Jamais sa mère n'a essayé de la joindre ! »

Nouvelle fugue à l'époque de Noël. Lili traîne à Metz sous la neige. Ivre d'alcool, elle s'apprête à s'endormir dans le hall d'un immeuble. La gardienne la recueille chez elle, mais en pleine nuit Lili a une terrible crise d'angoisse. Elle se taillade le bras avec un cutter, avale des médicaments. La femme appelle Police secours mais, avant qu'elle n'arrive, Lili s'enferme dans la salle de bains et se fait des scarifications sur les jambes, les bras et le ventre. Puis elle tente de se suicider. Rapatriée à Paris à l'hôpital Sainte-Anne, elle m'écrit : « Je veux être avec ma maman... Nous discuterons tous les trois, avec vous. Je veux quitter Sainte-Anne, je ne suis pas folle... Je vous souhaite une bonne année », dit-elle pour terminer sa lettre... Effectivement, sa mère qui ne voulait plus rien savoir d'elle passe à présent ses journées à l'hôpital.

Le psychiatre de l'hôpital m'écrit : « Il n'y a pas chez elle d'anomalie mentale. Il est donc impossible de proposer une solution médico-psychiatrique. Elle a tout à fait conscience de son déséquilibre, de son errance. Il est urgent de lui trouver une famille d'accueil jusqu'à sa majorité... » Le temps presse, il est vrai, car Lili recommence à se taillader les veines dans les cabines téléphoniques. « Je ne sais pas ce que je veux », dit-elle, quand on l'interroge sur le sens de ces mutilations. Elle semble toujours attendre quelque chose de sa mère qui, après l'avoir beaucoup aidée, la laisse complètement tomber.

Avant qu'on lui trouve une famille d'accueil, Lili occupe une chambre d'hôtel louée par l'Aide sociale à l'enfance. Un soir, le gardien de l'hôtel demande à son éducatrice de venir « avant qu'il ne soit trop tard ». Celle-ci trouve Lili prostrée sur son lit, dans un désordre et une saleté effarante. Elle ne sort plus de la chambre depuis des jours. Un ours en peluche serré dans ses bras, Lili pleure, elle s'est encore tailladé les poignets, le cou, il y a du sang partout, elle crie qu'elle n'en peut plus et qu'elle veut mourir. Dans les bras de son éducatrice, elle semble se laisser aller à une certaine douceur, puis elle se reprend, devient très agressive, et s'enferme dans sa chambre. À nouveau, les pompiers sont obligés de défoncer la porte pour arriver jusqu'à elle.

Sa mère ne voulant plus en entendre parler, je décide, avec l'accord de Lili, de la confier officiellement à son père. Elle ne se calme pas pour autant, se dispute avec sa belle-mère, crée des tensions dans le couple en laissant traîner des photos d'elle nue, fume du haschisch et drague ostensiblement un voisin marié. Le regard qu'elle porte sur la famille et plus spécialement sur le couple Duroy dont elle jauge l'instabilité d'un œil moqueur gêne son entourage. Et elle continue à se meurtrir en arrachant les points de suture de sa blessure au cou. Une éducatrice de Sainte-Anne résume la situation ainsi : « Lili recherche toujours l'amour de sa mère. Dans la mesure où aucune de ses relations ne peut satisfaire sa demande réelle, son état psychique se détériore. »

Un matin, pendant un entretien, le téléphone sonne. Mme Dutrieux m'annonce Lili.

– Vous prenez ?

– Oui... (Excusez-moi, monsieur. C'est important.) Allô, Lili ?

– Je suis à l'hôpital, chez les fous. Vous le saviez ?

– Je sais que tu es à Sainte-Anne.

– Vous avez eu ma lettre ? Je veux sortir. Aidez-moi.

– Je comprends. Tu sais que j'étais pour cette hospitalisation. C'était la seule solution pour toi. Je vois que tu vas mieux. Tant mieux.

– Laissez-moi au moins sortir pour aller voir mes copains. Je reviendrai.

– C'est difficile, Lili...

– Monsieur le Juge, je voulais aussi vous dire que j'ai quinze ans aujourd'hui. Quinze ans... chez les fous. C'est un drôle d'anniversaire, non ? Aidez-moi à sortir, s'il vous plaît...

J'avoue que ce coup de téléphone depuis l'hôpital psychiatrique, d'une gamine de quinze ans qui n'a que moi pour lui souhaiter son anniversaire, m'a bouleversé. D'autant plus poignant que l'on me donnait, la concernant, un pronostic psychiatrique particulièrement pessimiste. Espérons que les psys, comme les juges, se trompent de temps en temps !

Il fallait en finir. Nos tentatives avaient toutes échoué. Lili rejetait tout projet scolaire ou professionnel en ayant toujours les mêmes revendications, à la fois d'autonomie et de désir de protection des adultes. Elle ne cessait de demander l'attention et l'amour de sa mère. Je décidai de convoquer d'urgence ses parents pour une mise au point « musclée ».

– Bon, maintenant ça suffit. Je n'ai pas dû me faire comprendre jusqu'à présent. Mais à partir d'aujourd'hui, je VEUX que vous vous occupiez de votre fille, je VEUX que vous le fassiez de façon convenable et durable. Elle le réclame, il faut l'entendre. Regardez sa lettre, elle le répète une fois encore : « Je ne veux pas d'un psychiatre mais que mes parents me parlent et s'occupent de moi. » Votre fille a quinze ans, vous devez vous en occuper, ne m'obligez pas à utiliser la contrainte. S'il le faut, je vous colle une contribution financière de 2 000 F par mois, ou je demande au procureur de vous poursuivre.

Le message semblait être passé. Quelque temps plus tard, M. Duroy, changeant de situation, déménageait dans une autre ville de province et il emmenait Lili. De son côté, Mme Ramaud s'engageait à la recevoir chez elle régulièrement.

Au domicile de M. Duroy, les tensions ne tardèrent pas à apparaître. L'adolescente commença à être perçue comme pouvant menacer l'équilibre de toute la maisonnée. Mais, malgré tout, Lili ne fuguait pas. Par ailleurs, lorsqu'elle décida de s'installer chez un nouveau petit ami, son père ne la retint pas. Deux mois plus tard, elle était enceinte et, contre l'avis de tous, décidée à garder l'enfant. Après l'avoir rejetée à l'annonce de la nouvelle, Mme Ramaud se rapprocha de sa fille et, dans la confidence, lui avoua qu'elle n'était pas une enfant désirée, et qu'elle s'en voulait de lui avoir fait sentir à quel point son arrivée inopinée la contrariait dans ses projets...

Régulièrement, Lili rêvait qu'elle redevenait une jeune fille comme les autres, elle faisait des projets mais elle allait de déception en déception. Elle tenta de se suicider mais, quelque temps plus tard, elle rayonnait, plus femme-enfant que jamais. Elle débarqua, un jour, dans mon cabinet, lors d'une audience prévue avec Mme Béhar, son éducatrice, vêtue d'une minijupe agressive, et, assise en face de moi, n'eut de cesse de m'aguicher. Je finis d'ailleurs par lui ordonner d'arrêter de me faire du plat ! Mme Béhar, qui avait repéré le numéro, éclata de rire car, depuis le début, elle se demandait si j'oserais la rappeler à l'ordre sur ce point.

Lili perdit son enfant et personne ne put dire si elle en fut accablée ou soulagée... Il n'empêche que son nouvel ami m'écrivit afin qu'une éducatrice vienne en aide à la jeune fille, puisque son éducatrice référente ne voulait plus s'investir de la même façon. Effectivement, Mme Béhar m'adressa une lettre très touchante dans laquelle elle me dit qu'elle n'avait plus la force de porter Lili à bout de bras et qu'elle préférait passer le relais : « Je n'aurais qu'elle que je n'y parviendrais pas. Mais avec tous les autres enfants que j'ai à suivre, je n'en peux plus. »

Lili fait partie des enfants qui épuisent l'énergie de ceux qu'ils croisent. Elle ne m'a pas fatigué car je ne la rencontre qu'épisodiquement, mais je comprends que Mme Béhar rende les armes. Et Dieu sait ce qu'elle a fait jusqu'ici, comme une vraie professionnelle, pour Lili, qui l'a remerciée par les coups les plus pendables ! « Éventuellement, me dira-t-elle plus tard, si nous étions deux, avec un intervenant masculin pour me compléter, j'accepterais de réintervenir pour Lili. » Il arrive ainsi aux juges pour enfants et aux travailleurs sociaux d'être déçus par les mineurs dont ils ont la charge, déçus au point de ne plus pouvoir s'engager avec la spontanéité et la sincérité indispensables à cette mission...

À l'issue de sa scolarité, Lili décrocha le brevet des études sanctionnant son année de CPA et les professeurs n'eurent aucun absentéisme à lui reprocher. Malgré tout, Lili aurait sans doute de gros problèmes pour maîtriser sa rébellion naturelle et se soumettre aux impératifs d'un travail.

En février 1999, Lili obtient un emploi de vendeuse pour une durée de six mois aux magasins Auchan. Mais, au bout de trois semaines, le directeur la renvoie suite à une erreur de caisse qui s'apparente, pour lui, plus à un vol qu'à une distraction. En gros, elle s'est « servie » dans la caisse. Le directeur a porté plainte contre elle, mais elle a fui et ne s'est pas présentée aux convocations des policiers. Depuis, ils la recherchent.

Et j'aurais bien aimé la voir aujourd'hui... Elle me rappellera. Mais que me réserve-t-elle encore, cette petite Lili-pochette-surprise ? Tellement en souffrance, tellement attachante, à laquelle tous prédisent un avenir très sombre.

16 heures

À la demande de ses éducateurs, je reçois le jeune Fouad et ses parents. Fouad aura dix-huit ans dans quelques jours, et ce rendez-vous d'Épinay est l'occasion pour nous de mesurer le chemin parcouru. Dans une semaine, la mesure éducative arrive à expiration et les travailleurs sociaux, Mme Gauderon et M. Barou, qui ont fidèlement aidé, assisté, écouté Fouad pendant deux ans, viennent donner leur sentiment sur son accompagnement éventuel dans le cadre d'une mesure « jeune majeur ». Encore faut-il que Fouad le souhaite, car il n'est pas question d'imposer quoi que ce soit à quelqu'un qui est majeur.

Fouad, sa famille, les éducateurs entrent dans la salle et l'on se serre autour de la grande table de réunion. Je suis particulièrement content de voir le jeune garçon aujourd'hui car j'ai lu le rapport des éducateurs concernant l'année scolaire qui vient de s'écouler. Il a accompli de véritables prodiges.

– D'abord, je te félicite pour ton passage en seconde sciences économiques et sociales. Dis donc, j'ai vu la progression pendant toute l'année, c'est fulgurant ! Qu'est-ce qui t'est arrivé ?

– J'ai envie de continuer mes études, maintenant. D'aller le plus loin possible...

– C'est ton père qui doit être content.

M'adressant justement à son père qui l'accompagne :

– Alors, monsieur Bibka, vous l'avez votre universitaire !

Le père est assis au bout extrême de la table. Je sais qu'il écoute, mais il sursaute comme si je l'avais dérangé. Il me répond mollement.

– Oui, oui, c'est bien...

– « C'est bien... », c'est tout ? Vous êtes incroyable ! Vous voulez que je relise ce que l'enquête de personnalité disait il y a trois ans ? (Je feuillette rapidement le dossier.) Tenez : « L'échec scolaire renforce les tensions entre le père et le fils... » ou bien : « M. Bibka, qui n'a pas été à l'école et a travaillé très jeune dans le bâtiment, souhaiterait que son fils fasse des études. » Et encore « M. Bibka se sent profondément humilié du retard scolaire de son fils... ». Et vous n'êtes pas plus content que ça, c'est désespérant !

– C'est grâce aux gens qui l'ont aidé... Sans eux, il n'aurait rien fait...

– Peut-être, monsieur, mais enfin les examens, les contrôles, c'est votre fils qui les passe, c'est lui qui travaille, ça, vous ne pouvez pas le lui enlever.

Non, il n'en convient pas. Des yeux, Fouad me fait signe de ne pas insister. Alors n'insistons pas. La mère regarde son fils avec tendresse. Je suis sûr qu'elle est fière de lui, mais je ne la mettrai pas en difficulté en lui posant la question. M. Bibka est du genre pas commode et, dans un passé récent, il donnait volontiers des claques et des coups de poing à qui le contrariait.

Pourtant Fouad n'a jamais été un enfant particulièrement difficile. Bien sûr, il a braqué un (faux) pistolet sur un jeune homme pour lui soutirer de l'argent, mais je me souviens de ses paroles au tribunal : « J'ai fait ce geste pour attirer l'attention sur mes problèmes avec mon père qui me frappe et me prive d'argent de poche. Je veux un éducateur. »

« Je veux un éducateur. » Cette phrase prononcée au tribunal m'avait frappé. En fait, Fouad a toujours voulu étudier et M. Bibka rêvait que son fils fasse des études. C'était devenu pour lui une véritable obsession. Sans doute auraient-ils pu se retrouver sur ce terrain-là, mais la mésentente conjugale a rejailli sur l'enfant qui a pris parti pour sa mère contre son père. En accumulant les échecs scolaires, Fouad se délectait des blessures infligées par son père sans se rendre compte qu'il était la première victime de son petit jeu.

Le drame de Fouad est sans doute d'être né au moment où sa mère apprit l'existence d'une première épouse de son mari en Tunisie. Et là où beaucoup d'épouses se seraient inclinées et auraient rongé leur frein en comptant l'argent qui part tous les mois « pour l'autre », Mme Bibka s'est révoltée. Une rébellion « à l'occidentale », avec plainte à la police pour violences et mise en route d'une procédure de divorce.

On imagine l'ambiance à la maison qui ne se détend que lorsque madame, pressée par sa famille, accepte de retirer sa plainte et de renoncer au divorce. La vie reprend cahin-caha, et l'arrivée de deux enfants au foyer envenime les relations conjugales déjà passablement tendues.

Peu à peu, la violence du père se retourne contre Fouad. Seul garçon de la famille, il se trouve de ce fait en position de protéger sa mère contre les coups paternels. À la maison, le père règne en maître absolu. À cet égard, le rapport des éducateurs est édifiant : « M. Bibka semble trôner au milieu de la pièce, assis sur un fauteuil à la mode orientale. » Finalement, les règles culturelles écrasant la position individuelle, Mme Bibka renonce à mettre en jeu ce qui semble être l'honneur familial et elle tente de conquérir sa liberté par une indépendance financière. Elle trouve du travail dans un restaurant d'entreprise et la pression de son mari devient moins forte. Il faut dire que l'initiative de madame règle définitivement les problèmes financiers du couple...

La mesure éducative mise en place suite aux frasques de Fouad aura pour effet d'annuler les tensions entre père et fils mais, à partir de ce moment, le père s'en remet totalement aux éducateurs pour organiser l'avenir professionnel de Fouad. Tout compte fait dans le cadre d'un accueil à l'Aide sociale à l'enfance, l'enfant est scolarisé dans un institut de la banlieue parisienne. Et c'est là que le miracle se produit.

Vu l'ambiance qui règne dans cette audience, je peux me permettre de plaisanter.

– Alors, dis-moi, Fouad, puisque dans quelques jours tu es majeur, que ça y est, tu es lancé dans tes études, la question se pose de savoir « ce que vont devenir » tes éducateurs, Mme Gauderon et M. Barou... En clair, est-ce que tu désires qu'ils continuent à s'occuper de toi ?

Fouad ne répond pas immédiatement. Il a beau être presque majeur, il ne doit pas être simple de dire devant ses parents que l'on a besoin d'un autre couple qu'eux... Il finit par articuler un « oui » timide mais suffisamment fort pour que je l'enregistre.

– Et que penses-tu qu'ils t'apporteront dans l'année qui vient ?

– J'attends d'eux ce qu'ils m'ont toujours apporté : un soutien moral. J'attends qu'ils me poussent à travailler. Qu'ils regardent mes notes...

– Mais tes parents, ils ne regardent pas tes notes ?

– Je veux avoir le maximum de gens à contenter...

Des mots à graver sur tous les frontons des écoles... et qui feraient fondre les plus endurcis ! Je passe la parole à Mme Gauderon.

– Fouad a fait d'énormes progrès ces derniers six mois. Au niveau de la maturité, c'est exceptionnel. Comme vous l'avez constaté, il attend la reconnaissance de son père et il souffre de ne pas l'avoir. Ses parents ont du mal à le féliciter quand il fait des progrès.

M. Barou renchérit :

– Avec nous, il a découvert qu'il avait des capacités. En six mois, il a accompli des pas de géant. Mais il est encore fragile et nous voulons être là pour l'épauler. L'attente de M. Bibka a été énorme. Aujourd'hui Fouad a changé, et il faut changer l'opinion de monsieur sur son fils. En gros, je crois que Fouad est allé à deux cents à l'heure et ses parents sont toujours à quarante !...

L'image doit parler aux parents puisqu'ils tournent instantanément leur tête vers Fouad et le voient tout d'un coup comme le héros bionique d'un feuilleton américain. Super-Fouad ! Le jeune garçon sourit, à lui aussi la comparaison lui plaît. Une chose est sûre : la complicité de l'enfant avec ses deux éducateurs – le couple éducatif, comme ils disent – est visible et il faut la conserver.

Il est temps de conclure l'entretien. Et puisque tout le monde en est d'accord, je reconduis, à partir d'aujourd'hui et pendant un an, la mesure éducative. Chacun se lève et s'en va. Les éducateurs me souhaitent bonnes vacances et Fouad me serre énergiquement la main. Je n'aurais pas entendu le son de la voix de Mme Bibka mais le regard que ses yeux noirs de khôl me jettent en sortant est le plus chaleureux des remerciements.

17 heures

À l'appel de son nom, et avant que j'aie pu prononcer une parole, Mme Atal est entrée dans la salle avec sa poussette d'enfant, m'a salué d'un mouvement de tête énergique et a immédiatement tenté de se frayer un chemin à travers la forêt de pieds de chaises qui entourent la table. Finalement, après en avoir fait tomber une et accroché une deuxième, elle cale comme elle peut la poussette et l'enfant dans un coin, lui intime, vraisemblablement en hébreu, l'ordre de rester tranquille et revient vers moi. Je sens que l'entretien va être musclé. Mme Salomon, l'éducatrice, nous rejoint quelques minutes plus tard.

Outre le bébé qui a eu la riche idée de s'endormir dans son coin, Mme Atal est la maman d'une petite, d'une toute petite Esther, devrais-je dire, de dix ans. En effet, l'enfant souffre d'un retard de croissance et, de plus, sa jambe droite plus courte de quelques millimètres la contraint à boiter. Eu égard à son retard scolaire et à son attitude très introvertie, une mesure d'AEMO a été prise l'année dernière pour venir en aide à Esther.

M. et Mme Atal se sont séparés voici deux ans, une séparation tellement douloureuse et compliquée que le père a rompu le contact avec ses filles, et qu'il ne verse même pas de pension alimentaire. S'il n'est pas question de maltraitance à enfant dans cette histoire, la relation particulièrement tordue que la mère entretient avec sa fille ne laisse pas d'inquiéter l'éducatrice. Le problème, aujourd'hui, concerne la prochaine rentrée scolaire d'Esther. Il n'a pas été simple de trouver l'école juive adaptée aux besoins de l'enfant et le cours Deborah paraissait donner toute satisfaction. Néanmoins, l'établissement n'a plus l'heur de plaire à madame qui compte bien en retirer l'enfant. Mme Salomon pense que ce serait une erreur monumentale et un préjudice terrible pour Esther de la soustraire de cette école. Elle m'a immédiatement appelé et j'ai convoqué la petite famille.

Après avoir rappelé rapidement l'historique du dossier, mesure éducative, problèmes psychologiques et retards scolaires d'Esther, j'entre dans le vif du sujet.

– Qu'est-ce que vous avez décidé pour la rentrée? Mme Salomon me dit qu'il y a un contretemps pour la confirmation de l'inscription d'Esther dans son école...

– Et pour cause. Je n'ai rien décidé pour l'instant mais ce qui est sûr c'est qu'elle ne restera pas au cours Deborah. C'est clair.

– Qu'est-ce qu'il se passe avec cette école? Pourquoi cela ne va plus?

– Ce n'est pas pratique du tout. Esther a école tous les samedis matin, c'est la barbe, on ne peut pas partir en week-end. Pendant quelques samedis Esther n'est pas allée en cours mais la directrice m'a dit que l'école à la carte ce n'était pas possible. Voilà. Elle n'ira pas là-bas à la rentrée, c'est clair.

La moutarde commence à me monter au nez.

– Arrêtez cinq minutes avec vos « c'est clair » parce que cette histoire ne me semble pas si simple que cela. Ne me dites tout de même pas que c'est pour partir en week-end que vous enlevez votre fille du cours Deborah que l'on avait, je vous le rappelle, mis six mois à trouver!

– C'est moi qui décide de l'école pour Esther. J'en connais une autre au centre juif du Marais où elle était en début de primaire. Je suis sûre qu'ils me la prendront...

– Madame, je crois qu'à ce stade de la conversation il me faut redéfinir les rôles. Vous êtes la maman d'Esther, c'est vous qui avez l'autorité parentale. C'est clair, comme vous dites. Maintenant, vous n'avez pas oublié que votre fille bénéficie d'une protection judiciaire. Je suis le juge et, si je fais le constat que le cours Deborah est l'école qu'il lui faut, elle restera dans cette école...

– ... Mais enfin, c'est incroyable, je ne peux pas décider de l'école dans laquelle je veux mettre ma fille, c'est un monde!

– ... un monde, restons simple. En tout cas, madame, c'est la loi. Vous vivez en France, et vous devez respecter la loi de la République. Nous devons ensemble trouver une bonne solution. Mais n'oubliez pas qu'au final, si nous sommes en désaccord, c'est le juge qui décide. Il fut un temps où vous n'avez pas su protéger Esther et maintenant je ne vous laisserai pas l'orienter dans n'importe quelle école. Entendez-moi bien, madame Atal, s'il le faut je prendrai cette décision : si l'école que vous avez choisie n'est pas la bonne, elle n'ira pas... C'EST CLAIR!

J'ai haussé le ton, ce qui m'arrive rarement, mais madame m'échauffe un peu. Après cette tirade, je peux vous dire que le silence est très lourd! Personne ne bouge. Mme Atal me regarde pour bien s'assurer que je ne plaisante pas. Ces petites mises au point ont parfois l'avantage de décrisper l'ambiance et le propos. Dès l'entrée dévastatrice de Mme Atal dans mon bureau, j'ai senti qu'elle partirait bille en tête, que nous ne pourrions pas véritablement dialoguer... et qu'une fois de plus les yeux de la petite Esther iraient de sa mère à moi, comme lors d'un échange de balle de tennis. Je crois que j'ai tout simplement obligé Mme Atal à baisser les yeux vers son enfant... Reprenons.

– Bon alors, parlez-moi de cette école du centre juif du Marais...

– Eh bien, c'est une école que je connais depuis longtemps. Esther y était en CP, CE1 et CE2. Elle pourrait y faire son année de CM2... La directrice est gentille...

– Oui, bon... Mais qu'est-ce qui vous fait penser que l'école répondra aux besoins de votre fille?

– C'est une école de très bonne réputation...

– N'oubliez pas qu'Esther a de très gros retards scolaires. Nous sommes en juillet. Si cette école ne la prend pas, vous n'avez pas d'autre solution.

Mme Salomon prend la parole.

– Monsieur le Juge, je voudrais juste dire, avant qu'on ne l'escamote définitivement, que le cours Deborah a très bien su l'entourer l'année dernière et qu'Esther y a fait d'énormes progrès. Vraiment ce serait un gâchis terrible de l'enlever de là...

– Je crois aussi. Bon. On ne va pas épiloguer. Voici ce que l'on va faire. Madame Salomon, dans un premier temps, et pour qu'il ne soit pas trop tard, vous allez confirmer le renouvellement de l'inscription d'Esther au cours Deborah. Il sera toujours temps d'annuler si elle n'y va pas. Avec Mme Atal, vous irez au centre juif du Marais et vous ferez un rapport sur l'école et sur les services qui peuvent être rendus à Esther. Et dites à la directrice que je veux l'avoir au téléphone le plus vite possible. Voilà.

Mme Atal est déjà debout. Je coupe son élan avant qu'elle ne se saisisse de sa poussette et qu'elle ne tourne les talons.

– Dites-moi, nous n'avons pas parlé de votre situation familiale personnelle. Pourtant cela m'aiderait à mieux cerner la psychologie de votre fille.

Esther s'impatiente, l'éducatrice sort avec les enfants. Mme Atal se rassied. Visiblement, elle a envie de parler.

– Vous n'avez plus aucune nouvelle de votre mari ? Et il ne vous aide pas du tout pour les enfants ?

– Je le vois de moins en moins. Il vit en province. Vous savez, il n'est pas intéressé par les enfants. J'en ai trois en tout, deux grandes et Esther. Le bébé, c'est ma nièce. Je paie tout et mes parents m'aident. Ils ont de l'argent. Ça n'est pas un problème.

– Votre mari était très religieux, je crois.

– Nos deux familles le sont. Mais lui, il dépassait les bornes. C'est pour ça qu'on s'est séparés...

– Parce que vous n'étiez pas assez orthodoxe à son goût ?

– Non, parce que je fumais...

– Quoi ? Vous voulez dire que votre mari vous a quittée parce que vous fumiez ?

– Absolument. Comme je ne pouvais pas m'en empêcher et que j'étais enceinte d'Esther, il n'a pas supporté et il est parti.

– Ce n'est plus de la religion, c'est de l'esclavage ! Et pourquoi pas aussi se couvrir la tête ou porter une perruque !

Elle éclate de rire et m'envoie du tac au tac :

– Mais j'en porte une, monsieur le Juge...

Autant pour moi. Décidément, j'ai bien de la peau de saucisses sur les yeux. Tout d'un coup, elle me semble plus sympathique. J'ai l'impression que sa vie conjugale n'a pas été drôle tous les jours.

– Bon, pour la perruque, excusez-moi. Cela ne se voit pas du tout. Encore une question qui me vient en tête. Vous avez dit que vous étiez enceinte d'Esther... en quelque sorte, votre fille est l'enfant de la séparation...

– Oui, c'est sûr. Elle le sait d'ailleurs... Évidemment, je lui ai dit qu'elle n'y était pour rien, mais bon... Je ne suis pas dans sa tête...

Avant de nous quitter, je décide la reconduction de la mesure éducative pendant un an. Mme Atal a bien besoin de soutien, mais quel orgueil elle a à vouloir s'en sortir seule ! Et le poids de cette religion ! J'ai l'impression qu'elle lui pèse davantage qu'elle ne l'aide. Nous décidons de nous voir à la fin du mois d'août, avant la rentrée, afin d'être bien d'accord sur la prochaine école d'Esther.

17 h 30

De la même façon que je demande régulièrement aux jeunes qui me sont présentés, après une nuit de garde à vue, s'ils savent « qui je suis » et « où ils sont », il arrive que je me livre au même jeu de devinettes auprès de parents pour vérifier s'ils savent pourquoi leur enfant ne peut vivre sous leur toit ou veut être scolarisé dans un établissement spécialisé. En posant la question à M. et Mme Messager, je n'imaginais pas déclencher un tel remue-méninges...

Le 15 septembre 1997, par une mesure de placement provisoire, je confiai le jeune Lucas à la Fondation Latoque pour une durée de deux ans. Dans quelques semaines, le temps du placement sera écoulé et le petit Lucas ira vraisemblablement dans un internat pour y commencer une formation professionnelle. J'ai sous les yeux le rapport concernant Lucas et, par la même occasion, quelques notes relatives aux parents. Désespérant. « Nous n'avons pas, à ce jour, pu parler de ces projets avec les parents, n'ayant pas eu la possibilité de les rencontrer... Nos convocations restent sans réponse la plupart du temps. »

Ils ne sont pas encore là. J'espère qu'ils ne vont pas me faire le même coup ! En attendant, je quitte un moment mon étuve pour prendre le frais (si je puis dire, il fait au moins 25 °C) sur le pas de la porte du CIDAJ... Depuis quelques jours les faubourgs de la ville se sont vidés, mais le cœur des cités voit toute la journée passer et repasser les mêmes groupes d'enfants désœuvrés.

M. et Mme Messager arrivent tranquillement, l'éducatrice de la Sauvegarde et le petit Lucas, douze ans, en porte-drapeau. Nous prenons place et je les informe de la possibilité pour Lucas de quitter l'appartement dans lequel il vit avec d'autres enfants et des éducateurs pour rejoindre un foyer et y apprendre le métier de menuisier. Pas d'objection ? Aucune. Je ne me souviens pas que M. et Mme Messager aient exprimé un atome, une once de désaccord avec une décision prise par quelqu'un d'autre qu'eux. Bon, l'affaire est entendue mais tout cela roule un peu trop bien, je les titillerais bien cinq minutes...

– À propos, pourquoi Lucas va-t-il en internat ? Pourquoi ne vivrait-il pas un peu chez l'un, un peu chez l'autre comme le font tous les enfants de parents divorcés ? N'êtes-vous pas capables de vous en occuper l'un comme l'autre plutôt que de botter en touche ? Sans compter que tout cela coûte fort cher aux contribuables.

Un instant désarçonnés, les parents émettent un timide « Oui... pourquoi pas... après tout... ».

– Et puis, si tout le monde est d'accord sur l'orientation à donner à Lucas, qu'est-ce que vous faites devant un juge, dont le rôle est justement de départager les avis contraires ? Où est le conflit entre vous qui justifie mon intervention ? Puisque vous pensez que votre fils doit aller en internat, trouvez-en un bon et payez-le !

Là, pour le coup, mes interlocuteurs sont complètement désorientés. Le sol s'ouvre sous leurs pieds. La mère se risque à une explication.

– Lucas n'est pas bien chez moi, il craint de sortir de la maison, il a peur des jeunes de la cité. Peut-être que, chez son père, ce ne serait pas le même problème...

– Alors justement, pourquoi n'habite-t-il pas chez son père ?

Je me tourne vers le père.

– Monsieur, pourquoi vous ne le prenez pas avec vous, à la campagne ?

– Je voudrais bien... mais... heu...

Ses balbutiements, alors que nous avons déjà eu cette conversation à maintes reprises, me font bouillir.

– C'est terrible. Tous les deux, vous ne voulez pas comprendre où est le problème de votre gosse...

Silence radio. Allez, je vais les aider un peu.

– Pour vous, Lucas est dans quel établissement en ce moment ? Dans un hôpital, dans un asile, une école primaire normale ?

– Une école spécialisée, monsieur le Juge.

– Et qu'est-ce qui justifie que Lucas ne soit pas chez vous mais dans une école spécialisée et en appartement thérapeutique ?

Ils sont devenus muets tout d'un coup. Je continue à ramer pour eux.

– Vous savez, si vous n'arrivez pas à définir ce besoin aujourd'hui, vous risquez de ne pas parvenir à l'évaluer dans quelques années... M. et Mme Messager, si votre fils ne vit pas avec vous, c'est qu'il a besoin d'un soutien psychologique important. Et à l'heure d'aujourd'hui, aucun de vous deux ne peut le lui apporter.

Je me tourne vers Lucas.

– Tu n'es pas stable, tu n'arrives pas à te concentrer, depuis que je te connais, je lis cela à longueur de rapports : « impossibilité d'être attentif », « tout est prétexte pour que l'on s'occupe exclusivement de lui », « incapable de travailler seul de façon efficace »... Le rôle des écoles et des éducateurs que tu as rencontrés et avec qui tu vas travailler à la rentrée est de t'aider, afin que tu retrouves un équilibre. Tu comprends tout ça ?

– Tout ça, je le sais déjà...

– Alors, tu es plus malin que tes parents parce que eux n'ont pas encore compris !

La parole est à l'éducatrice de la Sauvegarde :

– Depuis que Lucas est avec nous, d'abord dans le foyer puis dans l'appartement, il s'est très bien adapté à la collectivité. Il est devenu affectueux avec les adultes et semble sécurisé lorsqu'il est encadré. Un peu trop d'ailleurs. L'un de nos objectifs pour l'année prochaine, outre de le préparer à une formation professionnelle, c'est qu'il s'autonomise.

– Concrètement, qu'attendez-vous de M. et Mme Messager ?

– On demandera toujours aux parents un certain nombre de prises en charge... les week-ends, les vacances... Et puis nous espérons cette année un intérêt un peu plus soutenu pour la vie de leur fils...

– Merci.

Lucas commence à s'agiter sur son siège.

– Et toi, Lucas, tu es pour ou contre l'internat ? Tu sais où il se trouve ?

– Oui, je suis allé le voir avec mon éducatrice. C'est dans la Marne, je crois, c'est grand. Moi j'ai besoin d'espace, j'aime la campagne. On m'a dit que je vais y apprendre mon métier, enfin, que je vais apprendre à découvrir mon métier... et puis on m'a dit que là-bas y a pas de devoirs...

Il a l'air d'être en forme mais il revient de loin, et la partie n'est pas gagnée. On va en terminer là mais j'ai encore deux mots à dire aux parents, deux mises en garde, plus exactement.

– Monsieur et madame Messager, vous avez entendu l'éducatrice. Elle compte sur vous l'année prochaine, et vous avez bien compris que s'occuper d'un enfant, quand on est parent, ce n'est pas uniquement le recevoir en week-end. Mon objectif est de vous donner toutes les facilités pour que vous puissiez exercer votre autorité parentale. Vous, monsieur, vous vous intéressez de très loin à Lucas. Madame, vous ne vous manifestez presque jamais auprès de lui. Tiens, d'ailleurs, à propos, savez-vous ce que j'ai lu dans le dossier de Lucas? « Madame n'a pas le temps de penser à son fils! » Ça ne vous révolte pas que l'on puisse écrire cela de vous? Je vous rappelle que le placement n'est pas une fin en soi. Il faut préparer le retour de Lucas. Alors pour moi les choses sont très simples : soit vous vous comportez comme de vrais parents et je n'interviens plus, soit vous ne changez pas d'attitude et je sévis. Voilà, ce ne sont pas des menaces, mais je ne laisserai pas votre fils dire qu'il est « le mal aimé » de la famille, comme je l'ai lu dans le rapport du psychologue. Alors occupez-vous de lui!

Fin de la leçon. J'avoue que je n'ai pas pris de gants, mais il y a des fois où il faut arrêter de se complaire dans le jeu des parents. Devant tant d'apathie, j'ai parfois du mal à ne pas être excessif.

L'audience est terminée. Les parents se lèvent doucement, un peu hébétés, il faut bien le dire. Ils s'approchent de moi pour me saluer. Je ne m'étais pas rendu compte que Mme Messager pleurait, mais cela ne m'aurait pas arrêté dans mon admonestation. Cette fois-ci, il fallait vraiment qu'ils m'entendent.

Le père vient jusqu'à moi, nous nous serrons la main et je lui glisse en passant :

– Monsieur Messager, arrêtez de boire, je vous en prie, et occupez-vous de votre fils. Mettez-vous cet objectif dans la tête : Préparer le retour de Lucas. Cela vous aidera.

Le père a tressailli. Visiblement, il ne veut plus que l'on parle de « ça », qui plus est devant son fils. Il oublie simplement qu'il porte sur son visage les traces ravageuses de trente ans d'alcoolisme et de bagarres et que Lucas connaît ses vices depuis toujours. Je repense tout à coup à la phrase de l'enfant, lorsque la psychologue l'interrogea sur ce qu'il disait le plus souvent de son père. Lucas eut cette réponse forte... mais sans appel : « Papa est encore bourré... »

Lucas a quand même besoin de vivre dans une atmosphère stimulante. Je ne suis pas sûr que mon « prêche » civil ait pu inverser des années et des années d'une histoire familiale. Nous ne faisons que nous croiser. Mon influence et celle des travailleurs sociaux sont réelles mais il faut relativiser. C'est bien en eux que les enfants et les adultes ont le ressort de la vie qu'ils retendent. Nous pouvons donner les premiers tours de clé, mais eux seuls peuvent aller jusqu'au bout. Je doute que les Messager aient la clé et la volonté de remonter le ressort de leur existence déjà bien malmenée... Il suffit parfois d'un déclic, d'une parole...

Prochain rendez-vous... Mahmoud Bakan et ses parents. Tout d'un coup, le couloir se remplit de cris et de rires d'enfants. Qu'est-ce que c'est cette cavalcade ?

18 heures

M. et Mme Bakan arrivent avec une nuée d'enfants, cinq petits qui veulent tous ensemble se percher sur les jambes de maman et que monsieur assied de force sur les chaises de la salle de réunion. Du papier et des crayons à tous, les gros yeux et une taloche aux deux plus petits, après ces préliminaires, la discussion peut commencer.

L'entretien d'aujourd'hui est centré sur le jeune Mahmoud, seize ans, pris en charge par l'Aide sociale à l'enfance alors qu'il était âgé d'à peine quelques semaines...

L'histoire et l'itinéraire de Mahmoud ne ressemblent pas à ceux des jeunes que je reçois dans mon cabinet. Mahmoud n'est pas un enfant battu ou maltraité. Il ne l'a jamais été. Aucun fait délinquant à lui reprocher jusqu'ici. « Il est attiré par les sorties à l'extérieur (copains, piscine). [...] Il s'isole volontiers dans sa chambre (travail scolaire et Nintendo) », dit l'enquête de personnalité. Tout le portrait de mon fils. À la différence près que depuis l'âge de deux mois, depuis toujours, Mahmoud ne vit plus chez ses parents, mais en famille d'accueil à Angoulême.

Mahmoud Bakan naît le 11 octobre 1983 à Paris. Depuis trois mois, ses parents occupent l'arrière-boutique d'un magasin, sans eau ni électricité, et lorgnent désespérément sur un deux-pièces censé se libérer d'un jour à l'autre. Une jeune voisine compatissante fait courir une rallonge de chez elle à la boutique pour qu'ils aient de la lumière, la nuit. M. et Mme Bakan ont fui le Liban et la guerre sans un sou et se sont installés d'abord chez une tante, puis dans ce gourbi à Paris, en attendant mieux.

Apparemment, la nouvelle de la grossesse de madame ne provoque pas à proprement parler une explosion de joie... Le mari a déjà du mal à nourrir leur premier qui dort entre eux, emmitouflé, dirent les témoins de l'époque, de serviettes de toilette et de vieux pulls, et ce n'est pas l'arrivée d'un deuxième enfant qui arrangera les choses. Les crises de nerfs et les coups de gueule se mêlent aux pleurs du nourrisson et, au bout d'un mois de ce régime, Mme Bakan quitte le domicile conjugal et rentre au pays... abandonnant mari, enfant et bébé derrière elle.

Les premiers jours de tranquillité savourés, M. Bakan redescend sur terre et évalue la situation : seul à Paris, en plein hiver, avec deux enfants en bas âge, sans boulot, sans un sou, en situation irrégulière par-dessus le marché, il n'ira pas loin. D'autant qu'il commence à faire diablement froid dans la petite pièce humide qui leur sert de logis. En désespoir de cause, il se rend à l'Aide sociale à l'enfance de Paris et demande assistance.

– Ma femme est partie sur un coup de tête, oui, elle aime nos enfants, c'est sûr, mais je ne sais pas si elle va revenir. Mon aîné est confié à une tante, mais il faut m'aider pour le bébé.

L'Aide sociale à l'enfance a-t-elle mal analysé le cas de figure ? Était-elle débordée au moment où le père fit cette démarche ? Obéissait-elle à une politique assez répandue à l'époque, de la part des services, de refuser d'accueillir à la demande des parents les enfants pour cantonner les dépenses sociales qui explosaient ? Le fait est que le placement momentané sollicité par M. Bakan, qui aurait pu lui permettre de se retourner puis de récupérer son fils, lui est refusé.

Alors, en toute logique, au cours des mois suivants, considérant l'absence de la mère et ce qui apparaît comme une carence du père, le juge pour enfants confie d'office Mahmoud à l'Aide sociale à l'enfance. En feuilletant son dossier, je retrouve dans l'ordonnance du juge pour enfants de Paris ce qu'instinctivement je m'attendais à y trouver. Grâce à une motivation très claire de cette décision qui ne mâche pas ses mots sur la pratique de l'ASE de Paris de l'époque, on voit bien que le père a appelé au secours, que l'on a refusé de l'entendre pour, plus tard, contraindre le juge à lui retirer la garde de son enfant ! Et voilà comment un père et son fils qui n'auraient sans doute jamais dû être séparés, sinon pour quelques semaines, se retrouvent, seize ans plus tard, dans mon bureau comme des étrangers. Petite décision ; grands effets !

Depuis qu'ils sont entrés, j'observe le manège, leurs regards se frôlent timidement, ils ne se parlent pas. La mère s'écrase dans son fauteuil de peur que je ne lui adresse la parole. Je suppose que, durant tout l'entretien, je n'entendrai pas le son de sa voix. Elle surveille ses petits au doigt et à l'œil, elle protège sa couvée. Mahmoud considère quelques secondes les dessins des deux plus jeunes qui s'escriment, en tirant la langue, à dessiner des arbres, le tronc sur le papier et les branches sur la table. Il ne peut pas s'empêcher de sourire.

– Dis-moi, Mahmoud, d'après toi, ça sert à quoi les parents ?

– Je ne sais pas...

– Cherche un peu.

– ... À venir au monde...

– Pas uniquement. Mais je peux comprendre que tu me fasses cette réponse. Et est-ce que tu sais pourquoi tu ne vis pas chez tes parents ? Est-ce que tu sais pourquoi, depuis toujours, tu vis séparé d'eux ?

– Parce qu'ils n'avaient pas d'appartement à l'époque où je suis né, pas beaucoup d'argent, qu'il y avait déjà un autre enfant...

– C'est sans doute une partie de la réponse, mais moi je ne connais pas de parents qui, même pauvres, veulent vivre loin de leurs enfants... Non, ce ne sont pas uniquement les raisons matérielles qui t'ont fait rester à l'ASE !

Bien sûr, rien n'empêchait M. Bakan de rendre visite ou d'écrire à Mahmoud, même si la justice déléguait à l'ASE le soin de l'élever à sa place. Mais on peut supposer que l'intervention du juge des enfants blessa tellement l'orgueil de ce père libanais qu'il se désintéressa de l'enfant. Je conçois que cela soit difficile à entendre, mais cet homme s'est senti condamné par la justice comme mauvais père alors que, au départ, il était de lui-même venu demander de l'aide pour le petit !

Six mois après le placement de Mahmoud en famille d'accueil, son instinct paternel se réveilla et il écrivit : « Je suis d'accord pour aller voir le bébé et l'emmener en promenade. Je le reprendrai quand il marchera », puis il resta quatre ans sans se manifester. Entre-temps, la mère revint du Liban, retrouva son mari et ils disparurent dans la nature. La justice perdit leurs traces. Il fut même question, un temps, de faire adopter Mahmoud...

Depuis quelques instants, Mahmoud me regarde, comme si je détenais le secret de sa vie... S'il avait accès à son dossier, peut-être considérerait-il son père d'un autre œil. Il est persuadé que sa mère l'a mis au monde et que le juge l'a retiré à la garde de ses parents quelques jours plus tard. Dans les faits, c'est exact. Mais la vérité est tout autre... Je lui ai indiqué une piste, je n'irai pas plus loin. À lui maintenant de poser les questions qui l'intéressent sur sa petite enfance. S'il le désire, je lui livrerai le contenu du dossier et il pourra le lire avec un éducateur. Après tout c'est son passé, c'est sa vie. Mais je ne lui proposerai rien. En attendant parlons un peu de l'avenir.

– Alors, d'après le dernier rapport de son éducatrice, Mahmoud veut rester dans sa famille d'accueil d'Angoulême...

Je me tourne vers Mahmoud.

– Au fait, tu leur as dit à tes parents?

– Non.

– Ah bon, tu préfères rester dans ta famille d'accueil que de retourner avec tes parents et tu ne penses pas à leur dire?

– Ben non, puisque rien ne change, je reste à Angoulême comme avant.

Le père intervient :

– Monsieur le Juge, moi je ne suis pas d'accord pour qu'il reste là-bas, loin de nous.

– Mais moi, je ne vous connais pas! réagit le fils en réflexe.

Mahmoud a parlé calmement mais sa réponse est cinglante comme une gifle. Je ne suis pas sûr que la mère comprenne le français, mais elle interroge son mari du regard. D'ailleurs, il doit lui traduire les mots de Mahmoud, car elle baisse la tête immédiatement.

– Monsieur Bakan, ce n'est pas facile pour vous, mais essayez un peu de le comprendre. Seize ans pour rétablir la relation entre vous et votre enfant, c'est long... Il y a un grand fossé entre vous maintenant... Je vous rappelle également, et ce n'est pas rien, que c'est votre fils qui a voulu vous retrouver il y a deux ans, c'est lui qui a fait le pas vers vous... Maintenant, c'est lui qui décidera le temps que prendront vos retrouvailles...

Le moment est venu de décider et d'expliquer. Ma marge de manœuvre est nulle. Ici je dois ménager l'avenir et offrir de l'espoir à chacun. Je sens Mahmoud ébranlé, fragilisé par cette confrontation.

– C'est normal, Mahmoud, que tu ne veuilles pas vivre avec tes vrais parents... Mais maintenant que vous vous êtes retrouvés, il faut rétablir la relation, tout doucement. Tu restes dans ta famille d'accueil, ta vie pour le moment est avec eux, à Angoulême avec tes amis. Mais, petit à petit, tu vas apprendre à vivre avec tes parents, et tu peux rencontrer les autres membres de ta famille. Ça va prendre du temps, te familiariser avec la langue, les coutumes... mais c'est toi qui donneras le rythme... Et puis tu pourras découvrir le Liban...

– Quand j'aurai mon passeport, monsieur le Juge, dès que j'ai seize ans, je m'occupe des papiers pour avoir la nationalité française...

– Bonne idée... Allez, on arrête là. Bonnes vacances à tous. Mahmoud, tu m'appelles fin septembre pour me dire comment s'est passée ta rentrée au lycée. À bientôt.

Ils sortent tous ensemble, les cinq petits me renversant la moitié des chaises de la salle et, dans ce brouhaha, j'en profite pour glisser un mot à M. Bakan :

– Monsieur... racontez un peu son histoire à Mahmoud. Il n'y a pas de raison qu'il continue à penser que vous ne vouliez pas vous occuper de lui. Il ne sait rien de ce qui s'est passé. Et s'il ne vous croit pas, moi je lui dirai. Parlez-lui, et laissez-lui le temps... À bientôt...

Une nouvelle fois, je suis partagé entre deux sentiments. Je sens qu'une relation forte existe entre les membres de cette famille. Dans quelques années, je parie que tout le monde se réunira en famille avec les enfants et les petits-enfants.

Mais, en même temps, j'enrage contre le gâchis humain et financier de cette politique de gagne-petit de l'administration sociale et de ses petits chefs politiques ou administratifs. Pour économiser quelques sous, quelques semaines de prise en charge de Mahmoud en foyer ou en famille d'accueil, alors qu'on aurait pu aussi proposer au père une assistante maternelle à la journée ou une aide ménagère, la collectivité a payé une fortune en séparant un enfant de sa famille !

À première vue, on pourrait penser que l'Aide sociale à l'enfance n'est plus concernée et que c'est la justice, c'est-à-dire l'État, qui paiera pour Mahmoud. On se trompe, et c'est là toute la subtilité, toute l'absurdité de l'histoire ! Lorsque le juge confie un enfant à l'Aide sociale à l'enfance, c'est le département qui paie ! En résumé : le département passe à l'État qui repasse au département.

Je me suis amusé à chiffrer le coût de la prise en charge de Mahmoud pour le contribuable : quinze ans trois quarts d'hébergement en famille d'accueil, à 70 F par jour, soit environ 400 000 F, ou en foyer à 800 F en moyenne par jour, soit 4,6 millions de francs. Et je n'ai pas tenu compte des années bissextiles ! Et le compteur continuera à tourner jusqu'à la fin de la mesure de placement que je viens de confirmer une fois de plus aujourd'hui... Ne parlons pas du coût humain pour l'enfant, ses parents et la famille... Fermez le ban.

18 h 30

Mme Louis est arrivée très en avance et elle attend déjà depuis près d'une heure dans l'entrée. Elle et moi sommes maintenant de vieilles connaissances et j'ai dû certainement passer plus de temps près d'elle qu'auprès de certains membres de ma famille... Il faut dire que son fils Tierno ne nous laisse pas de répit ! Il n'est pas là aujourd'hui et il ne viendra pas. Et pour cause. Tierno Louis est en hôpital psychiatrique, dans une chambre d'isolement.

Hier soir, au sortir du tribunal, j'ai filé à l'hôpital pour lui rendre visite et je l'ai trouvé en meilleure forme. Les neuroleptiques l'ont fait grossir de dix kilos, il est bouffi, mais il est sorti de sa prostration des premiers jours où il ne prononçait pas une parole de la journée. Malgré son apathie, il m'a tout de même reconnu et salué. Aujourd'hui, Mme Louis vient discuter avec moi de l'éventualité d'emmener Tierno en vacances avec elle à la Réunion. Ce serait une excellente idée. Tout plutôt que de le voir recommencer ses bêtises.

– Et après ? a interrogé Mme Louis.

Après... Qui voudra bien accueillir Tierno Louis ? Vers quelle structure, quelle institution, quelle famille nous tourner ? Depuis 1993, date de son premier vol à l'arraché, nous avons tout essayé. Il aura dix-sept ans au mois de décembre et en six ans il a multiplié les actes de délinquance, vols, violences, toutes les formes d'agression, sans oublier un viol et un incendie volontaire en réunion ayant entraîné la mort.

Dès l'âge de neuf ans, il fait une fugue et sa mère, sentant déjà qu'elle ne viendra pas à bout de ce caractère rebelle, demande l'aide de l'assistance éducative. « Beaucoup de secrets et de mensonges semblent entourer cette famille et doivent poser au garçon des problèmes d'identité », écrit l'assistante sociale. En effet, non seulement Tierno ne se souvient plus de son père mais il doute que Mme Louis soit sa mère !

Certes, Tierno est difficile mais la mère paraît singulièrement débordée. Elle partage une minuscule chambre d'hôtel avec ses trois enfants, Tierno et ses deux sœurs jumelles de huit ans. Monsieur a disparu immédiatement après la naissance des petites. Toute la journée, elle court la ville pour y faire des ménages et, la plupart du temps, les enfants restent seuls dans la chambre. Il est même arrivé qu'elle soit absente un matin où Tierno devait partir à l'école. C'est ainsi qu'un jour la directrice la contacte pour lui demander de « bien vouloir veiller à ce que demain [son] fils vienne en classe avec des chaussures » !

Peu de temps après, elle quitte Sevran pour s'installer dans le XVIIIe arrondissement chez une cousine. Si les conditions de vie s'améliorent quelque peu, l'attitude de Tierno à l'école devient cataclysmique : il insulte les professeurs, se bat avec ses camarades, n'accepte aucune observation, quitte la salle de cours sans motif, tient des propos obscènes aux filles de sa classe... Résultat des courses : renvoi immédiat un mois après son arrivée, avec la mention du directeur, soulignée en rouge trois fois, « Dangereux pour la collectivité » !

En attendant, Tierno se promène sur les toits de Paris et essuie une engueulade monumentale de la part du chef des pompiers dont les hommes se déplacent cinq fois de suite pour aller le chercher... Pressé de questions au commissariat, Tierno dit qu'il ne rentre pas chez lui car il s'y ennuie « et que [sa] mère n'est jamais là le soir ».

Après être passé par un nouveau collège où il tente d'étrangler un garçon de son âge, Tierno est pris en charge par un foyer d'enfants dont il perturbe passablement les habitudes en volant et agressant toute personne qui ose lui résister. En quelques mois, Tierno est devenu totalement incontrôlable : il commet ses méfaits, se révolte ou s'enfuit dès qu'on tente de le contenir. Au bout de quelques jours, le home d'enfants se déclare inadapté aux « besoins » de Tierno et l'exclut définitivement. Là encore le rapport du psychologue qui tente de dialoguer avec lui est édifiant : « Cet enfant est inquiétant par sa violence. Ses regards si terrifiants et chargés de haine font craindre la démence. » Un commentaire qui résonne étrangement aujourd'hui...

À cette époque, Tierno est déscolarisé et il passe ses journées à traîner dans les rues. À onze ans, il est le chef d'une bande de jeunes Noirs qui terrorisent les cités en rackettant les enfants et en agressant les femmes. Sa mère a complètement démissionné : elle refuse de récupérer son fils au commissariat, elle refuse de lui ouvrir la porte quand il rentre à 1 heure du matin et elle dit haut et fort qu'elle veut qu'on la débarrasse de lui. Elle n'a jamais eu d'attention particulière pour ce garçon, alors qu'elle s'occupe comme il faut des petites filles. Plus tard, Mme Louis confiera à une assistante sociale qu'elle se livre à la prostitution et que Tierno est vraisemblablement le fruit d'une « passe »...

Quoi qu'il en soit, l'enfant est totalement livré à lui-même et il dort la grande majorité de ses nuits dans la cave d'un immeuble. Un matin, à l'aube, la police appelle Mme Louis au téléphone et l'informe que Tierno a été retrouvé dans la rue avec la gorge entaillée, victime d'une attaque par une bande rivale. La blessure est sérieuse mais ses jours ne sont pas en danger...

À sa sortie de l'hôpital, un tantinet refroidi par ses expéditions nocturnes, Tierno revient vivre chez sa mère et fréquente un temps le collège avant de retourner dans la rue. Suite à un vol de baskets et de blouson, une mesure éducative est confiée à l'Aide sociale à l'enfance en vue de préparer un placement. Tierno est placé dans un foyer en Essonne mais, au bout de deux mois, il est exclu de l'institution à la suite de violences. Au cours d'un de nos entretiens, il me crie qu'il ne supporte pas l'autorité et qu'il préfère mourir que d'être placé... À l'issue de notre discussion, je lui intime l'ordre de se soumettre au placement (institutionnel ou familial) ou bien... de retourner à la Réunion. Il choisit le retour au foyer.

Tierno a treize ans et la presse parle de lui : « Pour sa part, le cadet de la bande ne doit qu'à son très jeune âge d'avoir échappé à la prison. Présenté par les magistrats comme un individu " dangereux ", il a été placé dans un foyer du département dont il s'était déjà évadé hier avant d'être rattrapé in extremis. » Les policiers du SRPJ de la Seine-Saint-Denis l'ont interpellé avec ses camarades alors qu'ils fuyaient après avoir mis le feu à l'appartement d'un chef de gang rival.

Règlement de comptes improvisé car le résident est absent et le sinistre coûte la vie à son voisin, un vieux monsieur de quatre-vingt-trois ans. « Un palmarès de délinquant à faire pâlir », écrit le journaliste, mais cette fois Tierno a dépassé les bornes.

Je prends contact avec Guy Gilbert, le prêtre éducateur au blouson noir, qui accueille au Faucon, une bergerie en Provence, des jeunes rejetés de tous. Son contact direct et fort, son franc-parler devraient plaire à l'enfant. Trois mois plus tard, une lettre du curé m'informe, dans son langage sans détour, que, « dès son arrivée, Tierno a foutu un bazar monstre, bousillant toutes relations chouettes de l'équipe de jeunes ». Les éducateurs ont tenu trois mois mais, là, ils crient grâce...

« J'aurais aimé reprendre Tierno, me dira Guy Gilbert, mais c'était impossible. Un garçon attachant, mais leader-né, il entraîne nos jeunes et pas positivement. Il a usé jusqu'à la moelle mes adjoints. Travailleur, finissant sa tâche, il est capable de très bien faire. Il a beaucoup changé avec nous, mais il lui fallait, à lui seul, mes sept adjoints pour le servir ! Il aime le Faucon, c'est certain... Peut-être plus tard, mais pour l'instant, l'équipe est à bout. »

Exit Tierno de la bergerie de Guy Gilbert. Avec le sentiment d'un gâchis monumental. Peut-être le lieu de vie était-il quand même la solution ? Je pense immédiatement à un autre endroit, réputé pour recevoir des cas difficiles et dont la discipline est extrêmement rigoureuse, Cheval pour tous...

Quelques mois plus tard, Tierno quitte l'Essonne pour Urbeis dans les Vosges, près de Colmar. Après une période d'adaptation délicate où l'indomptable se heurte à l'incontournable, le désir d'intégration de Tierno à une vie différente semble réel. Pour la première fois de sa vie, il ne fugue pas du lieu de vie et paraît avoir trouvé sa place au sein du groupe des jeunes.

Je feuillette les carnets de route de « Cheval pour tous » où chaque jeune note le temps qu'il fait, l'activité du jour, mais aussi un moment, une pensée, une phrase. Tierno a écrit : « Ça s'est bien passé. J'ai bien aimé la balade à pied, mais je ne suis pas heureux. » Un autre jour : « Je me sens bien dans ma peau. » Conscient des avancées que représentent les mois passés dans les Vosges, et des bienfaits que le centre lui a apportés – après il sera plus critique sur le centre –, Tierno s'angoisse à la perspective de la fin de la prise en charge. Et quand il parle de revenir à Sevran, on sent plus dans ses paroles l'absence d'une véritable alternative que l'envie forcenée de vivre chez sa mère.

Compte tenu de son évolution, il est autorisé, comme pour l'ensemble des jeunes, à retourner toutes les trois semaines dans sa famille. Cette expérience confirme la difficulté de Tierno, après un retour sur son lieu d'origine, à revenir vers le lieu de vie, et l'influence qu'exerce encore son groupe d'amis... Sa mère, elle, ne manifeste plus aucune attention quant à son devenir. Jamais elle n'est venue à Climont visiter son fils. L'éducatrice qui suit Tierno la décrit ainsi : « Mme Louis est une mère rejetante, oscillant entre le désintérêt et la détestation... Elle est d'un soutien inexistant dans l'évolution que doit connaître son fils. »

Et puis, patatras ! Tierno est convoqué par le juge d'instruction pour être mis en examen après l'incendie, il se rend à Paris et fait une fugue dont il ne rentre pas. Il retourne à Sevran et retrouve ses amis, commence à boire de la bière et à consommer de la drogue. La désescalade est aussi fulgurante et rapide que l'ascension a été longue et difficile. « Tierno est attiré par la rue où il exerce, même à distance, un certain leadership auquel il ne semble pas prêt à renoncer », me dit au téléphone l'éducatrice effondrée. Je convoque immédiatement Tierno et sa mère dans mon cabinet. La lettre recommandée avec AR adressée à Mme Louis me revient non décachetée. Elle ne s'est même pas déplacée pour aller la chercher...

Tierno, lui, m'a pris de vitesse et nous ne nous verrons pas dans mon bureau pour parler de son bel avenir... Il se fait arrêter coup sur coup pour agression sexuelle et vol avec violences. Les deux en réunion.

De plus, il commence à perdre un peu les pédales. Dans le procès-verbal, il nie tout en bloc, affirme qu'il ne sait ni lire ni écrire, qu'il ne connaît pas la rue où il a commis l'agression alors qu'elle se situe à côté de chez lui... et qu'il est inconnu des services de police ! Appelée au commissariat, Mme Louis déclare qu'elle « reconnaît cet individu mais qu'il n'est pas son fils »... puis elle refuse de signer le procès-verbal.

Il est condamné à deux ans de prison dont neuf mois avec sursis et mise à l'épreuve et maintenu à la prison de Fleury-Mérogis où il avait été placé en détention provisoire.

À sa sortie, pendant un an, sous la coupe de l'éducateur du lieu de vie qui le prend spécialement et personnellement en charge, Tierno reste relativement tranquille. Il y a des accrocs. Certains retours sont durs. Je dois même lui rappeler par écrit sa condamnation et la mise à l'épreuve pour une durée de trois ans, comme une épée de Damoclès qui l'oblige à respecter l'orientation éducative, ne pas aller à Sevran où il est interdit de séjour et suivre une thérapie. Je lui propose de revenir sur des bases saines et lui donne quinze jours pour joindre son éducatrice et faire le point. « Je te fais confiance », dis-je pour terminer ma lettre. En réalité, je n'ai plus beaucoup d'espoir. Il ne respecte pas ses obligations et je vais être forcé de révoquer son sursis. J'ai l'impression que sa vie échappe à Tierno, qu'il échappe à tous et qu'il n'arrive même plus à définir ses propres limites.

Je me souviens que, lors de notre dernier entretien, Tierno demeura silencieux, jetant des coups d'œil craintifs de droite et de gauche. Il me fixait tout d'un coup comme s'il voulait me dire quelque chose mais qu'il craignait de parler. Alors que je l'interrogeais sur ses dernières agressions, il prononça cette phrase énigmatique : « Ce sont les gens qui me foutent la trouille avec leurs gris-gris. » Me reviennent à ce moment les paroles de Mme Louis lors d'une de nos discussions : « Tierno, je le déteste. Il est envoûté par des esprits malins. » Le terrain commence à devenir sérieusement glissant.

À la prison de Fleury-Mérogis, il est soumis à ma demande à une expertise toxicologique qui montre qu'il ne consomme ni héroïne ni cocaïne mais fume du haschisch en grande quantité. Ce qui expliquerait l'air hagard affiché dans mon bureau, mais pas ses paroles délirantes ni ce regard plein d'effroi. Dans sa cellule, il reste replié sur lui-même dans une position fœtale, il ne parle pas, refuse toute promenade et dort toute la journée. Il ne se manifeste que pour manger et demander à fumer et, dans ces moments-là, ses propos sont incohérents. J'ordonne impérativement un examen psychiatrique. Le rapport que m'adresse le médecin de la prison me confirme qu'il est impossible de garder Tierno en détention dans cet état.

Il évoque des voix qui veulent le réduire en esclavage, qui vont lui enlever son cerveau et le lui remettre après lui avoir « greffé » des idées démoniaques, il crie que le monde le persécute, lui, la star, lui, Michael Jordan... Tierno est transféré de la prison en hôpital psychiatrique, soigné et mis immédiatement en chambre d'isolement en attendant que les bouffées délirantes disparaissent.

Au bout d'une quinzaine de jours, les neuroleptiques ayant fait leur effet, Tierno va beaucoup mieux. Par prudence, le médecin-chef lui fait prendre quelques sédatifs, le jeune homme ayant tout de même agressé deux infirmiers, histoire de ne pas perdre la main... Il est clair que l'hôpital ne sait que faire d'un client si encombrant et qu'il souhaite le voir partir au plus vite. Le personnel a d'ailleurs été obligé de le placer dans un cadre quasi carcéral à l'intérieur de l'hôpital, Tierno ayant « inauguré » un racket dans le service !

– J'ai donc vu Tierno hier soir, répétai-je à Mme Louis. Il est temps à présent de réfléchir au prochain dispositif d'accueil. Mais peut-être serait-il bon qu'il parte quelques semaines en vacances. Vous m'aviez dit que vous alliez voir votre tante et vos cousins à la Réunion. Emmenez Tierno. Ne le laissez pas à Sevran, seul, après l'hôpital. Je vous dirai la date de sa sortie et vous viendrez le chercher. Nous verrons en septembre pour un foyer. Et puis, il faudra continuer le traitement, les neuroleptiques, et envisager une thérapie. Nous verrons tout ça plus tard...

Mme Louis a levé les yeux au ciel et elle est partie sans un mot, visiblement accablée par la perspective de passer ses vacances avec son fils. Il est insupportable, c'est un fait, mais le manque d'humanité à l'égard de ce jeune garçon est stupéfiant. Personne ne semble pouvoir ou vouloir l'accueillir... Le prochain dispositif d'accueil relèvera de la PJJ : il reste quelques semaines pour lui trouver un nid, un toit, quelque chose, et peu de mois pour tenter le tout pour le tout avant qu'il atteigne dix-huit ans et que le système judiciaire ne se referme sur lui...

J'ai beau être optimiste, cet enfant sans enfance ne laisse rien augurer de positif. Il reste Lourdes... et encore ! Qui s'occupera de lui quand il aura dix-huit ans et que nous en aurons terminé avec sa prise en charge ? Avec qui pourra-t-il faire sa vie ? J'ai l'impression que ce pauvre Tierno est voué à l'hôpital psychiatrique... Je ne demande qu'à être démenti. Mais il est vrai que son histoire a tout d'une malédiction...

19 heures

Ils entrent... et avec eux une odeur de vin aigre... Affreux. L'envie me brûle de leur dire qu'au moins aujourd'hui ils auraient pu s'abstenir... Inutile, Mme Texier est très susceptible avec « ça ». Elle reconnaît déjà difficilement son « problème d'alcool », ainsi que le nomme élégamment l'éducatrice des enfants. Si je la prends bille en tête, elle va fuir.

M. et Mme Texier sont les parents de deux petites filles, Édith et Agnès, respectivement âgées de sept et neuf ans. Après quelques années de rapports orageux et de violences réciproques, madame quitte le domicile conjugal avec ses filles et s'installe dans un petit deux-pièces de Villetaneuse. À plusieurs reprises, l'école des enfants signale leurs absences fréquentes, les malaises et la maigreur de la plus jeune. Ces courriers restant sans réponse, la mère ne venant jamais aux rendez-vous donnés par le directeur, le service social se rend au domicile de Mme Texier.

Après avoir hurlé pendant une demi-heure de la laisser tranquille, la mère accepte d'ouvrir sa porte : elle est complètement ivre et les deux enfants, prostrées dans leur chambre, en pyjama, tremblent de peur. En s'approchant d'Agnès, la plus jeune, l'assistante sociale remarque des marques rouges sur son cuir chevelu qu'elle prend d'abord pour des traces de coups, avant de réaliser que les cheveux de l'enfant sont infestés de poux ! Mme Texier ne pouvant manifestement pas s'occuper de ses enfants, je demande à une association, habilitée à travailler pour le compte du juge pour enfants, d'évaluer la situation d'Édith et Agnès et de m'avancer des préconisations.

Lors de notre premier entretien, Mme Texier m'a décrit son époux comme quelqu'un de très violent. Il boit dès sa sortie du travail et s'écroule ivre mort à la maison. En fait, depuis toujours, les petites ont grandi dans un climat de violence baigné d'alcoolisme. Elles ont assisté à des scènes entre leurs parents d'une telle brutalité qu'elles semblent en avoir gardé de graves séquelles psychologiques. Le couple s'est séparé sur un coup de tête un soir que monsieur était rentré avant madame et qu'il s'était endormi, ivre une fois de plus. Madame arriva plus tard, sans les clés, et, après avoir sonné en vain pendant une demi-heure, elle partit avec les enfants. Définitivement. Depuis, ils vivent séparés mais n'ont jamais mis en route de procédure de divorce.

J'ai convoqué M. et Mme Texier, afin de leur proposer, pour la rentrée, de confier les enfants à Mme Chazaud qui anime un lieu de vie. Les enfants la connaissent, elles y ont déjà fait de courts séjours, et elles l'adorent. Curieusement, les parents ont l'air d'accepter le « placement » de leurs filles sans problème et ne paraissent pas ennuyés à l'idée qu'il puisse se maintenir. Ces deux-là ne s'entendent jamais aussi bien que lorsqu'il s'agit de se débarrasser de leurs enfants. Le moment est venu de leur rappeler quelques règles de bonne conduite...

– Dites-moi, madame Texier, tout va bien. Vos enfants seront confiées à une famille d'accueil à la rentrée, mais votre problème reste entier : vos filles ne sont pas avec vous... Vous avez dit à l'éducatrice que vous reconnaissiez avoir besoin d'un traitement. Qu'allez-vous faire pour améliorer votre situation ?

– Je veux récupérer mes enfants...

– Oui, d'accord... Mais vous considérez que c'est une injustice de vous les avoir enlevées ?

– Je ne sais pas pourquoi on me les a prises...

– Mais si, vous le savez bien... Madame, à l'époque votre appartement était un taudis dégoûtant, vos enfants étaient sales, avec des poux, vous étiez ivre du matin au soir... L'objectif à présent est que les enfants reviennent à la maison. Qu'est-ce que vous allez faire demain pour vous comporter enfin comme une vraie mère ?

Elle baisse la tête, elle ne répond pas. Son mari ne quitte pas des yeux la main gauche de sa femme qui ne porte plus d'alliance alors qu'il a toujours conservé la sienne. Je reprends :

– Madame Texier... comment supportez-vous que je dise que vous buvez et tenez mal votre maison ? Dire que vous êtes alcoolique n'est pas une injure. Je constate simplement que vous êtes malade. D'autres sont atteints différemment. Vous compensez vos difficultés en buvant, et cela se soigne. Il faut vous faire soigner. Pour vous, pour vos enfants. Qu'est-ce que vous faites pour rectifier le tir ?

– Rien. J'encaisse...

– Et ça fait longtemps que vous encaissez ?

– Depuis toujours...

– Pourquoi êtes-vous toujours en situation de fuite ? Pourquoi les gens qui ont essayé de vous aider renoncent au bout d'un moment ? Comment comptez-vous recréer des conditions favorables au retour de vos enfants ?

Pas de réponse. Le père, sentant qu'il a peut-être une chance à saisir, s'infiltre dans la brèche :

– Moi, je voulais proposer de prendre les petites avec moi, de les élever.

Mme Texier tressaille et lance méchamment :

– Quoi ? Et moi j'aurai un droit de visite ?

Je la coupe un peu sèchement :

– Non, madame. Vous aurez un « devoir » de visite. Ce sont vos enfants qui ont des droits... Le droit de ne pas être battues, celui d'être nourries comme il le faut, et de ne pas avoir de poux sur la tête...

Mme Texier, butée, se tait et attend que ça se passe. Les premiers temps, elle se plaignait d'être « dans le collimateur » de l'école, elle niait la maltraitance de ses filles, mais je la connais à présent, et ses mensonges n'ont plus de prise. Désormais, elle se renferme dans une espèce de dignité outragée. Je n'arrive pas à obtenir quoi que ce soit d'elle.

– À propos, vous avez quitté le domicile conjugal sur un coup de tête mais visiblement vous n'en pouviez plus. Qu'est-ce que vous reprochez à votre mari ?

– Trop de choses... Il ne m'aide pas, il ne me donne pas d'argent...

– Je suis prêt à aider, maintenant, dit le père dans un souffle.

– Tous les deux, vous avez utilisé vos gosses pour qu'on vienne vous aider, vous... Mais concrètement, je vous le répète, qu'est-ce que vous comptez faire pour vos filles ? Est-ce que vous y pensez, bon sang !

Cette léthargie commence à m'excéder. Ils ne savent plus, ils se regardent, éperdus, mais pas un des deux ne prendrait l'engagement d'arrêter l'alcool, de faire une cure de désintoxication...

– Bon. Étant donné que madame ne propose rien de concret et que je la sais incapable en ce moment de tenir une maison, monsieur, j'enregistre votre proposition d'élever vos enfants et je verrai bien comment vous vous comportez, quelles conditions de vie vous pourriez offrir à Édith et Agnès et si vous êtes capable d'assurer cette charge plus d'un week-end de suite. Pour l'instant, on en reste là. J'ai sous les yeux le dernier rapport de l'AVVEJ (Association vers la vie pour l'éducation des jeunes), voilà, je vous lis les dernières lignes : « ... les petites filles vont très mal... » C'est tout. Elles iront en septembre en famille d'accueil, mais pour l'instant, je vous le dis, « elles vont très mal... ».

Le père a frémi mais la mère ne bouge pas, comme si elle n'avait pas entendu.

Je les regarde l'un et l'autre pendant quelques secondes.

– ... C'est cela qui est choquant. On vous dit que vos enfants vont très mal et vous ne réagissez pas...

Le père s'agite sur son siège.

– Non, monsieur le Juge, ça commence à me faire réfléchir.

– Ah oui, « ça commence »... Eh bien, j'espère même que cela va continuer pour tous les deux. De toute façon, c'est très clair. Si j'apprends que vous ne vous inquiétez pas de vos enfants, je n'hésiterai pas à demander au procureur de vous poursuivre pour non-exercice de l'autorité parentale. Vous risquez deux ans de prison. Je ne parle pas des 200 000 F d'amende. Voilà, maintenant vous êtes prévenus.

« On va arrêter là, monsieur et madame Texier.

« Je n'ignore pas vos difficultés personnelles. La vie n'est certainement pas facile pour vous. Mais vous n'avez pas le droit de vous enfermer dans votre maladie et de faire vivre cela à vos enfants... Séparés ou pas, vos enfants ont besoin de vous. Vous devez réagir. Madame, cela me paraît normal que vous soyez mal, mais vous devez quand même vous occuper de vous et de vos enfants. N'oubliez pas. Je veux vous revoir dès la rentrée et vous me direz, à ce moment-là, quelles mesures concrètes vous envisagez, ensemble ou séparément, pour vous préparer à les retrouver... À bientôt.

Ils repartent sans un mot. Quelle tension, cette audience ! Bientôt 19 h 30. Je commence à être épuisé. Tout cet alcool m'a tourné la tête... J'ouvre la fenêtre quelques secondes. Cela s'impose. Je ne sais plus quelle affaire concerne le prochain rendez-vous. Voyons le dossier... Voilà, c'est ça : Mme Guérin, une maman inquiète.

19 h 30

Mme Guérin m'a appelé quelques jours plus tôt très déprimée après une conversation avec une assistante sociale qui lui a affirmé mordicus que sa fille Sylvie, actuellement prise en charge par l'Institut médico-éducatif (IME), y resterait probablement jusqu'à sa majorité. Et pourquoi pas toute sa vie aussi... et enfermée à double tour !

Cette approche est insupportable, doublement insupportable. D'abord parce que Sylvie n'est pas « placée » à l'IME, mais surtout parce que ce jugement péremptoire et définitif est idiot et injustifié. Avec les enfants, plus encore qu'avec des adultes, et pour combattre toute fatalité, nous savons qu'il ne faut JAMAIS dire JAMAIS ni TOUJOURS ! Tout ce que nous faisons, tout ce que nous vivons est appelé à bouger. Rien n'est jamais définitif, en particulier les décisions d'un juge pour enfants.

La loi veut que nous révisions régulièrement nos décisions. Elle limite même généralement les effets d'une décision à un maximum de deux ans : si elle n'a pas été renouvelée avant cette échéance, ses effets s'interrompent. Par cette mesure, on a voulu, en 1984, en finir avec les placements « jusqu'à autrement décidé » qui voulaient que des enfants demeurent dans des institutions ou des familles d'accueil au fin fond de la France sans que quiconque – et notamment le juge – s'en préoccupe. Seule la majorité – jusqu'en 1974 fixée à vingt et un ans – délivrait l'intéressé de cette prise en charge.

J'explique donc à Mme Guérin que chaque année, s'agissant des enfants que je confie à une institution, je dois recevoir un rapport qui fait le point sur l'évolution de la situation et que, dans les deux ans au plus, je vérifie l'adéquation entre les besoins de l'enfant et les conditions d'accueil qui lui sont faites. Et, en considérant les résultats obtenus, de nouveaux objectifs sont redéfinis. Mais, bien sûr, d'ici là, rien n'interdit aux parents, ni même à l'enfant, de me contacter pour revoir la question. Le service concerné peut également le faire et généralement les services ne s'en privent pas. Moi-même, je peux, en théorie, prendre l'initiative de provoquer une révision si de nouvelles informations me parviennent qui m'incitent à repenser le problème.

Je regarde de plus près le dossier de Sylvie : il n'y a pas de placement judiciaire. L'enfant est accueillie dans cet IME dans le cadre d'une proposition de la CDES (Commission départementale d'éducation spécialisée). Donc, avec l'accord de sa mère. À tout moment, en théorie bien sûr puisqu'une telle décision peut difficilement se prendre en cours d'année sans causer un préjudice à l'enfant, Mme Guérin peut revenir sur cette orientation. La CDES renouvelle son accord chaque année. Je démontre à Mme Guérin qu'aucun piège administratif ou judiciaire ne s'est refermé sur sa fille.

Pour M. Ouadi, l'éducateur, il n'y a plus besoin d'une intervention de l'ASE dans cette affaire. La situation ne relèverait même plus du juge pour enfants. Pour lui, la réponse apportée à travers l'IME qui accueille Sylvie est parfaite au regard des besoins de l'enfant. La prise en charge est donc assurée à travers la CDES. Jusqu'ici Mme Guérin était d'accord avec cette orientation. Cette mère célibataire exerce son autorité parentale au mieux. Bref, les critères d'intervention du juge pour enfants ont disparu : pas de danger, bon exercice de l'autorité parentale. Je peux clore son dossier et m'occuper des cas qui le méritent vraiment !

Chaque année, un peu plus de cent mille enfants – le plus souvent de milieu très modeste – une étude récente montre qu'on y trouve un enfant de cadre pour sept enfants d'ouvriers – sont suivis par un établissement spécialisé d'éducation sans que l'Aide sociale à l'enfance ou le tribunal pour enfants interviennent. À titre personnel, je suis cela de près car je préside, depuis 1993, l'ANCE (Association nationale de communautés éducatives) désormais cinquantenaire, qui regroupe quelque trois cents associations gestionnaires d'établissements, huit cents établissements et un millier de personnes physiques qui, pour l'essentiel, s'occupent d'enfants handicapés.

Dans le cas de Sylvie, nous avions pu être préoccupés un temps sur les capacités de madame à trouver la bonne orientation. Nous l'avons soutenue et aidée. Maintenant que tout va bien, il est temps de se retirer. M. Ouadi est résolument optimiste.

En fait, je sens que Mme Guérin n'est pas convaincue que l'IME soit le meilleur choix pour Sylvie. Elle est triste de voir sa fille au milieu des handicapés mentaux de l'établissement.

– Je n'ai rien contre eux, monsieur le Juge, comprenez-moi bien, mais ma fille n'a pas ce handicap. Qu'est-ce qu'elle fait avec eux?

D'un autre côté, elle reconnaît que Sylvie a besoin d'une surveillance spéciale et que les éducateurs de l'IME l'entourent parfaitement.

– Et puis, madame Guérin, votre enfant n'est pas prisonnière de l'IME. On ne vous a rien imposé. Vous avez accepté que Sylvie y aille. Je sais que les éducateurs sont convaincus qu'elle doit y rester. Elle revient tous les soirs à la maison. Elle y trouve des professionnels compétents et spécialisés sur ses problèmes. Comme M. Ouadi, je ne peux que vous conseiller de maintenir cette orientation. D'ailleurs réfléchissez : si vous retirez Sylvie de l'IME, où allez-vous la scolariser?

– Je ne sais pas. Je n'ai rien contre l'IME. Ce sont des gens bien. Les enfants y sont bien, mais cela me fait mal au cœur, pour ces enfants et pour ma Sylvie. Vous comprenez, monsieur le Juge?

– Bien sûr. Croyez-vous qu'elle relève d'un établissement scolaire normal? Je sais que l'Éducation nationale fait beaucoup aujourd'hui pour répondre aux vœux des pouvoirs publics en veillant au maximum au maintien des enfants porteurs de handicaps dans l'école de tous. Mais cela suppose que le handicap de l'enfant le permette, et qu'il y ait un minimum d'encadrement spécialisé. Connaissez-vous, près de chez vous, une école qui offre ces prestations ? Si c'est le cas, il faut rencontrer son responsable et voir avec lui.

– Je n'en connais pas.

– Moi je vous conseille de ne rien changer à ce qui est offert à Sylvie, mais de prendre contact avec le secrétariat de la CDES ou avec l'Inspection d'académie. Elle se trouve ici à Bobigny de l'autre côté de la passerelle. Certains inspecteurs sont spécialistes, si je puis dire, de l'enseignement spécialisé. L'un d'entre eux fera le point avec vous et vous conseillera utilement. Ne lâchez pas la proie pour l'ombre. C'est tellement dur de trouver quelque chose actuellement. Souvenez-vous des difficultés pour obtenir cet IME.

Elle acquiesce, en fait elle n'a rien contre l'école elle-même.

– Je comprends très bien votre désarroi de voir Sylvie fréquenter un lieu dans lequel des enfants souffrent de graves handicaps. Je suis sûr que cela ne lui pose pas autant de problèmes à elle. Rassurez-vous en pensant que le cas de votre fille est moins lourd que la plupart. Sylvie a besoin de vous voir forte face à ce handicap dont elle souffre. L'angoisse d'un enfant est souvent proportionnée à celle des adultes. Expliquez-lui que ces enfants sont là pour être soignés. Que beaucoup vont bien évoluer. Heureusement. En attendant, je vous propose de maintenir pendant trois mois la présence de l'éducateur pour qu'il vous soutienne dans ces démarches. Quand vous serez rassurée, il partira. Qu'en pensez-vous, monsieur Ouadi ? Il faut parachever votre travail.

– Vu de cette manière, j'accepte, monsieur le Président.

– OK ! On fait comme cela. Madame Guérin, je suis sûr que les choses vont bien progresser pour votre fille. Je vous fais confiance. Vous avez su trouver une réponse intelligente. Prenez les contacts que je vous ai indiqués et tenez-moi au courant. Et puis appuyez-vous sur votre sœur aînée. Je sais qu'elle habite près de chez vous. Ce sera plus facile à deux de gérer cette situation.

Mme Guérin est encore inquiète et préoccupée. Elle aurait bien besoin d'être soutenue par un psychologue pour faire face aux drames successifs de sa vie. Les difficultés de sa fille la traumatisent. Pourtant il ne faut pas qu'elle craque. Sylvie a d'abord besoin d'elle. C'est aussi pour cette raison que j'encourage tant les parents à se battre et à ne jamais se décourager.

Dernier rendez-vous de la journée. Je jette un œil sur le dossier. De quoi va-t-on me parler à présent. Ah oui... Une histoire passionnelle, fusionnelle entre la mère, déjà grand-mère, et sa fille. Et, au milieu, un petit garçon qui compte les points...

19 h 45

Mme Bensaïd est arrivée la première, Alex, son petit-fils, à la main. Sa fille, Leila Bensaïd, enceinte de six ou sept mois, marche derrière elle, essoufflée, harassée. Sa sœur Sarah la soutient par les épaules. Ils entrent dans la salle et s'installent, la grand-mère et la mère à équidistance de l'enfant. Pas un regard l'une pour l'autre. L'élégance et la coquetterie de Mme Bensaïd tranchent avec la pâleur et l'épuisement apparent de sa fille.

J'ai rencontré Alex voici deux ans. À l'époque, Leila, complètement déprimée et suicidaire à la suite du départ de son mari, ne pouvait plus assumer les charges du foyer. L'enfant fut confié momentanément à la grand-mère, femme intelligente et dynamique mais tellement autoritaire qu'en quelques mois elle entreprit, inconsciemment ou non, d'éliminer la mère au regard de l'enfant.

Le travail de sape commença, méthodique et résolu, et aujourd'hui Alex ne sait plus vers qui se tourner. Il aime autant sa mère que sa grand-mère mais doit vraisemblablement s'interdire d'exprimer la moindre tendresse à l'une en présence de l'autre. Bref, la vie de ce petit garçon est un véritable calvaire ! Peut-être est-ce l'occasion, ici et maintenant, de lui donner un coup de main en lui permettant d'exprimer cet amour « officiellement », devant les deux femmes... Rêvons un peu et imaginons que Mme Bensaïd et Leila pourraient aussi se réconcilier...

Je reprends les derniers éléments du dossier et retrouve une lettre de la mère.

– Madame Bensaïd, pourquoi, entre février et avril, n'avez-vous pas vu votre enfant ? Que s'est-il passé ?

À Noël, j'étais avec mon ami. Nous étions en train de dîner ensemble, avec Alex. J'ai demandé à mon fils de se redresser parce qu'il mangeait le dos voûté, et il m'a répondu : « Rien à foutre de mon dos. » Mon ami n'a pas pu s'empêcher de lui envoyer une claque...

– Vous comprenez qu'un enfant supporte difficilement une claque du « petit ami » de sa mère? Depuis cet incident, que s'est-il passé?

– Alex en a parlé à sa grand-mère et depuis il dit qu'il ne veut plus me voir. Je suis enceinte et je suis sûre qu'on lui monte la tête et qu'il croit me gêner en venant à la maison. Il a l'impression que je ne l'aime pas.

– Il est jaloux de ce monsieur?

– Je ne sais pas. Je ne crois pas.

Je me tourne vers Alex. Enfoncé dans le fauteuil de cuir, ses pieds ne touchent pas le sol.

– C'est toi qui refuses de voir ta mère? Pourquoi? Ce n'est pas normal, c'est quoi le problème?

– Il n'avait pas à me frapper...

– D'accord avec toi.

– Il me commande... Il veut que je fasse ce qu'il veut...

– Si ta maman lui trouve un intérêt, c'est qu'il n'est pas totalement débile, non? Mais effectivement aucune loi ne t'oblige à aimer cet homme... L'idée que ta mère aime ce monsieur, ça ne te plaît pas beaucoup, apparemment...

– Non.

– Mais ton beau-père est en droit de se faire respecter et de veiller à ton éducation puisque vous vivez ensemble. Maintenant je comprends que tu n'apprécies pas de recevoir une gifle, qui plus est de sa part. Mais après tout peut-être l'avais-tu méritée? Il faut que tu réfléchisses comment faire pour arranger les relations entre toi et ta mère...

À chaque question, le jeune Alex se tourne vers sa grand-mère. Et il ne peut pas dire un mot sans chercher automatiquement l'assentiment de la vieille dame, qui le rassure d'un battement de paupières. Puis il jette les yeux vers sa mère d'un air timide et craintif. La jeune femme observe le manège, l'air désolé. De temps à autre, elle caresse son ventre bombé.

– C'est une bêtise de frapper un enfant, qui plus est, au début d'une relation, vous l'avez dit à votre ami?

– Bien sûr, je le reconnais, mais Alex était très insolent et cela lui a échappé... Bon. Mais cela ne se reproduira plus. Je vous jure, monsieur le Juge, c'était trois fois rien, mais là, ça prend tout de suite des proportions énormes. Il n'y avait pas de conflit avant. Mais voilà : j'ai laissé Alex à ma mère et elle le monte sans cesse contre moi!

Je me tourne vers la grand-mère qui bout dans son coin et a tenté de me couper la parole à plusieurs reprises.

– Moi, monsieur le Juge, ma religion est faite. Ma fille n'est pas capable de s'occuper de mon petit-fils, c'est tout. Elle était bien contente de m'avoir quand il était bébé, aujourd'hui elle veut le récupérer. Puisqu'il paraît qu'elle en a le droit, allez-y. Mais c'est très simple. Je dois partir à l'étranger me faire soigner, mais, avant, je vais faire mon testament : je ne reconnais plus ma fille. Je donne tout mon argent à mon petit-fils.

Je reste, un instant, sans voix. Je savais Mme Bensaïd implacable, mais venir me jeter ça en face, elle pousse un peu le bouchon... C'est presque de la provocation ! La connaissant de longue date, je peux m'autoriser à être très direct. C'est une femme d'autorité qui n'est pas là pour séduire. Je reprends :

– Excusez-moi de vous le dire, madame, mais sur ce coup-là vous êtes ignoble. J'essaie d'arranger les choses entre vous, l'enfant et sa mère, et vous durcissez le ton. Vous compliquez tout. Je vous croyais plus intelligente.

Alex me regarde bouche bée. C'est sans doute la première fois qu'il entend quelqu'un parler ainsi à sa grand-mère sans qu'elle ose réagir ! Puisqu'elle a déclaré la guerre, autant qu'il en soit le premier informé :

– Alex, tu dois entendre beaucoup de disputes autour de toi et souvent ne rien y comprendre... Rassure-toi, tu n'es pas le seul. Les origines du mal de ta mère viennent du conflit personnel qu'elle a avec ta grand-mère. C'est une vieille histoire et personne ne pourra la régler à leur place. D'ailleurs, à mon avis, cela ne se réglera jamais... Et toi tu es entre les deux...

À présent, la mère et la fille s'opposent ouvertement devant moi. « Tu es méchante, tu es un monstre », crie en pleurs Leila à sa mère qui veut me prendre à témoin : « Voyez comment elle me traite, monsieur le Juge ! » Je les laisse s'expliquer quelques minutes avant d'intervenir. Sarah, la sœur cadette, essaie de s'interposer en intimant aux deux femmes d'arrêter, de se taire. Elle se tourne vers Leila et lui glisse à l'oreille : « Arrête, je t'en prie, pense à ton bébé... » En quelques secondes, elles ont oublié l'existence du petit Alex, qui, une fois de plus, compte les points.

Je leur demande une fois, deux fois, dix fois de cesser leurs disputes, mais la grand-mère est lancée, d'autant qu'elle doit sentir confusément son petit-fils lui échapper. Elle tente le tout pour le tout.

– Monsieur le Juge, l'enfant est bien avec moi, pourquoi ne pas me le laisser... puisqu'elle aura le bébé ?...

Immédiatement, la mère explose.

– Mais non, pas du tout, tu veux me reprendre mon fils...

Je suis obligé de taper du poing sur la table. Et dire que j'ai espéré un instant une belle réconciliation devant moi ! Si je n'interviens pas, dans cinq minutes c'est le pugilat !

– Arrêtez ! ça suffit maintenant ! Madame Bensaïd, je sais que vous n'êtes pas d'accord avec les mesures que je vais prendre maintenant mais je n'ai aucune raison de séparer Alex de sa maman. Ne mélangez pas les rôles. Vous êtes la grand-mère. Contentez-vous déjà de bien remplir votre rôle de grand-mère...

Mais Mme Bensaïd ne peut pas entendre ce discours. Il lui est même tellement insupportable qu'elle se lève d'un bond et se dirige vers la sortie.

– Encore une fois, je n'ai pas pu parler. Je ne sais même pas pourquoi je viens...

– Vous venez ici pour détruire votre fille un peu plus chaque fois et tenter de récupérer Alex. Mais, madame, dans mon bureau, ce n'est pas vous qui commandez et...

Trop tard, elle est sortie. Ses deux filles me regardent d'un air navré. Glissons.

– Il faut à présent que vous puissiez vous organiser pour recevoir votre enfant. Alex est mal à l'aise par rapport à vous et à votre ami. C'est à vous de faire des efforts vers lui. Pas toujours le contraire. Le dialogue est à réengager avec votre fils. Vous savez, votre gosse en a ras le bol de venir au tribunal. Lui il préférerait jouer avec ses copains. Et puis, je vous en prie, essayez de vous calmer avec votre mère, elle vous allume des mèches en permanence et vous vous faites avoir à chaque fois. Vous êtes trop émotive, sans doute cela vous rappelle-t-il votre propre histoire...

Tout d'un coup Alex qui suivait ce remue-ménage dans un silence absolu semble se réveiller.

– Pourquoi elle est partie, grand-mère ?

– Parce qu'elle veut tout organiser et que ici elle ne peut pas le faire. Un vrai rouleau compresseur ! Alors, elle préfère partir. Tu sais, ta grand-mère n'est pas très gentille avec ta mère, elle l'accuse de ne pas t'aimer alors qu'elle-même ne l'aime pas. Il faut que tu ailles vers ta mère, que tu fasses des gestes tendres, même si ce n'est pas facile, vous allez essayer tous les deux. Je ne voudrais pas que dans quinze ou vingt ans tu te retrouves dans mon bureau avec tes enfants. C'est à ça que je pense tout le temps. Il faut sortir de ce cercle, pour que la deuxième partie de ton enfance soit correcte. Quand tu seras père de famille, tes enfants t'interrogeront sur ta mère et toi. Il faut qu'ils soient fiers de leur grand-mère... Tu comprends? Ton objectif maintenant est de retrouver des relations vraies avec ta mère. Sois proche d'elle et... aide ton demi-frère à venir...

J'ai l'impression, tout d'un coup, qu'Alex se sent moins seul avec ce petit frère qui s'annonce et ses futurs enfants... Je viens, et je souhaite de tout cœur qu'il l'ait reçu ainsi, de lui dessiner un paysage dans lequel il a déjà sa place et un rôle précis à jouer. Je fais rapidement le brouillon de la remise officielle de l'enfant à sa mère et de la mainlevée de la garde à la grand-mère. Ce soir, je n'ai pas fini d'entendre mes oreilles siffler...

20 h 30

La journée officielle est terminée. Coup de fil depuis la voiture au tribunal pour interroger mon répondeur puisque, à cette heure-là, tout le monde doit être parti. Rien d'urgent sur ma messagerie. Je regarderai le courrier demain. Pas question, bien sûr, de repasser au tribunal. On se rentre. Dîner et revue de presse mensuelle pour le *Journal du Droit des Jeunes*, car il ne faut pas que je rate les délais de bouclage.

Jeudi

Pas de temps aujourd'hui pour le rendez-vous quotidien du petit matin avec mes amis substituts, juges, éducateurs, autour d'un café... Il est 8 heures et je n'aurai pas trop d'une heure pour consulter les cinq dossiers d'assistance éducative qui viennent ce matin en audience de cabinet.

Tiens, ça commence bien, je ne vois que quatre dossiers sur mon bureau et, évidemment, celui qui manque concerne mon premier rendez-vous. Pas le temps de me retourner, mais il n'y a aucune gravité en la matière. Il m'arrive délibérément de ne pas consulter intégralement, au moins dans un premier temps, le dossier de parents ou de jeunes que je dois rencontrer. Je me contente du signalement. Cette approche relativement vierge de toute information me permet d'appréhender certains aspects d'un problème d'une tout autre façon.

Sur mon agenda, ma greffière a noté « M. et Mme Vong », mais leur nom ne me dit rien. Il faut dire que je ne mémorise pas toutes les affaires dont j'ai à connaître.

J'étudie rapidement les autres dossiers : une mystérieuse jeune fille sierra-léonaise, une mère qui violente son enfant, une petite fille africaine sourde-muette dont les parents se sont volatilisés, et un père en foyer Sonacotra qui ne peut pas élever ses enfants... vu son taux de cholestérol ! Il l'a écrit dans une de ses lettres... Qu'est-ce que c'est que cette histoire ! Il se moque du monde ? Je serais curieux d'entendre ses explications...

Mme Dutrieux arrive à cet instant et je l'interroge sur la disparition du premier dossier. « Désolée, monsieur le Président, mais j'ai cherché partout, je suis sûre que quelqu'un est venu consulter dans l'armoire et ne l'a pas remis en place. Ce n'est pas la première fois... » Je ne lui en veux pas. Vu notre mode de fonctionnement, le nombre d'affaires, l'urgence et la précipitation, je suis même ébahi et admiratif que Mme Dutrieux retrouve si régulièrement ses dossiers et qu'il ne s'en égare pas plus ! Et que dire pour les autres cabinets où des piles et des piles de dossiers encombrent les bureaux quand, faute de place, ils ne sont pas posés par terre... Avec l'air ne de pas y toucher, chaque greffière veille sur eux et sait où les dénicher comme une mère poule suit à la trace chacun de ses rejetons.

Je file accueillir M. et Mme Vong. Je me fais fort de reconstituer l'essentiel de leur problème par l'entretien. À 9 heures du matin, c'est plutôt stimulant et cela réveille de commencer par cet exercice qui consiste à demander aux gens que j'ai convoqués la raison de leur visite !

En fait, nous ne nous sommes jamais rencontrés. Je les préviens immédiatement que je n'ai pas eu leur dossier sous les yeux. Je l'ai lu, bien sûr, au moment d'envoyer les convocations mais depuis j'en ai vu tant d'autres. À ma demande, ils me dépeignent en quelques mots le paysage familial. D'origine vietnamienne, tous deux âgés d'une quarantaine d'années, ils élèvent ensemble les trois enfants nés de la précédente union de madame et les deux enfants issus de leur couple. Les enfants les accompagnent. Difficile de ne pas repérer la fille aînée, Laura, magnifique adolescente eurasienne, à la poitrine fière et au nombril à l'air comme nombre de jeunes filles de son âge.

Polis et souriants, les parents me racontent donc l'histoire « à leur façon » et je n'ai pas, a priori, de raison de douter de leur parole... si ce n'est une légère intuition, l'expérience sans doute, qui fait que je ne me laisse plus raconter n'importe quoi. En l'occurrence, la situation n'est pas inintéressante, puisqu'elle me permet de poser des questions inhabituelles :

– Pourquoi êtes-vous devant moi, aujourd'hui ? (Je pourrai dire « quel bon vent vous amène ? » mais, ne sachant rien d'eux, je préfère m'abstenir...)

– Justement, monsieur le Juge, nous ne savons pas ce qu'on nous reproche...

– Vous devez quand même en avoir une petite idée... Le problème se pose avec Laura, la grande de seize ans, ou les plus petits ?

– Heu... peut-être avec Laura... à cause de sa fugue il y a deux ans... Ça doit être ça...

– Elle a fait une fugue ? Vous avez des problèmes avec elle ?

– Mais pas du tout... D'ailleurs, c'était pas vraiment une fugue, elle est restée plusieurs jours chez des amis... Tout va bien, monsieur le Juge...

À voir ! Je dois brûler. Je ne serais pas surpris d'apprendre que la très belle Laura a eu quelques problèmes avec son beau-père.

Comment savoir... Le couple me semble modeste mais pas dans une précarité alarmante, ils ont l'air de s'entendre plutôt bien... En même temps... ces sourires qui ponctuent chacune de leurs phrases ne me disent rien qui vaille. Pour en avoir le cœur net, et pour progresser un peu car dans cette situation je ne peux rien décider, j'appelle l'Aide sociale à l'enfance. Ils ont forcément l'original du dossier des enfants ou de la jeune fugueuse puisqu'ils m'ont fait un signalement. Un éducateur me promet le double du « dossier Vong » par fax, dans l'heure.

Inutile de faire attendre les Vong. Je les informe que je vais vérifier ce qu'ils m'ont dit et qu'éventuellement j'ordonnerai une enquête sociale pour nous permettre de réexaminer la situation à la rentrée. Nous nous saluons et ils se sauvent après de petites courbettes.

Étrange... J'en saurai plus dans quelques minutes grâce au fax ou si Mme Dutrieux remet la main sur le dossier disparu. Finalement, l'absence de ce dossier m'a bien plus handicapé que je ne le pensais au départ.

Elena Felda, la petite Sierra-Léonaise, ne doit pas être encore arrivée au tribunal. Claude, notre appariteur, ne me l'a pas annoncée. Débarquée à Roissy en mai dernier, après avoir passé quelques jours au centre de détention administrative, le temps qu'on découvre qu'elle était mineure, elle a été confiée à l'Aide sociale à l'enfance. « Déférée au titre de l'article 35 quarter, elle a pu bénéficier ensuite d'une ordonnance de placement provisoire », m'informe le rapport de l'ASE.

Un mot ici sur les « 35 quarter », du nom de l'article de l'ordonnance de novembre 1945 sur l'entrée et le séjour des étrangers en France. On sait la politique draconienne suivie aux frontières depuis 1976 et tous ses rebondissements. Toujours est-il que certains étrangers se rendant dans un autre pays que la France transitent par notre pays sans être en situation régulière. Ils peuvent ainsi être en possession de papiers falsifiés. En vertu du droit international, la France se doit de les renvoyer vers le pays d'où ils viennent.

L'administration dispose d'un certain délai qui peut être insuffisant pour obtenir un visa, un billet d'avion. La loi veut donc que le préfet et ses services demandent au tribunal l'autorisation de garder par-devers eux l'étranger en partance pendant huit jours, renouvelables exceptionnellement pour huit nouveaux jours, le temps de réunir toutes les conditions du départ. La marge de manœuvre du président-délégué est étroite. J'en sais quelque chose car il m'arrive régulièrement de jouer ce rôle en qualité de vice-président du TGI que je suis le temps d'un week-end. Le juge qui siège seul doit se contenter d'une approche très formelle pour vérifier que les innombrables garanties de procédures ont été respectées et, compte tenu du nombre de procédures en cours, les violations au droit sont nombreuses. Les avocats spécialisés ne manquent pas de déposer leurs conclusions. Au magistrat d'apprécier ensuite si ces violations de procédure ont nui ou pas à l'intéressé. On est dans un domaine où le droit est important mais où une très forte charge émotionnelle règne dans la salle d'audience. Quand je préside, j'ai rarement autant le sentiment de jouer la vie des gens dont je me préoccupe. Beaucoup plus qu'au tribunal pour enfants car dans mon cabinet je peux toujours rattraper mes erreurs ou rectifier le tir si de nouvelles informations me parviennent. Là, ce que je décide ne m'appartient plus après. Quand une jeune femme vous montre les traces de ce qu'elle prétend être des coups de machette et que les services spécialisés lui refusent le droit d'asile, il n'est pas aisé de décider !

J'avais été saisi d'une affaire concernant une famille kurde qui comptait se rendre en Allemagne. Ils étaient beaux, jeunes, et avaient de l'argent, leurs gosses de douze et huit ans étaient magnifiques. J'avoue que j'étais épaté qu'ils veuillent partir à « l'aventure ». La pression devait être forte pour qu'ils lâchent tout et fuient ainsi. Je décidai de les libérer puisqu'ils voulaient gagner l'Allemagne et que, là-bas, ils avaient de fortes chances d'obtenir leurs régularisations. Je leur annonçai ma décision, suivie d'un conseil :

– Pour l'Allemagne, il faut aller gare de l'Est ! Vous prenez le métro. Vous ne traînez pas car nous n'avez pas de papiers. Vous ne vous arrêtez pas avant de monter dans le train. Là, pas de problèmes, vous n'aurez pas de contrôle et vous régulariserez votre dossier à l'arrivée.

En même temps, je mesurais tout l'humour qu'il y avait à ce que moi, j'aide une famille en fuite ! La vie est parfois riche en gags. Comme le jour où ma femme, nous servant de guide pour nous rendre en voiture en Roumanie, n'a pas trouvé mieux que de nous perdre du côté de Dachau. Le seul endroit que je ne voulais surtout pas voir en traversant l'Allemagne ! Dans ses calculs pour l'éviter, elle avait visé l'entrée principale du camp... J'enrageais. Passons !

Certains jeunes arrivent seuls à Roissy. Munis de vrais ou de faux papiers, souvent sans rien, c'est selon. Ils les détruisent parfois sur les conseils des procureurs. Les mineurs ne pouvant pas rester en rétention administrative, la plupart des juges-délégués les font sortir rapidement de cette zone. Ils sont alors pris en charge par le tribunal pour enfants qui les confie à l'ASE, laquelle ASE oppose régulièrement une résistance à ce « placement », estimant que l'État se défausse sur le département de la Seine-Saint-Denis, de ses responsabilités... D'autres résolvent le problème de la zone de transit en l'escamotant et en descendant carrément sur le tarmac pour quitter l'aéroport par les pistes. Un exploit qui ne va pas sans risques.

En 1977, Mouloud, jeune Noir africain d'environ seize ans, avait été trouvé errant dans les rues de Villepinte. Il avait accepté sans difficulté de suivre les policiers, puis de demeurer au Foyer de l'enfance.

Comme tant d'autres, je l'avais interrogé.

– D'où viens-tu ?

– De Dakar. Mes parents sont morts. Mon oncle, en fait, c'est plutôt un ami de mes parents, m'héberge depuis un an et m'a dit qu'il était temps de partir. Il ne pouvait plus me nourrir. J'ai décidé de venir en France pour travailler.

– Quand es-tu arrivé ?

– Il y a trois semaines.

– Comment ?

– Dans un Airbus d'Air France.

Cocorico !

– Je suis monté dans le train d'atterrissage.

L'éducateur de l'ASE intervient :

– Avec mes collègues et les policiers, on n'y croit pas. C'est impossible de faire un voyage dans ces conditions.

D'autant qu'il est arrivé chez nous en chemisette. Il était frais, c'est le cas de le dire, comme s'il avait voyagé en première classe ! Tout simplement incroyable !

J'acceptai volontiers qu'il reste pour le moment au foyer. On se reverrait dans quelque temps.

M. Chali, l'éducateur, me téléphona assez rapidement pour me voir, accompagné de Mouloud.

– Voilà. J'ai voulu en avoir le cœur net au sujet de son voyage. Comme il ne démordait pas de sa version, je suis allé avec lui aux ateliers d'Air France.

– Fallait y penser. Bravo !

– On lui a demandé de nous décrire la soute du train d'atterrissage de l'Airbus, puis de refaire les gestes qu'il avait faits pour s'y cacher. C'est incroyable, monsieur le Juge, mais les techniciens m'ont dit qu'il n'a pas pu en parler ainsi sans l'avoir vécu. Bref : il n'a pas menti. Les techniciens sont bluffés. Il n'a pas été écrasé par les roues mais il aurait dû mourir de froid avec sa chemisette !

– L'administration française ne donnera pas un titre de séjour à Mouloud lui permettant de rester au-delà de la majorité, continue M. Chali. Nous en avons parlé longuement. C'est un garçon raisonnable et lucide. Il en a tiré les conséquences. Il veut repartir. C'est tellement vrai, monsieur le Juge, qu'avant-hier nous l'avons interpellé sur le chemin de Roissy. Il s'y rendait à pied, direction les ateliers d'Air France. Il voulait remonter dans un avion : par le train d'atterrissage ! C'est là que j'ai décidé de vous appeler.

Pour le coup, je suis sidéré.

– Tout cela est vrai, Mouloud ?

– Oui, monsieur. Je veux repartir à Dakar. Je ne trouverai jamais de travail ici. Mon oncle m'aidera.

– Mais c'est lui qui t'avait dit de partir...

– C'est vrai, mais il ne savait pas qu'il n'y a pas de travail ici pour moi.

Ce gosse est émouvant de lucidité. Un petit homme déjà. Il tente l'impossible avec les cartes dont il dispose. Je pense, in petto, que l'ordre public ne risquerait pas grand-chose à ce qu'il demeure en France, c'est un garçon sérieux. Il ne faudrait pas beaucoup de temps pour qu'il soit formé, travaille et devienne un bon français d'origine africaine, comme tous ceux que nous avons fait venir au temps des Trente Glorieuses pour faire bouillir la marmite !

Reste que non seulement mon pouvoir a des limites, mais qu'il a déjà pris sa décision. Il repart. Je le plaisante donc un peu.

– Écoute. C'est fini avec les trains d'atterrissage. Tu repartiras dans la cabine comme tout le monde. C'est plus sûr et plus chaud. Laisse-nous quand même le temps de tout organiser.

– Oui, monsieur le Juge.

Je ne devais plus revoir Mouloud. Je le croyais sauvé.

Mystère de l'infini et de l'imaginaire adolescent... Que s'est-il passé dans sa tête ? Quelques jours plus tard, M. Chali m'appela avec une voix terriblement triste.

– Monsieur le Président, on a retrouvé le corps de Mouloud en Normandie ! Il a dû tomber d'un avion. On ne sait pas encore. On pense qu'il a voulu partir en Angleterre. Sans doute n'a-t-il pas eu confiance en nous ou la patience d'attendre.

On sait que nombre d'Africains qui tentaient ainsi de quitter leur pays pour se rendre en Europe sont morts de froid ou broyé par le mécanisme des roues de l'avion. Mouloud avait fait le bon choix ! En janvier 1999, Bouna, autre jeune Sénégalais qui avait pris un Lyon-Dakar, avait dû être hospitalisé. Dans le coma et en hypothermie, il entra officiellement en France pour y être soigné, puis fut rapatrié « sanitaire » dans son pays... pour ne pas dire expulsé. Depuis, il s'est à nouveau enfui de chez son père. Dans le passé, il avait tenté de gagner le Brésil et la Côte-d'Ivoire dans des avions-cargos. À chaque fois, il avait été refoulé...

Le préfet fut stupéfié quand, alors qu'il m'interpellait sur le jeune Bouna, je lui appris que, dans son propre département, Mouloud avait été confié plusieurs semaines à l'ASE avec l'accord de tous et en toute discrétion.

Il y aura d'autres Mouloud, Bouna, d'autres Yaguine ou Fodé, ces Guinéens de quinze et seize ans, morts en août 1999, tellement conscients des risques qu'ils prenaient qu'ils avaient écrit une lettre très émouvante aux responsables de l'Europe.

« [...] C'est à votre solidarité et votre gentillesse que nous vous appelons au secours en Afrique. Aidez-nous, nous avons des problèmes et quelques manques de droit de l'enfant. Au niveau des problèmes, nous avons la guerre, la maladie, la nourriture, etc. [...] Donc si vous voyez que nous nous sacrifions, c'est parce qu'on souffre trop en Afrique et qu'on a besoin de vous pour lutter contre la pauvreté et mettre fin à la guerre en Afrique. Néanmoins, nous voulons étudier et nous vous demandons à étudier pour être comme vous, en Afrique. »

La bonne conscience occidentale s'en est émue pendant quarante-huit heures ! Depuis, plus un mot...

Ces enfants avaient tout compris. L'éducation pour le développement, c'est effectivement LA piste à suivre. Il n'y en a pas d'autres. On peut avoir tous les accents de regret, de désespoir, de colère après un tel drame. Reste à voir ce qui va suivre, dans les faits. Les autorités vont certainement renforcer la surveillance des soutes et des trains d'atterrissage, chez Boeing comme chez Airbus. Mais nul n'ignore que, dans l'avenir, la pression sera double sur l'Europe : Est-Ouest, Sud-Nord ! La mondialisation de l'information ne peut qu'accélérer le phénomène d'attirance vers les riches régions d'Europe, si, sur place, parents et enfants vivent dans la misère et l'indignité.

Elena Felda habite chez une assistante maternelle de l'ASE. Aux autorités de l'aéroport, elle explique son arrivée en France par la guerre civile qui ravage son pays et tient le même discours que ses compatriotes : sa famille a été massacrée et elle a pu fuir grâce aux forces d'interposition nigérianes. Elle dit avoir seize ans et ne connaître personne en France ni en Europe. À l'association France, Terre d'asile où elle va préparer son dossier OFPRA (Office français pour les réfugiés et les apatrides, octroyant le statut de réfugié), la permanente qui enregistre son récit ne croit pas un mot de ce qu'elle raconte.

D'autant que, fait troublant, une jeune Nigériane la croise à l'accueil et lui dit textuellement : « Tu parles comme une Nigériane », ce qu'Elena nie farouchement. En fait, personne ne peut dire avec certitude qui elle est. Même la date de naissance qu'elle donne est sujette à caution : en effet, à l'occasion de la délivrance d'un sauf-conduit pour Elena, le capitaine de police, qui depuis quelques années remplit quantités de formulaires pour des jeunes filles africaines, fait part à l'ASE de ses réserves concernant l'âge et la nationalité d'Elena. Il pense qu'elle serait effectivement originaire du Niger et qu'elle n'aurait pas moins de vingt ans. Une analyse osseuse devrait répondre définitivement à cette question.

Encore faudrait-il qu'Elena accepte l'examen et se rende aux multiples rendez-vous que lui fixe l'Aide sociale à l'enfance, qu'elle ignore superbement. Je sens d'ailleurs qu'elle ne viendra pas non plus aujourd'hui. Elle a plus d'un quart d'heure de retard.

À ce moment, Mme Dutrieux entre dans mon bureau avec un fax de plusieurs pages et un message téléphonique. Justement, l'éducatrice d'Elena Felda a appelé pour dire qu'il ne fallait pas attendre la jeune fille. Elle a oublié de me prévenir, mais Elena a disparu depuis une semaine. Envolée ! Une déclaration de disparition a été effectuée au commissariat de Bondy. Le plus étrange dans cette histoire, c'est que la jeune fille que l'on a arrêtée en même temps qu'Elena à Roissy et qui avait été également accueillie chez une assistante maternelle s'est évaporée dans la même semaine ! Elle aurait déclaré à son éducatrice avoir vingt et un ans...

La dernière phrase du rapport de l'éducatrice me laisse songeur : « Tout ceci pour dire que ces situations de jeunes Africaines confiées à l'Aide sociale à l'enfance nous amènent à nous interroger sur le rôle involontaire que nous tenons peut-être dans des " filières douteuses ". Que cautionnons-nous ? »

Le fax de l'ASE est le double du dossier concernant M. et Mme Vong. Voyons si mon intuition était bonne. Me suis-je fait rouler dans la farine ? Je parcours rapidement les trois rapports qui font état d'inquiétudes concernant les petits enfants. Nous n'en avons pas parlé, mais il semble qu'il y ait quelques carences de ce côté-là : « négligences répétées, enfants livrés à eux-mêmes, parents injoignables, enfants tristes, insuffisamment vêtus, problèmes d'hygiène »...

Ils se sont bien gardés d'insister sur les messages d'alerte envoyés par l'école et les services sociaux. Je découvre également que non seulement la jeune Laura fugue de la maison, mais qu'elle s'absente énormément de l'école. Beaucoup plus grave : les révélations de Laura à l'assistante sociale de son collège concernant les attouchements sexuels de la part de son beau-père... et sa rétractation quelques jours plus tard, comme si les parents avaient fait pression auprès d'elle pour que rien ne transparaisse du fonctionnement familial. Là, j'avais vu juste.

Le rapport de l'ASE mentionne également une ambiance au domicile pouvant être violente, si l'on se réfère au conflit qui opposa, six mois plus tôt, le couple parental et au cours duquel madame tenta de poignarder monsieur ! Ils avaient pourtant l'air si doux..., mais je me disais bien qu'ils forçaient un peu trop sur le sourire. L'enquête sociale que j'ai ordonnée me mettra tout cela au clair et nous allons, au plus vite, préparer l'intervention d'une équipe éducative dans le foyer Vong.

Mon rendez-vous de 10 heures est arrivé. J'entends dans le couloir le rire frais d'une petite fille.

10 heures

La petite Anne-Marie est déjà arrivée et elle bavarde joyeusement avec Mme Larmor, son éducatrice, dont la blondeur et le bon sourire ont ensoleillé plus d'une fois certaines audiences larmoyantes. Nous attendons quelques instants M. et Mme Colladant. Ce rendez-vous devrait se passer sans tension particulière car la relation entre Anne-Marie et sa mère s'est considérablement améliorée.

Il y a deux ans, j'avais demandé à la Sauvegarde d'effectuer une enquête sociale concernant Anne-Marie, suite au constat de maltraitance établi par le docteur Reniel, qui avait, en l'occasion, examiné l'enfant. Je me souviens combien la lecture de cette enquête m'avait effrayé et révolté. Le directeur de l'école primaire, où la petite fille avait été scolarisée pendant plus de six ans, parlait d'« enfant martyre ». Pendant six ans, il avait alerté les services sociaux et les médecins scolaires sur cette affaire. En vain ! disait-il. Jusqu'au moment où Anne-Marie alla elle-même au commissariat déposer plainte pour les violences de sa mère à son encontre ! En fait, la situation était connue depuis longtemps par les services sociaux mais sans preuves réelles, et compte tenu des multiples contradictions, y compris celles de l'enfant, aucune mesure n'avait été prise.

En tout état de cause, cette situation évoluait très difficilement. Et ce n'était pas faute des uns et des autres d'essayer de comprendre de quoi souffrait Anne-Marie.

Durant des années, Mme Colladant fut dans la dénégation formelle de toute maltraitance à l'encontre de sa fille. Elle disait ne pas comprendre « cette cabale » en direction de leur famille, précisant qu'avec son mari « ils se crevaient » pour le bien de leurs enfants. Mais lorsque les services médicaux lui parlaient des marques rouges relevées sur le visage et le corps d'Anne-Marie, elle évoquait des jeux agressifs entre l'enfant et le chien de la maison ! Convoqué par la police, M. Colladant nia farouchement qu'il s'agisse de mauvais traitements. À cet égard, il semble que la langue de bois ait allégrement fonctionné au sein de la famille !

Y compris chez la petite Anne-Marie ! Lors de l'entretien avec les enquêteurs de la Sauvegarde, la petite fille démentit ses propres déclarations et affirma qu'elle était très bien chez elle. Elle nia également les confidences faites à une petite copine de classe. « Elle se fait battre par sa mère, elle me l'a dit », avait rapporté l'élève au principal du collège. Certains professeurs tentèrent d'entamer un dialogue. Sans succès. Elle restait ainsi qu'ils la décrivirent plus tard : « solitaire et un peu triste, jamais de sourire, elle ne regarde pas l'autre dans les yeux, elle est silencieuse et froide ».

Devant la complexité de la situation, face à toutes ces contradictions et dans le but de protéger Anne-Marie, l'assistante sociale proposa qu'une mesure d'IOE (Investigation d'orientation éducative) soit ordonnée par le juge. En tout état de cause, cette approche par des travailleurs sociaux et un psychologue permettrait à l'enfant d'exprimer sa souffrance.

Finalement, sur la préconisation de la Consultation, je veillais à ce qu'Anne-Marie fût accueillie dans une famille. Cette décision qui aurait pu être mal vécue par la mère décrispa les tensions de façon spectaculaire. Peu à peu, de véritables relations s'instaurèrent entre famille naturelle et famille d'accueil, et cette confiance de part et d'autre amena Mme Coladant à être moins hermétique lorsque la maltraitance entre elle et Anne-Marie était évoquée. De plus, les parents se montrèrent beaucoup plus coopérants et exprimèrent clairement leur désir de relations avec les travailleurs sociaux. Peut-être eurent-ils le sentiment que nous étions intervenus à temps ? Quoi qu'il en soit, il ne leur fut pas facile de reconnaître publiquement qu'ils avaient, un temps, rejeté leur enfant...

Il n'en reste pas moins qu'aujourd'hui un véritable travail doit être effectué, et vraisemblablement une thérapie familiale, pour comprendre ces relations « particulières » entre la mère et l'enfant. Anne-Marie a besoin également d'un soutien psychologique important pour analyser et tenter de maîtriser son extraordinaire ambiguïté et cette angoisse qui lui fait désirer se rendre chez sa mère et, quelques minutes après, évoquer la possibilité qu'elle l'étouffe dans son sommeil avec un oreiller...

Je regarde Anne-Marie assise en face de moi. C'est vrai qu'elle sourit peu mais, tout de même, elle n'a pas ses regards apeurés, tendus vers sa mère comme avant ; ses mains sont posées sagement sur sa jupe et elle ne tremble plus.

– Alors, Anne-Marie, tu vas partir bientôt en vacances !

– Oui, le mois prochain, en camp avec des garçons et des filles...

– Où vas-tu ?

– À Charavine, à la campagne, près de Grenoble, il y a un lac...

– Tu es contente d'aller là-bas ?

– Ben oui.

Mme Colladant me pose une question.

– Monsieur le Juge, nous n'avons jamais parlé du temps qu'Anne-Marie passerait dans sa famille d'accueil...

– Mais parce que je ne sais pas exactement. Je peux vous dire un an car c'est la période scolaire et qu'il faut essayer de ne pas la perturber en la changeant de collège... Vous savez bien qu'il vous faut aussi préparer son retour. Donnez-vous le temps. Votre fille est bien dans sa famille d'accueil et elle peut revenir chez vous quand vous le décidez ensemble. Pour l'instant on ne bouge pas. On verra dans quelques mois. Pas de précipitation... Mais je comprends votre attente. Elle est légitime.

En fait, nous n'avions rien de nouveau à nous dire mais je désirais voir Anne-Marie avant les vacances. Cette enfant est fragile et cet entretien était aussi pour moi une façon de lui dire que, même si les choses s'arrangent et que les difficultés s'estompent, je ne disparais pas pour autant du paysage. Elle peut encore compter sur son éducatrice et sur son juge.

Une stabilité a été trouvée. Bien sûr que les parents souhaiteraient de nouveau redevenir aux yeux de leur propre famille, de leurs voisins et amis, des parents comme les autres, de bons parents qui élèvent leurs enfants à la maison. L'importance du paraître ! On peut aussi s'aimer, élever ses enfants correctement, se comporter en parents responsables sans vivre ensemble. Dans le cas d'Anne-Marie un équilibre positif a été acquis et il faudra réfléchir à deux fois avant d'y toucher. C'est toute la difficulté de l'exercice. La loi donne bien des recommandations au juge, mais, face aux parents et à l'enfant, il lui revient, comme un couturier, d'abandonner le « prêt-à-porter », qui lui ferait appliquer à tous les mêmes règles pour pratiquer le « sur-mesure », et, de considérer d'un œil neuf l'histoire unique que l'on vient lui soumettre...

11 heures

Anne-Marie et Diamora se sont croisées dans le couloir, sans un sourire, sans un mot, ces deux sésames qu'il ne faut pas attendre d'elles : l'une n'a pas appris, l'autre n'a jamais su. Diamora Diallo, petite Angolaise de quinze ans, est sourde-muette.

Il y a deux ans, après une dispute avec son mari plus violente que les précédentes, Mme Diallo a quitté le domicile conjugal. Personne ne l'a jamais revue. Pendant les premiers mois, M. Diallo tenta de s'occuper de Diamora mais, son épouse ne donnant plus signe de vie, il sombra peu à peu dans la déprime et dans la drogue. L'enfant fut recueillie spontanément chez sa grande sœur, Léna, et son mari, mais le jeune couple montrant quelques signes de fragilité et menaçant de se séparer, l'Aide sociale à l'enfance intervint auprès du juge pour enfants afin qu'elle rejoigne au plus vite un foyer. La famille, ou ce qu'il en restait, accepta.

Mme Larmor, qui est aussi l'éducatrice de Diamora, est restée pour l'entretien. Elle m'a fait parvenir un rapport sur le comportement de Diamora dont l'exigence capricieuse et le mécontentement systématique de tout inquiètent le personnel du foyer. En fait, elle vit sa présence dans ce lieu comme une punition qu'elle n'aurait pas méritée. Avec sa patience légendaire, Mme Larmor lui a parlé maintes fois et expliqué qu'il s'agissait là d'une mesure provisoire en attendant un accueil prochain dans une famille. Mais alors que Diamora paraissait souhaiter l'application rapide de cette décision, voilà qu'elle s'y refuse ardemment.

À cet effet, je reçois aujourd'hui Léna et le beau-frère de Diamora qui m'ont écrit voici quelques jours pour me proposer de recevoir à nouveau l'enfant chez eux. A priori, rien ne s'y oppose, d'autant que leur couple semble s'être stabilisé et que, dixit Mme Larmor, Diamora est d'accord.

Ils se sont assis en face de moi, l'enfant et Mme Larmor sont un peu sur le côté avec une jeune éducatrice du Centre des sourds-muets, qui servira d'interprète entre Diamora et nous tous, avec le langage des signes. Monsieur porte beau. Il a trente-six ans. Je n'ai pas affaire au sous-prolétariat africain. Quand je l'interroge sur son métier, il me dit qu'il est cadre dans une entreprise d'appareils ménagers.

– Alors vous voulez prendre Diamora chez vous? Je tenais à vous voir pour être certain que vous avez bien réfléchi... Parce qu'il ne faut pas changer d'idée dans six mois...

– Mais pas du tout, monsieur le Juge, notre couple s'est ressoudé à présent, nous voulons que la famille se retrouve, à commencer par Diamora...

– Bon... Et Diamora est d'accord pour venir chez vous?

– Oui, je crois. Mais posez-lui la question...

La traductrice fait quelques signes à l'enfant qui hoche la tête avec un léger sourire.

– Apparemment, elle veut bien, traduit l'interprète.

Dans ces conditions, j'incline à accepter cette évolution et à rédiger une mainlevée pour le foyer. J'interroge en même temps Mme Larmor sur les informations qu'elle aurait à transmettre à la nouvelle « famille d'accueil ».

– Il n'y a rien de particulier puisque Diamora est contente de venir vivre chez vous. Je tenais tout de même à mettre en garde monsieur et madame sur ses exigences. Au foyer, elle a toujours été très critique, et elle est difficile à contenter, il faut que vous le sachiez...

Depuis le début de l'entretien, la jeune éducatrice n'a cessé de traduire la conversation à l'enfant qui n'apprécie pas beaucoup la dernière remarque de Mme Larmor. Elle réagit vivement. On me traduit.

– Elle dit qu'elle n'était pas la seule à critiquer la nourriture et la discipline du foyer. Elle dit aussi que, chez sa sœur, elle n'aura aucune raison de se plaindre, complète la traductrice.

Avant de conclure l'entretien, je me tourne vers la grande sœur et son époux.

– J'espère que vous serez d'accord avec moi pour qu'elle continue à voir son éducatrice. Compte tenu de son âge, l'entrée dans l'adolescence, les graves problèmes familiaux, elle doit être encore soutenue par l'assistance éducative...

Tout d'un coup, alors que j'attendais leur approbation devant une telle évidence, leurs visages se ferment et ils me regardent comme si je les avais insultés.

– Qu'est-ce qui se passe? Qu'est-ce que j'ai dit?

Le couple se regarde et le beau-frère prend la parole. J'ai envie de dire « solennellement ».

– Monsieur le Juge, pourquoi l'assistance éducative? Vous voulez nous surveiller, ou quoi?

... Ambiance : « Devons-nous comprendre que le grand juge blanc ne ferait pas confiance à la famille noire? »

Décidément, c'est ma semaine : après la famille qui critiquait la France en regrettant de ne pas être restée au Maroc, et ces deux-là qui me prêtent des idées que je n'ai pas, je sens mes interlocuteurs de plus en plus à vif ! Je tombe des nues devant une telle méprise.

– Mais non, vous confondez tout. Ce n'est pas une surveillance. Ma seule préoccupation concerne la personnalité, les problèmes propres de Diamora, enfant sans parents, d'origine étrangère, souffrant de handicaps sévères... J'ai l'impression que vous êtes « culturellement » à côté de la plaque : je ne suis pas là pour la « surveiller » comme vous dites, mais pour « l'aider ». Excusez-moi de vous rappeler qui je suis mais, en tant que magistrat, je veux pouvoir m'occuper de l'enfant, c'est tout.

Un ange passe. La sœur reprend sur un ton excédé :

– Je ne comprends pas où est l'aide dont vous parlez. Nous avons toujours été présents auprès de Diamora, sans l'aide de qui que ce soit. C'est un devoir d'élever ma sœur, pas une charge. Je sais très bien ce qu'il faut pour elle, je n'ai pas besoin de l'avis de qui que ce soit...

Je la coupe, en essayant de garder mon calme :

– Vous dites sans arrêt « Je... je... je... ». Vous ne parlez que de vous adultes. Mais MOI, juge pour enfants, ce qui m'intéresse, c'est la masse des problèmes de cette enfant qui ne sont pas forcément liés à vous. Est-ce que vous pouvez le comprendre ? Encore une fois, vous n'êtes pas en cause...

Elle reprend de plus belle :

– Monsieur le Juge, puisque vous dites que c'est la masse de ses problèmes qui vous intéressent, sachez que Diamora n'est pas française et qu'à seize ans elle risque d'être en situation irrégulière si elle n'obtient pas la nationalité française. J'espère que vous « l'assisterez » à ce moment-là...

– Madame, je verrai, comme vous le dites, à ce moment-là. Mais ne me le présentez pas comme une obligation qui m'incombe alors que vous savez très bien que ce n'est pas de mon ressort...

Cette discussion a pris une drôle de tournure. Moi qui comptais arranger tout le monde, me voilà avec deux furies montées sur leurs ergots et prêtes à me faire chanter. Comme disent « mes » petits délinquants : j' suis écœuré !

– Bien. Nous allons en rester là. Avant de nous séparer, je voudrais savoir si Diamora a envie que Mme Larmor continue à la suivre quelque temps... Après tout, elle est la première concernée...

Diamora regarde mes mains en souriant. Je m'agite en parlant et je fais beaucoup de gestes ; Dieu sait ce que je lui ai dit sans le savoir ! Elle explique à la traductrice qu'elle aime bien Mme Larmor et qu'elle sera contente de la voir de temps en temps. Parfait.

Je salue les deux éducatrices et Diamora et, avant qu'elle ne sorte de mon cabinet, je m'approche de la sœur de l'enfant et lui glisse, un peu perfidement, j'en conviens :

– Dites-moi, vous qui voulez le bien de votre sœur, comment se fait-il qu'en quinze ans vous n'ayez jamais appris le langage des signes ?...

J'attends encore la réponse.

12 heures

Cette audience m'a épuisé ! M. Abdoul est mon dernier rendez-vous avant le déjeuner. J'espère qu'il va un peu me détendre avec son taux de cholestérol qui l'empêche de s'occuper de ses enfants... Il entre, me salue et s'effondre sur la première chaise qui se présente à lui.

– Ça ne va pas, monsieur Abdoul ?

– Ça va, ça va, monsieur le Juge. Mais j'ai travaillé toute la nuit, je suis crevé... J'ai failli m'endormir en attendant mon tour...

Sa remarque me rappelle ce père africain que j'ai reçu une dizaine de fois dans mon cabinet, pour juger les frasques de ses deux fils. Vol de sac à main à l'arraché, vol à l'italienne, vol de téléphone portable, vol de mobylette, vol sous la menace d'une arme, outrages à agents, usage de cannabis..., les gosses avaient tout fait et, à chaque audience, le père était là.

Jamais il n'a manqué une convocation. Mais, travaillant de nuit sur un chantier, il arrivait exténué et s'endormait assis sur le fauteuil de mon cabinet ou au fond de la salle du tribunal, adossé au mur. À mon avis rien de ce que je disais ne lui échappait, mais il ne pouvait pas lutter contre le sommeil. Quand je l'interrogeais, il participait au débat. Quand il ne dormait pas, il souriait. Hiver comme été, je l'ai vu en toutes saisons, il portait un bonnet de laine grise enfoncé jusqu'aux yeux. Petit et très mince, il me donnait l'impression de pouvoir s'évaporer à tout instant.

M. Diallo était un homme attachant. Un jour je lui demandais, comme je le fais souvent aux parents d'enfants délinquants que je rencontre :

– Avez-vous vraiment votre fils sous votre autorité, monsieur Diallo ?

Généralement, ils louvoient dans leur réponse : « À la maison il est gentil, mais dehors je ne peux pas savoir ce qu'il fait... »

M. Diallo, lui, n'avait pas hésité à me dire dans un murmure :

– Non, monsieur le Président. Faut le mettre en prison un certain temps. À la maison il rentre à n'importe quelle heure. Parce que je ne suis pas là. Il bat sa grande sœur qui lui fait des remarques. Il n'obéit à personne. Cela va mal se terminer. C'est les copains, monsieur le Président. Faut le protéger. Il n'est pas méchant. Le quartier n'est pas bien !

Il fallait tendre l'oreille pour l'entendre, mais le propos était clair.

Mes assesseurs et moi étions sidérés ! Et la défense totalement enfoncée. Nous avons effectivement « protégé » son fils par quelques semaines de prison. Il faut dire que ses dernières affaires le justifiaient amplement. Quatre jours avant l'audience, il m'avait encore été présenté pour un vol avec violences. Ensuite, je l'orientai vers un foyer de la lointaine banlieue parisienne. Et miracle, ça a marché. Il y a pourtant quelques soubresauts. Mais il a bien suivi la formation qui lui a été proposée. Je n'ai plus revu ni le jeune ni son père. Je ne sais pas ce que sont devenus les garçons Diallo, ils sont majeurs à présent, mais j'ai toujours une pensée émue en me remémorant ce père, aux côtés de ses fils, contre vents et marées...

Je reviens à M. Abdoul.

– Alors, dites-moi, si j'en crois votre dossier, vous n'êtes pas content de la manière dont votre belle-mère élève vos deux fillettes, c'est bien cela ?

C'est à peu près cela. M. Abdoul est le père de deux adolescentes, Nadia et Karima, confiées à leur grand-mère après la mort de Mme Abdoul, l'année dernière, dans un accident de voiture. Je n'ai pas grand-chose dans le dossier si ce n'est un témoignage du proviseur du collège qui constate un changement de comportement des enfants depuis qu'elles vivent chez leur grand-mère. Les époux Abdoul ne s'entendaient pas et les fillettes souffraient énormément du climat conflictuel. Aujourd'hui, malgré quelques difficultés scolaires, il semble qu'elles communiquent davantage et qu'elles soient moins tristes.

– Monsieur le Juge, je sais que les enfants ne vont pas à l'école à l'heure et qu'elles se couchent tard...

– Effectivement, ce n'est pas bien, mais le principal du collège ne me le signale pas dans les urgences. J'en toucherai deux mots à madame... Mais comment se fait-il que vous n'éleviez pas vos enfants ? Pourquoi les petites sont-elles chez votre belle-mère ?

– Parce que je suis en foyer Sonacotra... pour le moment...

– Mais vous gagnez correctement votre vie, non ? Vous pourriez vivre en appartement...

– Peut-être, j'y ai pensé. Mais je n'ai pas la santé, monsieur le Juge, j'ai du cholestérol...

Nous y voilà.

– Dites donc, monsieur Abdoul, j'ai l'impression que votre cholestérol il a bon dos ! Vous ne croyez pas que vous poussez un peu le bouchon, non ? Si tous ceux qui avaient du cholestérol n'élevaient plus leurs enfants, il faudrait rouvrir les orphelinats ! Vous vous moquez de moi ou quoi ?

En plus du cholestérol, il vient d'être frappé de mutisme.

– Monsieur Abdoul, soyons sérieux quelques minutes. Au lieu de chercher des poux dans la tête de votre belle-mère, vous pourriez peut-être lui donner un coup de main, non ?

– C'est une sorcière... C'est elle qui nous a fait nous disputer ma femme et moi. Elle disait que je ne gagnais pas assez...

– Que vous ne vous entendiez pas avec votre belle-mère, c'est votre affaire. Ce n'est peut-être pas la meilleure solution de lui confier les enfants, mais les travailleurs sociaux de l'Aide sociale à l'enfance qui suivent vos filles pensent que c'est une bonne solution provisoire.

– Je ne veux pas les perdre, j'ai l'impression que je ne décide plus rien pour elles.

Je prends une feuille et commence à prendre quelques notes sur notre échange, en même temps que je lui décris son prochain plan de bataille.

– Monsieur Abdoul, il faut rétablir la situation. Je vous rappelle que c'est vous qui avez l'autorité parentale. Vous avez donc des devoirs à leur égard. C'est à vous d'effectuer les démarches nécessaires pour montrer que vous êtes capable d'élever vos filles. Donnez-moi les preuves de tout ce que vous faites pour elles et tout ira bien. De mon côté, je demande aux personnes qui travaillent avec moi d'imaginer toutes les hypothèses et surtout celle que vous repreniez vos enfants avec vous... Mais vous, vous devez déjà régler la question de l'appartement... C'est la priorité. Nous nous reverrons après.

Conclusion, je maintiens pour l'instant les enfants chez la grand-mère et je mets l'argent des allocations familiales sous tutelle. Au moins, il n'y aura pas de problème de ce côté-là. Et je demande à la Sauvegarde de l'enfance de faire une investigation poussée de la situation des fillettes.

Je raccompagne M. Abdoul à la porte de mon cabinet. Il semble rasséréné. Je ne suis pas certain qu'il ait la volonté d'aller jusqu'au bout des démarches qui lui permettraient d'accueillir ses filles sous son toit, mais il est essentiel pour ces enfants que l'autorité du père s'exprime. Et c'est avant tout à elles que je pense.

13 heures

Au menu de midi encore un déjeuner de travail. Cette fois en tant que président du tribunal, je déjeune avec Djamal Sandjak, animateur du club de football de Noisy-le-Sec, et son adjoint. Ils viennent me proposer un projet passionnant : former de jeunes délinquants à l'arbitrage de foot, dans le cadre de la mise en œuvre d'une mesure de réparation. Cette mesure originale présenterait trois avantages : non seulement, s'ils suivent ce stage, les jeunes seront quittes envers le tribunal, mais ils reviendront de ce séjour de six semaines formés à être porteurs de la loi sur un terrain d'affrontement sportif, eux qui, dans la cité, étaient les violeurs de cette même loi. Qui plus est, ils pourront gagner un peu d'argent en arbitrant des matchs. Si cela pouvait se faire, ce serait un coup formidable !

Je reçois régulièrement des idées d'opérations, des projets de différentes natures, car on sait que j'ai plutôt tendance à soutenir les initiatives nouvelles et originales. Mon passage comme créateur-directeur du défunt Institut de l'enfance et de la famille (IDEF), entre 1984 et 1992, a renforcé cette image.

Le club de Noisy-le-Sec vise à être l'un des deux clubs résidents du Grand Stade de France de Saint-Denis. Ses résultats sportifs lui donnent de meilleurs atouts que le Red Star, le candidat officiel. On imagine les résistances à ce que ce petit club, monté de onze divisions en quinze ans sous l'impulsion des cinq frères footballeurs Sandjak, atteigne à un tel nirvana !

D'autant qu'il continue à développer son approche sociale et qu'il vise à être le club des banlieues. Cette détermination me plaît, j'ai envie de leur donner un coup de main. Derrière Noisy et Djamal Sandjak se dresse l'ombre du sulfureux Bernard Tapie, reconverti en mentor et en conseiller technique. J'ai apprécié en son temps le talent de Bernard Tapie pour dénicher de grands footballers, va donc pour Bernard Tapie ! Djamal fait tant de mystères pour que nous retrouvions « une personne » qui nous attend dans sa voiture que je m'apprête à voir apparaître l'ex-patron de l'OM peu désireux de se rendre dans le bureau d'un juge, même d'un juge pour enfants ! Pour l'instant, c'est son collaborateur-éducateur qui nous attend. Je rencontrerai Bernard Tapie plus tard.

Ensemble, nous nous rendons au restaurant du palais. Le jeudi, c'est couscous. Poli et toujours souriant, Djamal a l'air d'apprécier. Il complimente la patronne, mais il me glisse subrepticement : « Celui de ma mère est encore meilleur ! » Nous commençons à réfléchir à ce projet de stage qui pourrait devenir permanent sur l'année et donc ouvert aux autres tribunaux de la région, pour garantir un nombre suffisant de participants. Le club dispose d'équipements et d'encadrement à Noisy mais aussi en Vendée où il peut occuper, durant l'année, une maison familiale de vacances. Reste à convaincre quelques éducateurs de se lancer avec nous dans le projet et de trouver les fonds permettant de financer le stage initial. Pour une fois, l'argent n'est pas l'obstacle principal : Mme Juston, sous-préfète chargée de la ville, a promis de nous aider. En revanche, il sera ardu de trouver quelques éducateurs pour encadrer et soutenir ces jeunes pendant six semaines.

De son côté, ma collègue, juge pour enfants sur Villepinte, est parvenue, avec l'aide du parquet et de la PJJ dans le cadre du Contrat local de sécurité et des mesures de réparation, à monter deux stages sur la citoyenneté. Âgés de treize et dix-sept ans, les jeunes concernés s'attendaient à une leçon de morale et ils ont pu dialoguer naturellement avec des policiers, des éducateurs, des magistrats, des surveillants de grande surface, des gardiens d'immeuble ou des conducteurs de bus. Ils étaient huit par stage à se rendre cinq jours durant d'institution en institution pour rencontrer leurs interlocuteurs. Ils sont même allés en prison... pour le plaisir ! Histoire de voir de près ce qu'on leur décrit comme un hôtel trois étoiles. Ils n'ont pas été déçus. Ils ont été choqués notamment que le courrier soit lu et que les prisonniers n'aient pas droit à plus de deux douches par semaine.

Il nous faut multiplier ce type de réponse à la petite délinquance des jeunes. Une nouvelle fois juges et travailleurs sociaux vont devoir faire preuve d'imagination en espérant cette fois bénéficier de plus de relais extérieurs puisque chacun est convaincu qu'on ne peut pas en rester là.

Cet enthousiasme ne nous fait pas perdre notre lucidité : ce ne sont pas ces stages et ces activités un peu originales, ces dialogues entre jeunes et adultes qui résoudront quoi que ce soit. Ils sont nécessaires mais insuffisants, le problème de base étant avant tout le besoin de ces jeunes de se sentir protégés et rassurés, de disposer de véritables perspectives d'espoir pour se consacrer à ce qui est essentiel pour eux à ce moment-là : vivre leur jeunesse et que personne ne la leur vole ! Rendons-leur justice que le beau, le généreux, le désintéressé habitent encore ce monde... En attendant, je vais investir dans l'opération que me propose Noisy-le-Sec !

L'heure a tourné et je suis attendu pour une visite-débat aux Orphelins Apprentis d'Auteuil à Thiais, l'une des grosses boutiques du social. La course continue, de l'autre côté de Paris cette fois.

(Le projet de formation à l'arbitrage n'a pu être bouclé pour l'été, comme je le souhaitais. Je n'ai pas trouvé suffisamment d'éducateurs prêts à me suivre... sur ce terrain. Ceux que j'ai contactés m'ont fait comprendre qu'ils étaient trop épuisés pour soulever une montagne dans un délai si bref. Sans eux, je ne peux rien. Partie remise à l'automne... avec l'aide de la Sauvegarde, en charge désormais de monter un dispositif pour animer les mesures de réparation ordonnées par le parquet et les juges.)

14 h 30

Lorsque le directeur des Orphelins Apprentis d'Auteuil à Thiais m'a invité à venir le visiter, il m'a averti que ses éducateurs avaient de multiples questions à me poser, tant sur la place qui leur est réservée comme institution dans la prise en charge de ces jeunes en difficulté que sur l'articulation avec l'institution judiciaire. J'ai accepté cette rencontre car, bien qu'ayant travaillé à plusieurs occasions avec eux, je ne suis jamais venu à Thiais. Je sais simplement que cette grosse structure fait partie d'un vaste conglomérat comptant de nombreuses équipes sur l'ensemble du territoire national et qu'elle est l'une des plus importantes associations éducatives françaises. Son directeur général me précise qu'un peu plus de quatre mille jeunes sont accueillis en permanence par les OAA.

Le foyer des Orphelins Apprentis d'Auteuil joue un rôle essentiel pour compléter l'offre publique de prise en charge des jeunes en difficulté. L'association affiche des valeurs, peut-être ici plus qu'ailleurs, puisque la référence religieuse habite chaque bâtiment du Sacré-Cœur de Thiais. Le projet pastoral est de rendre l'espoir à tous ces enfants, m'affirme-t-on, mais bien évidemment la maison respecte les convictions religieuses des uns et des autres et ne choisit pas les entrants selon leurs religions. « Ici, on trouve de tout, y compris des laïcs pur sucre », me glisse le directeur général en souriant. Il sait à qui il s'adresse. De fait, l'établissement accueille, sans distinction, tous les enfants qui lui sont confiés.

La porte d'entrée du Sacré-Cœur, sur le grand boulevard de Stalingrad de Thiais, est très discrète, une entrée classique d'internat scolaire sur laquelle donne le bureau du directeur. Derrière les murs de façade se cachent de grands bâtiments qu'encadre une immense cour-terrain de foot-basket-volley. L'architecture, mélange réussi d'ancien (les bâtiments, la cour de l'école) et de moderne (les ateliers, l'agencement intérieur), fait la fierté de toute l'équipe. Ici, comme à Paris, dans le XVIe arrondissement rue La Fontaine, les Orphelins Apprentis d'Auteuil ne manquent pas d'espace. Elle a des patrimoines. Avec ce qui fait la singularité de l'association : de véritables possibilités pour s'adapter et des pesanteurs à respecter. Le poids de l'histoire est palpable en permanence. Tout le rappelle aux enfants.

À Thiais, la population est de cent soixante jeunes de douze à vingt ans avec, entre autres, cinq « foyers » de dix à douze enfants et quatre studios pour huit enfants. Le projet éducatif, et sa grande originalité, passe par une formation diplômante. Tous apprennent leur métier « sur le tas » et sont assurés de trouver un emploi en sortant. Les jeunes peuvent préparer en deux, trois ou quatre ans le BEP ou le Brevet des collèges. En outre, une remise à niveau est possible pour les élèves de troisième et de quatrième.

Les ateliers de menuiserie, fraiseur, tourneur et aluminium installés boulevard de Stalingrad sont impressionnants : spacieux et clairs, équipés du matériel le plus performant, chacun offre une douzaine de postes de travail. Les équipements sont ultramodernes. Dans un autre bâtiment à quelques encablures de là, en bordure de Seine, l'association dispose d'un atelier ultra-perfectionné pour la formation sur PVC – fabrique de fenêtres et mécanique auto. Les enfants y travaillent comme dans une entreprise. Les apprentis vous fabriquent vos fenêtres et vous réparent votre voiture sous l'œil attentif des cadres techniques qui garantissent la qualité du travail. La réputation de sérieux des OAA et le bouche à oreille leur assurent une clientèle qu'ils fidélisent au fil des années.

Durant leur scolarité, deux stages de dix semaines en entreprise sont obligatoires. Dès lors qu'ils veulent bien s'y atteler, le foyer assure à tous une formation qualifiante et un excellent niveau de compétence professionnelle. Enfin, et c'est aussi ce qui fait l'honneur d'une telle association, après leur sortie du foyer, les OAA continuent de prendre en charge, en externe ou en partenariat, les élèves qu'ils ont formés.

Après la visite des ateliers où, je l'avoue, je suis resté bouche bée d'admiration, nous nous rendons dans une unité installée sous les toits d'un bâtiment ancien, qui ouvrira à la rentrée. Pour l'instant, c'est un vaste chantier mais l'on commence déjà à sentir l'ambiance que le directeur aimerait y installer. Des couleurs claires, des matériaux simples et nobles, du pin et de la pierre, on se croirait dans un chalet ! La cuisine commune, mélange de cuivres à l'ancienne et de teintes acidulées, est terminée. Les salles de séjour sont en pleine réfection. Chaque jeune aura sa chambre. De la conception même émane une prise en compte des besoins des jeunes. Finis les grands collectifs où chacun devait se fondre dans le groupe. Aux OAA, on vit en communauté, il est même essentiel de travailler sa relation à l'autre mais la vie, l'intimité et le besoin de solitude de chacun sont respectés.

Je suis surpris et heureux de trouver dans une structure si grande autant d'humanité et de constater ici le souci permanent de remettre le cadre de vie à l'échelle familiale. Je partage leur point de vue : il faut humaniser la prise en charge, privilégier les petites unités. C'est le discours que nous tenions dès 1981 au SEF (Secrétariat d'État à la Famille) quand nous avons eu le souci d'en terminer avec les grosses structures publiques de plus de cent places, pour les ramener à une taille plus conviviale. Le titre du programme gouvernemental que j'animais alors était : une ASE à échelle humaine. Il est réjouissant aujourd'hui de voir ces idées se propager.

Nous parlons trop des espaces d'habitation, des murs, en oubliant les hommes qui les habitent. Le but principal de ce genre d'institution est avant tout que les enfants se socialisent et que le dialogue soit restauré. Ce sont les enjeux politiques modernes et notre but, à nous qui travaillons auprès des enfants, est bien de rapprocher les adultes des jeunes.

Je profite de la visite pour parler au directeur du jeune Isba dont le cas me préoccupe. L'idée me vient au cours de notre pérégrination. Il se moulerait bien dans la nouvelle structure qui ouvrira à la rentrée. Il y trouverait l'autonomie qu'il recherche, tout en étant encadré, et la formation en mécanique qui l'intéresse. Ce gosse d'origine mauricienne est en conflit avec son père qui l'élève seul. Le frère aîné d'Isba a eu tellement de problèmes avec son père, présenté comme démesurément autoritaire, que l'ASE a fini par le prendre en charge. Il est stagiaire footballeur pour un club professionnel qui a décelé en lui quelques capacités au jeu. Resté seul avec son père, Isba a accumulé les bêtises et les fugues, ce qui m'a obligé à l'orienter de force dans un foyer de la PJJ, le soir d'une nouvelle agression. Ô miracle, il s'est calmé ! À quelques détails près et à son rythme ! Mais la page des quatre cents coups a définitivement été tournée.

Aujourd'hui, Isba est confronté à un problème de taille. Il m'avait confié se sentir mal à l'aise à l'école avec ses compagnons de classe, ayant l'impression d'être plus vieux, plus mûr qu'eux. Son père lui a toujours dit qu'il était âgé de quinze ans et demi. Dans le doute, un examen osseux fut pratiqué sur Isba et on découvrit qu'il avait dix-sept ans et demi. Deux ans de plus d'un seul coup ! Ce qui n'empêche pas le père d'affirmer qu'il a bel et bien quinze ans et demi... Évidemment, nous sommes plutôt tentés de croire le médecin-expert. Pour Isba, c'est un soulagement et une nouvelle inquiétude. S'il se sent plus en accord avec ce qu'il ressentait, que peut-on faire pour lui en si peu de temps, avant sa majorité ? Dois-je faire rectifier ses papiers et le présenter d'ici à quelques mois comme majeur ? Je l'ai vu la semaine dernière avec son éducatrice et il demande à poursuivre sa formation.

Tout en arpentant l'atelier bois avec le directeur, je lui expose le cas d'Isba. Son histoire l'intéresse. Il me dit être prêt à le recevoir dans l'établissement si le jeune veut se présenter d'urgence avant la fin des inscriptions pour septembre prochain. Bingo ! De l'art de joindre l'utile à l'agréable...

Cette mini-visite des lieux et du jardin nous conduit à rejoindre l'ensemble des personnels de la maison qui m'attendent sagement dans la salle de conférences. Comme il se doit, c'est la chapelle. Avec le directeur, nous nous installons devant l'autel et sous la croix pour un prêche un peu spécial. J'ai maintenant l'habitude d'intervenir dans toutes sortes de lieux. Il y a quelques jours j'étais dans une loge maçonnique, aujourd'hui une chapelle. Approchez, approchez ! La vérité va être révélée !

Un peu de sérieux. Je sais que mes interlocuteurs attendaient ma venue avec impatience. Ce n'est pas souvent, et c'est d'ailleurs regrettable, qu'un magistrat vient parler avec eux, à bâtons rompus et sans raison particulière. Après avoir brossé un panégyrique peu objectif mais plutôt agréable, le directeur, qui se dévoile comme étant un de mes groupies et qui apparemment ne perd pas un seul de mes faits et gestes, lance le débat [1]. J'en profite pour préciser que mon propos sera bien évidemment nourri de mon expérience de juge pour enfants, mais aussi de mon engagement associatif et militant. En d'autres termes, comme lors de toutes mes interventions, je ne revendique pas l'objectivité, mais en revanche le souci d'une certaine cohérence entre mes idées et mes actions.

L'heure a passé très vite. On aurait pu continuer à dialoguer tant le sujet est inépuisable. Avant de quitter les Orphelins Apprentis d'Auteuil, le directeur me propose de visiter, sur l'arrière de la propriété, l'un des pavillons en meulière racheté voici quelques années par l'association et réaménagé pour un groupe d'une quinzaine de jeunes qui vivent en semi-autonomie. Cette maison bourgeoise avec son grand perron surmonté d'une verrière à l'ancienne, coiffant un magnifique escalier, est dans un état impeccable.

1. Le débat est intégralement retranscrit en annexe, p. 391.

Au rez-de-chaussée, la grande double pièce a été transformée en une salle à manger accueillante. L'escalier en bois à la rambarde sculptée mène aux étages où sont réparties les chambres. Bien qu'à l'heure de ma visite les jeunes soient repartis chez eux ou en camps de vacances, cette maison vide respire le bien-être, elle a une âme, on s'y sent bien tout de suite.

À quelques mètres de là, le directeur m'indique une autre propriété rachetée par l'association, qui apparemment investit le coin au fur et à mesure qu'il se libère – afin d'y installer une maison pour les plus petits. Trois jeunes éducateurs, eux-mêmes anciens pensionnaires de l'association, vont ouvrir et gérer cette structure.

Sur le chemin du départ, nous décidons d'aller jeter un œil aux ateliers PVC et au garage, ce qui conforte ma première impression de début d'après-midi avec les autres ateliers : les OAA disposent là d'un très bel instrument de travail en région parisienne, ce qui n'est pas rien quand nous cherchons avec tant de difficultés à faire prendre en charge les jeunes que nous suivons.

J'ai déjà réussi à « caser » Isba. Il ne me reste plus qu'à le prévenir de venir visiter le foyer. Je n'ai pas perdu ma journée, sauf que je n'ai pas eu le temps de voir le jeune Aristide Emmanuel, le sosie de Wally Mariane, que je souhaitais rencontrer pour vérifier leur ressemblance !

18 h 30

Il est temps de se rentrer. Il y a longtemps que je ne suis pas revenu aussi tôt à la maison. Le temps manque pour passer au tribunal. Heureusement j'ai pris la précaution d'emmener les dossiers de l'audience de tribunal pour enfants que je présiderai demain.

L'audience s'annonce particulièrement lourde avec beaucoup de jeunes et de dossiers. J'ai la soirée et la nuit pour étudier tout cela car demain matin j'ai une autre audience. En arrivant au tribunal, je les mettrai à disposition du substitut d'audience, des avocats et des assesseurs qui pourront les étudier.

Le temps d'un demi-tour de périphérique et je m'y colle.

Vendredi

8 h 30

Allons humer l'ambiance à la cafétéria. Depuis quarante-huit heures avec la permanence à Épinay et mon déplacement à Thiais, je n'ai pas été présent au tribunal et je dois me remettre au courant. J'aurais bien besoin d'un bon café et d'un sujet tonifiant pour accélérer le réveil car j'ai peu dormi à cause de l'audience de l'après-midi à étudier. Il faut dire que le matin, lorsque nous sommes au complet autour de la table, cela démarre généralement très vite ! L'actualité judiciaire ou celle de notre tribunal nous offrent toujours un bon prétexte pour partir au triple galop !

Aujourd'hui, le sujet « pédophilie » est sorti de notre chapeau. En effet, hier, la police a, une fois de plus, signalé au parquet le cas d'un enseignant ayant franchi la ligne jaune de la loi et de la morale. Un débat se noue dès la première tournée de café où le sérieux le dispute aux blagues et aux jeux de mots, comme dans tous les milieux de spécialistes.

Je ne vous surprendrai pas si je vous dis qu'au tribunal pour enfants on n'apprécie guère les pédophiles et que nous ne sommes pas prêts à leur faire de cadeaux.

En 1998, Ségolène Royal, ministre des Affaires scolaires, déclarait qu'en moyenne son ministère avait porté plainte une fois par jour contre un enseignant pédophile. Même si l'on relativise, eu égard au nombre d'enseignants, cela fait froid dans le dos ! Pour sa part, Martine Aubry veut faire tomber le tabou des violences à enfants, notamment dans les institutions. Je me réjouis de l'attitude de nos deux ministres, d'autant que grâce à elles, et si elles vont jusqu'au bout, ce problème désormais ne sera plus escamoté malgré les multiples pressions.

Les pédophiles sont ainsi faits qu'ils ont un art incommensurable pour tenter de culpabiliser ceux qui s'intéresseraient de trop près à leurs pratiques, voire voudraient les combattre. Pour avoir voulu les dénoncer, je me suis fait traiter d'« imbécile » et de « fasciste », dans un numéro de la revue *L'Infini* de 1998, par un magistrat fréquentant à présent les soupentes de la Coupole de France. Certains dénonceraient presque la persécution d'une communauté. *L'Infini* ne titre-t-il pas *La Question pédophile* comme on parlait un temps de *La Question juive* ! – De là à évoquer à leur endroit les pires pogroms ou les camps de concentration, il n'y a qu'un pas ! Que certains n'hésitent pas parfois à franchir. J'oserais, me reproche-t-on, m'attaquer avec nombre d'autres militants des droits de l'enfant à une liberté fondamentale, celle d'avoir une vie sexuelle pleine et entière, bref, à la liberté tout court. Nous serions des pédo-frustrés.

Il est temps de retrouver une certaine sérénité et que chacun reprenne ses esprits. Et sans angélisme, s'il vous plaît ! Le but de l'institution judiciaire est de rendre justice aux victimes de cette pratique, car il y a des victimes, et de réunir toutes les conditions pour que les auteurs de faits interpellés soient mis en situation de ne pas les renouveler et, bien évidemment, faire en sorte d'éviter que d'autres ne passent à l'acte. La répression pénale a certes des limites, mais, ici comme ailleurs, elle peut jouer un certain rôle. Il est important notamment de marquer fermement et publiquement des limites, quand certains auraient tendance à jouer sur le flou de certains repères (Qu'est-ce que l'enfance ? Qu'est-ce qu'un consentement ? Qu'est-ce qu'une relation sexuelle ?) que le commun des mortels a admis simplement et sans ratiociner. À ce sujet, la loi ne comporte pas de flou « artistique » : elle donne des réponses claires à ceux qui auraient tendance à la dénigrer ou à l'interpréter pour justifier leurs pratiques.

Aujourd'hui, dans notre pays comme dans bien d'autres, les esprits se sont éveillés, les yeux se sont ouverts et la parole déliée. Pendant des années, on a ignoré la pédophilie, quitte à culpabiliser les enfants qui se plaignaient de tel ou tel comportement d'un parent ou d'un professionnel. Ces enfants, qualifiés de vicieux ou de menteurs, ne pouvaient qu'affabuler et si, d'aventure, leurs plaintes paraissaient crédibles, on éloignait l'adulte souvent présenté comme victime de la séduction juvénile...

Dans la période post-soixante-huitarde, la question de la pédophilie a été abordée... mais comme un particularisme sexuel. L'hétérosexuel majeur – bref, le français moyen – s'interroge alors sur une sexualité qui n'est pas la sienne, qu'il n'envie pas, mais qui le surprend et qu'il aimerait comprendre. Le pédophile intéresse, interpelle, disait-on à l'époque, mais personne ne parle de l'enfant objet du désir et du plaisir !

Qu'on se souvienne de l'émission « Apostrophe » de Bernard Pivot, sur Antenne 2, où l'écrivain-journaliste Gabriel Matzneff s'exprimait librement sur ses goûts et ses habitudes sexuelles, sans susciter d'autres indignations que celle de la journaliste canadienne Denise Bombardier, choquée – à juste titre – d'entendre une apologie de la pédophilie. Où étaient, le lendemain, les indignations, les pétitions, les manifestations des militants des droits de l'homme ou de l'enfant ? Moi-même qui ai suivi cette émission et assisté à ces échanges, malgré ma sensibilité sur ce sujet, je n'ai pris alors aucune initiative ! Rétropectivement, cette apathie interroge quelque peu. Une telle séquence télévisée est désormais impensable. Bernard Pivot, qu'on ne peut pas soupçonner de cautionner de telles pratiques, n'inviterait pas Gabriel Matzneff qui, s'il était présent sur le plateau, adopterait de lui-même un profil bas. En tout état de cause, s'il lui prenait l'envie de tenir les propos d'antan, en se vantant de ses conquêtes, l'émission ne s'achèverait pas sans l'arrestation immédiate de l'intéressé, voire du présentateur et du chef d'antenne, comme cela s'est vu en 1997 en Grande-Bretagne !

Il est évident que la pédophilie ne peut plus être analysée uniquement comme une sexualité différente de la norme. Sans porter, a priori, des jugements médicaux ou moraux, on reste songeur en lisant le même Gabriel Matzneff qui écrivait dans *Mes amours de jeunesse 80-82*, paru chez Gallimard et republié il y a peu, que les enfants philippins de onze-douze ans qu'il mettait dans son lit constituaient « le sel de [sa] vie sexuelle » Nul n'ignore aujourd'hui que ce plaisir d'adulte se chiffre en un million d'enfants prostitués dans les pays du Sud-Est asiatique et du monde entier. Lorsque l'on sait que les pédophiles ne s'intéressent pas uniquement aux adolescents ou préadolescents, mais à des enfants d'à peine deux ans, on ne peut pas ne pas réagir. Et, pour ne pas exacerber le débat, ne parlons pas ici des tortures infligées aux enfants et des meurtres consécutifs aux viols...

Bref, on a cessé de considérer le pédophile pour se pencher sur l'enfant, la victime. Le bâtonnier Pettiti, disparu en 1999, parlait très justement de crime contre l'humanité. À juste titre. Il est quand même difficile d'affirmer que ce que font vivre les pédophiles aux enfants répond aux standards internationaux des droits de l'homme et de l'enfant !

Une meilleure considération de la personne de l'enfant liée à la dynamique de la Convention des Nations unies sur les droits de l'enfant a rendu encore plus vive cette prise de conscience de la forme d'exploitation de l'enfant par l'homme qu'est la prostitution infantile. On a beau jeu de nous parler, avec la bénédiction de certains psychiatres, du plaisir des enfants ou de leur côté séducteur, ou d'affirmer que la victime serait à l'origine d'une relation à laquelle l'adulte ne pouvait pas résister. Elle y prendrait même du plaisir ! Malheureusement, les faits montrent combien la relation enfant-adulte que nous pouvons connaître dans nos pays n'a rien à voir avec le plaisir ou l'amour. Elle est profondément inégalitaire. En fait, ces adultes obtiennent des enfants ce qu'ils n'obtiendraient pas, avec ou sans argent, en jouant de leur influence, d'adultes de leur âge. Dans les pays où règne la prostitution, ces enfants sont tout simplement l'objet de l'exploitation par l'homme.

Souvent vendus par des parents sans ressources, ils nourrissent les appétits des Européens en mal d'enfants, d'amour et de sexualité (apparemment) facile. Ces enfants sont contraints de vendre leur corps et leur dignité pour survivre et pour faire vivre leur famille, parfois pour un simple paquet de cigarettes, comme j'ai su que cela se pratiquait en Tunisie... En tout état de cause, ils sont les petites mains esclaves d'une lucrative industrie du plaisir dont les pédophiles sont les clients-rois.

Dans cette période surmédiatisée, il devient difficile de prétendre que l'on ne sait rien de cette industrie criminelle, que tout cela se passe ailleurs et « loin de chez nous » ou bien que ce marché ne concerne que les enfants d'un sous-peuple d'un pays en voie de développement. La mondialisation des médias est aujourd'hui telle que nul ne peut prétendre tenir ce discours-alibi trop souvent avancé au cours de l'histoire pour camoufler nos démissions honteuses. D'autant que, jusqu'à une période récente, certains pédophiles, eux, ne se cachaient pas qui faisaient développer leurs films de vacances en Thaïlande au labo photo du coin...

Le scandale belge autour de l'affaire Dutroux n'est qu'un épisode parmi d'autres d'une vaste réaction, même si on a dit, à tort, qu'elle fut le point de départ en 1998 de cette prise de conscience. Elle a fait apparaître toute l'énormité de l'organisation criminelle, par-delà la perversité de tel ou tel de ses acteurs. Les faiblesses de l'appareil répressif belge étaient caricaturales, mais somme toute bien représentatives de l'attitude trop longtemps pratiquée face à ces problèmes. La négligence confinant à la complicité passive. En fait, nos pays n'étaient pas totalement désarmés dans leur arsenal juridique pour combattre le fléau pédophile, mais ils n'y avaient guère recouru.

Les choses ont bien changé. Et comme souvent à l'occasion de ce genre de revirement, on n'échappe pas à des dérapages qu'il convient de maîtriser au risque de les voir se renouveler et polluer le vrai combat à mener. Ainsi est-il devenu banal qu'à un dossier de divorce soit associée une plainte pour violences à enfant de moins de quinze ans. D'évidence, comme je l'ai déjà avancé, il y a là un effet de mode particulièrement choquant et destructeur pour le père mis injustement en cause, même si, au final, cette dénonciation se termine souvent par un non-lieu. Des demandes reconventionnelles en dommages et intérêts ou des plaintes en dénonciation calomnieuse débouchant sur des sanctions pénales sévères, y compris l'incarcération de l'accusatrice, devraient rapidement et légitimement faire cesser cette pratique dangereuse et douteuse à certaines mères de famille.

Deux évolutions ont conjugué leurs effets : comme on l'a souvent dit, si les oreilles se sont débouchées chez les adultes, les bouches se sont ouvertes chez les victimes. C'en est fini du sentiment d'impunité, ou de la mutation précipitée du fonctionnaire fautif dans l'intérêt du service. Aujourd'hui, ils sont poursuivis devant le tribunal et condamnés. Sans compter les sanctions disciplinaires. Entre-temps, le recours à la détention provisoire et la médiatisation donnent un avant-goût de ce que sera la sanction à intervenir.

D'aucuns se sont indignés de telle ou telle poursuite comme dans l'affaire « Toro Bravo » (1998) où quatre-vingts acheteurs de cassettes pédophiles ont été condamnés. Avant le procès, plusieurs de ces prévenus affirmaient dans la presse n'avoir pas eu le sentiment d'avoir fait quelque chose d'interdit dans cet achat, vie privée oblige, même si les films mettaient en scène des enfants violés et torturés ! Les condamnations pour complicité de recel de crimes s'imposaient. Certains, au cours du procès, ont eu l'honnêteté de le reconnaître publiquement. Il n'est pas difficile de comprendre que ces cassettes n'existent que par l'existence d'acheteurs potentiels !

Il est dommage, et c'est une défaillance citoyenne énorme, que dans ce pays on soit obligé de faire assimiler les termes de la loi pénale à coup de poursuites et de condamnations. Mais, après tout, d'autres sont passés par cette pédagogie judiciaire ; c'est ainsi que les hommes politiques ont appris qu'on ne pouvait pas mettre la main impunément dans la caisse publique pour financer leur parti, sinon leur maison personnelle ou leur mur. Et que les cyclistes ont compris que l'on ne pouvait pas mettre la main dans la pharmacie sans se voir appliquer les règles pénales et disciplinaires sur la toxicomanie ! On se souvient, lors du Tour de France cycliste de 1998, à quel point beaucoup furent choqués des conditions dans lesquelles la police interrogea les « forçats de la route », dans un commissariat, après les avoir fouillés à corps. Mais, après tout, n'est-ce pas le sort quotidien des jeunes de nos banlieues qui fument un joint ! Nom d'un pétard ! Reste que jamais l'opinion publique et la presse n'ont été à ce point concentrées sur les conditions, scandaleuses au demeurant, de la garde à vue « à la française » : il est vrai que la fouille de l'anus d'un témoin venu volontairement au commissariat ne s'impose pas nécessairement !

D'autres se sont indignés des méthodes de policiers ou de gendarmes qui auraient jeté l'opprobre par une médiatisation excessive sur des personnes présumées innocentes. Me Henri Leclerc, président de la Ligue des droits de l'homme, aux engagements si peu douteux, en est même venu lui-même, à propos de l'affaire dite « Ados 71 », à parler d'une « rafle », terme jusqu'ici réservé à une période très précise et peu glorieuse de notre histoire. Certes, l'opération gendarmesque du petit matin, les saisies et les gardes à vue mobilisant deux ou trois milliers de militaires étaient impressionnantes, mais on imagine difficilement les gendarmes se livrer seuls et discrètement à une telle interpellation. Comment pourrait-on appréhender tous les membres d'un réseau d'un millier de personnes, et sans que les preuves recherchées disparaissent, sans mobiliser des moyens importants et parfois spectaculaires ?

Lors de cette opération, la presse a beaucoup insisté sur les quelques suicides ou disparitions de personnes suspectées de pédophilie. Ainsi, pour ne prendre que ce cas, à Bordeaux un homme aurait mis fin à ses jours en sautant d'un pont (on n'a d'ailleurs jamais retrouvé son corps) et en abandonnant à son domicile trois mille photos pédophiles. Excusez-moi, je ne veux la mort de personne, mais, pour avoir vu certaines de ces photos, j'ai du mal à compatir. L'opération « Ados 71 » a en outre permis de découvrir une cassette montrant le viol insoutenable de quatre très jeunes enfants, soit très précisément les preuves d'un crime puni en France de la réclusion à perpétuité.

Personne ne veut la mort du pécheur, mais, si l'on doit parler de victimes et de personnes traumatisées, commençons par évaluer le nombre d'enfants, aujourd'hui adultes, dont la vie sentimentale, sociale, sexuelle a été pulvérisée par les agressions qu'ils ont subies. Et ceux qui se suicident parce que le secret et la honte sont trop lourds à porter le font souvent en silence, sans caméras et sans l'indignation de la Ligue des droits de l'homme... S'il n'est pas question de nier la souffrance de l'agresseur sexuel ni le traumatisme de la révélation de ses pratiques dans son environnement, ne perdons pas de vue que cette pathologie peut conduire à des gestes regrettables et définitifs dont la société a le droit de se protéger.

Ainsi, la société, face à la pédophilie, et à travers la police, la justice et la presse, a changé de regard sur ceux qui considéraient ou considèrent encore comme normal d'avoir des relations sexuelles avec des enfants de moins de quinze ans (ou des personnes particulièrement vulnérables) quand, même consenties, ces relations sont légalement interdites et susceptibles de constituer un délit, parfois un crime. Il est évident que l'acuité du regard social s'est renforcée et que l'on découvre aujourd'hui ce que l'on n'osait pas voir auparavant. Notamment, que les violences à enfants sont fréquentes dans les institutions censées les protéger. De la même façon, on découvre peu à peu que les personnes âgées vivent trop souvent un sort indigne dans les institutions qui les accueillent avec la caution de la puissance publique. Certes, nous n'en sommes pas encore, Dieu merci, à la situation anglaise ou galloise, et nos évêques n'ont pas la lubricité des religieux irlandais de haut rang ! Au passage, si vous voulez faire carrière chez les gens de robe, engagez-vous dans l'Église irlandaise : beaucoup de postes sont devenus vacants, leurs titulaires étant incarcérés et écartés pour un bon moment de la scène religieuse ! Et il semble qu'aux États-Unis le clergé ait aussi des défaillances massives.

Il y a toujours eu des institutions pour enfants qui dysfonctionnaient ponctuellement ou laissaient déraper leurs animateurs. Mais il est certain que notre époque révèle des phénomènes massifs et qu'il y a de quoi s'inquiéter. On ne met pas son enfant à l'école pour le plaisir de l'enseignant. Et je doute fort que ce soit ce plaisir-là que nos chers petits vont y chercher ! Le tabou des violences institutionnelles est en train de tomber. Il faudra encore du temps pour que l'on ose parler lucidement de ces faits. D'un autre côté, il ne faut pas voir dans l'actualité judiciaire particulièrement prolixe un effet de mode ou une volonté de l'opinion publique de libérer une mauvaise conscience. Indéniablement, nos contemporains en toute ingénuité ont été surpris de certaines révélations, mais le mouvement est profond qui refuse que le plaisir de l'un soit pris sur le dos du plus faible.

Et à qui fera-t-on croire que l'enseignant qui fait des propositions aux enfants de sa classe, que le professeur de gym qui fait poser ses élèves dans toutes les tenues, que l'éducateur qui se livre à la production de films spécialisés ne savent pas qu'ils violent un interdit ? D'ailleurs n'exigent-ils pas, avec toutes les formes de menaces possibles, que leurs jeunes victimes gardent le silence et ne se vantent pas de ces relations ? Comment ces enseignants, qui passent leur temps à apprendre les règles sociales aux enfants qu'ils ont en charge, devraient-ils être considérés comme innocents, eux qui foulent ces règles aux pieds ? Et que l'on ne nous ressorte pas l'argument sur le flou du critère d'âge. Les choses sont claires : depuis 1981 et l'amendement présenté avec succès, à la demande des milieux homosexuels, par le député Jean-Pierre Michel, notre loi fixe la majorité sexuelle à quinze ans.

Le soutien direct ou indirect, via la mise en cause des militants des droits des enfants, apporté par la communauté homosexuelle aux pédophiles en proie à l'interpellation publique n'est pas désintéressé. Ses membres craignent que la société, sous ces coups de boutoir moraux, n'abaisse la barre de quinze ans et n'en vienne à condamner légalement les pratiques homosexuelles. Pour l'heure, tel n'est pas le débat. Les pratiques homosexuelles tendent, au contraire, à se développer ouvertement, à condition, mais de la même façon que pour les hétérosexuels, de ne pas troubler l'ordre public.

Là encore, gardons-nous des amalgames.

Avoir des relations sexuelles avec un enfant de moins de quinze ans, considéré par la loi comme incapable de maîtriser ses affects, est un délit ou un crime. La loi estime qu'avant quinze ans un enfant n'est jamais vraiment consentant. Avoir ou entretenir des relations homosexuelles avec un adulte, ou un enfant de plus de quinze ans, n'est pas condamnable, sauf de la part d'une personne ayant autorité sur le partenaire mineur. Les enseignants, éducateurs et a fortiori parents biologiques ou affectifs ne peuvent avoir de relations sexuelles, même consenties, avec le mineur de dix-huit ans sur lequel ils exercent une autorité. Incontestablement, ce qui était jusqu'ici toléré, à condition de n'être pas trop visible, ne l'est plus aujourd'hui. Désormais, l'opprobre est sévère et publique.

Notre droit a dû s'adapter aux nouvelles formes de communication, aux nouveaux supports de transferts d'information comme Internet pour lutter avec d'autres pays contre le tourisme sexuel, ou bien se livrer le plus efficacement possible aux recherches d'enfant. À cet égard, la loi sur le tourisme sexuel du 1er février 1994 est exemplaire. On sait combien son adoption doit à l'engagement de certains parlementaires de tous bords politiques, comme Claude Guoasguen, relayant les militants et les professionnels. Au départ, les oppositions étaient réelles. Il est vrai que, pour beaucoup d'entre eux, il ne fallait pas toucher à l'escale asiatique réparatrice du collègue marin ou aviateur !

Une fois la caution législative obtenue, la loi s'est affinée régulièrement. Dès 1995 (loi du 4 février), les peines ont été doublées : le « sel sexuel » de Gabriel Matzneff lui coûterait aujourd'hui dix ans d'emprisonnement et 1 million de francs d'amende contre cinq ans et 500 000 F en 1994. L'état de récidive permet de doubler la peine encourue. La barre a donc été placée très haut dans l'échelle de la criminalité. La loi dite Guigou du 17 juin 1988 qui reprend grandement le texte préparé par ses prédécesseurs, MM. Toubon et Emmanuelli, permet de poursuivre non seulement les ressortissants français, mais aussi les non-nationaux qui demeurent en France et vont à l'étranger prendre quelques plaisirs dont les enfants sont les jouets.

On a pu craindre que ces lois ne servent de bonne conscience à une société soucieuse de l'affichage politique, notamment par rapport aux instances internationales. Faute d'une instruction ministérielle pour inciter à l'application de la loi de 1994 sur le tourisme sexuel, il fallut attendre 1997 que la première condamnation, sévère au demeurant, intervienne à Draguignan contre un réseau de touristes sexuels français. Depuis, on dénombre à peine deux nouvelles condamnations! Il semble que le compteur judiciaire reste bloqué. J'aimerais croire qu'aucun Français ne s'est rendu, dans le délai de la prescription, aux Philippines ou dans un autre pays pour y pratiquer le safari photo sur enfants... Mais ne rêvons pas. Les autres pays qui ont adopté des législations analogues ne font pas preuve non plus d'une grande activité pénale. En revanche, le débat est entretenu par des actions de sensibilisation menées avec les professionnels du voyage.

Il semble, si l'on en juge par les résultats, que la lutte contre ce type de délinquance particulièrement contestable n'était pas une priorité pour la Chancellerie et les collègues des parquets. Dans le cadre de l'affaire Dutroux, les journalistes indépendants sont parvenus, depuis leur bureau, à remonter des filières asiatiques, en découvrant de la documentation dans des librairies parisiennes qui leur permettait de « commander » une centaine de très jeunes enfants devant leur être « livrés » à Paris. Si les policiers, avec les moyens dont ils disposent, ne font pas le même parcours, c'est bien qu'on les empêche de le faire ou que l'on ne les y incite pas.

Ceux qui s'attaquent aux enfants pour assouvir leurs envies sexuelles savent qu'à tout le moins leur attitude sera connue de tous. Les sanctions classiques punissent mais ne contribuent pas à prévenir le renouvellement de l'acte. Sans aller jusqu'aux dispositifs américains, un peu délirants, où, dans certains États, le délinquant sexuel doit se signaler au commissariat, voire l'avouer à tous ses futurs voisins s'il déménage ou encore porter un badge indiquant son passé d'obsédé sexuel, il n'apparaît pas excessif d'interdire définitivement ces personnes condamnées d'exercer des activités professionnelles ou non en relation avec les enfants. Bien évidemment les droits de la défense doivent être respectés. Dans ce domaine, plus peut-être que dans d'autres, on peut rapidement précipiter au fond du puits l'honneur, sinon la vie, d'une personne. Mais dès lors que les faits sont établis, il faut combattre le silence dont se nourrissent habituellement les agresseurs qui utilisent la peur et la honte pour maintenir l'omerta. Il faut jouer la transparence pour les combattre efficacement! De la même manière, on ne doit pas être choqué que certaines pratiques à grande échelle d'exploitation sexuelle des enfants, comme l'organisation de réseaux de prostitution infantile, relèvent d'une Cour de justice internationale et prennent la qualification de crime contre l'humanité. Ces réseaux s'assimilent à de l'esclavage, à l'atteinte fondamentale de la dignité humaine ou encore à l'exploitation de la faiblesse d'une population, s'inscrivant dans un plan concerté et organisé à grande échelle par quelques personnes pour leur enrichissement personnel. Une étude sociologique des jeunes victimes montre qu'elles ne sont pas issues des milieux les plus favorisés de la société. Les pédophiles choisissent leurs proies. La faiblesse de leur environnement familial est un critère parmi d'autres qu'ils privilégient instinctivement. Et ceux qui montent ces réseaux, ceux qui les tolèrent, compte tenu de leurs responsabilités politiques, ceux qui les rendent possibles sont auteurs ou complices de ce crime contre l'humanité.

On sait les difficultés auxquelles la communauté internationale doit faire face pour se doter d'une juridiction de cette nature. Là encore, la défense concrète des droits de la personne humaine a dû combattre d'autres logiques comme celle des États. Pourtant les ONG ont marqué un point. Il faut maintenir cette pression car demain bien d'autres étapes sont à franchir. Ne voyez pas dans ce discours offensif une leçon de morale, mais simplement le souci (obsessionnel, je le concède) de rendre justice à ces enfants abusés et d'éviter par des méthodes radicales que d'autres ne le soient demain. On sait que l'élimination derrière les murs d'une prison est une protection sociale souvent éphémère.

Dans son article de la revue *L'Infini*, Henri Leclerc s'interrogeait : « Ne va-t-on pas vers une société où l'on interdira d'aimer d'autres enfants que les siens ? » Gardons le sens de la mesure : quoi de plus normal pour des parents de s'inquiéter des personnes à qui ils confient leurs enfants ? Que les responsables publics ou associatifs se préoccupent d'éliminer des ambiguïtés et ne recouvrent plus d'une épaisse couverture les faits répréhensibles dont ils ont connaissance pour éviter le scandale.

Il est vrai qu'aujourd'hui certains professionnels s'interrogent sur les risques qu'ils prennent à avoir des gestes naturellement affectueux à l'égard des enfants et des personnes vulnérables, comme ils s'inquiètent de voir mise en cause leur responsabilité civile mais surtout pénale en cas d'accident. Il y a une différence entre un geste d'affection et une relation sexuelle. Rien n'interdit d'aimer, la loi met simplement des limites aux marques d'affection ! En d'autres termes, il n'y a pas à s'émouvoir de ce qui arrive à ceux qui négligent ce résumé de la loi qui veut que les enfants ont droit à l'amour, mais pas à ce qu'on leur fasse !

Comme toujours, dans ce pays, il faut passer par tous les excès avant de rétablir le balancier. Ici comme ailleurs, gardons le sens de la mesure et évitons de tomber dans les fantasmes et la peur qui suscitent généralement la paralysie. Chacun peut y succomber, même moi. Deux anecdotes souriantes pour illustrer le propos. Il y a quelques mois, en janvier dernier, j'étais allé au siège de l'OSE, (Œuvre de secours aux enfants) rue Faubourg-Poissonnière, afin d'assister à l'une de leurs réunions. Il était 22 heures et je marchais sur le trottoir en tenant ma grosse sacoche à la main, quand je vis arriver sur moi deux hommes, dont l'un avait une cagoule sur la tête et tenait à la main ce que je pris de loin et dans l'obscurité pour une barre de fer. Je serrai instinctivement le poing libre au cas où ces deux personnes auraient eu un geste agressif à mon encontre. Ils s'approchent de moi et nous nous croisons sans qu'il se passe rien. Tout cela dure le temps de quelques secondes et j'ai à peine le temps de rire de moi que j'entends :

– Monsieur Rosenczveig ?

Je me retourne.

Le jeune cagoulé relève la capuche de son sweat et me tend la main.

– Vous me reconnaissez ?

– Oui, non... en vérité, non.

– Je suis Mamadou Diallo. Vous vous êtes occupé de moi en 1979 quand vous étiez à Versailles.

Cela n'évoque rien pour moi, mais s'il le dit...

– Sans doute.

J'ai toujours du mal à dire à un jeune que j'ai croisé que j'ai une mauvaise mémoire des affaires, quand lui, parce que je suis son juge, se souvient très bien de moi !

– Vous avez été chouette à l'époque. J'avais fait des conneries et vous ne m'avez pas emprisonné.

Je me pique au jeu...

– Et j'ai bien fait ou mal fait ?

– Bien fait. J'ai compris qu'il fallait que j'arrête.

– Et depuis ?

– Je suis devenu animateur socioculturel.

– C'est très bien. Et là, que fais-tu ?

– Je vais rejoindre mon groupe. Nous avons formé un orchestre et nous répétons ce soir.

Je réalise au même moment que la barre de fer qui me semblait si menaçante était une simple flûte ! Nous nous sommes rapidement quittés, lui pour rejoindre ses amis et moi mon domicile. Je rigole encore de ma méprise et je me réjouis d'avoir retrouvé ce jeune.

Deuxième illustration des peurs irrationnelles qui peuvent nous envahir :

Voici quelques semaines, je tenais ma permanence du mercredi à Épinay. La chaleur était écrasante ce jour-là et, à l'heure du déjeuner, je décidai d'aller me rafraîchir à l'air climatisé du centre commercial. Le centre Leclerc d'Épinay qui vient d'ouvrir est quasiment désert. Je flâne, fais quelques achats non nécessiteux dont un grand sac à roulettes, quelques bonnes bouteilles de brouilly, et, tenaillé par la gourmandise, j'achète trois « Magnum » de crème glacée, une promotion, puisque le coût des trois est inférieur au prix d'un seul.

J'en consomme un rapidement sur le chemin du retour. J'hésite à en prendre un second, du fait de ma (légère) surcharge pondérale déjà évoquée plus haut. Ne tergiversons pas et allons jusqu'au bout du péché : j'avale le second. Reste le troisième... là, vraiment ce serait de trop, mais comment faire, puisqu'il va fondre dans les minutes qui suivent... Traversant l'esplanade François-Mitterrand, je vois un enfant d'une dizaine d'années qui joue seul au ballon sous un soleil de plomb. L'idée me vient immédiatement de lui donner mon dernier Magnum, plutôt que de le jeter. Tout en me dirigeant vers l'enfant, j'imagine la scène comme un flash :

« Aimes-tu la glace, mon petit ?

– Oui, monsieur !

– Veux-tu un Magnum, j'en ai un... »

À tous les coups, je vais me faire éconduire et il serait capable d'ameuter le quartier ! Vous imaginez l'article dans le journal du lendemain : « Le président du tribunal pour enfants de Bobigny interpellé alors qu'il offrait une glace à un enfant » ? Je fais immédiatement demi-tour pour rejoindre directement mon bureau, mais, au moment de rentrer dans le local, je me dis que c'est vraiment trop stupide de céder à de telles inquiétudes.

Prenant mon courage à deux mains, en tirant mon sac à roulettes rempli de mes bonnes bouteilles, je reviens vers le jeune et, sans préliminaire, je lui dis tout à trac :

– Veux-tu un Magnum ? J'en ai un de trop...

Un sourire, une réponse simple et directe :

– Oui, je veux bien.

Et voilà. Ouf ! Un gosse sain.

Je lui tends le Magnum n° 3, le gosse me dit merci et je repars d'un pas calme et assuré vers mon audience. Soulagé. Ce n'est pas aujourd'hui que je serai accusé de pédophilie active !

Tout cela pour dire qu'il nous faut effectivement retrouver un brin de sérénité sur ces questions qui nous agitent depuis peu.

Conclusion unanime de notre discussion : la pédophilie n'est pas en question. Elle est légalement condamnée et moralement condamnable pour qui a un peu de respect de l'autre et de lui-même.

Ce matin, nous partons vraiment très fort ! En quelques minutes, nous avons déjà « traité » ou exécuté la politique de la ville, l'ASE, l'insécurité, la drogue, le business, l'Éducation nationale. Tout cela est tonique. Reste quand même à rejoindre nos cabinets quand les lumières de la cafétéria s'éteignent pour nous signifier qu'il est l'heure d'aller travailler. Une nouvelle journée s'annonce avec une grosse audience du tribunal pour enfants cet après-midi.

« The show must go on », comme disent les Américains.

10 heures

Je devais recevoir la jeune Nadjema Benjid avec sa mère et son beau-père, mais l'adolescente de quatorze ans n'est pas là. Et pour cause : elle est en fuite depuis un mois. Mme Benjid est une jeune Marocaine de trente-cinq ans, qui divorça très tôt du père de Nadjema pour se remarier avec un Marocain de Paris, M. Benkada, dont elle attend aujourd'hui un petit garçon.

Mme Benjid s'installe en face de moi, épanouie, énorme, fatiguée par sa grossesse, et me regarde, l'air vaguement excédé. Son compagnon reste un peu en arrière, visiblement peu concerné.

– Je n'ai pas de nouvelles récentes à vous transmettre, madame. Les recherches continuent évidemment. Si cela peut vous rassurer, mais vous avez dû en être informée, les policiers savent par des marginaux qui l'ont croisée qu'elle est parfois aux Halles, parfois à Saint-Paul ou à la Bastille. Elle se promène, elle se cache. Elle n'est pas toute seule. Ne vous inquiétez pas, on va l'appréhender et vous la retrouverez bientôt...

J'avais oublié la voix dure et sèche de Mme Benjid :

– Mais nous ne sommes pas inquiets, monsieur le Juge, elle est toujours revenue de ses fugues. Nous savons bien qu'elle n'a pas été enlevée...

Ma parole, on dirait qu'elle le regrette !

– Si vous lui parlez ainsi à son retour, elle repartira le soir même ! Madame Benjid, je sais qu'elle vous en fait voir, mais c'est une enfant. N'oubliez pas. Elle n'a que quatorze ans. Elle a surtout besoin de votre protection et de la nôtre.

– Vous savez, monsieur le Juge, je vais être claire avec vous, moi je ne suis pas pressée qu'elle revienne..

– ... J'avais cru comprendre...

– ... Je veux dire, je ne voudrais pas qu'il lui arrive quelque chose, mais je ne veux plus rien savoir de ce qu'elle fait. Je ne veux pas qu'elle habite à la maison. Elle ne m'obéit pas. Et si je la bats, elle va voir la police et ça me retombe dessus.

– Vous n'êtes pas obligée de la fouetter avec des fils électriques. La dernière fois c'était avec le câble de la télévision, si je me souviens bien...

– Avec mon chausson, monsieur le Juge, avec mon chausson...

Ben voyons. Un coup de chausson qui envoya direct la petite fille à l'hôpital... N'insistons pas. C'est pourtant suite à une requête du procureur que je fus informé, il y a deux ans, des violences subies par Nadjema. Convoquée par la police, Mme Benjid reconnut battre sa fille à coups de câble de TV... et la mordre aussi de temps en temps ! Cela parce que Nadjema ne travaillait pas bien à l'école et fréquentait un garçon de son âge. Elle disait avoir trouvé des lettres et des photos dans la chambre de sa fille qui ne laissaient aucun doute sur la nature de leur relation. Elle avait voulu l'emmener de force chez un gynécologue, mais la petite s'était enfuie. Mme Benjid n'est pas la première mère qui se croit obligée de faire procéder à des examens médicaux de virginité. Quand je pense que certains médecins prêtent la main, si j'ose dire, à ce genre de pratique attentatoire au respect dû aux enfants..

Néanmoins, Nadjema voulait vivre sous le même toit que sa mère. « Mais c'est elle qui ne veut plus de moi », disait-elle souvent. Elle ne tenait pas à contacter son père qui ne l'avait pas reconnue et ne demandait jamais à la voir. Au domicile de Mme Benjid, les contacts avec son beau-père étaient réduits au minimum. Ils s'ignoraient superbement. Ainsi que me l'avait dit Nadjema lors d'une conversation téléphonique, car elle m'appelait assez souvent à cette époque : « Il est présent lorsque ma mère me frappe. Il ne dit jamais rien. Mais lui ne me frappe pas. En fait, lui et moi on ne se parle jamais. »

Deux mois plus tard, Nadjema fit une tentative de suicide en absorbant des médicaments. Mme Benjid vint la voir quelques heures à l'hôpital Delafontaine, mais elle se plaignit des infirmiers « qui, dit-elle, montent la tête à ma fille en lui disant qu'elle ne doit pas être battue ». Cette tentative de suicide acheva de détruire le peu de confiance que la mère avait encore en sa fille. Mme Benjid me dit en audience de cabinet qu'elle ne souhaitait plus la garder au domicile. Elle ne voulait plus la voir et comptait, à terme, la faire partir au Maroc dans la famille de sa sœur. Le problème étant que Nadjema n'avait évidemment pas la moindre envie d'aller vivre au Maroc.

À sa sortie de l'hôpital, je décidais une mesure AEMO pendant six mois confiée à l'ASE de Bobigny en attendant la décision du départ et pour voir si cette perspective calmerait un tant soit peu les hostilités. Mais les altercations plus ou moins violentes continuèrent, Nadjema quittant généralement la maison après les disputes et allant dormir chez des amis.

C'est à cette époque que les premières fugues commencèrent. Devant les policiers, au commissariat, Mme Benjid déclara qu'elle avait découpé aux ciseaux les jeans de sa fille et qu'en voyant sa garde-robe celle-ci s'était sauvée illico :

« Je ne veux pas qu'elle porte des pantalons si serrés, c'est dégoûtant. Elle veut trop sa liberté avant l'âge. »

J'essayais de faire entendre raison à Mme Benjid en lui disant qu'il fallait aussi vivre avec son temps et que toutes les jeunes filles portaient des pantalons moulants sans se corrompre pour autant, mais elle refusa de m'entendre.

Quelques jours plus tard, la violence de la mère envoya à nouveau la petite fille à l'hôpital. Dans le procès-verbal de police, la meilleure amie de Nadjema raconte : « Nadjema était venue à la maison pour mon anniversaire, avec l'autorisation de sa mère. Ne la voyant pas rentrer vers 22 heures, elle est venue chez moi, elle s'est précipitée sur Nadjema, l'a empoignée par les cheveux pour lui faire descendre les étages et l'a obligée à entrer de force dans sa voiture en lui cognant la tête à plusieurs reprises sur le pare-brise. »

Le psychiatre de l'hôpital, qui reconnut Nadjema pour l'avoir rencontrée lors de sa tentative de suicide, me téléphona directement et souligna la nécessité d'une séparation mère/enfant. La petite fille menaçait de se supprimer si on la rendait à sa mère et il ne doutait pas une seconde qu'elle n'hésiterait pas à passer à l'acte.

Nadjema fut confiée au service d'accueil d'urgence et d'orientation de Bondy et fugua trois jours après. L'éducateur me fit passer une note : « La jeune fille sait qu'au terme de son accueil au SAUO elle retournera chez sa mère. Comment peut-elle s'investir ? Aucun véritable objectif n'est fixé... » Sous-entendu, le retour en famille n'est pas l'objectif de Nadjema. Mais que recherche-t-elle ? Que peut-on lui proposer ?

Je délivrais d'ores et déjà une ordonnance de recherche et de conduite. Les policiers retrouvèrent Nadjema dans une cave de Saint-Denis, le visage couvert de sang. Dans un premier temps, elle dit avoir été violée par plusieurs garçons. Puis elle se rétracta et reconnut avoir été agressée mais pas violée. « Ils m'ont simplement forcée à les suivre à la cave. Je n'ai jamais dit que quinze mecs m'avaient violée. C'est même pas possible, vous vous rendez compte ? Si y en avait quinze, je serais pas là ! » Mais elle refusa néanmoins de se laisser examiner par le gynécologue des urgences médicales. On lui proposa de compulser les photographies du nouveau fichier Stic Canonge de la police afin qu'elle reconnaisse éventuellement ses agresseurs, mais elle ne vint pas au rendez-vous des policiers, disant qu'elle ne voulait plus entendre parler de cette histoire. Pour son éducateur, il était certain que Nadjema avait tout inventé...

Accueillie dans une famille relais, elle fugua une semaine après son arrivée. Retrouvée par les pompiers, suite à un malaise dans le métro, ses analyses d'urine signalèrent des traces de résine de cannabis. Dans son rapport, l'éducatrice spécialisée écrivit : « Nadjema n'a aucune conscience de son exposition au danger. Elle se sent plus en danger chez sa mère que la nuit dans la cave d'une cité ! Plus inquiétant, la jeune fille semble très à l'aise dans la marginalité. »

Je sus par Mme Benjid que Nadjema était partie au Maroc pour les vacances d'été. Je lui posai la question de l'avenir de sa fille au sein de la famille, et quels pouvaient être ses projets, mais tout restait terriblement flou. En fait, au retour des vacances, Nadjema demanda à aller dans une famille d'accueil.

« J'ai treize ans, je veux qu'on s'occupe de moi », m'écrivit-elle au dos d'une carte de Marrakech. Elle me raconta qu'à peine arrivée au Maroc sa mère lui avait soustrait son passeport et déchiré le billet du retour. Elle voulait qu'elle reste au Maroc. « J'ai dit que je me plaindrais à vous, que vous ne seriez pas content et que vous pourriez la mettre en prison. » Peut-être pas pour un billet d'avion déchiré, mais il n'empêche que je trouvai le principe franchement détestable.

Le foyer de Sèvres qui accueillit Nadjema ne put la garder longtemps. Elle ne s'inscrivait dans rien, refusait tout, elle vivait dans son monde, reconnaissant volontiers ses dysfonctionnements : « Lorsque je me sens bien quelque part, je n'ai qu'une idée, tout foutre en l'air. » Et pourquoi persistait-elle à dire qu'elle était née en 1981, alors que la carte d'identité sous ses yeux indiquait 1985 ? C'est aussi à cette époque qu'elle refusa de voir sa mère en disant que Mme Benjid n'était pas sa vraie mère...

Il y a quelques mois, elle vint me voir toute seule pour que je l'aide à continuer sa formation d'esthéticienne. Elle vivait à Dugny chez une copine qui pouvait l'héberger « un moment ». Et puis voilà. Sans doute se sont-elles disputées et Nadjema est partie. Elle est en fugue. Depuis un mois. Déscolarisée, sans parents, sans aucun repère et d'autres amis que des marginaux de rencontre. Et l'on imagine la jungle que peut représenter la rue pour une enfant de quatorze ans...

Je reviens à Mme Benjid.

– Pour l'instant nous ne prendrons aucune décision puisque Nadjema n'est pas là. Vous ne voulez pas qu'elle habite avec vous. J'en prends note. Elle, de son côté, ne veut pas revenir chez vous. Pourtant, il n'y a pas si longtemps, elle m'a écrit pour me dire qu'elle voulait que l'on s'occupe d'elle. À quatorze ans, c'est le moins qu'elle puisse demander... Et il me semblait bien qu'à l'époque, madame Benjid, le rapprochement était encore possible... Il est trop tard à présent, mais je trouve que c'est un beau gâchis...

Mme Benjid ne répond rien. Tout d'un coup, M. Benkada s'agite et semble vouloir prendre la parole.

– Je sais que cela ne me regarde pas directement puisque Nadjema n'est pas ma fille mais, justement, monsieur le Juge, je me méfie d'elle. Je préfère qu'elle n'habite pas avec nous, elle pourrait me chercher des histoires, m'accuser de viol ou autre chose, j'ai des copains à qui c'est arrivé...

Je vais abréger cet entretien. L'air devient irrespirable. Attendons de retrouver Nadjema.

11 heures

La fillette a surgi du couloir. Suivi par l'éducatrice de l'aide sociale qui déboule dans le bureau en criant et en s'excusant, le petit fauve roux se précipite dans mes bras.

– Sandra, viens ici ! Excusez-moi, monsieur le Président, elle a cru que c'était à nous.

– Tout va bien. Mais qui est-ce ?

– Sandra Malcy. Vous avez rendez-vous avec ses parents tout à l'heure.

– Oui, effectivement, les parents et l'enfant, tous les trois ensemble...

– Je ne suis pas sûre que la rencontre entre Sandra et son père soit très souhaitable...

– Et pourquoi ?

– Elle risquerait d'avoir une crise de nerfs en le voyant, surtout si elle ne repart pas avec lui.

– Si vous aviez des craintes de cette nature, il fallait me le dire avant... Mais puisque nous devons parler de son retour progressif chez ses parents, si elle doit faire une crise, j'aime mieux que cela se passe ici. Au moins les choses seront claires, nous aviserons en conséquence.

L'éducatrice ne répond rien. Visiblement, l'ASE a encore des griefs contre M. Malcy et n'a pas très envie de lui remettre l'enfant, même si elle sait qu'il va être difficile de faire autrement. C'est en substance ce qu'elle me dit. Je refuse d'entrer dans ce jeu.

– Écoutez, moi je n'ai rien à dire à Sandra qui ne puisse être entendu par les parents. C'est même la démarche inverse que je désire avoir avec elle. Demandez-lui si, elle, elle a quelque chose à me dire en particulier...

L'audition d'un petit enfant ou d'un adolescent sur ce qui touche à son intimité est un moment difficile et particulièrement délicat, sans compter que le bureau d'un juge n'est pas un lieu accueillant et facilitateur de dialogue. Certaines de mes collègues ont souvent aménagé dans leur bureau un coin enfants avec des jouets et des livres, mais aussi pour occuper les tout-petits qui accompagnent parfois les adultes. J'avoue ne pas y avoir songé. Ce coin enfants crée peut-être un autre climat et permet de dissiper le malaise de l'enfant, mais d'une façon générale le tribunal n'encourage pas aux épanchements et aux confidences.

Si la règle souffre quelques rares exceptions, les juges pour enfants ont viscéralement le souci de permettre aux petits de tous les âges de s'exprimer. Nous tenons à les recevoir, même si, a priori, et compte tenu de leur âge ou de leur personnalité, on peut supposer qu'ils resteront silencieux. Il est bon qu'ils voient et qu'ils entendent les décisions qui les concernent. Dans notre domaine, comme dans la médecine, l'action sociale ou l'enseignement, on ne peut pas exclure ceux qui sont concernés au prétexte que d'autres décident pour eux.

Il n'est pas rare que des enfants, plus souvent les adolescents, veuillent être entendus par leur juge, en lui écrivant, en lui téléphonant ou même en se présentant à son cabinet. L'attitude du magistrat, une écoute particulière, un climat de confiance peuvent les y inviter.

Ce sont également ces enfants qui se présentent spontanément à un juge qu'ils ne connaissent pas pour lui demander de l'aide. On en reçoit moins que par le passé car, lorsqu'ils viennent au tribunal, ils sont systématiquement orientés vers les travailleurs sociaux de permanence pour une première analyse de leur situation. Pour moi, le jeune qui fait cette démarche que la loi lui autorise devrait, dans un premier temps, être reçu par le juge pour lui montrer que sa parole existe et qu'on l'écoute... quitte, dans un deuxième temps, à ce que le magistrat demande un complément de point de vue à une équipe éducative, le SEAT ou tout autre. D'ailleurs, juridiquement, le jeune en voulant à voir le juge le saisit de son cas.

Il est certain que ces visites au tribunal ne sont jamais neutres. Généralement, il s'agit d'une question « de vie ou de mort », ou présentée comme telle par le jeune, qui nécessite « un placement » immédiat. Il est évident que le juge, comme tout professionnel, doit apprendre à maîtriser les réponses urgentes, celles qui risquent de faire négliger certains éléments déterminants de la situation. La prudence s'impose donc mais, dans le même temps, le demandeur doit pouvoir bénéficier d'une écoute immédiate. Il sera ensuite aisé de gagner du temps. Certains jeunes anticipent parfois leurs problèmes et ont juste besoin d'un conseil. Simple mesure de prévention mais qui peut être salutaire à l'équilibre du jeune qui fait la démarche de se renseigner. Je pense, par exemple, au cas de ces jeunes filles qui craignent d'être envoyées dans leur pays d'origine pour y être mariées de force. La confirmation de leurs droits en la matière leur permet de s'armer et de préparer une véritable défense.

Je me souviens du cas d'Yvona Bluma qui, à dix-sept ans et demi, commençait un apprentissage de boulangerie et ne voulait pas suivre sa mère qui partait en Allemagne définitivement. Yvona n'avait aucun lien avec l'Allemagne sinon ses grands-parents. Elle ne connaissait pas son père. Et pour cause : Yvona était née d'un viol.

– Monsieur le Juge, jamais elle n'a voulu me dire qui c'est. Elle souffre de troubles psychologiques, mais refuse d'aller voir le psychiatre. Ce viol jamais traité est SON problème, elle m'a dit qu'elle connaissait son agresseur. Mais elle n'a jamais voulu porter plainte.

– Tu y crois, toi, à ce viol ?

– Oui. Enfin, j' sais pas !

Sa mère devait avoir à peine dix-huit ans lors de la naissance d'Yvona.

Pour moi, il était évident qu'Yvona n'avait pas sa place dans un foyer classique, mais d'un autre côté personne n'était susceptible de l'accueillir. Les deux femmes vivaient coupées de tout. La mère y veillait. Enfin, le croyait-elle car, malgré sa surveillance, Yvona avait un petit ami, sérieux, disait-elle, chez qui elle voulait s'installer. Je devais la mettre en garde.

– Je ne suis pas sûr que ce soit la meilleure des solutions. Pour ta mère déjà, mais aussi pour vous deux. Si tu veux faire ta vie avec lui, ce doit être spontané et non pas pour ne pas suivre ta mère... Pourras-tu être hébergée par ta patronne à la boulangerie ?

– Je crois.

Mais quelques jours plus tard, sa patronne m'appelle.

– Ce serait trop risqué de l'héberger dans l'arrière-boutique. Je crains les scandales de sa mère au magasin. Il faut trouver autre chose.

Disposant d'une délai très court, je convoque Mme Bluma la veille de son départ en Allemagne. Je lui indique dans mon courrier que, si elle ne peut pas se déplacer, je prendrai une mesure de protection pour sa fille. Mme Bluma ne vient pas et ne s'excuse pas. Je confie immédiatement Yvona à un foyer.

Quelque temps après, Yvona m'écrivit pour me demander l'autorisation de passer le week-end chez son ami. Je lui donnai mon feu vert. Il fallait aussi qu'elle puisse recevoir son salaire sur son compte en banque. Je m'en occupai pour lui faciliter les choses. Il faut dire que de tous côtés on me confirmait qu'Yvona était une jeune fille sérieuse et travailleuse. Un véritable climat de confiance s'était installé entre nous et je sentais à ce moment-là à quel point la jeune fille était seule et n'avait personne d'autre que moi, son juge, pour l'aider à construire sa vie. Finalement, sa mère renonça à s'installer en Allemagne mais elle voulait qu'Yvona revienne à la maison. Comme sa fille refusait, elle fit un scandale dans la boulangerie. Yvona, qui avait pourtant beaucoup d'affection pour sa mère, commençait à ne plus supporter ses excès.

Une nouvelle fois elle m'appela pour m'en parler. Je lui rappelai notre discussion concernant les névroses de sa mère dues au viol et lui conseillai de faire un pas vers elle. Yvona entendit mon conseil, mais elle avait peur d'aller la voir chez elle. Je sentis qu'encore une fois elle m'appelait au secours. Je promis donc de faire le lien entre sa mère et elle. Je les verrais après les vacances.

En d'autres termes, l'enfant qui le demande doit être vu par le juge pour enfants. S'il y a un juge qui doit veiller au respect de cette règle, c'est bien ce magistrat. La loi veut que, lors de l'audition de tous les membres de la famille, un accord entre eux soit recherché par le juge pour enfants intervenant en assistance éducative. Parfois, l'urgence est telle que l'on doit se passer de cette règle. Dans la décision, il sera impératif de dire en quoi il y avait urgence, ce qui a conduit à ne pas recevoir tous les intervenants, afin d'éviter que les juges ne recourent trop aisément à cette solution de facilité.

En matière pénale, il est difficile d'imaginer exclure le jeune de son procès, mais il est possible, c'est légal, de le dispenser d'être présent pendant le laps de temps où seront évoqués des faits trop durs à entendre pour lui. Cette disposition est rarement utilisée. De temps à autre, lors de procès particulièrement difficiles, il faut insister auprès des services sociaux pour que les jeunes soient conduits au tribunal. Que les faits soient pénibles à assumer, il est essentiel que tous, jeunes et moins jeunes, entendent la même chose, ce qui va être décidé et comment les choses peuvent évoluer.

Ce n'est pas parce que l'enfant est reçu en tête à tête par le juge et qu'un climat de confiance s'instaure entre eux que le juge va obligatoirement adopter la position de l'enfant. Il sera entendu certes, mais ce n'est jamais lui qui décide. Personnellement, même si je partage le point de vue de tel jeune, je fais en sorte que, lors de l'audience, il comprenne bien que, même si la décision le satisfait, c'est moi qui l'ai prise, après en avoir parlé avec ses parents. Pour la suite de la mesure, il est très important qu'à l'âge de l'adolescence, période où la toute-puissance est de mise, il sache qu'il n'est pas le maître du jeu.

Ces entretiens en tête à tête sont souvent pour l'enfant l'occasion de faire passer un message au juge. Il n'est pas toujours élaboré, argumenté, très objectif. Mais ce sentiment général trahit un malaise ou un souci dominant. C'est aussi l'occasion pour le juge d'expliquer le mieux possible les cadres dans lesquels il se meut, ce qu'il peut faire, ce qui lui est impossible, quelles sont les voies de sortie. Cet entretien permet souvent de préparer l'audience qui va suivre et que l'enfant craint par-dessus tout. Il faut l'assurer qu'on sera près de lui, qu'on le défendra... y compris physiquement. Il est même parfois nécessaire d'aller plus loin en veillant à la présence d'un avocat qui sera le soutien et le porte-parole de l'enfant. J'essaie, dans la mesure du possible, de lui dire ce qui va se passer, d'anticiper les réactions de ses parents s'il s'en inquiète et d'avance le rassurer. Bien évidemment, il n'existe pas de vade-mecum de ce genre d'entretien distribué par l'École nationale de la magistrature, comme c'est le cas pour les policiers.

Lors de l'audience elle-même, la disposition et la répartition des fauteuils sont essentielles. Cela m'amuse toujours de voir les enfants pénétrer les premiers dans mon bureau et se jeter dans le fauteuil central, comme on choisit la meilleure place au spectacle ! Ils se calent du mieux qu'ils peuvent et attendent que le rideau se lève !

Certains magistrats, notamment les juges aux affaires familiales ayant compétence à intervenir dans les séparations et les conflits intrafamiliaux, répugnent à recevoir les enfants. Ils évoquent le manque de temps. En fait, ils craignent surtout une manipulation des enfants par les adultes et ne veulent pas courir le risque de tomber dans le piège. Bien sûr, cela existe.

Doit-on, pour autant, priver les enfants de leur droit d'être entendus par leur juge et de faire valoir leur point de vue? Je ne le crois pas. Je milite pour que l'on consacre dans la loi le droit de tout enfant à être entendu s'il le demande.

Je regrette qu'en 1993 le législateur, dans un excès de prudence, ait décidé que les enfants ont certes le droit de demander à être entendus mais que le juge peut leur refuser cette audience!

Contrairement à la Convention des Nations unies sur les droits de l'enfant (article 12), ce n'est pas *le droit d'être entendu* qui a été consacré par la loi française pour les mineurs mais *le droit de demander à être entendu.* La nuance est de taille! Alors que c'est un droit fondamental pour tout individu d'être entendu à sa demande par son juge, comme le droit d'être assisté ou de pouvoir faire appel. Ce principe fondamental est indivisible. Force est de reconnaître que le législateur en est resté à ce que j'appelle un « vrai-faux droit »!

Donner à un enfant le droit de faire connaître son point de vue ne veut pas dire que les adultes n'aient plus de responsabilités, au contraire. Combien de fois ai-je entendu des parents, soucieux d'apparaître comme des parents tolérants et ouverts, me dire :

– C'est à lui de décider, monsieur le Juge!

Et ce pour des enfants de seize ans, treize ans, parfois plus jeunes encore! Rien d'étonnant ensuite que, devant un tel renoncement, certains enfants s'installent rapidement dans l'omnipotence et décident eux-mêmes de leur fréquentation de l'école, du psychologue ou de l'autre parent.

Pour le principe, dans ce cas, je monte au créneau et reprends le parent qui tient ce discours devant moi. N'oublions pas que j'interviens dans le cadre d'une procédure dite d'« assistance éducative » et que toutes les occasions sont bonnes pour rappeler quelques règles du jeu relatives à l'autorité parentale.

Je sais que l'impact de mes paroles ne sera pas immédiat. On ne fait pas rapidement le chemin en sens inverse mais il est important que le jeune entende ce qu'il y a d'anormal dans l'attitude de ses parents. Parfois ce discours de la loi vient rassurer l'un ou l'autre des parents. Je sais que certaines de mes remarques ont alimenté des débats à la maison.

La petite Sandra n'a apparemment pas grand-chose à me dire, mais elle s'amuse bien avec son juge. Pour toute réponse à ma question, elle me tourne autour, vient près de moi et m'envoie des bisous sonores avec la bouche, tout en me regardant d'un air coquin. Quel numéro à six ans ! Je la regarde par-dessus mes lunettes en fronçant les sourcils, mais elle continue de plus belle.

– Tu voulais me dire quelque chose, Sandra ? lui demandais-je.

Mais non. Elle continue son manège de courtisane en couches-culottes ! Incroyable, cette petite fille ! Il y a un an encore, elle embrassait les inconnus dans la rue, elle appelait les femmes et les hommes « maman » et « papa »... Je lui fais les gros yeux en lui demandant d'arrêter ce cirque et, l'air vexé, elle repasse de l'autre côté de mon bureau pour se réfugier dans les bras de l'éducatrice en suçant son pouce.

Pour ma part, faute de préparation de cet entretien, je n'ai rien de spécial à dire à cette enfant. L'ASE m'a cassé involontairement ma baraque. Ce qui m'intéressait, a priori, c'était de la voir réagir en présence de ses parents. Je ne peux même pas demander à ce qu'elle reste pour les attendre. Le rendez-vous avec les parents est en toute fin de matinée. Elle ne tiendra pas en place jusque-là et son assistante maternelle doit le remmener à cent cinquante kilomètres d'ici. Je tente tout de même de tirer quelque chose de cette figure imposée :

– Je vais voir tes parents tout l'heure pour parler de toi. On me dit que tu as envie de revenir à la maison pour y vivre avec tes parents. C'est vrai ?

Elle ne répond rien, elle se contente de hocher la tête en souriant. Apparemment cette idée la réjouit plutôt.

– Bon, arrêtons là, dis-je à l'éducatrice. Je n'avais pas prévu d'entendre Sandra seule.

– Je comprends mais mon inspecteur de l'enfance a pensé que ce serait mieux.

– C'était une erreur, même si à toute chose malheur est bon. Merci. À bientôt.

Elle sort un peu confuse avec le sentiment d'injustice de celui qui a cru bien agir et qui se fait rembarrer, mais tant pis, ce cas de figure m'exaspère. J'ai l'impression pénible d'avoir été manipulé. Sandra qui a compris que l'entretien se terminait vient vers mois et me claque une grosse bise sur la joue.

En revanche, le temps de passer quelques coups de fil et de rédiger deux ordonnances en attente sur des dossiers que j'ai traités hier, je tiens absolument à recevoir Mlle Roy, toute seule quelques minutes, avant que n'arrivent son compagnon et les grands-parents de l'enfant. Mais j'ai encore le temps d'examiner un dossier ou deux.

Quand le couple Roy-Malcy m'est annoncé en fin de matinée, je demande à Claude, notre appariteur, de faire venir Mlle Roy dans un premier temps. Elle entre dans la pièce, petite et menue, et me salue d'un battement de cils et d'un « Bonjour, monsieur » murmuré. Ses cheveux roux très courts, sa maigreur et sa pâleur lui donnent un air d'oiseau. Toute petite chose qui se blottit dans le fauteuil et referme son blouson de cuir noir sur elle comme pour mieux se protéger.

– Mademoiselle Roy, vous savez pourquoi je vous reçois aujourd'hui avec M. Malcy et vos parents respectifs...

– Pour organiser le retour de Sandra à la maison..

– Effectivement, c'est la question principale à traiter. Depuis un an, vous m'avez écrit régulièrement pour nous faire part de vos souhaits de retrouver votre enfant. J'ai pris bonne note de vos efforts pour prouver votre bonne volonté. C'est bien. Nous allons mettre en place de nouvelles mesures pour que Sandra vous retrouve dans les meilleures conditions possible. L'ASE était plutôt contre, mais dans son dernier rapport elle a évolué positivement. Son analyse me paraît intéressante.

Elle ne peut s'empêcher de sourire.

– Merci, monsieur le Juge.

– Ne me remerciez pas. Je ne vous fais pas de faveur. Mais la situation évoluant normalement depuis un an, il n'y a pas de raison de ne pas en tenir compte. Seulement, je voulais vous voir en tête à tête pour vous mettre en garde contre de petites choses. Très importantes.

En quelques phrases, je lui rappelle les « points forts » des années passées : ses appels au secours, ses déclarations à la police contre la folie furieuse de son ami, ses frayeurs, sa fuite en province avec Sandra pour se protéger de lui. Et puis, sa tentative de suicide, la double personnalité qu'elle décrit en parlant de son compagnon, ange ou bête vicieuse s'en prenant indifféremment à elle ou à l'enfant. « Un monstre », avait-elle dit un jour. Mais elle le rappelait constamment, sans pouvoir expliquer cette ambivalence, si ce n'est par la terreur qu'il lui inspirait. Finalement, le couple est dessaisi de la garde de l'enfant et, après avoir passé quelques semaines chez ses grands-parents, Sandra est confiée à une famille d'accueil.

– Mademoiselle Roy, tout à l'heure nous allons évoquer le retour de Sandra à la maison. Nous ne reviendrons pas sur le passé de votre ami. Sans parler de vous et de votre enfant, trop de personnes autour de votre couple ont souffert de ses menaces et de sa brutalité. Le passé est trop lourd, vous savez ce que l'enfant a subi...

– ... C'est terminé à présent. Sandra est devenue sa raison de vivre...

– Peut-être, mais il l'a fait. Peu importe. Ce que je veux vous dire, c'est que maintenant vous ne pouvez plus vous tromper. Au prochain incident, si incident il y a, si vous n'avez pas su protéger votre fille, vous la perdrez et cette fois vous ne la récupérerez pas. C'est trop grave. Alors désormais ce sera à vous d'être vigilante. Il ne faudra pas hésiter à nous prévenir, les éducateurs de l'ASE ou moi, si votre ami redevenait violent... Ne restez pas seule face à lui. Demandez de l'aide à vos amis...

– Je n'en ai pas. Mais j'appellerai l'ASE s'il se passe quelque chose.

– Comment se fait-il que vous n'ayez pas d'amis ? Vous travaillez, vous sortez un peu, non ?

– Je ne parle à personne à mon travail, en tout cas jamais de ma vie privée. Je suis toujours obligée de mentir, à la fin j'en ai marre, je préfère me taire. Qu'est-ce que vous voulez que je réponde si on me demande pourquoi je n'élève pas ma fille ? Que son père a voulu la violer et m'assassiner ? Non, je ne peux parler à personne. De toute façon, Marc est très jaloux.

– Vous voyez un peu vos parents ou plus du tout ?

– Non. Je n'ai plus de liens avec eux et Marc ne voit plus les siens. Il les accuse d'avoir voulu nous séparer, de m'avoir montée contre lui. Maintenant, mes parents ont peur de lui. Je préfère que ce soit comme ça, il n'y a pas d'histoires.

– En fait, si vous ne voyez plus vos parents et vos beaux-parents, c'est pour les protéger de votre ami.

– En quelque sorte.

Nous restons silencieux quelques secondes.

– Dites-moi, mademoiselle Roy, une dernière question avant de faire entrer votre famille : M. Malcy, vous l'aimez ou vous en avez peur ?

À ma surprise, sans hésiter sur cette question un peu directe, elle me répond :

– Les deux, monsieur le Juge.

Elle me sourit tristement d'un air de dire : « C'est ma croix... » Il n'y a pas que de la peur, évidemment. Ce serait trop simple, et elle l'aurait quitté depuis longtemps. Les grands-parents de Sandra entrent les uns derrière les autres et s'assoient en grappe tous à ma gauche tandis que M. Malcy les ignore superbement et rejoint sa compagne. Son visage serait assez beau s'il n'avait pas ces yeux noirs perçants et ce regard de bête traquée. En tout cas, le sourire qu'ils échangent montre la profondeur de leur attachement réciproque.

– Il y a deux ans, vous m'aviez écrit pour me faire part de vos efforts afin de retrouver Sandra, « Ma seule joie de vivre », me disiez-vous. À l'époque, vous ne compreniez pas pourquoi votre fille était mal et...

– Elle était perturbée parce qu'elle ne me voyait pas, souffle M. Malcy.

En audience de cabinet, M. Malcy est toujours le premier à prendre la parole. Je ne peux jamais finir une phrase sans être interrompu. Dès que je reprends ma respiration, il embraye.

– Je ne sais pas si c'est parce qu'elle ne vous voyait pas mais j'ai sous la main une note qui dit que Sandra veut voir sa maman, « mais surtout pas papa »...

– Je ne comprends pas ce que l'on me reproche...

– Nous n'y reviendrons pas. Ce n'est pas le propos. Et puis arrêtez de vous regarder le nombril, il n'y en a que pour vous ! Je continue. Le psychologue, dans son dernier rapport, pensait qu'un droit d'hébergement était prématuré...

– Il disait que j'étais immature et déséquilibré...

Concernant Mlle Roy, l'expert psychiatre m'avait semblé plus fumeux : « Elle est confrontée à un attachement réactionnel et finalement passionnel à un concubin exécré dans le fantasme des parents et donc pôle d'attraction, de cristallisation de son individuation. C'est là une problématique systémique, impliquant une névrotisation des interactions, avec distorsion des messages, problématique cristallisée autour de la jeune Sandra, support de réactualisation des affects œdipiens intergénérationnels. » Il concluait de façon plus lisible en disant que l'examen du couple ne révélait nul trouble rédhibitoire et qu'il convenait d'entreprendre une démarche progressive. En deux mots, les choses devaient rentrer dans l'ordre mais il ne fallait rien brusquer.

– Depuis que vous vous êtes engagés tous les deux dans un suivi médico-psychologique, le médecin vous trouve plus stables, plus raisonnés. De mon côté, vous m'avez donné les preuves que je vous demandais de vos efforts pour retrouver votre enfant. J'accepte donc que Sandra revienne à la maison mais je vais vous poser quelques conditions car je pense que tout cela est encore très fragile.

Dans un premier temps, j'autorise les parents de Sandra à partir quinze jours en vacances avec elle. Les quinze derniers jours, elle les passera avec ses grands-parents, une semaine chacun. Le visage de M. Malcy se ferme, il n'est pas d'accord. Il sait que j'attends son commentaire, mais il se retient.

– Un problème, monsieur Malcy?

– Léger, monsieur le Juge. Qui va emmener Sandra chez « eux »? demande-t-il en montrant ses parents et beaux-parents du menton. Moi, je ne les connais pas.

– Ne vous inquiétez pas. L'éducatrice de Sandra s'en chargera très bien. Mais vous devrez tôt ou tard mettre un peu d'eau dans votre vin, les uns et les autres, tous autant que vous êtes. Tant qu'à vous rendre Sandra, je préférerais qu'elle vive dans un climat où les gens se parlent normalement... Faites un effort. Voilà. Je vous revois tous après les vacances pour un compte rendu et mettre en place le retour de Sandra à la maison.

Je me tourne vers M. Malcy et Mlle Roy.

– Pour cela, je vous demanderai de remplir les quatre conditions suivantes : 1) je veux que vous poursuiviez votre thérapie et 2) que Sandra consulte un psychologue régulièrement. 3) Je veux qu'elle continue à rencontrer les travailleurs sociaux que je désigne pour vous aider et enfin 4) qu'elle voie ses grands-parents. Comme n'importe quel enfant. Des objections?

– Non, monsieur le Président.

– OK, vous notez bien mes conditions. Allez. Bonnes vacances à tous! À bientôt.

– Vous de même, monsieur le Juge. Bonnes vacances! Merci pour Sandra! Merci pour tout! Allez, au revoir!

J'avais oublié de dire : en audience de cabinet, M. Malcy a aussi le dernier mot... Cette histoire est loin d'être terminée. Je souhaite que nous ne nous trompions pas. Cet homme a une violence contenue énorme. Il apprend à se maîtriser. Devant moi il fait des efforts, mais chez lui? Quand l'enfant sera de retour ? S'il explose, Mlle Roy parviendra-t-elle à s'interposer ? Elle est bien fragile, mais d'un autre côté cela fait des mois qu'elle tient son homme. La marge de manœuvre dont nous disposions était étroite. Même l'ASE s'y est résolue. Elle a vu les incidents qui surviendraient à coup sûr si nous ne respections pas la parole donnée. On ne peut pas pendant des mois et des années poser des conditions à des parents afin qu'ils retrouvent la garde de leur enfant sans en tirer les conséquences si elles sont remplies. À nous d'être vigilants dans les mois à venir... Cette affaire ne peut que rebondir. L'homme est dangereux, il faut se méfier. Il a besoin d'être soigné sérieusement. Mais là, ce n'est plus de notre ressort. Une chose est sûre : il nous faudra protéger cette enfant pendant de longues années.

12 h 25

J'allais prendre un sandwich-café avant de revenir compléter ma préparation de l'audience du tribunal que je préside cet après-midi, lorsque Mme Carrillo, greffière en chef, vient frapper à ma porte.

– Monsieur le Président, la Chancellerie a encore appelé tout à l'heure. Il faudrait qu'on se décide sur la salle à équiper afin que vos juges pour enfants visionnent les cassettes d'auditions des enfants victimes de sévices sexuels. On me dit qu'il y a des crédits prévus pour cette installation et qu'il faut d'urgence répondre en présentant des devis. J'avoue que je n'y comprends rien. De quoi s'agit-il ?

Vu. Décidément, le débat de ce matin à la cafétéria rebondit concrètement.

Je lui explique. Il s'agit tout simplement de mettre en œuvre les dispositions de la loi du 17 juin 1998 qui prévoit que les policiers ou les enquêteurs, quels qu'ils soient, devront désormais procéder aux premières auditions des enfants victimes d'agressions sexuelles devant une caméra. La bande sera immédiatement dupliquée. L'une servira de copie de travail que le juge d'instruction, les enquêteurs, les avocats pourront visionner, l'autre restera en réserve et servira, s'il le faut, en cours d'instruction, mais, bizarrement en l'état de la loi, pas le jour de l'audience de jugement. Cette nouvelle disposition évitera aux enfants d'avoir à raconter plusieurs fois la même scène d'agression et d'éprouver la sensation pénible de ne pas être crus. Elle permettra également de vérifier les conditions d'obtention des déclarations ou des aveux. De plus, la jeune victime sera filmée peu de temps après les faits (réels ou supposés) et les juges auront l'image exacte de ce qu'elle était à l'époque, alors que d'une façon générale ils ne la rencontrent que des mois, voire des années plus tard.

J'ai beaucoup milité pour que cette procédure dite « Mélanie » (du nom de la première petite victime avec qui l'expérience eut lieu), importée du Québec via Saint-Pierre de la Réunion, au début des années 90, soit légalisée en métropole. À ce propos une anecdote plaisante me revient.

À cette période, la Réunion était soumise à une double pression judiciaire. L'île était littéralement divisée en deux. Une caricature : l'argent au Nord, le sexe au Sud. Au Sud, à partir de Saint-Pierre, le procureur et les gendarmes poursuivaient l'inceste avec l'arme de la procédure Mélanie ; dans le Nord, à partir de Saint-Denis, le procureur Bernard Legras faisait embastiller vingt et un des vingt-deux élus de son ressort pour corruption et autres délits financiers. À croire qu'il n'y avait aucun cas d'inceste dans le Nord et que tous les hommes politiques du Sud étaient respectueux du code des marchés publics ! Malheur à l'élu du Nord qui résidait dans le sud de l'île avec sa famille ! Il prenait des risques maximum. De temps en temps, les deux procureurs et leurs équipes se réunissaient à mi-chemin de leurs tribunaux pour faire le point sur les problèmes de l'île et leurs politiques pénales, mais aucun ne sortait de son cercle de prédilection ! Il faut dire que, lors de son mandat précédent à Périgueux, Bernard Legras s'était rendu célèbre en chassant l'inceste et en luttant contre l'invasion des cassettes pédophiles. Il avait donné...

Dans son projet de loi avancé en 1996, Henri Emmanuelli, secrétaire d'État à l'Action humanitaire, avait, sur notre demande, retenu l'idée de légaliser et de généraliser la procédure Mélanie, puis Élisabeth Guigou l'avait concrétisée en 1998. Devant les difficultés techniques pour développer cette méthode expérimentée depuis quelques années par le capitaine de police Carole Mariage, le Parlement en repoussa l'entrée en application au 1er juin 1999.

Aujourd'hui, dans chaque département, un commissariat ou une gendarmerie sont équipés de matériel vidéo, mais il n'est pas certain que le personnel soit déjà formé à cette technique. Je crains fort qu'à cause de ce décalage dans la mise en route on ne dénigre un peu vite une méthode destinée à une meilleure écoute des enfants victimes et qui a fait ses preuves. Dans ces conditions, à quoi bon se précipiter pour équiper les tribunaux ? Il faut que les juges d'instruction aient aussi la possibilité d'enregistrer et de visionner. Ils rechignent à enregistrer leurs entretiens car l'intérêt de ce dispositif est bien de saisir la parole et, par-delà la parole, le comportement de la victime, au moment de la révélation de l'affaire. Les juges pour enfants, eux, ne sont pas concernés au premier chef, mais ces enregistrements « à chaud » peuvent leur permettre de mieux comprendre ce que les victimes ont subi.

Que répondre à la Chancellerie pour ce qui concerne la salle à équiper ? Que, dans l'exiguïté qui est la nôtre au tribunal pour enfants, affecter une salle au visionnage de ces bandes vidéo (et peut-être une autre au tournage) va être un nouveau casse-tête ? Je ne pensais pas que nous devrions équiper spécialement une de nos pièces. Maintenant, puisqu'il le faut et que la Chancellerie a des crédits... Pour répondre à l'inquiétude des travailleurs sociaux, il faut former encore plus de policiers et de gendarmes à ces techniques. Mais l'effort fait dans ce domaine est déjà hors du commun.

Allez... on transmettra donc un devis pour équiper d'une caméra la salle de lecture des dossiers. Elle est exiguë mais, de toute façon, il n'y a pas le choix. On y gagnera peut-être de meilleures conditions de travail.

13 h 20

J'ai souvent l'impression que le temps passe plus vite ici qu'ailleurs. Il est plus que l'heure de monter à l'audience. J'ai bien fait d'étudier mes dossiers hier soir à la maison, sinon j'aurais été piégé par cet entretien improvisé avec Mme Carillo. Le temps de récupérer ma robe – ou ce qu'il en reste – dans le casier métallique à vêtements du secrétariat et je suis prêt. Il est urgent pour moi de passer à la cour d'appel ou plus simplement de demander application de la circulaire sur les frais de robe pour faire réparer ma guenille. Avec une loque pareille, je dois davantage inspirer la pitié que la terreur ! Allons, elle fera encore illusion.

Au passage, je décroche de mon cabinet ma grosse pendule ronde que j'irai pendre sur le mur de la salle d'audience. Cette petite manie qui amusait mon entourage est devenue un vrai rituel : pas question de présider sans ma pendule. Si je ne veux pas faire nocturne comme aux Galeries Lafayette, je dois me repérer dans la gestion de l'audience.

L'huissière a déjà regroupé les dossiers que mes deux assesseurs ont étudiés ce matin dans la salle de consultation. Aujourd'hui la pile est plus impressionnante que d'ordinaire. L'audience s'annonce effectivement chargée. Plusieurs avocats sont là et se sont installés d'une manière anarchique dans la salle d'audience en attendant 13 h 30. Certains finissent leur sandwich à toute allure.

Nos premiers clients arrivent et le hall commence à se remplir. Les casquettes fleurissent, les baskets éclosent, « Y a d' la marque », comme ils disent !... Il faudra un jour que je tienne une statistique sur les plus portées au tribunal.

Les parents sont les premiers ; les grands frères et sœurs, les rejoignent. Deux policiers en civil et leur avocat discutent un peu à l'écart. L'un des deux porte un bras en écharpe, peut-être une victime, partie civile dans une affaire. De très jeunes enfants tentent de trouver quelques motifs d'amusement en vidant les poubelles de leurs gobelets ou en se lançant les revues à la tête. Derrière le comptoir de la réception Claude et Vincent, nos deux « hommes d'accueil », tentent de faire régner un semblant d'ordre et de répondre à toutes les questions. Parfois, le ton monte et, plus d'une fois, j'ai passé la tête dans le hall d'attente pour faire redescendre la pression. Je ne sais pas s'ils connaissent ma fonction ou si ma taille, sinon mon gabarit, impressionne mais, telle l'arrivée du croque-mitaine, le bruit s'arrête immédiatement ! Pour reprendre dès que j'ai tourné les talons.

D'évidence, certains jeunes sont venus avec leurs comités de soutien... qui devront néanmoins attendre à l'extérieur car seules les personnes strictement concernées par l'affaire évoquée peuvent entrer dans la salle. Nous faisons parfois appel à la police du palais pour disperser des groupes de jeunes ou au moins les tenir à distance. Mais rien n'interdit de venir dans un tribunal si on n'y fait pas de chambard ! Ils le savent. Toutefois nous ne sommes pas dupes. Ils cherchent aussi à nous impressionner. Sans grand effet, il faut bien le dire. Au contraire, cela pourrait jouer contre eux et crédibiliser une victime qui évoque les pressions exercées sur elle alors que le prévenu les nie !

Si l'huissier – officier ministériel qui traditionnellement s'occupe des huis du tribunal mais qui a depuis d'autres cordes à son arc – ferme nécessairement les portes pendant l'audience de tribunal, les décisions sont obligatoirement rendues toutes portes ouvertes, ainsi que la loi l'exige. L'instruction de l'affaire se fait à publicité restreinte, le prononcé du jugement doit être public. Il est rare que le public pénètre en masse dans la salle d'audience pour y écouter les verdicts. Cette formalité d'ouverture de la porte est purement symbolique. Mais nous veillons scrupuleusement. C'est la raison pour laquelle on m'entend régulièrement lancer au cours de l'après-midi en direction du policier assis à l'entrée : « Laissez la porte ouverte ! Merci. »

Les décisions sont prises par mes assesseurs et moi-même dans une pièce-cagibi qui jouxte la salle du tribunal, et dans laquelle nous débattons pendant un temps qui peut aller de quelques minutes à une demi-heure, ou plus s'il le faut pour des affaires délicates. Par une porte qui donne quasiment sur mon bureau, il n'est pas rare que je quitte discrètement le délibéré pour aller prendre un verre d'eau ou me faire un café. Les audiences sont rudes et les coups de barre sont fréquents.

Nous nous retirons après chaque affaire. Une fois prononcée la décision, les intéressés sortent et l'huissière introduit les acteurs de l'affaire qui va être évoquée, et ainsi de suite.

Une greffière revêt sa robe noire tout en prenant à la gauche du tribunal la place de Mme Dutrieux qui retourne dans mon cabinet pour gérer le tout-venant. Seuls les deux assesseurs, une pharmacienne et un professeur de collège, sont en civil.

Les assesseurs sont des citoyens volontaires pour exercer ces fonctions, nommés pour quatre ans renouvelables par le ministre de la Justice, sur proposition du président du tribunal pour enfants. On y dénombrait jusqu'à peu beaucoup d'enseignants et de femmes de notables mais, depuis quelques années, nous diversifions le recrutement et faisons tourner les effectifs. En théorie, chaque juge entraîne la nomination de deux assesseurs titulaires et deux suppléants. En réalité, ils auraient dû être quarante. J'ai préféré qu'ils soient moins nombreux afin qu'ils siègent régulièrement et qu'ils gagnent en expérience. La présence auprès du juge professionnel d'assesseurs équilibrés et pondérés est capitale. On ne leur demande pas d'être des juristes – même si quelques notions de droit sont parfois les bienvenues – mais plutôt d'avoir du bon sens et une connaissance des réalités sociales. Le temps n'est plus où l'on recrutait des femmes de notables pour faire chic au tribunal et leur permettre d'inscrire « assesseur » sur leur carte de visite !

Les deux assesseurs ont exactement le même pouvoir que le juge professionnel et ils peuvent même le mettre en minorité. Il faut accepter les règles du jeu. Connaissant l'impact que peut avoir la parole du juge professionnel sur certains assesseurs, je me garde donc de donner mon avis en premier. Ils ne sont pas là pour jouer « la voix de son maître ». Le point de vue personnel est important. Mais si j'estime que la décision vers laquelle s'orientent mes deux assesseurs est particulièrement inadaptée, j'engage le débat. Pas question quand même de jouer les Ponce Pilate. Généralement, nous tombons vite d'accord. Quand nous sommes très partagés, je tranche.

Pour chaque audience, les assesseurs reçoivent une rémunération calculée sur la base du traitement de la journée d'un magistrat d'échelon moyen. Rémunération symbolique mais réelle de 650 F par audience, qui montre bien que, si les assesseurs sont aussi nombreux à présenter leur candidature, ce n'est pas par intérêt mais essentiellement pour participer à l'œuvre de justice et venir en aide aux jeunes.

Sur l'année, le tribunal de Bobigny siège en moyenne plus d'un jour sur deux. Chaque juge a deux audiences concernant son secteur géographique où sont examinées les affaires qu'il a décidé d'y renvoyer, soit en raison de leur gravité, soit pour marquer le coup vis-à-vis du jeune concerné ou bien des victimes. En effet, contrairement à l'audience de cabinet, le procureur est présent au tribunal pour enfants, et d'une façon générale, quand il se lève, homme ou femme, sa robe et ses réquisitions impressionnent. Le ton est beaucoup plus solennel, les victimes et leurs avocats sont présents s'il y a lieu et, surtout, des peines de prison peuvent y être prononcées. On y retrouve également les affaires que le juge d'instruction a instruites, excepté les crimes commis par les jeunes de plus de seize ans qui vont à la cour d'assises des mineurs.

Il peut m'arriver parfois d'avoir le sentiment de juger toujours la même affaire de vol ou d'agression, mais dans les faits chaque cas est différent et, si certaines affaires finissent par apparaître banales, elles ne le sont pas pour les victimes et je suis amené à juger des cas particulièrement lourds, dont justement des crimes commis par des moins de seize ans. Sans compter les multirécidivistes auxquels il faut faire un sort, ceux que je ne suis pas parvenu « à plaquer aux jambes », comme j'aime à dire, avec les mesures éducatives prononcées dans mon cabinet, mais à qui je veux néanmoins « couper l'herbe sous le pied » ! On lui consacrera quasiment toute une audience.

Pour condamner pénalement une personne, encore faut-il qu'on puisse lui imputer une faute, c'est-à-dire qu'elle ait eu conscience de commettre un acte repréhensible. Cela implique que la personne poursuivie ait conscience du bien et du mal. Puisque l'on se pose régulièrement la question de la responsabilité d'une personne privée de ses facultés mentales, le fou ou la personne âgée, on ne peut pas ne pas se la poser pour l'enfant qui, par définition, est un être en devenir et mettra un certain temps avant de se constituer un sens moral et distinguer le bien du mal, le permis de l'interdit et d'autres valeurs fondamentales.

Pour aider les juges dans cette appréciation, la loi pose parfois des présomptions. Ainsi en Belgique, avant seize ans, le mineur ne peut pas se voir imputer une infraction et, quand bien même il commet un délit, il n'est pas un délinquant pour autant. La Grande-Bretagne fixe la barre à dix ans. La France n'a pas de seuil d'âge fixe. Il revient au juge d'apprécier au cas par cas et de dire si le discernement existait chez l'individu jeune ou âgé au moment des faits. Cette question qui peut sembler un brin théorique est évoquée dans toutes les affaires. Généralement, elle est vite résolue : les policiers, les procureurs, les juges, les avocats, les greffiers ou les éducateurs se font rapidement un point de vue sur les facultés mentales d'un enfant et, en cas de doute, on procède à une expertise. Chaque parent ne fait pas autrement lorsqu'il décide de confier à son enfant la clé de l'appartement ou, plus tard, de l'autoriser à sortir seul le soir.

Je ne résiste pas à vous en donner une illustration dans l'une des affaires les plus truculentes que j'ai eu à juger dans cette dernière période. Une histoire assez pitoyable mais dont l'intrigue aurait enchanté Feydeau ou Courteline ! La pièce pourrait s'appeler « T'inquiète pas, je m'en occupe ! ».

Elle a été présentée sur deux scènes judiciaires : la cour d'assises, donc en audience publique, puis le tribunal pour enfants que je présidais dans une audience à publicité restreinte.

M. Marcel Loti et Mme Bessi ont été jugés et condamnés respectivement à sept et six ans d'incarcération pour tentative d'assassinat sur la personne de M. Louis, mari de Mme Bessi.

Le livret est très classique : les amants maudits décident de se débarrasser du mari gêneur. Dans la pièce interviennent les trois enfants : Marie, Jeanne et Marc, âgés au moment des faits de seize, quatorze et huit ans.

Avec mes assesseurs, j'aurai donc à juger, quelque temps après les assises, devant le tribunal pour enfants, Marie et Jeanne pour tentative d'assassinat et complicité de tentative d'assassinat sur la personne de leur beau-père, M. Bessi.

Car M. Bessi n'est pas leur père. Il épousa leur mère quelques mois après la naissance de la seconde fille. Madame avait rompu avec ses parents qui ne supportaient pas son inconstance. M. Bessi offrit le meilleur de lui-même à sa femme et aux fillettes. Ce travailleur sérieux se saignait littéralement pour gagner la vie de sa famille. Parmi d'autres emplois, il avait tenu, coup sur coup, une boulangerie et un hôtel. Il n'était pas parvenu à créer son entreprise, mais il trouvait régulièrement à s'employer, assurant à sa femme et aux petites une vie matérielle correcte. Pourtant, il manquait toujours quelque chose à Mme « Bovary » Bessi, un peu de romanesque, une part de rêve.

D'autant que le couple vivait un drame au quotidien avec le petit Marc, né de leur union. L'enfant, qui aurait pu définitivement rapprocher les parents, les avait plongés dans un désarroi profond. En effet, Marc souffrait d'un handicap très lourd qui l'obligeait à vivre en permanence en institution. Malgré l'attachement qu'ils avaient pour lui, les tensions s'accrurent dans le couple.

Cette année-là, M. Bessi trouva un poste saisonnier très lucratif dans un restaurant en Suisse. À partir du mois de juin, il laissa son épouse et les enfants en France et revint de temps à autre pour les embrasser. Quelques semaines plus tard, madame, invitée à un mariage dans sa famille, rencontra le beau Marcel, un cousin plus jeune qu'elle, dont elle avait perdu la trace depuis des années. La chaleur de l'été aidant et la solitude se faisant tout d'un coup insupportable, Anne Bessi installa Marcel à la maison.

Avec Marcel, la vie et la gaieté revinrent dans le foyer. Marcel ne travaillait pas et passait son temps à traîner. Il s'entendait bien avec les enfants et il sortait tout le monde : au restaurant, au cinéma, au bois ou à la piscine. Il n'avait guère de mérite : il puisait dans la table de nuit l'argent que M. Bessi envoyait régulièrement de Suisse. Bref, il faisait rêver madame avec l'argent de monsieur ! Le mari, de passage chez lui, s'était d'ailleurs étonné de voir l'argent partir si vite. Sa femme le rassura :

– J'ai prêté un peu d'argent à mon cousin Marcel. Il nous remboursera à la fin de l'été.

Justement la fin de l'été approchait. Marc regagna son institution. À table, Anne Bessi et Marcel faisaient des projets à haute voix devant les enfants.

– Je vais vous emmener à la campagne, promettait Marcel. Vous verrez, nous aurons une belle ferme avec des animaux.

Sur fond d'HLM, la mère et les filles en rêvaient. Enfin, on ne recommencerait pas un hiver aussi triste que les précédents. Anne Bessi ne posait aucune question à son amant sur la manière de financer cette installation. Marcel, lui, avait sa petite idée sur la mise de départ : l'argent de la table de nuit. Mais chaque chose en son temps. Il y avait plus urgent à régler : que faire de M. Bessi ? Alors que toutes les femmes auraient évoqué le divorce ou une séparation, Mme Bessi semblait hésiter. Elle ne savait pas quoi faire.

– T'inquiète pas, je m'en occupe ! avança alors Marcel durant l'un des repas de famille.

– Mais comment feras-tu ?

– T'inquiète pas, je m'en occupe ! On va se procurer de quoi l'endormir ou l'empoisonner.

– Mais comment feras-tu disparaître le corps ?

– T'inquiète pas, je m'en occupe ! Un de mes copains possède un camion. On l'emmènera.

– Où ça ?

– T'inquiète pas, je m'en occupe ! On le jettera dans la Seine avec une grosse pierre attachée au cou.

Mme Bessi aurait pu poser des questions toute la nuit : son Marcel avait réponse à tout ! Aveuglée par les sens et tout ce que la vie lui préparait de bon, elle se contentait de cette réponse.

À la mi-septembre, il fallut bien se résoudre à passer à l'acte. M. Bessi était de retour.

Un jour Marcel fit passer le message.

– J'ai les produits. Il faut qu'une des filles vienne les chercher. Vous m'appellerez quand il dormira.

C'est l'aînée qui s'y colla. Marie sortit par une fenêtre sans que son beau-père la vît et partit au centre commercial voisin où Marcel l'attendait. Elle rapporta les produits. Pendant qu'elle distrayait l'attention de son beau-père allongé sur le divan en train de regarder la TV, sa sœur et sa mère préparaient le brouet. Il fallait mélanger tous les médicaments dans de l'eau, puis les donner à boire à M. Bessi. C'est Jeanne qui touillait.

Marcel avait assuré que M. Bessi ne se rendrait compte de rien. Mme Bessi offrit donc à boire à son époux. Il but la mixture qu'il trouva amère et il s'installa dans le salon. Toute la soirée, il regarda la télévision, surveillé du coin de l'œil par les trois empoisonneuses. Vers minuit M. Bessi s'effondra d'un coup dans un sommeil profond.

Marie sortit chercher Marcel qui attendait avec impatience à quelques centaines de mètres de là dans un café.

– Il n'est pas mort, lui dit Mme Bessi en l'accueillant. Il dort.

De fait M. Bessi ronflait comme un bienheureux.

– Que fait-on ?

– T'inquiète pas, je m'en occupe ! Aide-moi à le transporter dans la chambre.

Tout le monde s'y mit. M. Bessi fut jeté sur le lit sans ménagement mais ne se réveilla pas pour autant.

– Et maintenant ?

– T'inquiète pas, je m'en occupe ! As-tu du fil électrique ?

– Oui.

– Donne.

Mme Bessi sortit du placard un fil de quatre mètres de long, dénudé à une extrémité et équipé d'une prise à l'autre.

L'improvisation continuait de plus belle.

– Parfait. T'inquiète pas, je m'en occupe ! Allez préparer les valises. Nous partons bientôt !

Resté seul dans la pièce, Marcel passa un fil électrique dénudé autour de chaque cheville de Paul Bessi et il brancha la fiche électrique dans la prise.

L'effet fut foudroyant, mais pas exactement comme l'avait prévu Marcel.

Brûlé aux chevilles, M. Bessi fit un bond extraordinaire dans le lit. Le choc fut tel qu'il tomba sur le plancher, ce qui acheva de le réveiller. Il découvrit ses chevilles brûlées et, le temps d'émerger, il entreprit de se dégager. Marcel avait déjà pris la poudre d'escampette et précipité Anne Bessi et les filles dehors.

– Partons vite !

C'est à peine si madame avait eu le temps de prendre un sac.

Assommé par le puissant sédatif, choqué par la décharge électrique, M. Bessi se leva quand même péniblement et aperçut des ombres qui s'enfuyaient dans la cour. En revanche, sur la chaise de la cuisine, il vit un blouson en cuir noir, qu'il fouilla immédiatement. Il y trouva le portefeuille de Marcel Roux, le fameux cousin emprunteur qui n'avait même pas eu le temps ni le réflexe de récupérer ses affaires !

Un peu remis de ses émotions, il appela son frère et tenta de lui décrire ce qui lui était arrivé.

– Tu as été victime d'une tentative d'assassinat, lui dit son frère, perspicace. Appelle immédiatement la police !

Ce que fit M. Bessi, incontinent.

Réponse du commissariat :

– Vous êtes toujours vivant. Rappelez-nous demain !

Cela ne s'invente pas ! Les pièces du dossier font foi de cet appel et de la réponse dilatoire.

La police vint effectivement le lendemain. Heureusement M. Bessi n'avait pas fait encore tourner le lave-vaisselle : les policiers y retrouvèrent le verre utilisé par Mme Bessi avec les traces du poison.

Pendant ce temps nos fuyards cavalaient à pied vers l'inconnu. Le copain n'avait pas pu prêter le camion, elle était loin la belle ferme promise avec les animaux. Tous les quatre marchèrent en direction de Meaux. Madame avait à peine 300 F sur elle, de quoi payer une nuit dans un hôtel grande chaîne. Le lendemain, ils poursuivirent leur route, mais faute d'argent dormirent dans la paille d'un hangar. Le troisième jour, Mme Bessi, qui souffrait de maux de ventre, se rendit à l'hôpital et demanda à sa fille aînée, le plus naturellement du monde :

– Téléphone à ton père pour voir s'il est vivant et s'il ne pourrait pas venir nous chercher...

Là encore cela ne s'invente pas.

Quoiqu'un peu assommé, M. Bessi était bien vivant, mais c'est la police qui emmena madame et son amant, direction commissariat, garde à vue, juge d'instruction et petite chambre pour chacun avec vue sur la campagne de Fleury-Mérogis (Essonne).

Marie et Jeanne vinrent aussi au tribunal puisqu'elles étaient partie prenante aux faits, tels qu'ils apparaissaient désormais aux enquêteurs. Elles seraient également poursuivies malgré leur jeune âge. Mais quoiqu'il s'agisse d'une affaire criminelle, il était évident qu'il ne fallait pas les incarcérer.

En parlant avec elles, les deux éducateurs du SEAT de permanence apprirent l'existence des grands-parents désormais retraités. Lui, ancien responsable de la gestion des stocks d'un garage, elle, ancienne institutrice. Contactés, ils acceptèrent immédiatement de s'occuper de leurs petites-filles. Marc resterait bien sûr dans son institution. Dans le cadre de la liberté surveillée ordonnée par le juge, les deux éducateurs suivirent Marie et Jeanne tout le temps de l'instruction. Elles ne posèrent strictement aucun problème. Cornaquées par leur grand-mère et discrètement soutenues par leur papy, elles reprirent les études qu'elles avaient abandonnées. Finis les rêves. Au moment du jugement Marie avait dix-huit ans et était apprentie dans un salon de coiffure des Champs-Élysées, Jeanne, seize ans, entrait en terminale.

Nous avions réservé un après-midi pour cette affaire criminelle. Aucune autre affaire n'était bien sûr inscrite au rôle. Le procureur de la République adjoint en personne vint tenir le banc de l'accusation. Il n'avait pas requis aux assises contre les amants mais connaissait bien l'affaire ; en lui offrant le café avant l'audience, je compris que cet homme expérimenté et chaleureux avait l'intelligence du dossier. À la lecture de la procédure, j'avais déjà ma petite idée sur la chute possible de cette affaire, mais là plus que jamais j'avais intérêt à donner du temps au temps. Je ne pouvais pas échanger avec lui, mais on s'était compris à demi-mot.

Marie et Jeanne attendaient déjà dans le hall avec un couple de personnes âgées. Certainement leurs grands-parents. À un autre coin du hall, un homme seul : M. Bessi, beau-père et victime.

Comme il se doit, j'interroge les jeunes filles sur leur identité. Elles nous apparaissent vite comme peu expansives. Pas seulement intimidées par l'audience, mais silencieuses et introverties. Ce que nous confirmera ensuite un éducateur. Un peu à l'image de leur mère. Elles sont gentilles, très sages, sans vraiment de volonté. Deux grandes et fines blondes, un peu fades. La peur du jugement n'y était évidemment pas pour rien.

Mme Bessi est dans le box des détenus puisqu'elle est condamnée. En tant que mère des jeunes filles, elle est en droit et en devoir d'assister à l'audience. En revanche le parquet n'a pas fait extraire Marcel Loti. Dommage.

La salle est ainsi faite que Mme Bessi est assise à un mètre derrière ses filles. De l'autre côté, les grands-parents se sont installés sur leur banc et tout au bout, près du procureur, se trouve M. Bessi toujours aussi seul. Il n'a même pas voulu se faire aider d'un avocat.

Nous évoquons les faits qui ne souffrent pas la moindre contestation.

Au passage, j'interroge le commissaire qui a mené l'enquête et entendu Marie et Jeanne :

– Avaient-elles l'intention de tuer leur beau-père?

Le commissaire bondit :

– Certainement pas! Elles ont été entraînées dans cette affaire par leur mère et Marcel Loti.

– Merci.

La parole est au psychiatre qui nous explique qu'effectivement les deux jeunes filles n'ont pas une personnalité foudroyante, à l'image de leur mère qu'il a eu par ailleurs l'occasion d'expertiser pour les assises.

Je poursuis mon raisonnement avec le médecin.

– Docteur, avaient-elles l'intention de tuer?

– Monsieur le Président, elles ne savaient même pas ce que cela voulait dire! Pour elles, à leur âge et compte tenu de leur personnalité, donner la mort n'avait aucun sens.

Les éducateurs du SEAT viennent nous expliquer leur travail. Cette affaire sort de l'ordinaire et ils se sont beaucoup investis dans le rétablissement des liens entre les jeunes filles et leurs grands-parents. Ils peuvent être fiers du résultat. Ils ne cachent pas leur attachement aux adolescentes.

M. Bessi prend la parole à son tour. Bien sûr, il est amer. Devant la cour d'assises il tenait le rôle du mari cocufié; là, il est dans celui du beau-père poignardé dans le dos. C'est peut-être le plus dur pour lui. Il croyait avoir tout fait pour Marie et Jeanne, comme leur propre père, et il tombe de haut. Bessi est un homme simple.

– Je les ai rayées de ma vie. Je ne les reverrai plus jamais et elles ne reverront plus Marc non plus. J'ai divorcé et je me suis remarié. Marc m'a été confié. La page est tournée maintenant.

– Vous constituez-vous partie civile?

– Non. Je ne demande rien. Pas question de dommages et intérêts. Mais, je le répète : elles ne verront plus Marc. C'est clair!

M. Bessi se rassied. Il a tout dit.

Après une petite pause-café, l'heure est au réquisitoire. Le procureur reprend tous les faits. Il démontre sans difficulté la participation au crime par chaque adolescente. J'attends sa conclusion.

– Monsieur le Président, madame, monsieur les Assesseurs, les faits sont simples, établis, reconnus. Maintenant pour rendre justice, il vous faudra tenir compte de la personnalité de ces jeunes filles, de l'influence que leur mère a eue sur elles, de ce qu'elles sont devenues depuis. Je ne les tiens pas pour des délinquantes, elles ne l'étaient pas, elles ne le sont pas devenues. Je vous demande donc de les reconnaître coupables, mais de les dispenser de peine.

Des réquisitions somme toute originales dans une affaire criminelle...

Sans doute surpris, l'avocat de Marie et Jeanne ne sait pas rebondir sur cet imprévu. Il part dans une plaidoirie sur le thème de l'indulgence... comme si nous allions les condamner à une peine de prison ! Il n'a pas saisi la perche tendue par le parquet.

Je ne pensais pas que le procureur irait jusque-là. J'attendais des réquisitions classiques de prison avec sursis. Ces réquisitions mesurées et intelligentes ouvrent la voie à la solution que j'entrevoyais en lisant le dossier. Encore faut-il que l'analyse soit partagée par mes assesseurs.

Nous ne mettons pas trois heures à délibérer : mes assesseurs ont fait le même chemin de leur côté. Nous acquitterons purement et simplement en estimant qu'il n'y avait pas d'intention criminelle chez ces jeunes filles ; elles ne réalisaient pas ce à quoi on les obligeait à participer. Elles n'avaient pas le discernement. Les adultes planaient dans un monde irréel. « T'inquiète pas, je m'en occupe ! » Il eût été injuste, à l'orée de leur vie de femmes et de mères, d'affubler ces jeunes filles d'un casier judiciaire avec une mention criminelle. Imaginez combien la référence « complicité de tentative d'assassinat » peut faciliter la recherche d'un emploi !

De retour dans la salle d'audience, je rends la décision. Le parquet acquiesce discrètement. Le procureur de la République chargé des mineurs, qui d'ordinaire tient l'audience avec moi, a assisté aux réquisitions et aux plaidoiries. Il acquiesce aussi. Il n'y aura pas d'appel.

Comme d'habitude, j'explique notre décision.

– Bien sûr, objectivement, matériellement, vous avez commis une faute. Mais vous étiez très jeunes. Nous avons considéré que vous ne réalisiez pas ce à quoi vous participiez et que vous ne pouviez pas désobéir à votre mère. Mais le plus grave est le coup moral porté à votre beau-père ! Vous avez été dures et injustes avec cet homme qui vous a élevées au mieux.

Il faudra réparer cela. Et puis, il vous faut vous préoccuper de votre petit frère.

Dans les minutes qui suivent, la grand-mère se précipite dans les bras de ses petites-filles et toutes les trois vont embrasser la mère. Une page est tournée. Je regarde M. Bessi. Personne ne va vers lui. Personne ne l'embrasse. Il regarde les femmes s'enlacer, d'un air absent.

Les lumières s'éteignent sur l'audience : tout le monde s'en va. Je sors aussi. À quelques mètres de la porte d'audience, au milieu du hall, M. Bessi a l'air d'attendre. Quoi ? Bernard Bobillot s'est approché de lui. À ce moment, Marie et Jeanne, radieuses, passent devant nous et se dirigent vers la sortie du tribunal. Elles n'ont pas un geste pour leur beau-père. Apparemment, mon sermon post-jugement n'a pas porté. C'est choquant. Je les rappelle fermement.

– Venez saluer votre beau-père !

Elles reviennent, penaudes, l'embrassent distraitement et s'éclipsent sans un mot.

Je mets leur attitude sur le malaise à gérer une telle situation et la décompression à la suite du prononcé du jugement car elles s'attendaient tout logiquement à être condamnées. Le temps fera peut-être son travail.

Encore revêtu de ma robe, un peu vidé par la tension de cette affaire et heureux de sa chute, j'engage la discussion avec M. Bessi car je sens qu'il a envie de parler. Il me dit qu'il admet la décision de relaxe mais qu'il ne la comprend pas.

– Vous auriez voulu une peine de prison ?

– Non.

– Vous vouliez qu'elles aient un casier judiciaire qui les hypothèque toute leur vie ?

– Non.

– Alors il n'y avait pas d'autre solution. L'important c'est ce qui a été dit à l'audience et ce que j'ai expliqué ensuite. Je voudrais revenir sur ce que vous avez dit concernant Marc.

– Elles ne le verront plus. C'est fini.

– Monsieur, pensez justement à Marc. Il peut vous arriver quelque chose. Qui s'en occupera dans ce cas ?

D'évidence, malgré les efforts que Bernard Bobillot et moi déployons, nous ne ferons pas revenir cet homme sur sa décision. Quel gâchis !

Je me suis longtemps demandé pourquoi Mme Bessi n'avait pas envisagé de divorcer de son mari plutôt que de se lancer dans cette hasardeuse tentative criminelle. En vérité, toute cette histoire a pour ressort l'amour des deux parents pour Marc, l'enfant handicapé. Anne Bessi était très attachée à son fils. Son mari aussi. Elle le savait. Elle a craint de perdre Marc en demandant le divorce. Voilà pourquoi cet esprit simple a accepté l'idée du meurtre. Tout cela partait d'un bon sentiment. Meurtrière par amour ! Un autre classique. Elle est en prison pour un peu moins de six ans. Marcel Loti aurait certainement mérité plus. M. Bessi est remarié avec une maîtresse femme. Et les deux gamines engagent leur vie sans casier. Feydeau ou le journal « à quatre sous » ?

Toutes les affaires criminelles ne sont pas de cette veine malheureusement. Aujourd'hui je crains fort que nous n'ayons des dossiers plus classiques.

Voici les 13 h 30 fatidiques. Avec la charge de travail qui nous attend, ce n'est pas le moment de prendre du retard, mais le procureur n'est pas là. À l'entrée, l'huissière, qui en vieille briscarde s'est déjà renseignée sur le déjeuner du procureur, me fait un petit signe de la tête pour m'informer de son arrivée prochaine. Mme le procureur entre quelques secondes plus tard, avec ses codes rouges dans une main et ses notes manuscrites sur les affaires à juger dans l'autre. L'audience peut commencer.

– Madame l'Huissière, dites-nous quelle affaire est complète (ce qui dans notre jargon signifie que tout le monde est là) et faites entrer...

... Et quand je vois sur la table la pile de dossiers à ma gauche, à ma droite et en face de moi, j'ai envie d'ajouter : « Et sans tarder, on n'a pas qu' ça à faire... » Il faut dire qu'en commençant à 13 h 30 il peut nous arriver de finir à 22 heures, voire plus tard ! En correctionnelle j'ai terminé un soir à 23 h 53 ! Difficile de ne pas fatiguer. Avec le procureur, en préparant les audiences, nous essayons de calculer le « timing », mais on peut faire des erreurs d'appréciation. Et puis on ne reste pas l'œil braqué sur ma pendule ! Chaque audience vit sa vie. Heureusement. C'est aussi ce qui fait le charme de la situation. À la différence d'une pièce de théâtre, nous ne maîtrisons pas toutes les scènes à venir ni tous les dialogues. On peut avoir le sentiment de faire de l'abattage et, au détour d'une affaire, nous vivons un grand moment de justice. Qui sait ce que nous réserve cette audience-là ?

13 h 30

Si dans la salle du tribunal pour enfants les plafonds et les murs sont dépourvus de dorures et de boiseries, la table triangulaire en pin clair impressionne par sa taille. En effet, l'architecte du palais de justice a doté la salle du tribunal d'une gigantesque table dont la base est occupée par le président et ses assesseurs, et le sommet par l'accusé. C'est à la fois impressionnant et convivial puisque le procureur, le greffier et les avocats s'assoient à la même table.

On change de registre par rapport aux audiences pénales qui se tiennent dans mon cabinet. On peut certes toujours prononcer des mesures éducatives, mais le plus souvent ce sont des mois de prison qui sont en jeu. L'ambiance est plus solennelle. Les robes sont toutes sorties. Même si nous jouons à publicité restreinte, il y a dans la salle plus d'yeux et d'oreilles qui observent et écoutent les jeunes prévenus, les réquisitions et les décisions.

L'audience commence. Tous les acteurs de la première affaire sont en place.

Un petit bonhomme blond, cheveux en bataille malgré la coupe en brosse, jean et tee-shirt noirs, entre dans la salle d'audience et se plante face à moi, à l'angle exact du triangle de bois. Instinctivement, il a su où se placer. Ni impressionné ni désinvolte, il est là, il assume.

– Tu t'appelles Noël Erpellier.

– Oui.

– Tu es né le 8 décembre...

– 1984...

– Donc, tu as quatorze ans et... Mais, au fait, tes parents ne sont pas venus ?

– Non, ils travaillent.

– C'est ennuyeux. Moi je veux bien, mais, comme je dis toujours, « si tes parents ne sont pas là aujourd'hui, quand seront-ils près de toi ? »... Tu es sûr de n'avoir pas insisté pour qu'ils ne viennent pas ?

– Qu'est-ce qu'ils auraient fait de plus ?

Une manière détournée de me répondre. Tout en lui parlant, je vérifie dans le dossier les citations à comparaître qui ont été délivrées par le procureur. Ce sont des pièces essentielles. Elles saisissent le tribunal. Les deux parents ont signé. Ils sont donc au courant. Prenons leur absence pour une décision volontaire. Le jugement sera réputé contradictoire à leur égard. Ils ne pourront pas faire valoir leurs arguments s'il y a des demandes de dommages et intérêts. Tant pis pour eux. J'aurais bien aimé les connaître. Mais c'est intéressant de voir qu'ils laissent leur gamin de quatorze ans venir seul au tribunal...

– Bon. Tu es venu tout seul, alors?

– Avec ma grande sœur de seize ans.

– Ah...

Je cherche dans le public mais je ne vois pas de jeune fille.

– Où est-elle?

– Elle est dehors, je lui ai dit de m'attendre.

Je vous ai dit : il assume. Plus que jamais, je suis convaincu qu'il a dissuadé ses parents de venir.

Je plonge dans le dossier. Je ne connais pas ce garçon. Son dossier est passé par un juge d'instruction.

– Bon. Alors, voilà, dans la première affaire, il t'est reproché d'« avoir à Pierrefitte-sur-Seine, le 6 mars 1998, soustrait frauduleusement un vêtement type pardessus au préjudice de M. Franck Régis, cette soustraction étant aggravée par les trois circonstances suivantes : la réunion, des violences n'ayant pas entraîné d'incapacité de travail et la facilité résultant de la vulnérabilité particulière et apparente de la victime ». Tu reconnais les faits?

– Oui, je reconnais.

La victime, un jeune garçon un peu plus âgé que son agresseur, est assise sur le banc public près de sa mère. Instinctivement, compte tenu de son âge, je le tutoie :

– Franck, peux-tu nous raconter ce qui s'est passé ce jour-là?

Il s'en souvient très bien. Il revenait de l'école et rentrait chez lui en marchant difficilement à cause d'une double entorse qu'il s'était faite l'avant-veille. Lorsque les deux garçons se sont approchés de lui, il ne s'est pas méfié.

– Ils m'ont demandé mon portefeuille et, quand ils ont vu qu'il n'y avait rien dedans, ils m'ont piqué mon manteau. J'ai résisté cinq minutes mais avec ma cheville je ne pouvais rien faire. J'ai lâché et ils sont partis en courant. C'est tout.

– Ils étaient armés? Ils t'ont battu?

– Non, pas du tout. Comme je n'ai pas insisté, ils sont partis tout de suite.

– Je te remercie.

Je reviens à Noël.

– Alors, tu peux expliquer ce qui t'est passé par la tête, ce jour-là ?

– Je m'ennuyais. J'avais rien à faire. On traînait avec Khader... J' m'en foutais de son manteau, en fait...

– Et c'est ta mère qui t'a dit : « Quand tu t'ennuies, agresse quelqu'un... » ? Ce n'est pourtant pas les activités qui manquent à ton âge... Bon. Dis-moi, ce que tu as fait, tu penses que c'est grave ou pas ?

– Si, si, c'est grave... c'est grave. Je sais qu'il a eu peur, moi j'ai déjà été agressé, un renoi a voulu me piquer mon blouson, j' me suis barré... Maintenant, j' cache la marque...

– J'ai pas compris... Qui a voulu te piquer ton blouson ?

– Un renoi.

Mme le procureur, pleine de commisération à mon égard, intervient en même temps que l'avocat de Noël pour assurer la traduction.

– Un Noir, monsieur le Président ! En verlan...

– Ah, pardon ! Un renoi, bien sûr...

Ainsi que je l'ai raconté, les audiences de cabinet et de tribunal pour enfants sont de véritables défilés de prêt-à-porter...

– Tu vois l'absurdité : tu achètes des vêtements de marque et tu es obligé de cacher l'étiquette...

– Y a pas que la marque... la matière est belle...

Intéressant, mais on va peut-être arrêter de parler chiffons. Continuons.

– Et, entre l'agression dont tu as été victime et celle que tu as commise, tu vois une différence ?

– Plusieurs, même. On était deux et il boitait. Il pouvait pas se sauver...

– Deux circonstances aggravantes pour ce vol... Cela augmente la peine encourue.

– Mais tout le monde est agressé un jour... tôt ou tard...

– Ah non ! Non, la vie n'est pas comme cela, on ne peut pas fonctionner avec la peur, en se disant qu'on se fera agresser un jour ou l'autre ! Remarque, c'est une bonne chose que cela te soit arrivé, tu as pu te rendre compte... Sais-tu ce que tu risques ? – le code pénal est clair, sept ans pour un adulte, la moitié, soit trois ans et demi, pour toi car tu n'avais pas dix-huit ans au moment des faits.

Il percute et reste coi. Je marque un point. Noël n'était pas au courant.

Je me tourne successivement vers mes assesseurs, le parquet, l'avocat.

– Madame, monsieur, madame le Procureur, la défense, des questions à poser à ce jeune sur les faits ?

– Non, monsieur le Président, me répondent-ils.

– Bien. Avant de passer à la deuxième affaire pour laquelle tu es jugé aujourd'hui... (Je me tourne vers la mère de la victime.) Madame, vous constituez-vous partie civile ? Demandez-vous des dommages et intérêts pour le préjudice que votre fils a subi ?

– Non, monsieur le Président. Le pardessus a été restitué quelques jours après, il n'est pas abîmé. Nous sommes quittes pour la peur, comme on dit...

– Merci. Nous allons évoquer la deuxième affaire. Vous pouvez rester dans la salle.

Quelques mois plus tôt, Noël, accompagné du même copain, a agressé un jeune homme à l'entrée de son immeuble et lui a arraché son porte-documents. Dépités qu'elle ne contienne que des dossiers de travail, ils lui ont jeté la mallette à la tête et se sont enfuis. La victime les a aperçus deux heures après dans un square et a prévenu la police.

– Alors, voici ce que tu déclares dans le procès-verbal des policiers. « J'ai commencé à importuner ce monsieur afin qu'il me remettre son attaché-case... » Dis donc, tu parles bien quand tu veux !

– Non, c'est moi qui parle, mais c'est les flics qui remettent les phrases bien...

Sourires dans la salle.

– Alors, tu attaques aussi les gens qui rentrent tranquillement chez eux, bientôt tu t'en prendras aux personnes âgées...

– Non, monsieur le Juge, j' frappe pas les vieilles, moi !

– Ah, quand même, tu as une certaine éthique, finalement...

– Et puis je ne fréquente plus mon pote Khader, c'est fini. Avec lui je ne faisais que des bêtises...

– Et depuis quand tu as arrêté tes bêtises ?

– Depuis un an au moins. Y a un moment faut s'arrêter. On m'a aidé, et mes parents ont réagi aussi...

– Ils s'occupent de toi ?

– Oui, m'sieu.

– Tu les aimes tes parents ?

– Bien sûr que j'aime mes parents !

Ces mots ont illuminé son visage. Il insiste de nouveau sur le fait qu'ils ne pouvaient vraiment pas venir au tribunal aujourd'hui.

– Mais ils s'occupent bien de moi. Pendant des années, ils m'ont payé des profs qui venaient me donner des cours à la maison...

– Pourquoi, tu ne pouvais pas aller à l'école ?

– J'étais viré tout le temps... On ne m'écoutait pas... j' veux dire, je n'écoutais pas en classe...

– Dans ton dossier, je vois que tu es resté longtemps en famille thérapeutique...

– Ils n'ont rien fait... Je devenais violent à cause d'eux, ils me tenaient la main tout le temps, « pour que les ondes passent », ils disaient, mais moi j'y croyais pas... Je devenais fou là-bas...

– Tu exagères. Bien des problèmes ont été réglés grâce à eux. Mais peu importe. Reconnais que, pendant une période, c'est toi qui décidais de tout, on ne pouvait rien te dire...

– Oui, je sais. Mes parents cherchaient à m'aider mais moi je faisais tout le contraire. Je ne sais pas pourquoi, mais je n'arrivais pas à être bien... Jusqu'à ce que je parte à Cheval pour tous...

Noël raconte la ferme installée au Climont dans le Bas-Rhin, une nature sauvage et indisciplinée à l'image de l'enfant et de ses compagnons, une cinquantaine de délinquants de douze à dix-huit ans, parmi les plus rudes, ceux dont on n'attend rien et que l'on envoie chez François Superi pour une ultime tentative... Noël était le plus jeune cette année-là. Il raconte la discipline et le travail, aussi durs l'une que l'autre, et puis les chevaux, bien sûr, le dressage, les soins, les balades, le foyer, cette ambiance particulière faite de tensions et de complicités, qui donne le sentiment d'appartenir à une famille.

– J'ai « fait » la Roumanie, dit-il, comme s'il avait fait la guerre...

Il parle du voyage dans les Carpates roumaines où François Superi emmenait tout son monde à deux mille mètres d'altitude dans une *cabana* – une auberge – assez rustique. Il est vrai que si l'autobus est « trois étoiles », ce que l'on a pu voir de ce voyage en Roumanie, retour par la Pologne via Auschwitz, à travers le film tourné en 1998 par un journaliste indépendant, est *hard.* La route pour rejoindre le gîte était incroyablement escarpée et le séjour spartiate. L'enjeu pour l'animateur de cette structure est de mettre les jeunes en situation de difficulté extrême et les amener à reconnaître dans les adultes ceux qui peuvent les aider à en sortir. En d'autres termes, inverser le rapport de forces adultes-jeunes en remettant chacun à sa place. Son projet n'est pas soutenu par tous les travailleurs sociaux classiques. À Bobigny, depuis 1992, avant même que je prenne mes fonctions au tribunal, les juges avaient pris l'habitude de travailler avec lui, quitte quand il le fallait à lui faire part, comme juges ou éducateurs, de leurs interrogations ou de leurs critiques.

– Ah oui ? Tu faisais partie du voyage ?

– Les deux fois, j'y suis allé. J' vous jure, la marche à pied dans la neige, avec les sacs sur le dos, on tombait sans arrêt mais il fallait continuer. J' suis pas près d'oublier. Mais, finalement, ça m'a aidé...

– Pourquoi ?

– C'était dur, dur ! J'en ai reçu des coups mais François était juste. Et puis si j'avais pas quelqu'un de plus fort que moi, je ne m'en serais pas sorti...

– Qu'est-ce qui t'a déplu à « Cheval pour tous » quand vous étiez à Urbeis ?

– La discipline, parfois... Fallait qu'on débourre les chevaux sauvages, quel travail ! Et puis faire du cheval à cru, c'était pas commode...

– Ah, ça c'est la méthode Superi ! Le rapport de l'homme à l'animal, etc. C'est pour ça qu'il appelle les voyages en Roumanie « des stages de dépaysement », pour vous permettre d'aller au bout de vos limites. En général, ceux qui sont passés par Cheval pour tous disent tous que c'était trop dur et puis, quelques mois plus tard, ils reconnaissent souvent que le foyer les a bien aidés...

En mars 1999, François Superi a été incarcéré à Colmar. On lui reproche des faits très graves : violences à enfants et négligences, coups et blessures volontaires, actes de barbarie (sur animaux), mais surtout viols aggravés par personnage d'autorité et tentatives de viol. Il nie en bloc. Ce n'est pas la première fois que Superi et son équipe sont contestés sur ces méthodes « musclées ». Jusqu'ici les enquêtes de gendarmes lui ont été plutôt favorables. Ne soyons pas angéliques. Il a pu y avoir des dérapages. On leur a reproché certaines formes d'intervention comme cet incident dans la cour du tribunal pour enfants de Strasbourg où un jeune confié à l'institution par le juge a été forcé, manu militari, de monter dans la voiture du foyer. Réponse de François Superi avec son accent à couper au couteau : « L'ordre d'un juge, cela ne se discute pas. Le jeune confié à une institution par ordre d'un juge doit obéir et s'y rendre, comme l'éducateur qui a reçu mission d'accueillir le jeune doit le recevoir et veiller à ce qu'il reste avec lui. S'il refuse de venir, on l'emmène. »

Bien évidemment, les limites de cet exercice tiennent dans le code pénal : on n'a pas le droit d'exercer des violences illégitimes sur qui que ce soit. Mais on ne peut pas à la fois donner mission à un travailleur social de prendre en charge un jeune, puis de le désavouer. On ne peut pas avoir les mains propres en permanence en faisant semblant d'ignorer que la plupart des jeunes pris en charge dans une structure comme Cheval pour tous sont en opposition violente, au moins dans un premier temps, avec toutes les structures, le foyer comme le tribunal ! Ou bien on décide tout de suite de les incarcérer et on assume...

Sur un autre registre, certains intervenants non professionnels de Cheval pour tous ont pu avoir la « baffe éducative » facile, ce qui n'est pas tolérable. Mais de mon point de vue, rien de gravissime, surtout dans la dernière période où nous tentions de conforter l'institution. Mais la polémique est vive sur ce point. En revanche, je le répète, les accusations sexuelles, d'ailleurs circonscrites sur le seul François Superi, ont surpris tout le monde. L'instruction devra faire la vérité. Pas question ici de cautionner un tant soit peu ce que je condamne par ailleurs depuis tant d'années.

Cheval pour tous, avec qui quarante-trois magistrats travaillaient, dont, je l'ai dit, plusieurs de Bobigny, a été fermé provisoirement. Tous les jeunes ont été d'un jour à l'autre, en tout cas sans préparation, redéployés dans d'autres lieux de vie ou dans des foyers. Sans faire partie du conseil d'administration, depuis un an j'aide Henri Lackman, par ailleurs président du groupe Schneider et Jean Bletner, directeur général d'une grosse association de la région parisienne, à restructurer l'institution, pour qu'elle devienne un vrai foyer, sans perdre ce côté positif de lieu de vie et sans dénaturer son projet. Or justement son projet est contesté.

Certains estiment que les enfants n'y sont pas respectés. Tel n'est pas mon point de vue. J'ai toujours combattu les violences à enfants, comme toutes les formes de violence qui s'exercent sans être justifiées. Jamais je ne les aurais tolérées à « Cheval pour tous ». Le problème, c'est que Superi détonne, il est médiatique, c'est un ancien de l'antique DDASS. Il a connu treize placements successifs dont le dernier dans un lieu de vie qui lui a servi de modèle. Il sait de quoi il parle. Il renvoie surtout les autres à leurs limites. Une telle personnalité ne peut pas avoir que des amis...

Ajoutons, et ce n'est pas étranger au fait que certains critiquent la ferme du Climont, que dans un premier temps François et Régine Supéri accueillirent chez eux, à leur domicile, avec leurs propres enfants, un groupe de gosses très durs et très violents. Cette initiative fut très contestée mais, déjà, germait en lui l'idée d'un lieu de vie à vocation nationale. Et c'est au moment où certaines de ses idées et certains éléments de sa démarche sont repris en compte qu'il « tombe »...

La faiblesse du dispositif Superi est due justement à l'absence de travailleurs sociaux pour conduire la deuxième étape, celle de l'insertion. À cause de cela, des jeunes qui ne devaient rester qu'un an dans le dispositif y demeurent deux, trois, voire quatre ans. Conscient de ces limites, François Superi avait entrepris, avec notre soutien, de professionnaliser son équipe et d'investir sur cette deuxième phase.

Il va de soi que les accusations de pédophilie sont on ne peut plus graves. Si les faits étaient établis, je tomberais de haut. Mais on en a vu d'autres dans le passé ! De ce que je sais, on ne reproche pas à François Superi des agressions, mais à certaines heures de la nuit, après de franches beuveries à l'auberge du col de Stetge, de ne pas avoir su résister à des accès de tendresse... Condamnables à coup sûr. Sans doute aussi les jeunes de la première génération, que François Superi a accueillis avec son épouse et ses enfants à son propre domicile, sont-ils encore dans ce que je tiens pour un « pacte à la vie à la mort » passé avec lui. Certains, devenus majeurs, sont restés au Climont comme salariés. Ils vivent mal de ne plus avoir totalement leur place à la ferme, dans une structure qui engage sa professionnalisation et est donc plus exigeante sur ses intervenants.

Pour le reste, je maintiens que l'institution n'était pas maltraitante. Nous sommes nombreux à être allés à la ferme du Climont. Personnellement, je n'y ai pas constaté de manifestations de violences à froid ni perçu une ambiance de violence. En revanche, j'y ai vu, effectivement, des adultes qui ne se laissaient pas maltraiter, insulter ou désobéir comme trop d'adultes démissionnaires dans la vie de ces enfants. D'ailleurs nombreux sont ceux qui, à l'audience du tribunal, comme le petit Noël, reconnaissent avec honnêteté qu'ils avaient besoin de ce cadrage.

Si j'admets volontiers que les quarante-trois magistrats qui confiaient des enfants l'an dernier n'ont pas tous mis les pieds au Climont, ils sont nombreux à avoir entretenu des relations de travail suivies avec l'institution ainsi que des travailleurs sociaux. Il faut croire que la maltraitance « instituée » a aussi échappé aux journalistes qui ont séjourné à Cheval pour tous à plusieurs reprises. D'une façon générale, la presse a été enthousiasmée par la prise en charge prodiguée à la ferme et dénoncé le complot de l'intelligensia éducative contre l'autodidacte, dont le principal atout était de bien connaître ce que les enfants qui lui étaient confiés avaient vécu. Il faut aussi observer que le projet Superi répond aux besoins du moment. C'est si vrai que les circulaires produites par la Chancellerie sur les Centres à éducation renforcée ou les Centres de placement immédiat sont un décalque du projet pédagogique de « Cheval pour tous ». Il est vrai que l'on admet difficilement le mérite des autodidactes et que le ministère entend faire appel à des professionnels... tout en reconnaissant que leurs compétences ne suffisent pas.

Tout a été entrepris pour que le site rouvre rapidement ses portes avec l'aval de la Chancellerie et des autorités locales. Le nouveau foyer sera habilité comme Centre de placement immédiat pour les jeunes délinquants. Devant les efforts développés par son conseil d'administration, « la montagne restera aux enfants », comme le demandait son fondateur... De l'argent public a été investi dans cette entreprise sans base juridique réelle. Ce lieu doit continuer à bénéficier aux jeunes. D'autant qu'à entendre la plupart de ceux qui y ont séjourné, le besoin de ce type de structure est évident.

Faut-il rappeler que les prises en charge dans ces institutions hors norme tentent de remédier à l'échec des prises en charge dans l'environnement proche des jeunes ? Sans doute, il y a quelques années, pouvait-on entonner l'hymne du non-déplacement pour réaliser un travail sur le lien, avec une délinquance qui n'était dirigée que contre les biens. Aujourd'hui, les passages à l'acte sont tellement violents qu'un éloignement s'impose pour offrir un maximum de chances à une reconstruction. Le temps presse alors qu'il en faut autant sinon plus pour réduire la fracture. Encore faut-il disposer de terres d'accueil. Le moins que l'on puisse dire, c'est que la PJJ n'en offre plus beaucoup.

Autour de la table d'audience, tous sont au courant de l'affaire Superi qui défraie la chronique et dont nous avons beaucoup parlé au sein du tribunal. Ils décryptent les propos de Noël à travers ce qu'ils connaissent de Cheval pour tous et écoutent avec intérêt ce témoignage vécu « de l'intérieur ». Je suis le seul à être allé au Climont. La première fois en septembre 1997 et plusieurs fois depuis. J'y ai vu les changements intervenus que tout le monde se complaît à saluer, y compris les jeunes. Ce qu'évoque Noël me parle plus qu'à d'autres. J'ai à plus d'un titre le souci d'être neutre.

– Tu dirais que « Cheval pour tous » a été plutôt positif ou plutôt négatif pour toi ?

– Positif, m'sieu. J'avais besoin d'être cadré.

– Et depuis, qu'est-ce que tu as fait ?

– Je suis des cours de rattrapage car je n'ai pas encore le niveau scolaire de troisième et je vais préparer mon stage...

– Quel stage ?

– Pour devenir palefrenier.

– Ah ! Ils t'auront donné le goût des chevaux ! Et depuis, tu n'as pas fait de bêtise ? Aucune ? Ça m'étonne...

– Aucune, monsieur le Juge. J' vous l'ai dit, y a un moment faut que ça s'arrête...

– Des questions ? Non ? Alors nous avançons. Il n'y a pas de constitution de partie civile dans la deuxième affaire.

Nous en restons donc là avec Noël, un gosse sympathique et futé comme pas deux, mais qui doit néanmoins rendre compte de ses erreurs. Il reconnaît les faits, la victime ne demande pas de dommages et intérêts. Aucune infraction, aucun délit depuis un an et demi. Voilà la donne. J'invite Mme le procureur à prendre ses réquisitions.

Elle se lève. Noël pivote un quart de tour vers elle et fronce les sourcils. Il sait qu'il peut passer un mauvais quart d'heure, il se prépare au pire. Le procureur rappelle les faits, insiste sur leur gravité et dessine oralement la balance du passif et de l'actif de l'enfant. Oui, il agressait, oui, il était violent mais depuis il s'est repris. Aucun acte de délinquance depuis un an et demi, confirme le procureur qui a consulté avant l'audience la mémoire informatique du tribunal, et il a un véritable projet éducatif et professionnel. Elle conclut ses réquisitions en souhaitant que l'on ne reparle plus jamais de ces faits et que l'on ne revoie plus Noël dans une salle de tribunal.

– Il y a une véritable évolution dans son parcours, il exprime une envie forte de s'en sortir. Donnons-lui sa chance... Je propose une remise à famille compte tenu de son âge et du fait qu'il n'a pas encore été condamné. C'est une mesure éducative.

L'avocat de Noël revient en quelques mots sur son enfance difficile, les tensions familiales, raconte comment à onze ans il fut pendant des mois le soutien psychologique d'une mère défaillante et insiste pour que l'enfant soit aidé, soutenu par les éducateurs de l'Aide sociale.

Avant de quitter la salle avec mes assesseurs pour décider du verdict, je donne, comme il se doit, la parole à Noël.

– Tu as quelque chose à ajouter ? Peut-être quelque chose à dire à ta victime ?

Noël se tourne vers l'autre garçon et plante ses yeux dans les siens :

– Bien sûr. J' m'excuse, c'est vrai, j' m'excuse. Je sais, c'est pas grand-chose, mais... heu...

– Allez, c'est déjà pas si mal. Verdict dans une dizaine de minutes. Vous pouvez sortir entre-temps.

Nous revenons un quart d'heure plus tard.

– L'audience est reprise. Laissez les portes ouvertes. Asseyez-vous, sauf toi, Noël.

Je marque un temps.

– Noël, le tribunal estime que tu es coupable des faits, il prononce à ton égard une remise à famille et te place sous le régime de la liberté surveillée jusqu'à dix-sept ans. Cette mesure sera exercée par la consultation. Maintenant, deux mots d'explication, Noël.

Il me paraît nécessaire, derrière le formalisme du prononcé de la décision, afin que chacun y voie clair et notamment le greffier qui prend tout en note, de bien en expliquer le sens. C'est même pour moi un temps essentiel de l'audience.

Il faut, pour cela, que dans cette improvisation je trouve les mots justes pour le jeune, mais aussi pour ses parents, pour la victime souvent présente qui peut être surprise par la décision, pour le parquet, pour la défense, pour le greffier. Ce sont ces mots que l'enfant retiendra. Là, il m'arrive d'utiliser des termes plus crus, où j'appelle un chat un chat, mon souci étant de bien me faire comprendre.

– Noël, nous avons estimé que depuis dix-huit mois tu t'es vraiment rattrapé et que tu prends un bon chemin. C'est pour cela que nous ne te mettrons pas de bâtons dans les roues, pour cette seule raison, parce que l'on veut te faire confiance. Mais cela n'enlève rien à la gravité des actes que tu as commis. Reste que tu as encore besoin d'être cadré. Tu le dis toi-même. Et surtout il te faut comprendre que tu ne peux pas décider de tout car, à ce petit jeu, tu vas t'embarquer dans de nouvelles aventures bien plus délicates. Ce sera le rôle de l'équipe éducative qui s'occupera de toi jusqu'à tes dix-sept ans. Voilà. Tu peux t'en aller à présent. N'oublie pas ta sœur dehors ! Et ce soir, explique la décision à tes parents.

Il me fait un petit salut de la tête et quitte la salle avec son avocat, suivi de la victime et de sa mère. J'attire à moi le dossier suivant : Sydney Amaro. Ah ! Une vieille connaissance, lui aussi...

– Madame l'Huissière, si tout le monde est là, nous y allons... La moyenne baisse !

14 h 45

S'avance maintenant à la barre (imaginaire) Sydney Amaro : séquanodionysien – habitant de la Seine-Saint-Denis –, d'origine malienne, majeur depuis trois mois, jugé pour vols avec violences remontant à deux ans. Avec tous les sacs à main qu'il a volés, il aurait pu ouvrir un magasin... Sydney Amaro, l'ex-terreur de Montreuil, accusé systématiquement par les habitants de sa cité, y compris des délits qu'il ne pouvait commettre... étant déjà en prison ou à l'hôpital ! Aujourd'hui, il comparaît devant le tribunal pour l'agression d'une vieille dame qu'il a bousculée et fait tomber et pour qui la mésaventure s'est soldée par six mois d'immobilisation. À l'époque il avait quinze ans et demi.

Sydney est arrivé avec sa mère. Ils se séparent à l'entrée de la salle du tribunal et elle rejoint le banc du public près de l'avocat de la partie civile. Mme Amaro est belle et grave. Vêtue à l'européenne, le chignon parfaitement lissé, elle regarde son fils, l'air à la fois navré et soucieux. Sydney, belle gueule, grand et élancé, s'avance devant la table, la casquette dans les mains, et fait face à ses juges.

Je vérifie formellement son identité comme la loi le veut et lui rappelle les faits qui lui valent d'être aujourd'hui devant ce tribunal. Pour cela je lui lis le passage de sa citation à comparaître. Au moins les choses sont claires. Sydney reconnaît l'agression sans problème comme il l'avait déjà fait à l'instruction.

Intelligemment conseillés par leurs avocats, un grand nombre des mineurs que je reçois dans mon cabinet ou en audience de tribunal assument leurs actes... faute souvent de pouvoir en expliquer le sens ou la motivation. Encore faut-il qu'ils aient eu, eux-mêmes, l'intelligence de se rendre chez leur conseil pour préparer l'audience, c'est-à-dire qu'ils aient conscience de la gravité de leur situation. C'est souvent beaucoup demander à des adolescents qui ont rarement quelqu'un dans leur famille pour les guider. Mais on est loin de voir tous les jeunes admettre leur faute, c'est-à-dire faire le pas vers une attitude de responsabilisation.

Pendant quelques années, la consigne de la rue a bien circulé : niez quoi qu'il arrive, il en restera toujours quelque chose ! J'ai vu des jeunes arrêtés, le nez dans le moteur de la voiture alors qu'ils connectaient des fils, nier la tentative de vol de la voiture. Ils vérifiaient l'allumage, prétendaient-ils !

– Alors pourquoi as-tu arraché le sac de cette dame ?

– J'avais besoin d'argent.

– Dis donc, si tout le monde faisait comme toi, tu imagines l'ambiance dans la ville ? Tu voulais acheter quelque chose ?

– Non, c'était pour sortir.

– Tu sortais beaucoup en 1997 ! Dix-neuf vols à l'arraché référencés à ton nom – et sans doute d'autres pour lesquels tu n'as pas été pris – en six mois, c'est un record... mieux, une petite entreprise... Je dois dire que les autres agressions font l'objet d'une procédure dans le cabinet du juge d'instruction. Tu seras jugé pour elles dans trois à quatre mois. Ça t'a rapporté quoi tout ça ?

– Jamais de grosses sommes. Avant, je ne me rendais compte de rien. Je tirais les sacs qui se présentaient à moi mais je n'y réfléchissais pas...

– Évidemment, tu n'allais pas à l'école puisque tu passais ton temps dans la rue. Ta mère était au courant de ton absentéisme scolaire ?

– Elle a su quand j'ai été renvoyé. Elle me demandait comment ça allait en classe, je disais que tout allait bien...

Pour parachever l'instruction, je ne déteste pas poser la question suivante pour vérifier ce que le jeune retient de l'affaire et si, le temps ayant passé, il y a réfléchi un tant soit peu.

– Sydney, d'après toi où est ta faute dans cette histoire?

Il réfléchit.

– J'aurais pas dû laisser l'école!

– Oui. Et pourquoi as-tu cessé d'aller en classe?

– Je ne voyais pas à quoi cela servait!

– OK. Comment ça s'est fini toutes ces histoires?

Je connais très bien le parcours de Sydney, j'ai relu le dossier. Mais je veux savoir à quels moments précis de son existence il situe les différents points de rupture et les bifurcations.

– Il fallait que je m'éloigne de ma cité. Mon éducatrice a pensé à un lieu de vie. Je suis parti à Cheval pour Tous pendant un an.

Encore un! L'aurait-on voulu que nous n'aurions pas mieux fait pour réunir à la même audience les « anciens » de « Cheval pour tous »! Nous allons pouvoir prolonger l'approche entamée avec Noël. Mais il est vrai que nous avons beaucoup utilisé l'équipe de François Superi pour nos cas lourds. Il est donc normal qu'on retrouve aujourd'hui ces jeunes au tribunal pour enfants.

À l'époque, Sydney était l'ennemi public numéro un de sa cité. Je me souviens de l'avoir vu lors de ma première visite au Climont en août 1997. À la surprise générale, cela se passait d'ailleurs plutôt bien pour lui. Il avait pourtant « renâclé » au départ. Je m'étais entretenu avec lui dans la salle de classe alors qu'il revenait de travailler au débroussaillage de la forêt voisine. J'avais été surpris qu'il me dise vouloir, à son retour en région parisienne, reprendre des études de comptabilité. Au final, il y renonça.

– Et qu'as-tu pensé du séjour en Alsace?

– C'était dur et utile, je crois. Le voyage en Roumanie, c'était dingue...

– Tu l'as mal vécu...

– La neige et tout, c'était trop la galère. J'étais quand même content de l'avoir fait jusqu'au bout. Et puis après j'ai fait ma chute de cheval et je suis allé à l'hôpital pour ma jambe.

– Ah oui, je me souviens qu'à Montreuil les gens de la cité t'avaient vu faire un coup alors que tu étais hospitalisé à cinq cents kilomètres d'ici...

– Et y a deux jours, j' suis allé au commissariat pour un contrôle d'identité. On m'a demandé mon nom à l'entrée et y a un flic qui a dit : « Toi, t'es Sydney Amaro, tu vas direct en garde à vue... »

– Hé oui, mon vieux, injuste et sévère, c'est la rançon de la gloire ! Tu les as marqués ces gens... Ils te voient partout maintenant... Bon et, depuis, tu fais quoi ?

– Depuis, j'ai fait ma formation d'ébéniste, ça me plaît. J'ai changé de copine et c'est ma mère qui commande.

– Quand je t'ai vu à « Cheval pour tous », tu voulais devenir comptable...

– J'ai essayé mais j'avais trop de retard. C'était trop dur. Au Climont, j'ai pu faire un stage chez un menuisier. Cela m'a plu. J'ai continué.

Je me tourne, un tantinet surpris, vers Mme Amaro qui est comme statufiée depuis le début de l'audience.

– Est-ce vrai, madame, que c'est vous qui commandez ? Il vous respecte ou pas ?

– C'est pas moi qui commande, mais c'est vrai qu'il me respecte plus qu'avant.

– Et les bêtises ?

– Non. Ça s'est passé. Heureusement.

– Depuis quand ?

– C'est Cheval pour tous qui l'a aidé. Depuis, on arrive à se parler...

M'adressant au tribunal pour lui faire le point :

– Et c'est là que tu as voulu anticiper ton retour des Vosges et qu'il a fallu qu'on te remette les pieds sur terre. Il n'était pas question que tu décides à ma place.

– Je voulais rester avec ma copine d'alors !

– Il faut dire que les policiers t'ont récupéré à ma demande. Tu as été amené au tribunal et nous avons attendu ensemble jusqu'à 10 heures et demie du soir l'arrivée de l'équipe de « Cheval pour tous » qui venait te chercher. Tu es reparti volontairement sans problème et ton séjour s'est terminé normalement.

Je reviens à Mme Amaro.

– À propos, vous êtes seule pour élever Sydney ou votre mari est avec vous ?

Elle ouvre des yeux ronds et me regarde comme si j'avais dit une énormité.

– Mais non, monsieur le Juge, bien sûr que mon mari est avec moi... Il travaille, il est chauffagiste, tout va bien.

Aujourd'hui, il n'a pas pu prendre sa journée. Son patron est submergé.

Elle ne se doute pas qu'elle fait partie des exceptions !

– Dites-moi, madame, je sais que vous avez d'autres enfants et qu'il n'y a aucun problème avec eux. Comment expliquez-vous que Sydney ait fait autant de bêtises ? Pourquoi lui ?

– Je ne sais pas bien, monsieur le Juge. Tout petit, il était très poli, très gentil. Il n'était pas très intelligent mais je lui faisais confiance... Mes enfants, je les tiens tous, mais celui-ci m'échappe...

– Bien. Je crois que tout a été dit. Des questions ? Non, alors la parole à la partie civile.

La Caisse d'assurance maladie a discrètement déposé ses conclusions pour demander remboursement des frais exposés à l'occasion de l'hospitalisation de Mme Marti. Ma greffière les a visés et la représentante de la CNAM s'est déjà éclipsée vers une autre audience. Elle ne chôme pas.

L'avocat de la partie civile est très dur. Il évoque la souffrance de Mme Marti qui pendant six mois a dû rester allongée suite à l'agression. Toujours apeurée, sa cliente n'a pas voulu venir aujourd'hui à l'audience pour ne pas être confrontée à son agresseur. Elle veut oublier. De fait, cette femme a souffert de cette agression. Dans son rôle, l'avocat fustige le comportement de Sydney, il se garde bien de demander une sanction, ce n'est pas son rôle, mais celui du procureur. En revanche, pour défendre les intérêts de sa cliente, il réclame une indemnité rondelette : 200 000 F, et va se rasseoir après avoir anéanti Mme Amaro par la somme exigée.

Réquisitions de Mme le procureur qui, elle aussi, ne mâche pas ses mots. Elle s'adresse au tribunal, mais tente de regarder le jeune dans les yeux. Celui-ci fait maintenant face au procureur et il baisse la tête. Il n'est quand même pas fier et puis il s'inquiète légitimement. Le rôle du procureur est à plusieurs facettes. Il se doit de soutenir l'accusation et de bien démontrer que, de son point de vue, les faits sont acquis. Il doit rasséréner la victime, si elle est là, y compris avec des mots en sa direction pour lui montrer qu'elle a été comprise et défendue par le représentant de la société. Il lui revient enfin de faire une leçon de morale et d'éducation civique très ferme, mais crédible, au jeune sinon à ses parents. Il ne fait pas d'esbroufe devant un public aussi restreint. L'audience est quasiment intime. Parfois même, pour les cas lourds, on ressent une complicité entre tous les professionnels présents dans la salle, par-delà les rôles spécifiques qu'il leur revient de tenir et qu'ils tiennent en tout état de cause.

Il est fréquent que le procureur se raccroche à l'actualité pour mieux se faire comprendre du jeune et lui montrer la gravité de son geste ou de son comportement. Il lui faut enfin « plonger » – et l'exercice n'est pas toujours facile – et proposer au tribunal une réaction : soit une mesure éducative, soit une sanction pour en terminer avec cette histoire. Il doit justifier cette proposition en tenant compte des faits et de l'histoire du jeune. Le comportement, l'attitude de celui-ci à l'audience entrent bien évidemment en ligne de compte. Il n'est pas rare que, tout magistrat du parquet qu'il soit, il reprenne le jeune prévenu sur sa tenue physique, ses mimiques ou ses propos.

Tout comme le juge pour enfants, le procureur connaît bien le jeune à qui il s'adresse. Il a pu le recevoir dans une précédente affaire, requérir contre lui un mandat de dépôt, renoncer à le poursuivre sous condition. Même s'il reste silencieux pendant l'instruction orale menée par le président, il a ses notes, le cursus judiciaire du jeune sorti par l'informatique et sa mémoire. Au moment du réquisitoire, il remet souvent de façon implacable les pendules à l'heure. Le parquet s'intéresse avant tout aux faits pour lesquels le jeune est jugé.

Aujourd'hui avec Sydney, Mme le procureur est particulièrement carrée. Pas de cadeau, pas d'excès. Le ton est juste.

– Ces faits sont détestables. Je regrette que tous les faits reprochés à Sydney, notamment les plus récents, ne puissent pas être jugés aujourd'hui. La procédure du juge d'instruction viendra bientôt à l'audience. C'est à cause de gens comme Sydney Amaro que les habitants des cités s'en vont ou font des pétitions. Ils en ont ras le bol de se faire attaquer. Je ne néglige pas l'évolution positive de ce jeune. Je lui en donne même acte pour le féliciter, mais il faut toutefois marquer le coup pour ce qui a été fait à un âge où ce garçon savait ce qu'il faisait. Je vous demande d'entrer en voie de condamnation et de prononcer une peine qui ne soit pas inférieure à quatre mois de prison avec le bénéfice du sursis.

L'avocat de la défense ne tente pas de minimiser l'écrasante responsabilité de Sydney mais qualifie les actes du mineur d'« incidents de parcours ».

– Peut-être fallait-il en passer par tous ces larcins pour canaliser cette rage. Je crois que la chute de Mme Marti a bien fait réfléchir Sydney. Il n'avait sans doute jamais songé aux véritables conséquences de ces vols de sacs. Il l'a dit aux policiers, jamais il n'a voulu faire de mal à cette femme. Mme Amaro a d'ailleurs écrit plusieurs lettres à Mme Marti pour s'excuser au nom de son fils et prend régulièrement de ses nouvelles. Depuis, il s'est calmé. Il est clair que Cheval pour tous, ses nouvelles fréquentations l'ont beaucoup aidé et aujourd'hui il veut exercer un métier. Pour toutes ces raisons, et parce qu'il serait incohérent et absurde de lui couper l'herbe sous le pied, je vous prie de ne pas aller jusqu'aux réquisitions de Mme le procureur.

« Sur la demande de la partie civile, vous apprécierez, bien sûr, mais en réduisant sensiblement la somme qu'il faut lui allouer.

Je veux savoir si Sydney a autre chose à ajouter. Mais non. Il préfère sans doute rester sur les paroles de sa mère : « si gentil quand il était petit »...

Le tribunal se retire quelques minutes. Nous tombons rapidement d'accord tous les trois : ce serait bête de décourager Sydney s'il veut vraiment prendre sa place dans la société après l'avoir tant contournée et, d'un autre côté, on ne peut pas passer l'éponge sur tous ces délits. Verdict : quatre mois de prison avec sursis... 50 000 F pour la partie civile, toutes causes de préjudice personnel confondues, et bien sûr la CNAM reçoit remboursement des sommes avancées pour la victime.

Une chose est certaine : on ne montre généralement à la justice que ses échecs. Sydney, tout autant que Noël, était très, très mal parti. Il a fallu employer la manière forte. Un départ en catastrophe de la cité. Plusieurs retours sauvages ont été l'occasion d'incidents nécessitant parfois l'intervention de la police. D'une manière générale, il a fallu leur résister, savoir leur dire non. Mais aussi nouer un dialogue avec eux et leur offrir des perspectives.

Et puis, petit à petit, un autre équilibre s'est dégagé. Sans rompre avec leur famille et leur milieu mais en prenant une certaine distance, ils ont tracé leur voie. Rien, évidemment, n'est encore définitivement gagné mais on peut dire que, pour l'un comme pour l'autre, le plus dur semble fait. C'est là que je me remémore les appels des policiers concernant Sydney. Mission accomplie sans trop de dégâts.

De retour à l'audience, je rends formellement la décision sans omettre, comme la loi le veut, de prévenir Sydney qu'il n'aura pas à exécuter cette peine, si dans un délai de cinq ans il ne subit pas de nouvelle condamnation pour de nouveaux faits. Et je lui donne quelques explications.

– Ce que tu as fait était parfaitement scandaleux. Mais grâce à différentes expériences tu as beaucoup progressé, et je pense en particulier à l'aide que t'ont apportée les éducateurs dont nous n'avons pas parlé ici. J'ai toujours pensé que tu t'en sortirais parce que tu as une famille formidable derrière toi. Mais, pendant cinq ans, il va falloir que tu me prouves, et que tu prouves à tes parents, que nous avions raison d'avoir confiance en toi. Voilà. N'oublie pas que dans quelque temps nous te jugerons pour les autres agressions. Plus que jamais, tu dois te tenir à carreau. Tu peux te retirer.

Mme Amado a plongé le visage dans ses mains. Elle se détend quelques minutes avant de se diriger vers la sortie et de rejoindre son fils. Elle craignait sans doute une peine de prison ferme pour Sydney. La voilà soulagée. Demeure au-dessus de la tête de son fils une épée de Damoclès pendant cinq ans...

Allons, il est maintenant 15 h 35 à la Seiko quartz du tribunal, l'audience est encore chargée. L'affaire à venir s'annonce difficile : le viol en réunion d'une jeune femme. Les parents, la victime, tous les avocats, la salle s'est remplie. Nous pouvons commencer.

15 h 35

Debout devant moi, les quatre accusés se balancent d'une jambe sur l'autre : il manquait peu de chose pour que deux des garçons, William et Éric, soient majeurs à l'époque des faits, François et Claudia, eux, n'avaient que quinze ans. Les mères des jeunes sont là, mais celle de la victime n'est pas venue. Les pères des prévenus sont absents pour des raisons diverses ; en revanche le père de la victime est bien là. Je lui ai laissé le choix d'assister ou pas à l'audience. L'hésitation de sa fille m'a fait comprendre qu'elle n'y était pas très favorable, j'ai donc déconseillé au père de rester dans la salle. Il préfère d'ailleurs attendre dehors l'énoncé du verdict. Sa fille sera moins gênée pour faire, une fois de plus, le récit insupportable de son viol...

Les formalités d'identité accomplies, chaque avocat, il y en a cinq avec celui de la victime, ayant pris sa place, je rappelle les termes de l'accusation en précisant – mais chacun dans la salle ayant lu le dossier le sait – que les majeurs passeront bientôt en correctionnelle. Avec l'accord de la victime qui ne voulait pas de la publicité de la cour d'assises, le juge d'instruction a évité de retenir la qualification criminelle. On ne parlera donc pas de viol, mais d'agression sexuelle avec violences. Les mineurs sont jugés pour complicité. Ils n'ont pas violenté la jeune femme mais, par leur attitude, ils ont facilité l'agression.

– Mademoiselle Deray, voulez-vous nous raconter ce qui s'est passé le jour de votre agression ? Je confronterai ensuite votre récit avec les leurs. Je vous en prie. Si cela vous est trop pénible, nous inversons : je lis vos déclarations et vous complétez si besoin est.

Je fais toujours cette proposition à la victime d'une agression sexuelle pour la mettre à l'aise. Sa présence est essentielle, pour les prévenus, pour elle, mais il ne faut pas que ce moment lui soit trop insupportable. Il est plus simple pour la victime de réagir à l'écoute de mes propos que de tout raconter, une fois de plus. Mais, aujourd'hui, Claire Deray se sent de taille à raconter.

Il s'agit d'une jeune femme d'une trentaine d'années au visage grave. Habillée sobrement, en pantalon et tee-shirt, elle passe nerveusement la main dans sa crinière de cheveux noir corbeau et réajuste ses petites lunettes. Elle se lève doucement et s'adresse à mes assesseurs et à moi.

– J'espère que je n'oublierai rien, mais sachez que, si j'omets un détail, c'est plus par lassitude de reparler de tout cela que par manque de mémoire. Je crois que, depuis deux ans, il ne s'est pas passé un jour sans que je repense à cette fin d'après-midi.

Le ton est donné. Claire commence son récit.

– C'était au mois de septembre, il y a deux ans. Il faisait encore chaud, je voulais profiter de mes derniers jours de vacances et aller m'étendre sur la pelouse du parc de la Courneuve pour feuilleter un magazine. Dans le hall de mon immeuble, un grand jeune homme que je ne connaissais pas s'est approché de moi pour me demander une cigarette. D'ailleurs, il avait l'air sympa, finalement on a fumé ensemble. Tranquilles.

Claire s'est interrompue. Le décor est campé. Mais il faut continuer. Étrangement, les quatre accusés que j'observe régulièrement tout en soutenant la victime du regard ne la quittent pas des yeux, comme s'ils découvraient l'histoire.

– Et puis, tout d'un coup, sans que je comprenne pourquoi il s'est énervé contre moi. Il m'a agressée en insultant mon homosexualité dont je venais de lui parler. « Salope, criait-il, tu n'aimes pas les hommes, tu vas payer pour tout le monde, tout le monde va te passer dessus ! » Il a appelé des copains à lui qui discutaient à l'autre bout du hall. Tout cela est allé très vite. J'ai senti que l'on me bousculait. Ce type, dont j'ai appris qu'il s'appelait Julien, m'a fouillée et délestée de tout ce que j'avais. Il a pris ma carte bleue. Devant sa violence, j'ai dû lui révéler mon code. Il m'a menacée, il m'a plaquée contre le mur. Avant d'aller au distributeur de billets, il a demandé aux autres de me faire entrer dans le local à poubelles et de me surveiller pour que je ne m'enfuie pas. Des fois que j'aurais donné un faux numéro...

Elle pointe le doigt vers Éric, François et Claudia.

– Eux étaient là. Avec d'autres. En tout, ils étaient une bonne dizaine dont deux filles. La plupart étaient majeurs. Ils m'ont entourée pour que je ne me sauve pas... et que les rares passants ne me voient pas. Au début ils faisaient un cercle autour de moi. Ensuite Éric s'est retrouvé au milieu de ceux qui sont entrés avec moi dans le local à poubelles. Quand il est revenu, Julien était furieux. Mon compte était vide. Je le savais, mais j'avais voulu gagner du temps. Il m'a foutu un coup de poing et il a dit à son cousin (elle montre William) de me battre et l'autre m'a battue. Des coups de pied dans le dos, des claques sur la figure, j'avais le visage en sang. Je ne voyais plus rien. Je ne sentais même pas que j'avais une côte cassée. Peut-être aurais-je pu me relever mais j'avais tellement peur. Et puis Julien me criait : « On te vole, on te viole, on te tue !... » J'ai cru qu'ils allaient vraiment le faire. Me tuer, je veux dire, parce que le reste...

Elle se tait. Et puis elle raconte le viol à demi-mot. Comment elle s'est retrouvée dans ce local sordide, maintenue au milieu des poubelles par des garçons qui se relayaient. Elle ne sait plus combien de fois, combien de temps, et puis tout ça elle l'a déjà dit... Je fais en sorte de lui poser des questions qui évitent d'entrer dans les détails scabreux. L'agression a eu lieu il y a presque deux ans, mais sa rage est intacte et sa blessure s'ouvre à la moindre question un peu précise.

– Est-ce que les quatre accusés qui sont devant vous ont participé à l'agression sexuelle ?

– Non. William m'a donné des coups avant. Éric était là, il ne m'a pas violée mais il n'a pas bougé non plus. François est venu dans le local pour voir ce qu'il y avait. Peut-être m'a-t-il passé la main sur le corps. Pas plus. Je crois que c'est lui parce que le local n'est pas très bien éclairé. Mais je suis presque sûre de le reconnaître. Quant à la fille, elle a donné un préservatif à Julien qui voulait se protéger. Je l'entendais derrière la porte qui riait tout le temps comme une gourde. C'est peut-être ça que je lui reproche le plus. Entre filles, on s'aide quand même, non ? Elle ne peut pas dire qu'elle ne savait pas ce qui se passait derrière cette porte puisque moi je l'entendais rigoler. Ils avaient tous l'air d'obéir à Julien.

– Est-ce que vous avez entendu quand elle a proposé un préservatif ?

– Non. Il paraît qu'elle l'a fait pour m'aider ! On rêve !

– Combien de temps a duré cette scène ? Vous en avez une petite idée ?

– Le viol à proprement parler, je ne sais pas. Mais je suis restée dans le local à poubelles de 17 heures à 22 heures. Il y avait toujours quelqu'un qui venait me tripoter. Quand, à un moment, j'ai compris qu'ils me laissaient partir, mes nerfs ont lâché, je me suis évanouie quelques instants. D'un seul coup, ils ont disparu. Je suis remontée chez moi. J'ai passé la nuit jusqu'à l'aube, dans mon bain, à me décrasser de tout ça..., ajoute-t-elle dans un souffle. J'ai beaucoup réfléchi à leurs menaces et j'ai décidé quand même d'aller voir mon médecin car j'avais trop mal au thorax. C'était la côte cassée. Ensuite je suis allée porter plainte.

– Mademoiselle, personne n'a tenté de vous venir en aide ? Les locataires ne se sont aperçus de rien ?

– Personne n'est venu. Le groupe de jeunes détournait l'attention, je suppose que personne n'a entendu ce qui se produisait dans le local. Au début, j'ai essayé de crier mais ils me frappaient plus fort...

De fait, ce n'est pas la première fois que j'ai à connaître d'agression sexuelle dans les locaux communs des immeubles, y compris le local à ordures. Là encore, le viol de la jeune victime avait duré des heures avant qu'on vienne la secourir...

Voyons maintenant les explications des prévenus.

Ainsi qu'il fallait s'y attendre, leurs récits sont pitoyables. Comme devant le juge d'instruction, chacun reconnaît ce qu'il a fait, en minimisant bien sûr sa participation. Ils ne contestent guère le récit de la victime. Mais que peuvent-ils dire pour leur défense ? Ils avaient bu, ils ont eu peur, ils n'ont pas osé, ils regrettent...

William vient de faire deux mois de prison pour les coups portés à la jeune femme.

– J'ai frappé comme un fou mais je ne sais pas pourquoi je l'ai fait.

– C'est ton cousin Julien qui te l'a demandé ?

– Heu... je ne m'en souviens pas...

– Mais on dit que ton cousin était craint par tout le monde...

– Non, je ne le sens pas ainsi...

Tout d'un coup, l'avocate de William se lève et demande la parole. Surpris, je la lui donne et elle intime assez sèchement à son client de dire ce qu'il sait, qu'il ne s'agit pas ici de défendre son cousin Julien, actuellement en prison pour le viol, mais de dire comment les choses se sont déroulées...

– Parlez librement, c'est tout.

Je reprends.

– Est-ce que tu le crains, ton cousin ?

– Ben oui, c'est vrai que Julien peut être méchant parfois...

– Et ce soir-là, il t'a demandé de frapper mademoiselle ou tu l'as fait de toi-même ?

– Ben... il a dû me le demander...

– Et tu lui obéis comme ça ?

– ...

L'avocate pousse un soupir de découragement et s'enfonce dans son fauteuil.

Éric, lui, ne se souvient pas de grand-chose. Il a vu des gifles partir, il est resté près de la victime le temps que Julien revienne du distributeur de billets. Il était là, il a tout vu. Mais il n'a pas bougé le petit doigt pour aider la jeune femme.

– Mais enfin, tu voyais bien qu'elle était seule, le visage en sang, contre dix personnes, tu n'as pas eu l'idée d'intervenir ?

– Ben, non. Julien m'aurait frappé.

Tu pouvais partir, aller chercher de l'aide, aller à la police...

– Non, un jour j'ai fait un truc comme ça, et je me suis fait tabasser en revenant. Merci bien...

– Oui, mais en ne faisant rien tu es devenu complice. « Non-assistance à personne en danger », tu en as entendu parler ? C'est un délit, et c'est grave...

François est encore plus discret. Il est le plus jeune des garçons. À un moment donné il a voulu voir ce qui se passait dans le local à ordures et il y est entré. Il a bien vu la femme maintenue au sol par ses copains.

– Je l'ai regardée et rien d'autre. Je suis ressorti tout de suite.

Claudia, elle, reconnaît tout. Elle confirme que Julien est brutal, que William avait bu, que Claire a été battue, malmenée, entraînée. Elle a entendu les moqueries sur son homosexualité, les menaces, et elle a compris immédiatement ce qui allait arriver.

– Et, malgré tout ça, tu es restée !

– J' pouvais pas faire autrement. Julien nous tenait tous...

– Mais enfin, si vous vouliez partir, il suffisait de le faire tous ensemble, il n'aurait pas pu vous retenir...

– Il nous aurait retrouvés, monsieur le Juge, il nous aurait soupçonnés d'être allés voir les flics...

– Mais c'est écœurant cette lâcheté !

– J'étais petite, j'avais à peine quinze ans...

– Peut-être, mais à quinze ans tu te balades quand même avec un préservatif dans ta poche... C'est quoi cette histoire ?

– C'est vrai, j'avais une capote mais c'était pas pour moi. Je me souviens plus comment elle avait atterri dans mon jean. Je crois que je l'avais trouvée dans un magazine. Et quand Julien a demandé si quelqu'un en avait une, ben, je l'ai donnée. J'ai pas réfléchi...

– Ça, je dois dire que dans le genre étêtés vous vous posez là, tous les quatre. Pas un pour relever l'autre ! Bien sûr, vous n'avez pas participé à l'acte en lui-même mais sachez que la peur de l'un, la passivité de l'autre et le silence des deux derniers, ça s'appelle de « la complicité ». C'est cela que nous allons juger. C'est aussi punissable que d'avoir agi.

Les renseignements recueillis sur les jeunes sont relativement neutres. On ne les connaît pas au tribunal. Ils ont fait des études banales. Les garçons ont certes des problèmes familiaux mais rien n'était jusqu'alors remonté au tribunal.

Claudia a été adoptée. Sa mère adoptive à qui je pose quelques questions sur sa vie à la maison me confirme que la jeune fille a aujourd'hui trouvé un peu d'équilibre. Miracle de la nature et du hasard : elle et Claudia se ressemblent comme deux gouttes d'eau, c'est impressionnant !

La mère de William me confirme que son neveu Julien, le fils de sa sœur, est le leader de la bande. C'est vrai qu'il peut être très violent. « Il a ses nerfs », dit-elle, et il refuse de se soigner. Et puis, de temps en temps, il n'hésite pas à porter des armes. William est un enfant plus discret. Ce jour-là, il a dû se laisser embarquer par son cousin. Depuis sa sortie de prison il vit en province chez un oncle et a repris ses études.

L'avocate de Claire Deray prend la parole pour une plaidoirie courte mais poignante, où elle parle des souffrances de la jeune femme après le viol, la honte, l'incapacité de sortir dans son quartier, le regard de certaines personnes.

– On a même dit à ma cliente que ce n'était pas vraiment un viol, puisqu'il s'agissait de jeunes du quartier ! Aujourd'hui, monsieur le Président, lorsque Mlle Deray parle d'elle-même, elle dit : « Je suis une femme... enfin, ce qu'il en reste... » Vous la voyez, deux ans après, la douleur est la même, rien n'est passé, rien n'est oublié.

Elle demande une condamnation de principe pour bien montrer que cette agression était injuste. Elle admet que les adultes sont les plus responsables. On en parlera devant le tribunal correctionnel puisque, avec l'accord de sa cliente, on n'ira pas devant les assises. Nous verrons plus tard les indemnisations.

Le procureur reprend les faits en précisant le rôle de chacun des prévenus et en différenciant leurs responsabilités : William est le violent inconséquent, Éric, le moins-j'en-sais-mieux-je-me-porte, et François et Claudia, les pauvres maillons de la chaîne, un peu lâches, un peu timides, sans grande personnalité. Mais tout cela n'excuse rien : pour le premier, il réclame quatorze mois dont douze avec sursis, pour le deuxième et le troisième huit mois avec sursis, et pour la jeune fille dix mois avec sursis assortis d'une mesure éducative.

La défense a fort à faire pour atténuer les multiples carences de ses clients. Elle reparle de peur, de timidité, de pressions. William a toujours vécu dans un environnement violent, mais ses deux mois de prison l'ont remis dans le droit chemin. De lui-même, il a décidé de s'éloigner de La Courneuve et de reprendre des cours de comptabilité. Éric, lui, est un enfant battu depuis toujours. « Comment voulez-vous qu'il vienne porter secours à quelqu'un ? Cela fait quinze ans qu'il est battu quotidiennement chez lui et personne ne bouge ! » s'exclame son avocat. François, le troisième, est l'enfant d'une fratrie de cinq abandonnée très tôt par le père de famille. La dernière est née d'un père inconnu et d'une mère abrutie d'alcool. Assez, n'en jetez plus !

Les avocats ne nient pas la responsabilité de chacun des jeunes, mais s'évertuent à démontrer qu'ils ont été submergés dans une ambiance qui les dépassait. Bref, c'est la faute aux plus grands ! Ils nous demandent de tenir compte de leurs personnalités peu affirmées, de leurs difficultés familiales et de l'absence de passé judiciaire pour tous les trois.

Les plaidoiries de la défense sont terminées.

La phrase de l'avocat sur « Éric, enfant battu depuis quinze ans », me reste en mémoire. Je me tourne vers le banc où sont installés les parents. La maman du jeune Éric a l'air sévère et digne.

– Dites-moi, madame, vous reconnaissez votre fils dans le portrait qu'en fait son avocat ? Un enfant battu, incapable de porter secours à qui que ce soit ?

– Oui et non, monsieur le Juge, Éric est un enfant sensible et pas indifférent. Je crois que ce jour-là il a eu peur.

– C'est vous qui le battez ?

– Non, monsieur le Juge, c'est mon mari.

– Et vous acceptez ça depuis longtemps ? Vous ne partez pas ?

– Monsieur le Juge, cela fait vingt ans que mon mari me bat, qu'il bat aussi mes enfants. Mais je suis d'une génération où l'on reste et l'on assume. Et je fais ce que je peux pour défendre mes petits...

L'abnégation a parfois quelque chose d'admirable. Chapeau bas.

Comme il se doit, je demande aux prévenus s'ils désirent ajouter quelque chose et William lève la main à mon intention.

– Tu veux dire quelque chose ?

– Oui. Je voudrais m'excuser auprès de Mlle Deray. Lui dire que je regrette, que je n'aurais jamais dû la frapper. Je suis désolé de ce qu'on lui a fait... et je voudrais dire...

Il se passe tout d'un coup quelque chose d'inouï. Le silence s'est fait dans la grande salle, personne ne bouge. Et William, tremblant d'émotion, les larmes aux yeux, termine sa phrase :

– ... que je vous demande pardon...

Personne n'attendait ces mots, et surtout pas Claire Deray qui relève la tête et fait signe qu'elle accepte volontiers ses excuses. Elle a raconté sa souillure, sa honte, et elle reçoit devant tous des excuses solennelles et « senties » d'un jeune homme en larmes. Et cette femme qui, quelques minutes plus tôt, était à vif semble soudain apaisée.

Il est temps avec mes deux assesseurs de quitter la salle pour délibérer. J'invite les personnes présentes à aller se détendre, boire un café et revenir dans une demi-heure.

Verdict : William quatorze mois, dont douze avec sursis. Il est libre puisqu'il a déjà fait deux mois de prison. Éric : huit mois avec sursis. François et Claudia ont six mois avec sursis. Je leur donne l'avertissement légal sur le sursis : si dans les cinq ans...

Je leur commente notre décision : cette fois-ci, j'ai beau chercher je ne vois pas grand-chose de positif à relever.

– Ce que vous avez fait est particulièrement choquant. Non seulement vous n'avez rien empêché, mais vous y avez participé. Car sans votre présence aux uns et aux autres cette agression n'aurait pas eu lieu. C'est à peine si certains d'entre vous commencent à le comprendre. J'espère pour vous que cette jeune femme parviendra à tourner définitivement la page. Vous vous êtes comportés comme des lâches et comme des racistes. Vous pouvez vous retirer. Informez-vous de ce qui va se passer en correctionnelle pour vos amis majeurs. Vous verrez à quoi vous auriez pu être condamnés. Vous pouvez vous retirer à présent. Madame l'Huissière, l'affaire suivante, s'il vous plaît !

Mine de rien, ce dossier était éprouvant à juger. J'espère que la page a été tournée pour la victime. Il faudrait lui poser la question mais je pense que l'amende honorable publique de William l'a délivrée de sa douleur. Le procès devant la correctionnelle sera beaucoup plus dur pour elle. Là, pour s'en sortir, les majeurs n'hésiteront pas à utiliser tous les arguments, y compris les plus bas. J'en ai eu un aperçu en étudiant le dossier. Elle sera traitée d'aguicheuse. On prétendra même qu'elle était consentante ! N'avait-elle pas accepté de discuter avec son futur agresseur ? Au moins cette audience lui a-t-elle montré qu'elle pouvait être crue. Elle est bien la victime. Son avocate ne manquera pas de le lui rappeler avant la prochaine épreuve.

Plus prosaïquement, nous en sommes déjà au milieu de l'après-midi. Cela va être difficile d'embrayer. Et l'audience est loin d'être terminée ! Les dossiers qui attendent sur la table l'attestent.

– Allons-y, s'il vous plaît ! Affaire suivante ! Monsieur Amlaoui, bonjour. Prenez place. Et fermez la porte, cette fois !

16 h 20

M. Amlaoui a beau croiser et décroiser ses jambes, il ne parvient pas à en contrôler les tremblements nerveux. Il attend, les yeux dans le vague et le menton dans la main. Aujourd'hui, son épouse ne l'a pas accompagné au tribunal, j'imagine qu'elle n'a pas eu le courage d'entendre le catalogue des dernières infractions de son benjamin.

Mehdi Amlaoui n'est pas dans la salle. Il doit encore être au dépôt. Aujourd'hui, il a été spécialement transféré de Villepinte au palais de justice pour répondre de sept affaires devant notre audience du tribunal pour enfants. Le dernier en date de ses dossiers concerne une série de vols dans des maisons. Il lui a valu, voici un peu moins de deux mois, d'être placé en détention provisoire par le juge pour enfants de permanence. Il a attendu l'audience au frais.

L'huissière appelle le dépôt afin qu'un policier le fasse monter jusqu'à la salle d'audience. Quelques minutes plus tard, Mehdi pénètre dans la salle par la petite porte opposée à l'entrée principale. Il est menotté. Le policier l'entraîne avec lui dans le box qui nous fait face. Détenu, il a droit à ce statut spécial et il peut s'asseoir alors que les prévenus libres restent debout tout le temps de l'audience. Y a pas de justice ! On lui retire les menottes. Sans se soucier du policier qui s'affaire sur ses poignets, il cherche du regard son père au fond de la salle. Ils se saluent d'un léger mouvement du menton.

Je vérifie son identité, comme si je ne la connaissais pas, et je lui lis les termes de l'accusation qui lui valent aujourd'hui d'être parmi nous. Il a un beau paquet de dossiers ! C'est sûr qu'avec lui la pile va en prendre un coup ! Pendant ma lecture, il se tient droit, simplement appuyé à la rambarde du box fait pour dix personnes, alors qu'au tribunal pour enfants nous n'avons jamais autant de détenus en même temps.

Je passe en revue les hauts faits d'armes de Mehdi qui vont de la menace avec couteau à l'encontre d'une jeune fille qui a refusé ses avances à un vol de scooter avec la même arme. Sans oublier de multiples vols de sacs, d'argent, de téléphones portables, et autres extorsions avec violence.

Et toujours ce satané couteau, plus ou moins sorti, plus ou moins ouvert !

– Mais enfin, tu ne sais pas, depuis le temps, que le port d'une arme blanche hors de son domicile et sans motif légitime est interdit ?

– C'est juste pour faire peur... Et puis j'avais des embrouilles avec les mecs d'une autre cité...

– Oui, mais quand tu l'as brandi devant l'éducatrice, dans l'autre affaire, pour qu'elle te passe les clés de sa voiture, c'est aussi pour lui faire peur ?

– J'étais seul au foyer le week-end, je m'ennuyais, j' voulais juste lui emprunter, c'était une crise... J'en avais marre, c'est le neuvième foyer que je fais...

– À qui la faute ? Tu menaces tout le monde ; dès qu'on te résiste, tu cognes. Finalement, tu as réussi à lui « emprunter » sa voiture, comme tu dis, et tu l'as complètement déglinguée. 20 000 F de dégâts ! Tu trouves normal qu'elle doive supporter tout ça ?

– Non...

– Je t'assure, Mehdi, t'es mal parti. On ne peut plus avoir de relation avec toi sans penser que tu es dangereux. Tu ne peux pas arrêter de faire peur aux gens ?

– Si, mais j' demande une fois. Si on me résiste, je lâche l'affaire...

– L'affaire, l'affaire... mais c'est quoi ce rapport de truand que tu as avec les autres ?

– Ouais... ouais... c'est pas normal, je l' reconnais...

Neuf foyers en cinq ans, ce n'est pas très normal non plus. Mehdi n'a cessé de faire des allers-retours entre la Tunisie et la France, au gré des humeurs d'une mère qui l'a complètement sacrifié à son mari et à ses cinq filles. Mehdi, dernier-né et seul garçon de la famille, qui aurait pu devenir la fierté de son père, ne fait plus office que de vilain petit canard.

Lorsqu'en 1997 il hurla dans une terrible crise nerveuse qu'il « faisait toutes ces conneries pour qu'on s'occupe de lui », il fut décidé, là encore, de tenter l'expérience de « Cheval pour tous ». Il faut dire que nous n'avions pas beaucoup de possibilités d'accueil à notre disposition. D'autant que Mehdi avait exprimé à plusieurs reprises son désir de vivre loin de Paris, près des animaux.

Huit mois plus tard, je recevais un rapport : « Mehdi s'adapte relativement facilement à la vie du groupe et aux exigences de l'encadrement. »

– Tu es le troisième de la journée que nous voyons à être passé par « Cheval pour tous » : qu'en as-tu pensé ?

– J'ai appris à vivre avec les autres... Moi, j'aime être à la campagne alors forcément, les chevaux, la nature, j'étais heureux.

– Heureux, vraiment ? La discipline, le travail, ça allait ?

– C'était dur, François se laisse pas faire. Mais moi ça me convenait. C'est pas moi qui suis parti...

– Oui, nous savons, la ferme a fermé... si je puis dire.

Je me souviens de la perplexité de François Superi dans une lettre qu'il m'adressa peu avant la fermeture de l'établissement : « Les rapports étaient tous alarmistes mais sa violence, nous ne l'avons point vue et sa relation aux filles est correcte... étonnant ! »

Et puis cette question laconique : « Mais que vient-il faire chez nous ? » Toutefois, quelque temps plus tard, un autre Mehdi commençait à transparaître, angoissé et craintif, coléreux, insupportable. Superi concluait ainsi : « ... Il lui arrive parfois de nous donner l'image d'un enfant qui a réussi quelque chose. Son véritable sourire, je l'ai découvert le jour où il est venu me montrer sa dent réparée, non pour me faire plaisir, mais simplement pour me dire : " Tu vois, j'ai surmonté ma peur du dentiste, j'y suis arrivé. " »

Suite à la fermeture du lieu par décision préfectorale, l'accueil de Mehdi à « Cheval pour tous » fut brutalement interrompu en mars 1999. Il est clair que l'adolescent arrivait en fin de période régressive et qu'il aurait pu commencer à se construire. Dommage pour lui... Quelques jours après la fermeture de l'établissement et son retour, son éducateur de la PJJ m'écrivait : « Mehdi a vécu comme un arrachement et peut-être comme un nouvel abandon ou une nouvelle trahison la nécessité de son départ brutal de la région où il avait réussi à se tenir pour la première fois depuis longtemps. »

Son séjour dans les Vosges l'avait fait réfléchir, disait-il. Il réalisa enfin l'urgence pour lui de commencer un véritable travail psychologique. Il fallait qu'il sorte de cette idée que personne ne s'était jamais occupé de lui et qu'il cesse de se positionner en éternelle victime. La thérapie avait donc débuté et un lieu de vie à la campagne repéré, avec son accord. Mais tout fut arrêté lors de son incarcération. Il tomba pour une série de cambriolages minables alors qu'il amorçait un nouveau tournant... Décourageant !

J'en ai terminé avec l'examen des différentes affaires. Il a reconnu les faits, il les explique à sa manière avec des bouts de phrases ponctuées de « J' chais pas » et de « Maintenant j'ai réfléchi » qui n'ont pas convaincu le procureur.

Une partie civile demande 20 000 F pour le scooter et l'autre 20 000 F pour la voiture endommagée. M. Amlaoui redouble de tremblements nerveux.

Mme le procureur parle de Mehdi comme d'un animal totalement imprévisible à qui elle ne fait aucune confiance et dont la société doit se protéger. Sur sa lancée, elle demande un an de prison avec sursis et insiste pour qu'il soit placé en mise à l'épreuve pendant dix-huit mois au moins.

L'avocate de la défense évoque la double trahison de l'enfant par ses parents et par la fermeture du lieu de vie. Elle insiste sur l'incompréhension d'une mère rejetante : « Elle n'est même pas là aujourd'hui... », remarque que M. Amlaoui apprécie moyennement, si j'en juge par le coup d'œil furibard qu'il lance à la jeune femme.

Mehdi n'ayant rien à ajouter, je me retire avec mes deux assesseurs dans le cagibi des délibérés. Le regard que m'adresse en passant M. Amlaoui, afin que je baisse vraisemblablement le montant des dommages et intérêts, ne m'attendrit pas le moins du monde. Que chacun assume ses responsabilités !

Nore décision est sans surprise tant la marge de manœuvre est étroite : un an dont huit mois avec sursis et mise à l'épreuve pendant deux ans. Parmi les obligations : la nécessité de suivre une psychothérapie et d'indemniser les victimes qui se voient allouer 12 000 F (scooter) et 20 000 F (voiture). Il devra également faire la preuve de ses efforts pour suivre une formation professionnelle. Le tribunal ordonne l'exécution provisoire et le maintien en détention le temps d'exécuter la partie ferme de la décision.

Je pars dans mon explication de texte.

– Tu as déjà fait à peu près deux mois en provisoire. Tu en feras encore deux autres. Cela nous permettra de préparer ta sortie. J'ai bien conscience que tu n'as pas été accompagné comme tu aurais dû l'être pendant ta petite enfance, mais tes problèmes ne justifient pas de tels actes et la société n'a pas à payer les manquements de ta famille et toute cette rébellion que tu exprimes. Tout simplement nous ne pouvons pas accepter que tu uses d'une arme. Tu sais que tu peux être aidé, tu reconnais qu'on a déjà fait beaucoup pour toi. Maintenant, il faut continuer et, contrairement à ce que tu penses, ces contraintes sont sans doute le meilleur service que l'on puisse te rendre. Voilà. Tu peux te retirer.

Le policier repasse les menottes à Mehdi pour le descendre au dépôt où il attendra quelques heures avant de regagner Villepinte en fourgon blindé. Tous ces mouvements se succèdent très rapidement, trop sans doute pour M. Amlaoui qui observe ce remue-ménage, depuis son banc, sans bouger.

L'avocate de Mehdi se penche vers lui et lui secoue l'épaule.

– C'est fini, monsieur Amlaoui, vous pouvez partir.

Il se lève comme un automate et la suit sans rien dire. Je ne sais pas ce qui l'accable le plus : la chaleur de la salle – il doit faire un petit 30° à l'intérieur du tribunal – ou les dommages et intérêts qu'il devra payer, n'ayant depuis tant d'années jamais songé à prendre une assurance pour couvrir les frasques de son fils... J'espère que son avocate l'informera de ce que l'assurance de la famille couvre également ces cas. Peu importe que l'origine des dégâts causés par l'enfant mineur soit volontaire ou non – ici c'est bien évidemment volontaire –, l'assurance « chef de famille » garantit le père ou la mère pour tout ce que fait l'enfant, et pour tout ce qu'ils ont à supporter comme civilement responsables de leur enfant. Avec les dernières décisions de la Cour de cassation intervenues en la matière, les parents ne peuvent plus guère échapper à leurs responsabilités même s'ils n'ont pas commis de faute. L'enfant est un risque : il faut l'assurer et l'assumer.

17 h 05

Fernando Lamil n'a pas à répondre de faits aussi graves que son prédécesseur, mais j'ai tenu néanmoins à ce qu'il comparaisse au tribunal pour enfants, plutôt que dans mon cabinet, afin de marquer le coup. Depuis quelques mois, il multiplie ses petits méfaits. Si je ne lui donne pas un coup de semonce sérieux, cette petite déliquance au quotidien va mal se terminer.

Il aura bientôt dix-huit ans et arrive seul devant nous, simplement accompagné de l'avocate de permanence qu'il a pris soin de rencontrer avant l'audience. Beaucoup de jeunes et de parents ne daignent même pas se déplacer pour préparer leur audience alors que, dès qu'ils sont désignés, les avocats convoquent tous les mineurs. Il arrive régulièrement aux avocats de prévenir leurs clients de la date d'audience alors que les jeunes n'ont même pas reçu la convocation officielle.

L'absence des parents de Fernando ?

– Je suis grand maintenant. J'assume !

Les deux procédures qui le concernent visent, d'une part, « la soustraction frauduleuse de denrées alimentaires au préjudice du magasin Franprix », d'autre part, « la détention, sans autorisation administrative, de morceaux de résine de cannabis, substance ou plante vénéneuse classée comme stupéfiant ».

En clair, Fernando s'amuse, à ses moments perdus, à piquer des canettes de Coca dans la petite surface du coin et fume des joints en en faisant profiter ses copains... Méchantes petites manies qui, si elles ne sont pas mises à l'index dès le début, dégénèrent rapidement et vous amènent leur auteur en correctionnelle.

Il explique qu'il achète du cannabis pour son usage personnel.

Mme le procureur :

– Quand même, cinquante grammes pour vous tout seul !

– J'en vends pas. C'est pour ma conso perso. Ça m'évite d'aller en acheter trop souvent et de risquer un contrôle de flics...

Je reprends la main.

– Les flics, comme tu dis, ils font leur boulot. Je te signale, au cas où tu l'aurais oublié, que tu es en France et que dans ce pays – c'est la loi – il est interdit de consommer et de détenir des produits stupéfiants. Tu travailles en ce moment ?

– J'ai trouvé du boulot depuis trois mois. Je suis déménageur.

– Raison de plus. Tu ne veux quand même pas prendre le risque de perdre ton boulot. Ton employeur n'apprécierait pas de savoir que tu fumes et que tu transportes du hasch sur toi. Bon, à présent passons à ces vols au Franprix. Dis-moi, tu crèves la faim à ce point que tu ne puisses pas te payer à manger ?

– Non. C'était pendant les vacances de Pâques. Je m'ennuyais et avec des potes pour s'amuser on a piqué des biscuits et des canettes...

– Mais pas uniquement pendant les vacances. Le personnel de Franprix nous a dit que vous veniez régulièrement vous servir dans les rayons...

– C'est surtout pour rigoler. On se prend la tête avec eux, on les fait courir... C'est pas méchant...

Pendant qu'il me raconte ses faits d'armes comme une simple promenade digestive, je feuillette le dossier et le rapport des policiers.

– C'est pas méchant, c'est toi qui le dis ! Je lis sur le procès-verbal qu'il y a eu des insultes. Vous avez refusé d'être contrôlés et fouillés. Pendant la bousculade qui a suivi, le gérant est tombé, heureusement sans se blesser. Tu crois vraiment que ça les amuse, eux, vos petits jeux ?

– Non, effectivement.

– Bon. Maintenant, Fernando, tu vas m'écouter parce que si je t'ai fait venir au tribunal, ce n'est pas pour t'encourager dans ta façon très personnelle de faire les courses. Premièrement : est-ce que tu sais combien tu risques à continuer à te servir sans payer, bref à voler, puisque le mot n'a pas encore été prononcé ?

– Je n'y ai pas réfléchi. Six mois avec sursis peut-être ?

– Ce qui prouve à quel point tu n'as pas conscience de ce que tu fais. Le vol avec violence, et en réunion, c'est puni de cinq ans de prison, divisés par deux puisque tu es encore mineur. Plus pour longtemps d'ailleurs. Tu te rends compte ? Deux ans et demi de prison pour du Coca et des biscuits ? Deuxièmement : de plus en plus de magasins des cités ferment leurs portes justement à cause des vols et des agressions. Est-ce que tu sais ce qu'il se passe quand il n'y a plus de magasins dans un quartier ?

– Y a plus rien.

– Effectivement, c'est la zone. Et c'est à cause de gens comme toi que les commerçants s'en vont. Dans certains quartiers, il n'y a plus un chat. Et des femmes comme ta mère doivent marcher pendant une demi-heure pour trouver du pain... Est-ce que tu comprends un peu ce que je suis en train de te dire ?

Fernando baisse la tête. Il m'écoute. Et qu'aurait-il à répondre ?

Le procureur reprend en substance les arguments que j'ai développés quelques minutes plus tôt, en revenant sur le fait que des individus comme Fernando vident des cités de leur population et que des gens calmes, qui ne demandaient qu'à vivre tranquillement dans leurs quartiers, ont de la haine pour les jeunes délinquants.

L'avocate certifie que Fernando a compris mon message et qu'elle ne doute pas qu'il le fera passer à ses copains de maraude. Eu égard à sa nouvelle activité professionnelle, elle réclame l'indulgence du tribunal pour Fernando et nous assure qu'il se le tiendra pour dit.

Le délibéré est sans surprise puisqu'il s'agit de marquer le coup : un mois de prison avec sursis.

– Attention, Fernando. La prochaine fois, c'est la correctionnelle. Tu peux aller mesurer la différence en sortant d'ici. C'est en bas à gauche et c'est permanent jusqu'à 22 heures environ ! Passes-y quelques instants. Tu verras combien tout ce que nous t'avons dit est vrai.

D'une affaire à l'autre, j'ai parfois le sentiment de me répéter. Mais chaque jeune est différent. Je suis comme un tailleur qui fait du sur-mesure en reprenant parfois des pièces de costumes déjà taillées pour d'autres... Et chaque fois j'essaie de faire du neuf en me disant que chacun d'entre eux a le droit d'être considéré, écouté, avec une attention qui ne peut se permettre de défaillir.

17 h 50

Le temps continue à tourner. Ce n'est pas une surprise. La pile baisse lentement. Puisque les avocats ne sont pas arrivés pour les dossiers suivants, nous allons prendre quelques affaires par défaut où les jeunes ne sont pas présents. Cela va nous changer. C'est souvent rapide et simple.

Sur la table, un lot de dossiers bleus attend d'être étudié. Il s'agit essentiellement de jeunes Rom, Yougoslaves et Roumains que nous avons été dans l'incapacité de joindre pour l'audience de tribunal, pas plus que pour l'audience de cabinet. L'adresse qu'ils nous ont donnée le jour de leur présentation au tribunal, si tant est qu'ils nous en aient fourni une, est plus ou moins formelle. Ce sont parfois les coordonnées d'une mission religieuse sur Paris ou d'une personne présentée à l'époque comme membre de la famille. Généralement, ces enfants ont été remis en liberté, sauf ceux qui sont connus par les services de police sous la même identité ou sous une autre.

Allons-y pour une petite demi-heure de dossiers à la chaîne.

Le premier cas est celui de Romana Pompidu qui a dérobé pour 5 000 F de CD à Carrefour. Elle a dix-sept ans et prétend vivre avec ses parents dans un squat du XVIIIe arrondissement. Sa technique est classique : elle double son sac à provisions d'un sac d'aluminium, et franchit les caisses sans que l'alarme se déclenche. C'était sans compter sur le personnel de surveillance du magasin qui l'avait repérée.

Y a du trafic sous roche.

– Madame le Procureur, vos réquisitions?

Nous avons beau être entre nous, nous respectons les formes.

– Deux mois ferme.

– Madame, monsieur les assesseurs, votre point de vue?

Mes assesseurs acquiescent.

– Deux mois ferme par défaut, exécution provisoire.

Ils sont nombreux à fuir les conditions de vie difficiles de la Roumanie. Entre leur pays et la France, la différence de niveau de vie est telle que le peu qu'ils gagnent ici est une véritable fortune là-bas.

Ces affaires par défaut sont jugées sans avocat. Je rappelle que, si l'intéressé est interpellé, la décision lui est notifiée et qu'en cas d'opposition de sa part à la condamnation il est rejugé. Sinon, bien sûr, il exécute sa peine.

Nous avons encore une demi-douzaine d'affaires du même tonneau. Deux ou trois jeunes Roumains et deux ou trois jeunes Yougoslaves.

Le cas de ce jeune Roumain de dix-sept ans trois quarts m'avait été présenté pour un énième cambriolage à trois sous. Il prétendait que ses parents vivaient à Satu-Mare, à la frontière de la Hongrie, la patrie de mes ancêtres, le lieu de naissance de mon père. Le parquet demandait son incarcération. La répétition des affaires le justifiait mais non leur gravité. J'aurais voulu le convaincre de repartir en Roumanie. Connaissant assez bien le pays pour y aller régulièrement en mission, je lui avais dit combien, de mon point de vue, il vivrait mieux là-bas auprès de ses parents plutôt que dans la clandestinité en France. D'autant que d'ici peu il serait expulsable. Mais il ne voulait rien entendre.

Je lui expliquais que mon grand-père et mon père étaient venus de Roumanie en toute légalité et que la France les avait accueillis, il y a bien longtemps certes – en 1919 –, et qu'aujourd'hui... j'étais magistrat de la République française! Lui risquait tout simplement de se voir interdire à jamais de revenir légalement en France. Bref, je faisais flèche de tout bois en essayant, comme je le fais souvent, de prendre appui sur des arguments de ma propre vie pour être plus convaincant.

Il refusait obstinément de repartir. J'avais comme une vague impression qu'il n'accepterait de rentrer au pays qu'après avoir amoncelé un pactole. Un peu comme certains

Africains qui déchoiraient de revenir au village pauvres comme Job.

D'évidence il avait reçu une commandc familiale. Il ne se disait pas en bisbille avec ses parents. Il parlait même d'un père malade et d'une mère avec plusieurs enfants à élever. Il n'en restait pas moins que nous ne pouvions accepter ses vols à répétition en France. Je lui dis donc de partir en Roumanie dans le cadre d'un contrôle judiciaire. Il devrait pointer à l'ambassade de France, je lui donnai même l'adresse de la rue Amzei pour bien lui montrer que je la connaissais.

Je lui proposais les dates du 20 novembre 1998, date anniversaire de l'adoption de la Convention de l'ONU sur les droits de l'enfant, et du 3 janvier 1999 (je me voyais difficilement l'obliger à pointer à l'ambassade le 1er janvier) alors qu'il aurait atteint ses dix-huit. J'étais fier de mon idée. Elle lui évitait la prison. Insensible à mon imagination, il me répondit :

– Je préfère aller en prison.

– Mais c'est idiot, tu es majeur dans quelques semaines. Tu en sortiras pour être expulsé. Pars volontairement.

– Non. Je n'irai pas en Roumanie maintenant. Je préfère aller en prison.

Nous nous enfoncions dans un dialogue de sourds. Je dus donc me résoudre à l'incarcérer : multirécidiviste, sans domicile fixe, sans parents de référence, d'évidence prêt à réitérer. Les arguments ne manquaient pas. Je le tins un mois en prison. Il sortit majeur. Je ne le revis pas et, bien sûr, il était absent à l'audience.

– Vos réquisitions ?

– Trois mois ferme.

Bien. Allons pour trois mois ferme.

Les autres dossiers défilent aussi rapidement. Le but : rendre plus difficile à ces jeunes la pratique du vol. Même si nous savons que, si ceux-là repartent chez eux, d'autres, plus jeunes, viendront les remplacer. Au moins, il ne sera pas dit que nous baissons les bras ! Dans le cas contraire, la France deviendrait une terre d'accueil ouverte à toutes les dérives avec, à court terme, l'apparition d'une justice privée expéditive.

Les avocats appelés à intervenir dans les affaires restant à juger sont arrivés pendant que nous étions en train d'exécuter cette justice. Nous pouvons prendre un nouveau dossier.

18 h 20

La salle d'audience menace de virer au sauna. Une véritable étuve ! Le procureur profite de ces quelques minutes d'entre-deux pour relever ses manches sur les épaules et l'avocat de permanence s'évente furieusement. Le hall d'attente se vide au fur et à mesure que la pile de dossiers devant moi diminue et le calme gagne peu à peu le tribunal.

La prochaine affaire concerne des violences à l'école et pourrait être sous-titrée « comment je suis devenu fou » car, ce jour-là, le jeune Julien Diop a vraiment disjoncté ! Ses parents sont déjà là : une très élégante famille africaine, visiblement désolée d'être sur ces bancs. Mme Diop s'assoit à côté de son mari, lisse sa jupe en soie et pose délicatement ses doigts fins aux ongles parfaitement laqués sur ses genoux. Elle me regarde d'un œil inquiet. Son mari, lui, scrute la salle dans ses multiples recoins, sans doute pour bien montrer, au cas où l'on en douterait, qu'il n'est pas un habitué des lieux... Près de la porte d'entrée, leur fils Julien échange un dernier mot avec son avocat.

– Nous allons commencer. Si vous voulez bien vous asseoir.

J'énonce rapidement les motifs d'accusation à Julien, quinze ans, élève de lycée à Rosny. Poursuivi pour violences, coups de poing, coups de genou, coups de pied au thorax, ayant provoqué une ITT (incapacité temporaire de travail) supérieure à quinze jours, le mineur est mis en examen pour s'être littéralement déchaîné contre un de ses camarades à la sortie d'un cours, au motif que celui-ci se battait contre une fille de leur classe et qu'il a voulu les séparer.

– Alors, Julien, raconte-moi. Qu'est-ce qui s'est passé à la sortie du cours ce jour-là ?

– Marco se battait avec une fille. Il était beaucoup plus fort qu'elle. Alors moi j'ai voulu les séparer et ensuite il s'en est pris à moi.

– Tu étais le premier à intervenir ?

– Moi, je lui ai juste mis deux coups de poing...

– « Deux coups de poing », comme tu dis, c'est le début d'une bagarre !

– Alors Rachid et les autres lui sont tombés dessus. Moi, quelqu'un me retenait pour que je me calme...

– Pourquoi les autres sont intervenus ?

– C'était le caïd de la classe et comme les gens n'aimaient pas ses manières, ils se sont un peu vengés...

– Un peu... Vous l'avez massacré, oui...

– Moi, j'ai pas donné les coups de genou, monsieur le Juge ! J'ai fait que me défendre...

– N'empêche pour le caïd de la classe, il a pris une sacrée raclée ! Une côte cassée, le nez fracturé...

– Après l'altercation, je suis retourné dans la classe puis à l'infirmerie. Je me suis excusé...

Le procureur intervient à ce moment-là.

– Pourquoi vos déclarations sont-elles différentes dans votre PV d'audition à la police ?

– J' chais pas... Qu'est-ce que j'ai dit ? J'étais peut-être intimidé...

– Ce n'est pas ce qui ressort, vous n'aviez pas l'air d'être si ému que ça... Vous n'avez jamais dit que vous étiez allé vous excuser après... L'infirmière qui a reçu Marco indique – je cite – qu'« il est entré soutenu par deux élèves. Cinq minutes plus tard, un groupe d'élèves est arrivé et Marco, terrorisé, a dit : " Fermez la porte à clé, ils vont revenir... " » Pas de trace d'excuses là-dedans.

– Je ne sais pas...

Je reprends mes questions.

– Revenons à la bagarre : un témoin dit que toi et Rachid avez eu très vite le dessus, et que vous lui avez assené des coups violents. « Surtout Julien Diop, ajoute ce témoin. Il s'est acharné sur lui, il a exagéré... » Qu'est-ce que tu réponds à ça ?

– Je dis que ce témoin ment.

– Et l'enseignante dit que tu as été le premier à frapper...

– Elle aussi, elle ment.

– Mais pour quelle raison voudrait-elle couvrir Marco... et te nuire ?

– Ça, je l'ignore.

– Cela fait beaucoup de mystère, en tout cas...

Suite à la bagarre Julien quitta l'établissement tandis que Rachid, plus âgé, fut condamné à deux mois et demi de prison.

– Avec le recul, ton renvoi du collège, tu as dû réfléchir à tout ça, non ? Si tu avais pu changer quelque chose à ton comportement, tu aurais changé quoi ?

– J'aurais pas dû bouger, c'est tout...

– Non, ce n'est pas cela. Quelle faute as-tu commise dans cette affaire ?

– Je pense que je n'ai commis aucune faute.

– Tu ne crois pas qu'entre ne rien faire et l'esquinter, comme vous l'avez fait, il y a peut-être une autre alternative ?

– Il aurait fallu parler ? Calmer le jeu ? Peut-être, mais en l'occurrence ça ne m'est pas venu à l'idée... Ce jour-là, j'ai pété les plombs, c'est tout.

Je me tourne à présent vers les parents qui tendent le cou vers moi pour ne rien perdre de mes paroles.

– Madame, monsieur, de votre point de vue, cette affaire, c'est un épisode exceptionnel ou attendu ?

– Non, monsieur le Président, pas du tout. On est tombés des nues quand un matin trois policiers sont venus le chercher avec des menottes. On a cru à une erreur. Notre fils n'est pas bagarreur. Nous n'avons jamais compris ce qui s'est passé dans sa tête ce jour-là...

La victime n'est pas là. C'est bien dommage pour nous. Aucune raison n'est avancée et elle ne se constitue pas partie civile. Apparemment nous avons fait le tour du problème. Aucune question nouvelle n'émerge. On peut donner la parole au parquet qui va nous livrer son interprétation des faits.

Le procureur entame son réquisitoire.

– Évidemment, il est très difficile de savoir ce qui s'est passé. Mais tout accuse Julien qui, s'il n'est pas un violent, semble ce jour-là avoir littéralement perdu la tête. Nous serions dans le flou s'il n'y avait les témoignages de ce jeune homme et de l'infirmière. La victime a reçu des coups violents. Même si d'autres que Julien l'ont frappé, Julien admet avoir donné un coup de pied. Sans doute celui que la victime déclare avoir reçu au visage. Lui-même change sa version des faits en cours d'instruction. J'ai bien relu les témoignages de ses camarades et j'ai vu que, contrairement à ce que Julien dit, le jeune Marco ne paraît pas être le caïd de la classe. En revanche, certains d'entre eux n'ont pas voulu témoigner par peur de Julien. Pour quelqu'un de doux, il est drôlement craint !

« Je vous demanderai d'entrer en voie de condamnation... une peine de huit mois avec sursis... en espérant qu'il réfléchira.

Dans sa plaidoirie, l'avocat explique que cette affaire lui paraît bien étrange car elle comporte la version policière et celle d'« un épisode tendu dans une époque tendue ».

– Je crois qu'il faut remettre les choses dans le contexte : on reproche à Julien de ne pas s'expliquer sur les coups mais le directeur, lui-même, a dit que les faits concernent plus l'école que la justice. Il se trouve que, la veille, l'enseignante avait fait un cours sur la violence! J'ai bien examiné les procès-verbaux établis par la police. Elle voudrait régler ses comptes avec la bande de jeunes et toute la violence en générale. Comme par hasard, dans cette enquête, on a uniquement interrogé les jeunes de la cité qui jouxte le commissariat. On sent l'ambiance de l'établissement scolaire. Le professeur n'a pas su retenir les deux qui ont quitté la classe pour se battre... On essaie de faire passer Julien pour un violent qui cache bien son jeu, mais à l'époque des faits, Julien, je le connaissais, il était minuscule. Il manque beaucoup de confrontations sérieuses. Je crois qu'il faut replacer les choses dans leur juste mesure. J'ai vu Julien quand il était en garde à vue. Il était terrorisé, il disait : « Si je suis condamné, ce sera une erreur judiciaire. » Preuve de son effroi et de sa jeunesse. Au terme de cette analyse, rien ne prouve que c'est Julien le coupable. Il vous faut aussi tenir compte des bons renseignements recueillis sur ce jeune. Depuis les faits vous n'avez pas entendu parler de lui.

L'avocat se tourne vers le procureur :

– Ou bien la prison a un sens ou elle n'en a pas. Je pense qu'il est hallucinant de demander une telle peine pour une situation scolaire mal maîtrisée. La prison n'est pas un rebut. Je vous demande la relaxe pure et simple. Si par impossible vous entriez en voie de condamnation, rejetez la prison pour lui préférer une peine de travail d'intérêt général.

J'interroge immédiatement le jeune homme.

– Julien, la loi veut que je te demande ton accord pour une éventuelle peine de travail d'intérêt général. Accepterais-tu un TIG dans l'hypothèse où, bien sûr, nous t'estimerions coupable?

– Oui.

– Sais-tu bien ce qu'est un TIG?

– C'est un travail...

– C'est effectivement une peine qui consiste en un travail pour une collectivité locale et une association. On fait un certain nombre d'heures, vingt, quarante, quatre-vingts, etc., mais on n'est pas payé justement parce que c'est une peine. Bien. Si tu as compris et si tu n'as rien d'autre à ajouter pour ta défense, nous nous retirons pour délibérer.

Nous nous levons et, avec nous, le procureur, le greffier, l'avocat, le justiciable, selon l'usage.

Après quelques minutes de délibérations, nous tombons d'accord sur la décision.

J'appuie sur le bouton de la sonnette placée dans la salle de délibéré pour rappeler tout le monde.

– Asseyez-vous... et ouvrez la porte, s'il vous plaît ! Julien Diop, le tribunal te tient pour coupable des faits qui te sont reprochés et, en répression, te condamne à la peine de quatre mois d'emprisonnement avec sursis avec deux ans de mise à l'épreuve. Par ailleurs, tu auras à payer une amende de 2 000 F.

« Deux mots d'explication maintenant. Nous te condamnons à cette peine importante parce que tu n'as pas su prendre tes responsabilités, que tu aies ou non porté tous les coups dont on t'accuse. Tu as cherché à jouer sur tous les registres et tu n'as rien gagné. Que cela te serve de leçon.

Julien Diop accueille le verdict avec une certaine froideur, son visage ne manifeste aucune émotion particulière. En revanche, ses parents sont effondrés. Il est clair qu'ils attendaient la relaxe annoncée par l'avocat. Sans un regard pour qui que ce soit, ils se dirigent vers la sortie, accablés et tristes, et rejoignent leur fils.

Dernière affaire. Avec un peu de chance, j'arriverai à la maison avant le dessert. Non, ce soir tout va bien, nous avons tenu des délais raisonnables. Des policiers en civil arrivent, suivis de leur avocat. Celui qui a le bras en écharpe attend dehors. Lui aussi venait soutenir ses copains. Le jeune Fouad entre à leur suite et vient se planter face à moi. Il connaît sa place. Quel rôle va-t-il nous interpréter ce soir ? Avec lui, je me méfie. Voyons un peu...

18 h 45

Fouad Ben Akhram comparaît devant le tribunal pour enfants afin de répondre de ses actes dans quatre affaires, dont deux de même nature : outrages verbaux aux gardiens de la paix et insultes aux îlotiers de sa cité. « Si je veux vous buter, je vous buterai », leur aurait-il crié, ce qu'il récuse énergiquement. D'ailleurs, c'est simple, à présent il nie tout. Je sens que l'on s'achemine vers une audience où le déni systématique sera sa stratégie de défense. D'avance, cette attitude m'excède et je ne peux m'empêcher de le tancer sévèrement :

– Fouad, ne commence pas comme ça ou tu vas voir ce qui va t'arriver.

Fouad raconte le quotidien de son quartier. On dirait un poème... ou du rap !

« Les potes qui traînent, qui vont et viennent dans la cité,
Et les regards en coin jetés aux îlotiers... »

– On ne sait jamais à l'avance comment cela va se passer avec eux. Mais ceux-là, ils ont parfois des insultes racistes. Il m'ont dit : « Y a ton pays pour faire des bêtises... et puis enlève les mains de tes poches ! » Y me cherchent, là, c'est tout...

– Comme je le dis souvent en audience, il n'y a pas de loi qui interdise de mettre les mains dans ses poches. Tu comprends bien qu'ils se méfient d'une arme éventuelle, c'est tout.

– Oui, je le comprends. Mais ils m'ont dit : « Dégage ! » Après ce qu'ils ont fait, ils osent revenir...

– Qu'est-ce qu'ils ont fait ?

– Y a quelque temps, ils recherchaient un type, ils m'ont mis par terre pour me contrôler, pour rien... C'est vrai que je leur ai dit des trucs, j'ai dit : « La roue, elle tourne... »

– En langage clair, ça veut quand même dire : « On se retrouvera... »

– Mais j'ai pas dit : « J' vais vous buter. » C'est un truc que je ferai jamais, pourquoi je le dirais...

– Dans cette affaire, estimes-tu avoir fait une erreur ?

– J'aurais pas dû leur parler, c'est tout. Je m' le dis à chaque fois, et puis ça part tout seul.

Finalement, il a compris mon avertissement. Il assume en partie.

L'avocat des policiers dessine en quelques mots le paysage habituel des fonctionnaires affectés à la surveillance des cités : les insultes, les petites humiliations, cette hostilité permanente, l'impossibilité de dialoguer.

– La police est devenue peu à peu une autre bande à laquelle, pour parler vulgairement, « on se frite ». Les îlotiers reçoivent des menaces de mort de jeunes qu'ils croisent tous les jours. C'est intolérable. Vous entrerez en condamnation bien évidemment. Je n'ai pas à insister sur ce point tant les faits sont patents. Mais je me dois de défendre l'honneur de ces fonctionnaires et leur autorité. Pour chacun des trois fonctionnaires insultés, je demande 2 000 F de dommages-intérêts.

Nous verrons cela tout à l'heure.

Dans un autre dossier, Fouad est accusé d'avoir cassé la vitre d'un voisin, de sa cité, ce qu'il nie. En revanche, il reconnaît avoir craché sur sa fille qui l'injuriait.

– Attends, pourquoi elle t'aurait craché dessus si tu n'avais rien fait ?

– J'étais pas tout seul. Elle m'a dit : « Retourne dans ton pays. » Elle est raciste et ses parents, ils insultent les miens à chaque fois qu'ils passent.

– C'est terrible, tu donnes vraiment l'image de quelqu'un qui fonce dans le lard de tout ce qui lui résiste. Tu menaces, tu injuries, tu frappes. Regarde. Dans cette autre affaire, tu as donné un violent coup de tête à l'épicier de ton quartier qui, dans son procès-verbal, t'accuse de voler tous les jours de la marchandise chez lui. Qu'est-ce qu'il t'a fait, lui ?

– Il a raconté des choses sur moi dans mon dos et on me les a répétées...

– Mais qu'a-t-il dit qui a provoqué ton courroux ?

– C'est quoi un courroux ?

– Ta colère...

– Je peux pas le dire. Je respecte mes parents qui sont là...

– Tu es incroyable ! Alors tu craches au visage d'une jeune fille mais tu ne veux pas parler devant tes parents par respect !

– Et puis l'épicier, c'est mon ennemi, m'sieu...

– Fouad, je t'assure, t'es mal barré. Vraiment. Les conditions de vie sont dures pour tout le monde, n'oublie pas. Mais toi tu es dans ton monde, tu n'écoutes plus personne depuis longtemps.

Le voisin demande le remboursement de sa vitre et aimerait avoir une lettre d'excuses pour sa fille.

– J' vais la faire, répond simplement Fouad.

Et les affaires défilent : une moto volée qu'il nie avoir recelée. Fouad s'enferre dans des alibis invérifiables alors que trois policiers reconnaissent formellement l'avoir vu rouler sur l'engin. Ailleurs, un consommateur de cannabis arrêté par les îlotiers le dénonce comme son dealer régulier. Encore une fois, il nie.

– Mais enfin, pourquoi il t'accuserait, toi ?

– Je lui ai juste demandé une cigarette. Mais la dope c'est Djamel qui lui a vendue. J'ai assisté à la transaction, c'est tout. Mais je le connais pas ce type.

– Tu vois, Fouad, là encore tu as tout faux parce que beaucoup de jeunes de ton âge ont réussi à vider les dealers de leurs cités. Ils ont su réagir tout seuls sans l'aide de personne...

– Mais moi j'y touche pas à la dope... Peut-être qu'il a pas voulu donner son vrai dealer... Est-ce que je sais, moi...

– Et nous, donc.

Ce florilège passé en revue, je fais le point avec Fouad de ses activités dites normales. En clair, que fait-il quand il ne frappe pas, n'insulte pas, ne vole pas et ne vend pas de la drogue ? Son silence après ma question est tristement révélateur.

– Ben, quand je me réveille le matin et que je n'ai rien à faire, je suis mal...

– Tu auras dix-sept ans en décembre, tu n'es plus scolarisé. Vers quoi va-t-on ?

– J'étais dans un garage en apprentissage mais j'ai craqué au bout de cinq mois parce qu'il m'obligeait à laver par terre... Ça m'a écœuré, j'ai pas recherché de travail...

– Mais maintenant, comment vois-tu les choses ? Quand au mois de septembre chacun retrouvera qui son école, qui son travail, tu seras où, toi ?

– Ben... Il faut que je cherche des garages en regardant dans le bottin...

– Eh bien, je te souhaite du courage... Tu ne peux plus revenir dans celui que tu as quitté ?

– Non, on s'est dit des mots...

– Ben voyons.

M. et Mme Ben Akhram ont tenté de réagir chaque fois que le racisme dans les cités était évoqué. Cet argument, je l'entends à longueur d'audience, de journée devrais-je dire. La mère de Fouad ne déroge pas à la règle.

– Mon fils s'est battu parce qu'on l'a traité de sale Arabe, monsieur le Juge.

– Sans doute, mais est-ce une raison, madame, pour terroriser son quartier ?

– Non...

– On est d'accord. Continuons. Madame, pourquoi est-il le seul de chez vous à poser des problèmes ?

– Je ne comprends pas. Mais, depuis la dernière mise en examen, ça va mieux. Il me respecte.

– Qu'est-ce qu'il fait toute la journée ?

– Il monte, il descend...

Moi, un brin sarcastique :
– À quel étage tu habites ? C'est pas une vie !
M'adressant au père :
– Monsieur, je vois que vous travaillez dans la métallurgie. Vous avez expliqué à votre fils qu'il ne trouvera pas de travail s'il continue ainsi ? Soyons lucides vingt secondes. Il est arabe, le racisme est exécrable mais il existe partout, il a toutes ces affaires de délinquance, il est à vif, il rentre dans les gens pour un oui, pour un non... Qui va lui donner du travail aujourd'hui ?
Me tournant à nouveau vers le garçon :
– Il faut impérativement que tu définisses tes objectifs, Fouad. Si tu ne bouges pas, rien ne se passera.
Je passe la parole à Mme le procureur qui, comme je l'attendais, insiste sur l'insupportable climat de violence que Fouad génère depuis trop longtemps.
– Les gens, explique-t-elle, se plaignent surtout des petites délinquances quotidiennes et les problèmes de racisme existent car les enfants issus de l'immigration pourrissent la situation d'un quartier. On ne tolère pas le racisme, mais parfois on peut le comprendre. Il n'est plus acceptable que, dans ces quartiers où déjà le chômage sévit et où la vie y est sans doute plus dure qu'ailleurs, les jeunes alourdissent l'ambiance à cause de leurs agissements. À cet effet, je vous demande d'entrer en voie de condamnation et de condamner Fouad Ben Akhram à dix mois de prison avec sursis.
L'avocate de la défense revient elle aussi sur la vie de la cité, mais c'est pour dénoncer l'impossibilité du dialogue, due en partie à l'attitude des policiers.
– Fouad est peut-être violent, mais du côté des îlotiers il y aurait sans doute bien des choses à dire... Il doit être difficile pour ces jeunes de ne pas entrer dans la provocation...
Sur la dénonciation du dealer, elle accorde à Fouad le bénéfice du doute. Elle ne s'étend pas sur l'affaire de la moto, préférant insister sur la carence éducative dont il a souffert avec des parents qui ne le contrôlaient plus. À cet effet, elle réclame la mise en place d'une mesure éducative.
Fouad a été sérieusement ébranlé par le tableau que je lui ai brossé de son avenir, puis par la réquisition du procureur et les dix mois de prison avec sursis demandés. Il préfère ne rien ajouter.
Avec mes assesseurs, nous nous levons immédiatement et nous dirigeons vers la salle des délibérations. Là aussi,

nous tombons d'accord pour joindre les différentes procédures, le reconnaissant coupable de tous les faits. Il sera relaxé pour le deal de drogue. On dit souvent que l'on accorde au prévenu « le bénéfice du doute ». Je n'aime pas cette expression car la loi ne nous autorise à condamner le prévenu que si nous sommes sûrs de sa culpabilité. Si la preuve de la culpabilité n'est pas apportée, il est innocent. Point barre.

De retour dans la salle d'audience, nous condamnons Fouad à dix mois de prison avec un sursis de dix-huit mois de mise à l'épreuve, assortis de trois obligations impératives : 1) Rembourser la vitre cassée et faire une lettre d'excuses à la jeune fille, 2) rechercher une formation professionnelle et justifier régulièrement de ses investigations, 3) ne jamais être dehors après 20 heures sans l'autorisation de ses parents.

À l'énoncé de la troisième obligation, Fouad a vacillé et s'est appuyé à la table. J'exagère un peu, mais, si j'en crois sa grimace, la perspective d'être à la maison à 20 heures sans pouvoir en ressortir sauf autorisation doit représenter pour lui le degré suprême de l'horreur !

Il est condamné également à payer 3 000 F d'amende pour outrage aux îlotiers et 1 F de dommages-intérêts à chacun d'entre eux. Nous avons préféré l'amende payée à l'État aux dommages-intérêts versés aux policiers en estimant que ce n'était pas l'homme mais la fonction qui avait été outragée. Il faut arrêter d'accorder des dommages et intérêts aux policiers dans ces cas car cela exacerbe les problèmes. Ainsi on ne pourra plus dire que les policiers se font de l'argent sur les jeunes qui les insultent ! En revanche, il faut faire respecter l'uniforme.

J'explique à Fouad que son père a demandé à la justice de l'aider et que ces dix-huit mois vont être l'occasion de le surveiller, mais aussi de lui apporter ce soutien afin qu'il ne se retrouve plus embarqué dans ce type d'aventure. Dans le cas contraire, la prison l'attend pendant dix mois. De quoi réfléchir avant de faire n'importe quoi...

Je referme le dossier. Terminado ! Je n'étais plus loin du pilotage automatique.

19 h 12

L'audience est épuisée, le tribunal aussi. Je salue mes assesseurs, le procureur et l'avocate de permanence. La salle se vide en quelques secondes.

Dans le hall, les parents de Fouad m'adressent un signe de tête avant de rejoindre leur fils. Ils n'ont pas l'air mécontents, je suppose que la mesure qui oblige Fouad à chercher une formation ou du travail les arrange bien.

Sans oublier de décrocher ma pendule-amulette, j'aide la greffière à porter les piles de dossiers jusqu'à son bureau. La journée est terminée. Je souffle. Je tombe la robe, je respire. Le verre d'eau fraîche à la fontaine du secrétariat est le bienvenu. Deux avocats s'y abreuvent également en s'essuyant le front. Au passage, je constate qu'en mon absence Mme Dutrieux a trié et préparé le courrier. J'ai ma dose de bannettes. Je réglerai tout cela demain car, samedi, j'enchaîne avec la permanence du week-end.

Pour l'instant, je ne sais rien de ce que j'aurai à traiter. Je passerai au parquet avant de rentrer, voir s'il y a encore quelqu'un pour me le dire. Sinon un coup de fil demain matin vers 9 heures me renseignera sur la charge du samedi. En rêvant que les policiers fassent une grève du zèle et que les jeunes se tiennent, pour une fois, à carreau.

D'ici là, histoire de me décontracter après cette audience éprouvante, je regarde le courrier administratif lié à la présidence du tribunal, je feuillette la revue de presse de la préfecture dont j'extrais les articles pour photocopie à mes juges. Je réponds aussi aux demandes d'interventions, de rendez-vous sollicités par des étudiants et des chercheurs. Il y a également deux propositions d'articles. Je traiterai cela à la maison... si j'ai la pêche.

Samedi

Pas question de grasse matinée, de week-end dans la Sarthe ou ailleurs : comme prévu, j'enchaîne avec la permanence de week-end. On s'y fait. Cela fait partie des obligations professionnelles qu'il faut accepter. Le juge se retrouve avec un greffier, souvent autre que celui de son cabinet, avec un éducateur du SEAT et les avocats de permanence. Le parquet, lui, a deux représentants qui gèrent tous les problèmes majeurs et mineurs. Un juge d'instruction est également présent et, le samedi après-midi, la correctionnelle fonctionne avec trois juges. Bref, la justice marche au ralenti mais ne s'arrête quasiment pas.

Bien sûr, l'ambiance dans ce grand palais est alors très feutrée. Les rapports entre tous ceux qui sont de corvée sont plutôt solidaires. Chacun cherche à être efficace et rapide et rêve d'un calme plat. Et de fait, c'est rare, mais parfois aucun mineur n'est déféré et je n'ai pas besoin de venir. Dans ce cas, j'assure la permanence à mon domicile, près du téléphone, prêt à rallier le tribunal en cas d'urgence.

Si, la veille au soir, des affaires sont signalées, je viens vers 10 heures. L'éducateur et le greffier arrivent un peu plus tôt pour préparer le dossier, chacun sous l'aspect qui l'intéresse. Il faut alors veiller à ce que l'un des deux ou trois avocats de permanence se rende disponible. Chaque juge est de permanence environ tous les deux mois et demi. Greffier et éducateur pourront compenser leur week-end. Pas le juge. C'est normal.

10 heures

Pour l'instant, la permanence est calme. Je suis arrivé vers 9 h 30 après avoir passé un coup de fil au parquet pour tâter le terrain. Le procureur m'a informé que trois jeunes garçons attendent déjà au dépôt. Une tentative de vol en réunion dans un pavillon de banlieue, des insultes à agents de la RATP dans un autobus et des vols à l'italienne par notre star locale, Sofiane Amina, bien connue des services de police de Seine-Saint-Denis pour se poster toujours au même carrefour ! C'est presque un gag mais je crois que cette fois il entre direct dans le livre des records de Bobigny... Sofiane Amina, encore lui... Incroyable.

Le temps semble comme arrêté sur le palais de justice ce matin, et les oiseaux de la serre ont repris possession des travées désertées. J'ai parcouru le couloir central et le hall du parquet totalement endormi lui aussi. Le palais de la Belle au bois dormant, avec les plantes exotiques en guise de ronces et de lianes... En revanche, à l'étage du dessus, au niveau de mon cabinet, une quinzaine d'hommes et de femmes plutôt colorés ont assiégé les bancs situés devant la porte de la salle du tribunal pour enfants.

Ce sont les « 35 bis et 35 quarter », ces étrangers en situation irrégulière en France, et d'autres, simplement en transit et sans titre de séjour, qui vont, l'un après l'autre, devant le juge délégué jouer leur remise en liberté. Le week-end, l'audience a lieu dans la salle du Tribunal pour enfants, plus accessible au public.

Une dizaine de policiers en uniforme bleu, rangers, matraque courte à la ceinture, ont placé les bancs en carré dans le hall pour mieux les surveiller, tout en feuilletant distraitement les bouts de revues éparpillées un peu partout. Ambiance concentrée, décontractée. Chacun s'observe. Dans quelques minutes, quand le juge sera installé, on ouvrira les portes du palais pour que les proches et le public puissent venir assister à l'audience qui se déroule dans notre salle du tribunal pour enfants. En vérité, bien sûr, seuls la famille ou les amis viendront.

Je vais pouvoir prendre la première affaire de ce samedi de permanence à une heure tout à fait raisonnable. L'éducateur du SEAT est là depuis 9 heures. Il a pu rencontrer le jeune Jérémie Moriche, que je recevrai dans quelques minutes, et entrer en contact avec sa famille. J'ai lu les quelques notes de son rapport et il est venu me glisser deux-trois informations obtenues en discutant avec la mère. Il est rapidement reparti voir un autre jeune déféré au juge d'instruction avec mandat de dépôt à la clé. L'avocate de permanence a cédé aux sirènes de ma greffière du jour en acceptant de venir immédiatement dans mon cabinet, au risque de passer pour une infidèle au yeux du juge d'instruction avec lequel j'étais en concurrence !

J'ai libéré le policier qui a remis sa fouille à Jérémie. Celui-ci s'entretient un petit quart d'heure avec son avocate. Il est 10 h 30. Nous pouvons débuter.

La famille Moriche est bien connue des éducateurs : Jean-Marc, le fils aîné, vient de sortir de prison et Lucien, le cadet, est en passe d'y entrer... Il faut dire que les enfants ont toujours été livrés à eux-mêmes. Entre une mère diminuée par une grave maladie invalidante qui la condamne à garder le lit la plupart du temps et un père routier absent toute la semaine, ils ont du mal à trouver leurs repères. Comme j'aime à dire, lorsque je contemple le paysage urbain des principales villes de Seine-Saint-Denis, les enfants poussent plus sur la dalle qu'à la maison... Plus tard, « ils tiendront les murs », pour reprendre l'image de tous ces jeunes qui passent leur journée à attendre on ne sait quoi adossés au mur de leur immeuble ! Il y a longtemps que Mme Moriche n'a plus aucune autorité sur eux. De temps en temps, quand elle se sent trop seule et trop faible, elle fait appel à une jeune voisine qui se substitue, avec un succès inégal, aux parents absents. Aujourd'hui, madame n'a pu se déplacer mais elle a envoyé la voisine du dessus récupérer le petit Jérémie au tribunal.

Le dépôt fait monter le jeune avec un policier et je commence l'entretien. Jérémie sait qu'il est au tribunal, il connaît même mon nom qu'il prononce convenablement. Il sait aussi, l'atavisme aidant, que je ne pourrai pas le juger aujourd'hui.

– Alors, c'est quoi ces violences dans l'autobus ? Tu n'as pas l'impression que les conducteurs des transports en commun commencent à en avoir par-dessus la tête de vos singeries ? C'est comme les magasins, bientôt il n'y aura plus un seul bus qui montera dans les quartiers hauts de Montreuil !

– On voulait juste un peu les embêter, c'est tout... On s'est mis à danser. Les contrôleurs pas contents que l'on soit venus les embêter dans leur local sont arrivés à plusieurs dans l'autobus où on faisait les fous pour rigoler.

– Ah bon, vous allez leur casser les pieds dans leur guitoune où ils sont bien tranquilles et vous vous étonnez qu'ils arrivent à plusieurs pour vous chasser du bus ! Ils n'ont pas le droit de se défendre eux aussi ?

– Mais, monsieur le Juge, l'un des contrôleurs faisait des bras d'honneur sans s'arrêter. Moi je n'ai rien fait que de défendre mon copain.

– Tu n'as pas fait une petite erreur à ton avis...

– Ben... j'aurais pas dû taper sur le contrôleur, ça doit être ça...

– On ne peut rien te cacher...

L'avocate n'a pas de questions à poser ni de précisions à faire apporter. Je dicte quelques phrases qui résument la position de Jérémie. Reste maintenant à savoir ce que nous allons faire de lui. Le parquet ne demande pas son incarcération, mais que soient réactualisées les mesures éducatives le concernant.

Dans le dossier de Jérémie, son éducateur avait bien mentionné qu'il ne fallait pas le laisser revenir dans son quartier. Depuis dix mois, il vit dans un foyer à Provins où, après trois mois de conflit ouvert, il a trouvé une forme de stabilité. En tout cas, il n'en a jamais fugué.

– À propos, comment se fait-il que tu sois à Montreuil et non dans ton foyer ?

– C'est en attendant les vacances. Je pars dans trois semaines avec la colonie du foyer social...

– Eh bien, ce n'est pas une bonne idée que d'attendre ici. Parce que tu ne fais que des bêtises et qu'en trois semaines tu as le temps de les faire toutes ! Jérémie, tu as besoin que l'on s'occupe de toi. Et moi je ne vois qu'une solution : tu vas repartir à Provins. Ce n'est pas une punition. Tes frères sont allés en prison, et toi, si je te laisse, tu y files direct. Tant pis, tu attends là-bas et tu reviendras en août. Je pourrais t'y envoyer de force avec les gendarmes mais tu vas me donner une preuve de la confiance que je te fais. Tu iras tout seul. Si tu étais resté à Provins, tu n'aurais jamais agressé ce contrôleur...

– J'aurais peut-être agressé les gens du foyer parce qu'ils sont hyper-durs avec moi, répond Jérémie dans sa barbe, visiblement furieux d'avoir à repartir.

– Arrête. Tu es habitué à prendre ce que tu veux, quand tu veux, là où tu es, mais cela ne peut pas durer. En tout cas, je t'assure que je ferai tout ce qui est en mon pouvoir pour que tu ne suives pas le chemin de tes frangins.

Je me tourne vers l'avocate.

– Maître, que penseriez-vous d'un contrôle judiciaire avec interdiction de fréquenter Montreuil, sauf durant les congés scolaires, et avec l'obligation pour Jérémie de ne pas être dehors après 19 h 45, sauf avec l'accord formel de sa mère ?

– Monsieur le Président, c'est sévère, mais c'est sans doute la seule chose à faire.

La jeune voisine a l'air d'être d'accord.

– C'est vrai que ce n'est pas facile pour lui. Il n'est pas encadré, mais ce n'est pas un méchant garçon. Il faut s'occuper de lui en permanence. J'aide un peu sa mère, mais je ne peux pas tout faire.

– Mademoiselle, vous expliquerez les choses à Mme Moriche. Mais je crois qu'elle comprendra tout de suite. En tout cas, dites-lui que je ferai tout ce qu'il faut pour que Jérémie trace la bonne route.

– Merci, monsieur le Juge.

– Jérémie, je vais donc te placer sous contrôle judiciaire. Tu as bien compris ce que cela veut dire et les obligations qui pèsent sur toi. Attention, ce n'est pas une plaisanterie. Si tu me désobéis, je peux t'incarcérer à tout moment et pour une durée indéterminée. Et arrête de prendre tout ce que je te dis uniquement comme une punition, tu devrais plutôt me remercier de chercher à t'éviter la prison ! Allez, tiens, signe ici et sois lundi à Provins à 10 heures au plus tard. Sinon j'envoie les policiers te chercher. Tu as bien compris ?

Il signe en maugréant et se rassied pour remettre à ses baskets les lacets que les policiers lui ont enlevés au dépôt. Je profite de ces quelques minutes pour en « remettre une louche »...

– Tu ne crois pas que ce serait sympa pour ta mère que vous n'alliez pas tous les trois en prison, non ? Vous voulez avoir sa peau, ou quoi ? Tu n'as pas envie d'avoir une vie correcte ? Demain, il faudra aider ta mère dont malheureusement l'état de santé ne va pas s'améliorer. Comment comptes-tu le faire en étant en prison ? Et puis, un détail, si tu vas en taule, ce n'est pas elle qui viendra te voir.

– C'est clair...

– Alors, tout ça passe forcément par les études. C'est là que je veux en venir. Tu ne peux t'en sortir que par ta tête et tes bras. Je vais te dire une chose que je dis souvent aux gosses de mon cabinet. Certains comprennent, d'autres pas. Peu importe, mais dans ton cas cela me frappe plus que pour d'autres. Contrairement à ce que l'on croit, l'essentiel de ce que les parents transmettent à leurs enfants, ce n'est pas leur argent ou leurs biens. En fait, le plus important n'est pas là. Ce qu'ils transmettent d'abord à leurs enfants, c'est la capacité de mobiliser leurs forces et leurs moyens et, ensuite, la meilleure manière de se mouvoir dans la société. Maintenant, regarde ta situation : de son lit, malheureusement, ta mère elle ne peut pas te transmettre grand-chose, et puis de toute façon vous ne l'écoutez pas. Il faudrait déjà que tu comprennes que c'est ce que tu as dans la tête qu'il faut faire prospérer. J'ai vu que tu préparais un BEP d'horticulture. C'est bien. Provins est un excellent endroit pour y arriver. Alors tu t'accroches, tu mets le turbo et tu réussis. OK ?

Combien de fois ai-je tenu ce discours manichéen et prétendument mobilisateur ? Trop souvent dans le vide, certainement. Il n'y a pas de miracle dans ce domaine... Même à Lourdes, ça se saurait. Et le juge pour enfants du coin doit brûler des cierges... et ramer autant que moi !

La version féminine du prêche est plus *hard*, mais je ne sais pas si les filles m'écoutent plus que les garçons ! Pourtant elles semblent être d'accord avec moi. Je leur explique qu'une femme n'a que deux moyens pour s'en sortir dans la vie : avec sa tête, à travers ses études, ou avec son corps. Et là, elles voient de quoi je parle. Les femmes modernes et intelligentes choisissent la tête et elles arrivent désormais régulièrement premières de tous les grands concours. C'en est fini de survivre et de s'identifier à son homme, en devenant « la femme de... ». Mais ce choix ambitieux passe par une seule voie étroite : les études ! On ne peut plus ignorer aujourd'hui qu'il faut poursuivre ses études jusqu'à bac + 2 pour avoir quelques chances d'échapper au chômage, et que l'instruction est le plus sûr moyen d'acquérir une connaissance et la compréhension de notre environnement, mais aussi une aisance sociale, ce qui de nos jours est plutôt appréciable. Jérémie m'a écouté, il avait l'air d'accord avec moi, lui aussi. On verra ce qu'il en restera dans six mois... Pour l'heure, il s'apprête à sortir.

– Je te rappelle que cette histoire n'est pas terminée. Tu seras jugé dans trois mois. Et j'appelle Provins lundi matin, pour savoir si tu es bien arrivé... Bon voyage !

11 heures

Le téléphone sonne dans le secrétariat désert. C'est le psychiatre de garde de l'hôpital Delafontaine qui s'étonne de me trouver là. Hé oui, à chacun sa permanence ! Que se passe-t-il ? Il appelle pour une jeune fille de dix-sept ans qui vient d'arriver après avoir tenté de se suicider. Deuxième tentative de surcroît pour une histoire peu banale : la jeune désespérée vient de révéler son homosexualité à ses parents d'origine kabyle qui ont tellement mal réagi qu'elle n'ose plus rentrer chez elle.

– Que peut-on faire, monsieur le Juge ? À la limite, l'hôpital la gardera encore la nuit prochaine, mais ensuite il faudra qu'elle parte. On lui a fait un lavage d'estomac et demain elle sera en pleine forme.

– Il faut contacter le permanencier de l'Aide sociale à l'enfance pour rechercher un accueil. Je vais l'appeler, si vous voulez. Je vous rappelle au plus tard demain matin pour vous dire quel foyer pourra l'accueillir à partir de demain soir.

Puisque j'ai un peu de temps devant moi, je vais en profiter pour regarder le courrier de la veille. Trois bannettes complètes, ma greffière a encore bien travaillé. Je signe à tour de bras, c'est grisant, j'ai le sentiment qu'enfin les choses avancent ! Je relis tout de même en diagonale, pour éviter d'éventuelles boulettes. J'examine surtout le « dispositif » qui est la partie la plus importante d'une ordonnance ou d'un jugement. Celle où le juge cristallise sa décision au nom du peuple français. Là, pas question de commettre une bourde. Je signe aussi tout le courrier administratif. Si j'enlève les journaux et autres revues, le courrier que je reçois comme « spécialiste » des droits de l'enfant ou autres sollicitations pour des stages, entretiens et soirées-débats, il n'y a pas grand-chose ce matin. Les rapports classiques de fin de mesure qui vont me permettre de convoquer pour décider de la suite à donner, quelques procédures pénales nouvelles.

Profitons de ce calme relatif pour répondre à quelques lettres de détresse et à des demandes de conseils. Quelques mots suffisent souvent à réconforter et à orienter sans perdre de temps. Et je ne veux pas laisser ces appels sans réponse. Je dois prendre la prochaine affaire à 14 heures. Je déjeunerai ce soir...

14 heures

Finalement, grâce à l'inspecteur de l'enfance de permanence que j'ai réussi à joindre, la jeune désespérée a trouvé un point de chute, un foyer à Sevran. L'Aide sociale à l'enfance contacte la mère immédiatement pour savoir comment elle envisage la situation dans les jours à venir, vu que le foyer ne peut être qu'une solution transitionnelle. L'avocate est déjà arrivée. Elle aussi a hâte d'en terminer pour aller aider ses confrères à la chambre des comparutions immédiates, où, paraît-il, cela se bouscule.

Le vigile de l'entrée m'informe de l'arrivée de Mme Monnier, accompagnée de son ex-mari. J'appelle tout de suite le dépôt pour que l'on me « monte » Michaël Monnier.

Celui-ci surgit dans la minute qui suit, alors que sa mère a dû s'égarer dans le dédale du palais totalement désert ce matin. En attendant, je me livre à ma petite enquête habituelle. Et s'il m'arrive d'avoir une vague impression de redite, je pense au boulanger qui fait son pain tous les jours, le professeur son cours, l'ouvrier sa pièce. Je me sens solidaire, tout d'un coup. Et puis, le premier concerné par mon laïus, c'est Michaël et lui, c'est la première fois qu'il l'entend...

– Tu es accusé d'avoir, la nuit précédente, à Maisons-Alfort, tenté de soustraire frauduleusement, et en réunion, une mobylette dans un baraquement sur les bords de la Marne. D'après le procès-verbal de police, l'un de tes compagnons cherchait une mobylette mais, même si tu n'es pas l'instigateur du vol, tu es complice. Pourquoi es-tu entré dans ce baraquement ?

– On avait envie de voir ce qu'il y avait dedans.

– Le baraquement était dans un parc. Tu n'as pas à franchir la porte d'une propriété qui ne t'appartient pas. Tu l'ignorais ?

– ...

– Dis-moi, il était 5 heures du matin quand on vous a vus escalader la grille pour entrer dans la propriété. Normalement, où se trouve un enfant de seize ans à une telle heure ?

J'ai volontairement parlé d'enfant plutôt que d'adolescent pour voir sa réaction. Mais il ne relève pas. Peut-être joue-t-il encore dans cette cour ?

– Il est dans son lit.

– Eh bien, tu vois, tu connais toutes les réponses... Tu crois que ta mère est tranquille de te savoir dans la rue à pareille heure ? Tu imagines comme c'est bon pour elle d'être réveillée à 5 heures du matin par la police qui lui demande de venir récupérer son fils au commissariat ? Crois-tu avoir le droit de l'inquiéter comme ça ? Elle a aussi le droit de vivre en paix, rassurée sur ton sort.

– Non... mais je l'ai fait.

Imparable. Évidemment, comme tous les adolescents à qui je pose la question, il ignore ce qu'il risque pour avoir commis un vol simple. Lorsque je lui fais le décompte, trois divisé par deux, il en reste bouche bée.

Mme Monnier entre dans mon cabinet à ce moment-là avec son ex-mari. La ressemblance entre la mère et le fils est hallucinante : ils ont les mêmes yeux bleus, le même casque de cheveux blonds, et doivent régulièrement se prêter leurs jeans et leurs tee-shirts. Elle pourrait être sa grande sœur et je commence, avant même de connaître leur histoire, à percevoir le problème. Il faudrait qu'elle ait un caractère bien trempé pour dominer un tel gaillard et son visage, charmant au demeurant, n'exprime pas une très forte personnalité. À l'arrivée de sa mère, Michaël qui, jusqu'à présent, était plutôt détendu, bien qu'un peu inquiet sur son sort, se referme comme une huître. Je n'arriverai plus à en tirer un seul son.

Autant par curiosité personnelle que professionnelle, je demande son âge à Mme Monnier qui me confirme avoir eu son fils extrêmement jeune. Mère célibataire, pendant des années, elle l'a élevé seule en ayant régulièrement des partenaires avec qui elle n'a jamais concrétisé une véritable relation. « Je pense que mon fils en a souffert », ajoute-t-elle tandis qu'il hausse les épaules avec mépris.

– Je reconnais qu'il n'a pas eu l'éducation qu'il aurait dû avoir. Je travaillais, je n'avais pas beaucoup de temps pour lui. Il m'a échappé très vite... Avant, au moins, je connaissais sa bande de copains, aujourd'hui je ne le vois plus. Il entre, il sort, on ne se parle plus. En fait, il voudrait travailler rapidement et partir de la maison.

– Eh oui. Eh bien, il faut que ça change, c'est tout. Votre fils est encore sous votre autorité, vous devez dialoguer et le protéger. Et puis, il faut qu'il continue à étudier, la seule chose que les parents peuvent transmettre, c'est le savoir, la culture. Ce n'est plus l'argent. On l'oublie trop souvent.

Là, pour le coup je me répète ce matin !

Je me tourne vers l'ex-mari de Mme Monnier qui écoute calmement.

– Monsieur, il faut que vous soyez encore très attaché à Michaël pour venir un samedi après-midi le chercher au tribunal...

– Effectivement, après notre divorce, sa mère et moi sommes restés très proches. Et j'aime beaucoup Michaël. J'ai toujours une chambre pour lui à la maison...

– Je note. Cela pourrait servir. En tout cas, vous avez aussi votre rôle à jouer auprès de lui. Où est son père?

– En province. Nous n'avons plus aucun contact.

– Il vous aide pour Michaël?

– Non. Et comme il ne demande pas à voir son fils et que Michaël ne demande pas après lui, les choses restent en l'état...

– Bon. Quoi qu'il en soit, il faut que l'on sache où tu en es et si tu arrives à avoir des rapports normaux avec ta mère.

« Maître, votre avis sur cette affaire. Sur le fond, voyez-vous d'autres investigations à demander? Sur les décisions provisoires, je ne vois pas de mesures éducatives à ordonner. Les parents sont là, ils font ce qu'ils doivent...

– Monsieur le Président, sur le fond l'affaire est claire. Maintenant, comme vous, je ne crois pas qu'il faille faire grand-chose. Vous pourriez le laisser en liberté pure et simple en attendant le jugement.

– Quand même, je crois qu'il faut lui marquer quelques limites. Je te mets sous contrôle judiciaire, avec les deux obligations suivantes : je ne veux pas que tu sortes après 19 h 45, sauf si ta mère te l'autorise, et je veux que tu te présentes deux fois par mois au commissariat de Bobigny pour y faire le point.

Encore une fois, l'obligation d'être à la maison à 20 heures, sans en ressortir, fait son petit effet. Michaël exprime avec des gestes et des mouvements de tête résolus le fait que jamais il ne s'y soumettra. Mme Monnier traduit à demi-mot :

– J'ai bien peur qu'à la maison Michaël nous fasse vivre un enfer à partir de 20 heures...

– Alors, madame, c'est à moi qu'il aura affaire. Il n'a pas à vous faire payer quoi que ce soit et j'exige qu'il soit rentré avant 19 h 46. Sinon, je l'envoie en prison. C'est tout.

La greffière fait signer l'ordonnance de contrôle judiciaire à Michaël et aux parents, et ils sortent de mon cabinet. Mme Monnier m'adresse un sourire teinté d'inquiétude. Je sais que pour bien des parents les obligations du contrôle judiciaire sont une reprise en main de leur propre vie et j'imagine que les soirées en tête à tête avec Michaël sont des moments difficiles en perspective...

15 heures

Passons à présent aux grandes pointures, j'ai nommé Sofiane Amina. Digne d'un samedi de permanence. L'historique chronologique que notre programme informatique ARO-BASE me présente se passe de commentaires : dix-sept ans, vingt-cinq infractions ! Vol à l'arraché, extorsion de fonds, dégradation de véhicule, usage illicite de stupéfiants, cambriolage, trafic de mobylette, tous les deux mois Sofiane fait parler de lui. Sa grande spécialité étant « la-soustraction-de-sac-à-main-dans-véhicule-arrêté-au-feu-rouge ». Il y excelle. Et toujours au même carrefour de Montfermeil ! Un éducateur me racontait que les policiers de la ville présentent immédiatement la photo de Sofiane à la victime d'un vol à l'italienne. Une fois l'hypothèse Amina écartée, ils commencent l'enquête !

Après avoir accusé un de ses anciens complices qui, manque de chance pour Sofiane, était dans un hôpital de province au moment des faits, il reconnaît avoir commis le vol « dont il s'agit », comme disent les policiers...

Sofiane est donc un vieux routier, il sait ce qu'il risque : sa dernière peine d'emprisonnement était assortie d'une mise à l'épreuve de dix-huit mois, période pendant laquelle il devait s'abstenir de tout acte délictueux sous peine de voir le couperet tomber. Mais rien n'y fait. Rien ne l'arrête. J'appelle la garde pour qu'on me le monte. On est samedi, il est là dans les trois minutes. Il arrive enchaîné au policier du dépôt et sans sa fouille, puisque je ne suis pas certain de le relâcher au terme de notre entretien. Je demande au policier de lui enlever les menottes et de l'accompagner dans mon secrétariat qui est désert, afin que le jeune puisse s'entretenir le temps nécessaire seul à seul avec son conseil. Le policier reste devant le bureau. Quand l'avocat a terminé, il frappe à ma porte :

– Nous sommes prêts, monsieur le Président !

– Entrez.

Tout le monde s'installe, y compris le policier qui ne lâche pas son client des yeux.

Je sens Sofiane stressé et angoissé comme jamais.

Malgré sa grande expérience, je lui remémore les règles du jeu, en lui indiquant qu'après notre échange sur les faits j'appellerai le procureur de la République pour qu'il vienne soutenir sa demande d'incarcération.

Pendant quelques longues minutes, il va tenter de se justifier, maladroitement, naïvement, prétendre qu'on l'oblige à voler, qu'il ne voulait pas le faire, et, finalement, me sortir cette réplique fantastique :

– Je devais partir en Algérie, tout était prêt, et il fallait que j' tombe sur un vol!

– Attends, tu n'es pas « tombé » sur un vol, et le vol ne t'est pas « tombé » dessus, quand même! Tu ne peux pas dire que tu es responsable en rien! Et qui sont ces gens qui t'obligent à commettre des vols? Tu les connais? Tu peux me dire leurs noms?

Il est parfaitement possible que ce jeune soit sous la coupe de plus grands qui lui demandent de voler pour eux. Ce ne serait pas la première fois que nous serions confrontés à ce problème... Mais, là, j'en doute...

– Je ne sais pas comment ils s'appellent... Ce sont des jeunes de la cité, ils font peur à tous les petits pour qu'ils travaillent pour eux.

– Ben voyons... Quand je pense que tu avais ces dix-huit mois de mise à l'épreuve au-dessus de toi. Mais à quoi tu penses? Je t'ai mis en prison il y a un an pour les mêmes histoires? Qu'est-ce que tu as fait pendant ce temps-là? Tu n'as pas réfléchi?

Sofiane baisse la tête. Il ne répond pas. Je le sens à bout d'argument, à bout d'affabulation, mais qui croirait de telles sornettes? Lui, le pro de toutes les formes de vols, la terreur des carrefours de Montfermeil, la pauvre victime de plusieurs commanditaires!

– Et ce départ en Algérie, c'était pourquoi?

– J'aurais cherché du boulot là-bas...

– Mais tu avais ton billet?

– Non, pas encore, mais je l'aurais acheté.

– Et il y a quelqu'un chez toi qui peut nous confirmer que tu avais l'intention de quitter la France?

– Non. J'en avais pas encore parlé, mais je leur aurais dit...

– Arrête, je crois que tu te paies ma tête. Il est temps de faire monter le procureur. Il requiert une nouvelle peine de prison contre toi. Au terme de ce débat contradictoire... mais tu sais comment ça se passe... tu auras la parole. J'appelle tout de suite le parquet.

Sofiane ne dit rien, vraiment il ne paraît pas dans son assiette. Je le regarde de plus près, il semble terriblement éprouvé.

– Tu n'as rien d'autre à me dire ? Je te trouve bien abattu...

Il hésite et finit par lâcher :

– J'ai été frappé par les policiers. Surtout dans la voiture. J'ai reçu plein de coups dans les côtes et puis au commissariat un flic m'a mis une grosse claque dans la figure.

Je comprends mieux. Apparemment, à supposer que ce soit vrai, il n'y a pas trop de séquelles.

– Si ce que tu dis est vrai, ce n'est pas normal. Je le note dans la procédure. En avais-tu parlé à l'éducateur ou à ton avocat ?

– Non.

– OK ! Tu discuteras avec ton avocat et tes parents s'il faut porter plainte. En tout cas, suite au débat que nous allons avoir, tu verras un médecin en prison ou tu iras voir un médecin dans ton quartier.

Il est fréquent que les jeunes se plaignent des violences policières. On sait qu'elles existent et qu'elles sont intolérables, même si on comprend parfois ce qui les justifie. En effet, les jeunes ne se privent d'ailleurs pas de provoquer cette violence, en injuriant les policiers et en leur menant une « guéguerre » sourde et permanente. Par vagues, les jeunes viennent se plaindre à nous de ces violences policières et nous prenons acte de leurs propos. Il nous arrive de relever nous-mêmes des traces de coups. À cet effet, et pour le tribunal, j'ai acheté un Polaroïd, afin de faire des photos couleur, mais, miracle, depuis cette acquisition je n'ai plus eu l'occasion de m'en servir ! Tant mieux. Nous recevons parfois des jeunes maculés de sang. Bien évidemment, les thèses divergent pour expliquer ces coups. « Violences gratuites », disent les jeunes. « Violences à l'égard de jeunes qui résistaient à leur interpellation », répliquent les policiers dont on rappellera qu'ils sont assermentés.

Difficile de faire la part des choses. Il est évident que des policiers qui se livrent à des interpellations la nuit doivent prendre des précautions. En revanche, au commissariat, il est difficile de défendre les passages à tabac. Les jeunes me décrivent parfois des scènes inimaginables : des policiers qui prennent un jeune pour un ballon et « jouent » avec lui en le bousculant ; la fouille à corps qui est l'occasion de gestes contestables. Le pire étant quand même le jeu de la « roulette russe » où le jeune est contraint de s'agenouiller puis menacé d'une arme – déchargée – sur la tempe. On se souvient qu'un jour dans un commissariat l'arme était restée chargée... Un jeune me raconta qu'un policier lui avait demandé de prendre son arme à pleine main, puis la lui avait reprise en disant que maintenant qu'il y avait ses empreintes on pourrait dire qu'il avait tenté de se suicider !

Face à de telles allégations ou suspicions, je prends des notes dans mon procès-verbal officiel et je saisis le procureur de la République qui demandera généralement une enquête à la police des polices. Parfois, les faits sont mis en évidence et des sanctions tombent. En tout état de cause, je conseille toujours aux jeunes et à leur famille de porter plainte. Après tout, c'est aux parents de protéger leur enfant. Mais ils le font rarement car ils craignent des représailles. Et vu la fragilité, la précarité de leur situation, on peut le comprendre...

Une chose est certaine : quand ces violences au commissariat sont réelles, non seulement il s'agit de faits détestables et condamnables à tout point de vue, mais elles mettent les magistrats en situation difficile pour mener à bien leur propre mission. Nous ne sommes plus crédibles. De l'intérieur, les policiers luttent contre ces débordements et d'ailleurs ils ont tendance à diminuer dans notre département.

Je termine la rédaction du procès-verbal où j'ai consigné les propos du jeune, et j'appelle le procureur. Connaissant le passé délinquant de Sofiane, ma collègue du parquet devait s'attendre à ce débat. Elle n'a pas revêtu sa robe de magistrat, comme elle le fait lors des audiences de tribunal, mais elle se lève afin de donner plus de poids à son réquisitoire. Évidemment, elle ne croit pas une seconde à cette bande qui terroriserait le prévenu mais, au contraire, pense qu'il a agi seul comme d'habitude. Considérant les multiples avertissements et devant cette absence de gages de se réamender, la détention lui paraît nécessaire.

La défense, elle, s'accroche à l'hypothèse des deux commanditaires, avance que la prison ne servirait à rien et demande un simple contrôle judiciaire à partir de septembre afin que Sofiane suive une préparation professionnelle. L'avocat aurait bien aimé étayer la perspective de départ en Algérie, mais il n'a pu joindre aucun membre de sa famille pour en avoir la confirmation.

Quant à moi, ayant entendu les deux sons de cloche, ma décision est prise.

– Je vais t'incarcérer, annoncé-je à Sofiane.

Le procureur me salue d'un léger signe de tête et regagne le parquet sans plus attendre.

– Il faut, d'une part, que je te mette à l'écart pour te protéger des soi-disant pressions que tu as à subir et, d'autre part, la société doit se protéger de toi. Je vais t'écrouer à Villepinte...

Sofiane n'a pas de réaction. Il m'écoute, comme recueilli, mais je ne suis pas sûr qu'il m'entende. Il faut pourtant que je lui répète ce que je lui ai dit tant et tant de fois. Qui sait ? Peut-être l'approche de sa majorité et les risques de cette échéance le pousseront-ils à m'écouter vraiment ?

– Sofiane, tu vas avoir dix-huit ans dans six mois. C'est la dernière chance pour toi. Si, d'ici là, tu n'as pas bougé et que tu continues tes bêtises, tu prends trois ans de prison. Il faut que tu réagisses à présent. Cela fait combien de fois que tu es incarcéré ?

– Cinq fois.

– Et tu as envie que cela continue ?

– Non... J'en ai marre...

– Eh bien, alors ! Tu te fais prendre à tous les coups, tu n'as pas compris que c'est pas ton truc de voler ? Arrête une fois pour toutes, bon sang ! Si tu loupes les possibilités maintenant, après il sera trop tard... Crois-moi. En attendant, signe ici.

Tiens, il verse quelques larmes. C'est la première fois. Il signe sa feuille d'audition et tend ses poignets vers le policier du dépôt. Il va sortir.

– Sofiane, promets-moi de te tenir tranquille en prison. Nous reparlerons dans quelque temps. Tu sais que les travailleurs sociaux sont prêts à t'aider et moi aussi. Mais il faut que tu arrêtes tes bêtises. Complètement. Sinon, dans six mois, je ne pourrai plus rien pour toi. Allez, à bientôt.

J'ignore s'il m'a entendu. Il sort en reniflant. L'avocat reste quelques instants. Il a l'air songeur.

– C'est la première fois que je le vois pleurer. Vous pensez que la prison peut le faire réfléchir ?

– Les trois ans au-dessus de sa tête, certainement. Et sa majorité aussi. Il sait qu'il va changer de catégorie et que la rigolade est terminée. Toutefois il ne serait pas le premier à aller jouer chez les adultes et à se brûler les ailes, car les règles du jeu changent singulièrement. Un peu comme si on leur faisait payer « les chances » qu'ils n'auraient pas saisies comme mineur... Je vais continuer à lui répéter les mêmes encouragements. On verra bien. Qu'est-ce qu'on peut faire d'autre?

L'avocat a haussé les épaules, l'air de dire : « Si je savais... », et il est sorti.

Avant qu'il ne reparte vers la correctionnelle où il aidera ses confrères, je lui donne un conseil.

– N'oubliez pas de prévenir la Coordination demain pour qu'un de vos confrères soit désigné afin d'assurer immédiatement la défense des intérêts de ce jeune.

En effet la mise en examen et le débat contradictoire sont des temps importants, mais préparer la sortie de prison et assurer d'une manière générale la défense des intérêts du jeune incarcéré sont essentiels. Dès à présent.

Je crois que ce sera tout pour aujourd'hui. Il est bientôt 17 heures, c'est une permanence qui se termine très tôt, pour une fois, mais je demeure encore à la disposition du tribunal jusqu'à la fin de la journée. Demain, même processus, j'appellerai le parquet pour voir comment nos petits anges se sont comportés dans la nuit du samedi au dimanche, la plus mouvementée de la semaine.

Dimanche

9 h 30

Le palais de justice est décidément plein de surprises ! Je m'attendais à trouver l'endroit désert, comme très souvent le dimanche, et en arrivant au « bunker » du tribunal pour enfants, une horde de gamins de trois à cinq ans me bouscule à l'entrée, et fonce en criant et en se poussant vers le distributeur de friandises. Je me demande même s'il n'y en a pas un qui m'est passé entre les jambes ! La mère arrive derrière, en courant comme elle peut, embarrassée par sa large robe de dentelle blanche, et les rappelle à l'ordre avec une voix de stentor qui dans l'espace immense et silencieux du tribunal fait vibrer les cloisons.

Cette irruption m'a cloué sur place et la mère des petits en profite pour s'excuser auprès de moi. Le hall qui mène à mon cabinet est rempli de femmes, d'adolescents et de bébés. Ce sont les familles des « 35 bis et 35 quarter » du jour, ce qui explique cette affluence. J'aperçois l'avocate de permanence affectée à cette audience qui s'est fait alpaguer par une mère africaine en mal de renseignements et qui ne semble plus pouvoir s'en dégager. Elle m'adresse un petit signe amical et me crie qu'elle viendra me rejoindre un peu plus tard. Ouf ! Ça commence fort, ce matin.

Le parquet m'a fait rapidement le point au téléphone.

– Il n'y a rien eu de grave cette nuit, monsieur le Juge, c'était plutôt calme. En revanche, vous avez cinq jeunes qui sont déférés devant vous ce matin, pour vols avec violences entre fin mai et début juillet. Hier soir, ils ont essayé, une fois de plus, de voler le blouson d'un jeune. Ils sont toujours ensemble, « le club des cinq », version Série noire, si vous voyez ce que je veux dire... Bref, ils sèment la terreur ! Angel Tolédano, les frères Léma, Cyril Aoundé et Demba Adorno. Ils ont passé la nuit au dépôt.

La greffière de permanence m'a déjà sorti quelques éléments de dossiers et l'historique de leurs affaires. Rien de catastrophique, si j'en juge par leurs infractions : vol de vélo, de sacoches, de vêtements... mais ces cinq-là sont très jeunes et ils filent droit vers la correctionnelle si je les laisse faire. Treize ans pour le plus jeune, puis quatorze ans, quinze ans et dix-sept ans. Il est temps de donner toute sa mesure à mon expression favorite : plaquer aux jambes ! Il va falloir frapper vite et fort. Je les verrai en fin de matinée, le temps qu'ils rencontrent l'éducateur et leur avocate.

11 heures

Il n'est pourtant pas très impressionnant, le petit bonhomme que l'on me fait monter du dépôt ! Angel Tolédano a quatorze ans, mais je ne lui en aurais pas donné plus de dix ou onze. Il ne ressemble pas aux jeunes que je reçois à longueur de journée : son tee-shirt est informe, son jean est troué et couvert de taches. Pieds nus dans des baskets fanées, il fait peine à voir. D'autant qu'il titube en entrant dans le bureau et qu'il tombe plus qu'il ne s'assoit sur le fauteuil qui me fait face.

– Qu'est-ce qui se passe, Angel, ça ne va pas ?

Le policier qui vient de libérer ses liens répond à sa place :

– Je crois qu'il n'a rien mangé depuis hier. On a prévu de lui donner un sandwich après votre entretien.

– D'accord. Veillez-y.

Angel sait où il est et qui je suis. Il admet avoir participé au vol du blouson avec ses copains, mais il n'a pas touché le jeune qu'ils ont agressé.

– J'ai regardé, j'étais plus loin.

– Qui était le meneur ?

– Cyril...

– Cyril Aoundé, c'est le plus jeune d'entre vous. C'est lui votre chef ?

– Pas un chef... C'est lui qu'a les idées...

– Des idées lumineuses... tu l'as dit. Tu ne trouves pas qu'il est dangereux ? Tu ne fais que des bêtises avec lui. Pourquoi tu ne le fuis pas ?

– J'ai pas beaucoup de copains...

– Des garçons qui t'enverront en prison, moi j'appelle pas ça des copains... Qu'est-ce que tu penses de ce que tu as fait ?

– Ben, c'est pas normal. Se mettre à cinq pour lui enlever son blouson, c'est pas terrible...

– Pourquoi tu l'as fait, alors ?

– J' chais pas...

– Si tu ne sais pas pourquoi tu fais les choses, tu vas recommencer, non ?

Silence. Devant cet enfant maigre et pâle, j'ai soudain un sentiment terrible de gâchis et de rage. Il a quatorze ans et il est seul devant moi. Sa famille ne s'est même pas déplacée pour le soutenir. J'ai lu sur le rapport de l'éducateur que Angel n'a jamais connu sa mère, qui a disparu quelques mois après sa naissance. Il est « élevé » par son père et sa belle-mère avec cinq demi-frères et sœurs mais échappe à l'autorité de tous. En fait, Angel est devenu le trublion de la famille, incontrôlable et ignoré. Plus personne ne s'en préoccupe vraiment.

– Angel, j'ai lu le rapport de l'éducateur que tu as vu tout à l'heure. Cela ne peut pas continuer comme ça. Tu ne sais pas d'où tu viens, tu ne sais pas où tu vas, ce que tu vas faire. Tu n'as de comptes à rendre à personne... Personne ne se soucie vraiment de toi, ce n'est pas possible. Il faut qu'un éducateur s'occupe de toi d'urgence.

J'attrape une feuille et rédige quelques notes à voix haute :

– Je ne vais pas te mettre en prison, de toute façon, je ne peux pas te juger aujourd'hui. En attendant, je vais te placer sous contrôle judiciaire. Il faut te donner des limites. Voici les trois obligations que je t'impose : à partir d'aujourd'hui, je t'interdis formellement de fréquenter tes quatre autres copains. Je ne veux plus jamais te voir dehors seul, sauf pour aller et revenir de l'école et pour des occasions précises qui seront toujours contrôlées par ton père ou ta belle-mère. Je les convoquerai d'ailleurs ultérieurement. La dernière obligation : jusqu'à la prochaine rentrée scolaire, tu iras tous les jours au commissariat de Bondy à 9 heures pour signer la feuille des contrôles judiciaires : 9 heures et pas plus tard, car tes copains iront aussi et il n'est pas question que vous vous croisiez.

Angel a la même réaction que ceux à qui j'impose cette obligation, il est effondré. En quelques secondes, il entrevoit la vie monacale qui s'ouvre devant lui. J'ajuste encore le tir :

– Angel, il faut arrêter les bêtises maintenant. Tu ne connais que les rapports de forces et la violence. Mais si ça continue, tu vas finir par te faire tirer dessus ! Je ne veux pas que tu traînes dans la rue tout seul, tu as mieux à faire. Si j'apprends que tu enfreins mon ordre, je n'hésiterai pas à te mettre en prison tout de suite... Tu restes à Paris tout l'été ?

– Heu, oui, je sais pas... Peut-être que je vais partir en vacances...

L'éducateur qui a assisté à l'entretien silencieusement intervient à ce moment-là.

– Monsieur le Juge, j'en ai discuté avec Angel tout à l'heure. Rien n'est décidé pour les vacances. Mais, dès demain, je prends contact avec la Maison du quartier pour qu'il parte impérativement.

– D'accord. Merci de vous en occuper. Je te revois très bientôt, Angel. Crois-moi, on va s'occuper de toi.

Me tournant vers le policier :

– Pouvez-vous veiller à ce qu'il mange au dépôt, je ne voudrais pas qu'il s'écroule sur la voie express devant le tribunal ! Et demandez à ce que l'on me monte les frères Léma, d'abord Brice... Merci.

12 heures

Brice Léma, dix-sept ans, le plus âgé des trois, le plus influençable aussi. C'est un groupe où les responsabilités sont inversement proportionnelles à l'âge. Brice et son frère Étienne sont toujours ensemble, et souvent pour le pire. Dans mes obligations, car je leur donnerai à tous les mêmes, il ne va pas être commode de les empêcher de se voir ! Le policier le délivre, lui remet sa fouille, et Brice s'écroule, lui aussi, sur le fauteuil.

– Qu'est-ce que vous avez tous, ce matin ? Toi non plus, tu n'as rien mangé ?

– Si, j'ai mangé un sandwich à l'instant mais j' suis crevé. J'ai pas fermé l'œil au dépôt, j'étouffais dans cette pièce sans fenêtre, j'avais l'impression d'un cercueil...

– Si ça pouvait vous faire peur, une fois pour toutes !

Je lui dis rapidement les faits qui lui sont reprochés et les raisons de sa mise en examen et nous revenons quelques minutes sur l'agression de la veille.

– Alors, ça te paraît normal que des jeunes agressent un autre jeune, tout seul qui plus est ? Tu trouves ça loyal ?

– Non, pas vraiment...

– Alors pourquoi tu le fais ? Tu es le plus grand en plus, tu ne pouvais pas retenir les autres ?

– Cyril est parti devant nous, on n'a pas pu l'empêcher...

– Cyril... Cyril... il a treize ans, Cyril. Et toi, grand nigaud, du haut de tes dix-sept ans, tu le suis comme un bébé ?

Il baisse la tête. Mais je continue de plus belle :

– Tu sais que je ne te jugerai pas aujourd'hui, mais tu vas risquer peut-être trois, quatre, cinq mois de prison pour avoir voulu piquer le blouson d'un type de ton âge ! Tu te rends compte ? Qu'est-ce qu'on peut faire contre des gars comme vous ? Tu crois que les gens vont supporter longtemps vos agissements ? À propos, tu es français ?

– Non, je suis sénégalais.

– En plus... Alors si tu veux devenir français, tu as intérêt à arrêter tes bêtises. Où en es-tu de tes études ?

– Je passe en seconde. Ça se passe bien.

– C'est au moins ça... Accroche-toi, c'est ta seule chance de t'en sortir. Tu es dans un lycée sérieux en plus. Tu habites où déjà ?

– Cité Karlemax...

– Karl Marx, tu veux dire...

– Oui, oui, Karlemax.

– Brice, fais-moi plaisir, la prochaine fois que tu passes devant sa plaque, regarde comment ça s'écrit, et regarde qui c'est. Tu auras appris deux choses en une journée... Dis donc, au fait, tes parents ils ne sont pas venus ?

– Non. Ils sont à la messe.

Qu'ils brûlent quelques cierges pour leurs deux fils, ils en auront bien besoin ! Je me demande quand même si leur place ne serait pas plutôt près d'eux que sur les bancs de l'église...

– Bon, écoute. Je vais tout de suite te mettre sous contrôle judiciaire. Tant pis pour toi. Je veux désormais que ton frère et toi vous vous teniez à carreau. Tu seras mis en liberté surveillée et confié à un éducateur du Raincy. Je note que je t'interdis de revoir tes copains. Évidemment, puisque tu vis avec ton frère, vous vous verrez par la force des choses. Mais à la maison, plus dans la rue. Je veux que tu dises à tes parents quelles sont tes nouvelles fréquentations et qu'ils te donnent leur accord pour les voir. Enfin, j'exige que jusqu'à septembre tu pointes tous les jours, à 10 heures du matin au commissariat. 10 heures précises, j'insiste. Ton éducateur t'expliquera pourquoi. Voilà, maintenant, remets tes lacets et file. Et que je n'entende plus parler de toi avant ton jugement. Inutile d'attendre ton frère, il rentrera tout seul. Je ne veux plus vous voir ensemble, de toute façon. Allez, au revoir. Monsieur, faites-moi monter Étienne Léma ! Avec sa fouille !

12 h 30

Je m'attendais à trouver une copie de son frère Brice, en plus jeune puisqu'il n'a que quinze ans, mais non, Étienne Léma est physiquement très différent. Il reste prostré sur son fauteuil, après m'avoir dit, lui aussi, qu'il n'a presque pas dormi au dépôt. On est loin de l'image classique du héros qui s'endort calmement dans sa cellule, chapeau de cow-boy sur les yeux, en attendant que l'on décide de son sort ! J'imagine combien la nuit dans ce réduit doit être pénible. Le but n'est-il pas également de les décourager d'y revenir ? Une fois les raisons de sa mise en examen énoncées, j'essaie de savoir ce qu'il faisait là et pourquoi il a suivi comme les autres.

– Ben, j' chais pas...

– Quand on fait des bêtises aussi graves que celles-là, parce que je te signale qu'un vol en réunion, avec violences, c'est très grave, on doit savoir pourquoi, enfin !

– Ben, ouais...

– Pourquoi t'es pas intervenu, pourquoi tu ne l'as pas empêché ton copain Cyril, puisque, apparemment, c'est lui le « cerveau », si je puis dire, en imaginant qu'il y a eu de la matière grise dans cette histoire...

– On lui a dit, mais il a continué...

– Eh bien, dans ces cas-là, tu pars, tu ne restes pas. C'est tout. Vous devez avoir une drôle de réputation tous les cinq dans votre cité. Pourquoi tu es dans ce groupe ?

– C'est mes copains quand même...

– Je comprends bien, Étienne. Mais ensemble vous êtes les terreurs du quartier. Cela va mal se terminer. Si tu veux vraiment qu'ils restent tes potes, tu vas arrêter de les voir quelque temps. Tu les retrouveras plus tard, mais dans de meilleures conditions.

Comme un médecin qui prescrit son ordonnance, je note et je commente à l'intention de mon patient :

– Voici les trois obligations que je t'impose pour le contrôle judiciaire. Ne lève pas les yeux au ciel, tes potes et toi, vous aurez les mêmes. Interdiction de revoir tes copains. Interdiction d'être dans la rue sans tes parents ou un adulte. Je n'ai aucune confiance en toi, alors, en attendant que tu changes d'attitude, je ne te laisse pas dehors tout seul. Je veux aussi que tu pointes au commissariat tous les jours à 17 heures... Jusqu'à la rentrée scolaire. Après on verra.

Étienne ne peut s'empêcher de s'exclamer :

– Tous les jours ? À 17 heures ?

– Te plains pas. Ton copain Angel, il y va à 9 heures du matin. Mais si tu veux y aller le matin, vous pouvez échanger...

– Non, non, ça va. Je préfère à 17 heures.

Je le regarde, je détaille ses vêtements. De quoi faire baver ce pauvre Angel. Étienne est vêtu, de pied en cap, de vêtements de sport neufs et à la dernière mode. Je ne peux m'empêcher de le lui faire remarquer :

– C'est dingue, Étienne. Tu es couvert de blouson, jogging, baskets des meilleures marques, tu en as pour une fortune sur toi, tes parents se saignent pour que tu puisses te pavaner, et toi tu voles les gens dans la rue... Excuse-moi, mais je trouve cela un peu écœurant comme attitude... Voilà. C'est tout pour moi. Tu peux y aller.

Il sort. Il ne prend même pas le temps de remettre ses lacets, je crois que ma dernière réplique lui a tellement déplu qu'il a envie de fuir d'ici.

– Une dernière chose, Étienne. Je suppose que, comme Brice, tu n'es pas français... Alors, réfléchis bien. Quand tu auras dix-huit ans, tu peux être renvoyé de France. Ce sera à toi de faire tes preuves pour que le gouvernement ait envie de te garder... Et trois ans, cela vient très vite... N'oublie pas...

À destination du policier à qui je tends l'ordre de mise en liberté :

– Merci de me faire monter, Cyril Aoundé. Avec sa fouille.

13 h 30

L'éducateur du SEAT passe une tête dans le bureau et m'informe que M. Aoundé père est arrivé. Ah, enfin ! Un père de famille responsable qui a daigné venir s'enquérir de sa progéniture ! Je commençais à désespérer. Je plaisante, mais je voudrais parfois que l'on puisse m'amener de force les parents indifférents ou soi-disant trop occupés ailleurs pour venir au tribunal. Comme si l'heure n'était pas suffisamment grave ! J'attends quelques minutes que l'avocate ait fini de s'entretenir avec le petit Cyril, mais aujourd'hui aucun ne nie les faits, tout se passe à peu près bien.

M. Aoundé entre et s'installe devant mon bureau. Immédiatement, le policier du dépôt arrive avec au bout de sa chaîne un Cyril quelque peu récalcitrant.

– Qu'est-ce qui se passe, Cyril, tu n'es pas content ?

– J'arrive pas à marcher avec des baskets sans lacets ! Et il a pas voulu que je les remette en bas, me dit-il en me montrant le policier du bout du menton.

– Bon, ça va, on se calme. Assieds-toi et remets-les. Je te signale que, si tu n'avais pas fait tes bêtises, on serait tous en train de se promener par ce beau dimanche, et je suppose que ton père a mieux à faire qu'à être ici. Alors, tu la mets un peu en veilleuse, maintenant.

Il serre les mâchoires et ne dit rien. Je n'ai pas encore vu le cinquième larron, mais on peut comprendre pourquoi Cyril, malgré ses treize ans, est le chef de la bande. Petit, teigneux, un visage taillé au couteau, un regard dur et pénétrant, il exerce forcément un ascendant sur les autres.

– Alors, il paraît que c'est toi le patron ?

En général, les délinquants que je vois dans mon cabinet ne reconnaissent jamais être le leader car ils craignent inévitablement de « prendre pour les autres ». Cyril a déjà le bon réflexe.

– Y a pas d' chef chez nous. On est des potes...

– En tout cas, ils te désignent tous comme « la tête pensante » du groupe... C'est toi qui as les idées, il paraît...

Il lève les épaules et ne dit rien par peur sans doute de tomber dans le piège. Son père évite de le regarder. Lui aussi serre les mâchoires dans une violence contenue. Je sens que sa main le démange.

– Bon, alors. Tu contestes être le chef, mais le reste tu le reconnais. Le vol du blouson hier soir, les vols de sacs, de vélo, auparavant, tu es d'accord ?

– Oui.

– Tu sais ce que tu risques pour tout ça ?

– Oui.

– Ah bon ? Vas-y, je t'écoute.

– Sept ans, divisés par deux parce que j'ai treize ans. Ça fait trois ans et demi. La juge me l'a dit la dernière fois.

– Et tu recommences quand même ? Excuse-moi, mais là, c'est du vice ! Et qu'est-ce que tu penses de tout ça ? À treize ans, tu fais partie d'une bande qui terrorise le quartier. Tu comptes continuer longtemps comme ça ?

– Non.

– Heureux de l'apprendre... Parce que je vois sur le rapport que me transmet l'éducateur, après avoir eu ta maman au téléphone tout à l'heure, qu'elle se propose de te renvoyer en Côte-d'Ivoire... Peut-être que, là-bas, tu resterais tranquille. En tout cas, les gens de ta cité, ils respireraient...

Je me tourne à présent vers M. Aoundé.

– Monsieur, comment ça se passe à la maison avec Cyril ?

– Plutôt bien, monsieur le Juge, mais c'est vrai qu'on ne le voit pas beaucoup.

– Il ne fait que passer. Il est toujours dehors.

– Souvent, c'est vrai. Entre l'école et ses copains, il rentre pour manger et dormir, c'est tout.

– Nous allons changer ce rythme, désormais... Mais revenons à la Côte-d'Ivoire. Si vous estimez que c'est trop dangereux pour lui d'être ici, vous devez le renvoyer là-bas. Je respecterai votre autorité parentale. Moi, je pense qu'il vaut mieux qu'il reste ici et qu'un éducateur le suive un certain temps. Mais c'est à vous de voir en sachant que vous ne pouvez pas fermer les yeux sur son comportement.

– Je préférerais garder mon fils ici, monsieur le Juge. En Côte-d'Ivoire, il vivrait dans un village chez son oncle mais il ne pourra pas faire d'études sérieuses. Je pense aussi à son avenir.

– Moi aussi. Alors, pour l'instant, on va s'en tenir là et on va changer un peu le cap.

Même procédure. J'épelle les trois obligations du contrôle judiciaire.

– Interdiction de fréquenter tes amis, les quatre autres, j'entends. Interdiction d'être seul dans la rue. Désormais, tu quittes l'école et tu rentres direct à la maison. Tu ne ressors qu'avec tes parents ou un adulte. C'est tout. La dernière obligation... voyons, je veux que tu ailles pointer au commissariat tous les matins. Tu iras à 8 h 30...

– Le matin ?

– Évidemment... Jusqu'à la rentrée des classes. Après, on verra. Et j'ai bien dit 8 h 30, pas plus tard. À 9 heures tu risques de rencontrer Angel, et je vous interdis de vous voir. Si tu le croises, tu le salues de loin et tu continues ta route. Lui, il fera de même.

Ça, je reconnais que c'est un peu radical, mais il faut casser le rythme, en créer un autre. Il a treize ans, c'est le moment ou jamais d'intervenir alors qu'il est au bord de basculer dans les délits plus graves, les trafics, la violence pure.

Le père et le fils signent à tour de rôle le compte rendu d'audience et repartent terminer le dimanche en famille. Je suis sûr qu'ils n'ont pas passé l'après-midi et la soirée ensemble depuis longtemps.

– Allez, encore un. Faites-moi venir M. Demba Adorno, s'il vous plaît !

15 heures

Mme Adorno est arrivée depuis quelques minutes et elle s'entretient avec l'avocate. Demba n'a que quinze ans, mais il est déjà connu des services de police pour de menus larcins. Je crois que sa mère s'informe à l'avance de ce qui risque de lui arriver aujourd'hui. Elle semble soulagée en voyant monter Demba avec le policier et sa fouille, en l'occurrence ses lacets. En grande « pro » des audiences de cabinet, Mme Adorno a compris le message. S'il a sa fouille, c'est qu'il ressortira libre après l'audience.

Je reprends le procès-verbal des policiers, et je lis que Demba nie avoir volé quoi que ce soit.

– Dis-moi, tu n'étais pas avec eux, hier soir, quand tes quatre amis ont volé le blouson ?

– Si, bien sûr...

– Alors, pourquoi tu dis que tu ne l'as pas volé ?

– J'étais là mais je n'ai rien fait.

– Et est-ce que tu as aidé celui à qui on a volé le blouson ?

– Ben, non, quand même...

– Alors, je regrette, tu n'as rien fait pour le défendre, tu es complice de tes copains...

– Je leur ai dit : « Arrêtez!... »

– Tu parles s'ils t'ont écouté ! La prochaine fois, mais je te souhaite qu'il n'y ait pas de prochaine fois, si tu sens que tes potes ont envie de faire ce genre de chose, tu tournes les talons. Tu pars, c'est tout. Là, c'est clair. Dis-moi, dans le procès-verbal, tu dis que vous aviez un peu bu ? Bravo !

– Pas grand-chose, m'sieu. J'avais pris une Despérado, c'est la première fois. Ça m'a tourné la tête, on a bien goleri...

Ah, là, j'ai compris du premier coup. Pas besoin de traducteur !

En entendant le nom de la bière, Mme Adorno a tressailli.

– Quoi ? C'est quoi cette histoire ? Je te donne de l'argent de poche et tu achètes de l'alcool ?

– C'est pas très fort, c'est la première fois...

– Tu viens de dire que ça t'a tourné la tête, après tu as fait n'importe quoi, c'est tout ! Quand je pense à toutes les mises en garde que je te fais contre l'alcool...

Ah, je sens qu'il y a un problème de cette nature dans la famille. Monsieur, vraisemblablement... Je jette un œil rapide sur le rapport de l'éducateur. Effectivement, le père est parti depuis huit mois et on ne sait plus où il est... L'enfant ne parle pas d'alcool. Bien, il est temps de conclure.

– Madame, comment voyez-vous les choses pour l'avenir ? Vous êtes seule avec lui à la maison ?

– J'élève seule quatre enfants, monsieur le Juge, j'en ai encore deux après lui. J'avais déjà demandé au juge de le mettre en foyer mais je n'ai pas eu de réponse. Ce serait aussi l'occasion de l'éloigner de la cité. Il n'a pas que ces quatre copains, il y en a d'autres qui ne valent pas mieux. L'idéal serait qu'il soit ailleurs et qu'il revienne le week-end.

– D'accord. Alors, vous allez pouvoir en parler dès la semaine prochaine avec un éducateur que je vais vous désigner. Il vous aidera à trouver un foyer pour la rentrée. En attendant, Demba, jusque-là, je te mets en liberté surveillée, c'est-à-dire que jusqu'à ton jugement un éducateur s'occupera de toi. Avec, comme pour tes potes, l'interdiction de vous fréquenter, l'interdiction de te trouver seul dans la rue. Tu devras toujours être accompagné de ta mère ou d'un adulte. Enfin, je veux te voir pointer au commissariat tous les jours à... voyons, qu'est-ce qui reste... à 18 heures. Tu as de la chance, les autres y vont à des heures moins pratiques !

Demba s'écroule dans son fauteuil, visiblement anéanti par ma décision.

– Et j'insiste, Demba, ce n'est pas « au choix », tu observes ces trois obligations. Sinon, je t'envoie en prison. Tu sais que je peux le faire. Allez. Madame, surveillez votre enfant, je demande à un éducateur de prendre contact avec vous. Vous pouvez y aller.

Et bonne fin de dimanche... Le temps a passé. Il est 17 heures ! Le week-end peut enfin commencer ! En tout cas, il me reste une belle soirée. Dernier coup de fil au parquet qui me confirme n'avoir ni nouvelle arrestation ni déféré. J'entends dans le secrétariat la greffière de permanence tirer les portes coulissantes des armoires aux dossiers et éteindre l'ordinateur. Elle file, elle aussi, pour tenter de profiter des dernières heures de ce week-end méchamment amputé. Le silence est retombé sur le tribunal. Cette fois-ci, c'est moi qui ferai la fermeture.

Je range mécaniquement mes affaires et les dossiers qui traînent. Toute cette pression m'a vidé la tête. Des images de cette semaine me reviennent en mémoire, des visages, des phrases : M. Mariane et ses seize enfants, le regard haineux d'Alice Schneider, le visage baigné de larmes d'Arianne Massart et sa voix tremblante : « Je ne suis pas un monstre, monsieur le Juge... » Et puis, le petit Noël Erpellier : « J' frappe pas les vieilles, moi ! », la jeune fille violée, brisée mais digne, et Mme Atal avec sa perruque invisible. J'y repense en souriant. Les rires, les promesses faites devant moi, les larmes et les coups de gueule, la semaine fut riche en émotions. Et les enfants avec qui j'ai peut-être été dur et cassant ne sont pas ceux qui m'importent le moins.

La sonnerie du téléphone au greffe me tire brusquement de mes pensées. J'hésite un quart de seconde. Quel nouveau drame va-t-il me tomber dessus ? Décidément, je n'aurai pas réussi à sauver ma soirée...

– Oui ? Allô ?

– Allô, c'est M. Rosenczveig ?

– Lui-même...

– Bonjour, monsieur le Juge... C'est Françoise.

– Françoise ?... Excusez-moi... Françoise qui ?

– Nous nous sommes vus il y a longtemps... Il y a douze ans...

– Alors, il faut m'aider à me souvenir...

– Je suis venue vous voir au tribunal avec les gens des Charmilles, le lieu de vie. À l'époque, j'étais avec un garçon qui s'appelait Christophe... Il avait seize ans et moi quinze...

Christophe et Françoise... Deux enfants amoureux dont j'ai raconté l'histoire dans mon livre *Enfants victimes, enfants délinquants*, dans le chapitre « Roméos et Juliettes »... Je me souviens vaguement de leurs visages, mon Dieu, c'est si loin ! Petit à petit, leurs silhouettes, leurs regards se précisent. Françoise, si petite, si frêle, si blonde... Un visage d'ange. Et lui, à peine plus robuste, des cheveux longs, noirs et raides, les yeux clairs, tout de noir vêtu. À l'époque, n'arrivant pas à trouver un équilibre dans le couple perturbé qu'il formait avec Françoise au sein de la communauté des Charmilles, Christophe multipliait les tentatives de suicide. Il faut dire qu'il culpabilisait après la mort de son meilleur ami, victime d'un accident de la route avec la moto que Christophe avait trafiquée. Je m'en rappelle, c'était le début de l'été, les enfants étaient venus me voir avec leurs éducateurs et leurs mères respectives afin que je trouve une solution à leur casse-tête : que faire de ces deux amoureux qui ne supportaient pas d'être séparés, dont les mères ne voulaient pas à la maison et avec qui les éducateurs du lieu de vie ne pouvaient plus communiquer ? Leur faire faire du camping ! avais-je préconisé, avec interdiction de s'approcher du foyer.

Pendant quelques secondes, ils avaient cru que je me moquais d'eux. Mais, non, je ne plaisantais pas. L'été arrivait, il faisait beau, c'était une idée comme une autre. Jean Blocquaux, le directeur du service d'accueil d'urgence qui suivait Françoise, leur procurait tout le matériel. Ils feraient une expérience de vie à deux, un peu à la dure, histoire de voir comment leur couple se sortait de ces obligations et de gagner un peu de temps avant la rentrée. Les jeunes acceptèrent avec joie.

Ainsi que je l'avais imaginé, ils se lassèrent d'eux-mêmes du camping et de toutes les contraintes de la vie de couple. Il était urgent qu'ils s'éloignent l'un de l'autre, mais je préférais que la décision vienne d'eux. C'est ce qui fut fait. Christophe retourna chez sa mère et termina ses études. Françoise resta quelque temps en foyer, puis tomba amoureuse d'un garçon de l'établissement. La dernière fois que j'entendis parler d'elle, ce fut pour signer la mainlevée au foyer car l'adolescente avait décidé de revenir vivre chez sa mère.

– Je me souviens de toi... de vous, Françoise...

– Vous pouvez me tutoyer, monsieur le Juge. Ça me ferait plaisir.

– Et pourquoi m'appelles-tu aujourd'hui ? Tu as de la chance de me trouver, dis donc !

– Je sais que vous travaillez beaucoup... En fait, j'avais déjà pensé à vous appeler mais je n'osais pas trop. Et puis, la semaine dernière, je vous ai vu à la télé. Ça m'a fait drôle. J'ai eu envie de vous donner de mes nouvelles...

– Et alors ? Bonnes ou mauvaises, ces nouvelles ?

– Eh bien... Plutôt bonnes, monsieur le Juge. Je vous appelle de Sophia-Antipolis où je vis depuis six ans. Je me suis mariée, j'ai des enfants, cinq...

– Cinq ! Eh bien ! Bravo ! Tu es à la maison, alors, et ton mari travaille...

Un petit rire au bout du fil.

– Moi, à la maison ? Vous rigolez ? Mon mari et moi sommes gérants d'une société de programmes informatiques. Il chapeaute tout ce qui est comptabilité et commercial. Et moi, j'essaie de trouver les idées et les clients...

– Mais c'est super, Françoise ! Tu ne peux pas savoir le plaisir que me fait ton coup de fil ! Pour tout te dire, je termine une semaine de permanence suivie du week-end et là j'allais partir quand le téléphone a sonné. Sincèrement, j'étais crevé et j'ai hésité à répondre ! Cela aurait été dommage ! Des coups de fil comme le tien, tu comprends, c'est sympa... C'est mieux qu'une médaille !

– Merci, monsieur le Juge. Mais moi je voulais aussi vous dire merci parce que je n'avais jamais appelé depuis douze ans. Voilà, maintenant c'est fait.

– C'est gentil. Cela me touche infiniment. Je te laisse à présent parce que je suis vraiment fatigué et qu'il faut que je rentre. Si tu passes à Paris, n'hésite pas à me contacter pour que nous nous rencontrions. Cela me ferait plaisir. Et pourquoi pas avec Jean Blocquaux ? Il a eu de l'avancement, depuis. Il est inspecteur général des affaires sociales. À bientôt, Françoise !

Son au revoir est tremblant d'émotion. Jolie attention de sa part. Il est vrai que j'ai du mal à savoir ce que deviennent les enfants qui ont croisé ma route à un moment de leur vie. Ils n'appellent pas tous pour donner de leurs nouvelles. Et j'imagine que ceux qui tournent mal évitent de se rappeler à mon bon souvenir...

Les professionnels de l'enfance ont souvent l'impression que leur travail ne sert pas à grand-chose. Ils voient aussi les limites de leur action : à peine ont-ils résolu un cas que de nouveaux leur arrivent. Et, de fait, nous sommes parfois déçus, après nous être investis à fond pour un jeune ou une famille. Nous voyons rarement nos réussites. Pourtant, elles existent et plus que nous ne le pensons nous-mêmes. Je sais que nous pouvons rompre la chaîne de l'exclusion et de la violence. Nos efforts nous le prouvent tous les jours. À condition que ces enfants, ces jeunes, leurs parents croisent des hommes et des femmes dans lesquels ils pourront s'investir et parfois s'identifier, en qui ils auront confiance, qui leur insuffleront de l'espoir, et qui donneront le petit coup de pouce pour tout faire repartir. C'est parfois une aide matérielle, de l'argent, un logement, du travail ou une formation, mais plus souvent un mot juste, un conseil, voire une bonne engueulade, mais de toute façon une véritable écoute qui leur permette de restaurer leur dignité.

Il est bientôt 18 heures. Je ne suis plus là pour personne. Le week-end va enfin pouvoir commencer ! Lundi, la première affaire est programmée à 9 h 30.

Annexe

Débat aux Orphelins Apprentis d'Auteuil

Quelles réponses à la délinquance juvénile ?

Première question des travailleurs sociaux :

– *Mes collègues et moi qui sommes des travailleurs sociaux avons souvent l'impression de suivre les débats sur la délinquance juvénile sans y être directement associés, alors que nous sommes quand même concernés au premier chef. Par exemple, nous ne savons pas ce qui se passe aujourd'hui dans les tribunaux pour répondre à la violence et à la délinquance des jeunes.*

J'ai envie de vous répondre tout de go qu'il ne tient qu'à vous de venir voir ce qui se passe au tribunal. Nous accueillons régulièrement des stagiaires et nous vous recevrons volontiers les uns et les autres dans le cadre d'une formation programmée.

Pour le reste, il s'agit d'une belle et vaste question. Mais je voudrais avant de vous répondre dire deux mots sur la violence. Toute violence n'est pas nécessairement illégitime. C'est même souvent l'inverse : nous sommes tous ici bien placés pour savoir que la vie appelle à se faire violence et qu'elle est un combat mené dès le départ pour survivre et reculer l'échéance finale. Nous constatons que, dans les rapports de forces courants et inéluctables, les enfants doivent apprendre à maîtriser leur violence. Qui plus est, la violence est relative. De quelle violence parle-t-on ? Ce qui est violent pour vous ne le sera pas pour moi, et réciproquement. D'une époque à l'autre, l'idée de la violence évolue. Aujourd'hui, avec l'avancée de la société démocratique, les violences nous sont plus insupportables que par le passé. Ce qui n'empêche pas certains de dégainer contre celui qui touche à leur voiture !

La socialisation, dans notre monde moderne et occidental, privilégie le dialogue et le respect de l'autre, et la démocratie sur la tyrannie. Néanmoins, le recours à la violence n'est pas contraire à la nature ni systématiquement condamnable. On me pardonnera de rappeler que le terrorisme peut être aussi une arme au service de la démocratie. Nos grands-parents et parents ont dû y recourir. Tout cela pour dire que toute violence n'est pas condamnable.

Enfin, nous avons une sensibilité sélective aux violences : il y a peu, le black-out sur les violences sexuelles comme la pédophilie ou les violences institutionnelles était quasiment infranchissable. Il ne se passait rien dans les familles, encore moins dans les institutions de protection de l'enfance ou à l'école. En quinze ans, les oreilles se sont débouchées, les yeux se sont ouverts. Notre perception a changé sur ces phénomènes et la réaction sociale s'est transformée. Pour autant, les faits ne sont pas plus fréquents maintenant qu'hier, en tout cas rien ne le démontre scientifiquement. N'oublions pas qu'Alain Peyrefitte avait présenté un rapport sur la violence en 1977. Le débat ne date donc pas d'aujourd'hui.

Cela pour dire qu'il faut bien identifier ce que l'on entend dans le terme de violence, lorsque l'on y recourt. Plus que jamais la question se pose de l'adéquation de la réponse sociale apportée à la violence dont serait actuellement porteuse une certaine jeunesse. Là encore, des précautions oratoires s'imposent pour bien cerner l'objet du débat. En premier lieu, on ne peut pas mettre toute la violence sociale, notamment les violences urbaines, sur le dos des enfants et des adolescents. Une grande partie des délits sont le fait de jeunes âgés de plus de dix-huit ans, donc majeurs.

Incontestablement, les jeunes ont plutôt une culture de la rue car ils y passent plus de temps qu'à l'école ou à la maison. Ils s'inscrivent naturellement dans la hiérarchie de la rue, au service des plus grands qui, eux-mêmes, sont aux ordres des leaders du quartier. N'oublions jamais l'organisation quasi mafieuse de beaucoup de nos cités. Mais cela ne signifie pas que les mineurs soient responsables de tous les maux de la société et il faut se méfier d'un racisme « anti-mineurs » qui commence à prendre une certaine ampleur. D'autre part, tous les jeunes ne sont pas des dangers sociaux. Il faut insister sur le fait que ne sont concernés par la délinquance et la violence que certains jeunes. Il n'y a là rien de mécanique ou de fatal. On peut être fils de chômeur, issu de l'immigration, avec des parents souffrant de troubles médicaux ou psychiatriques, né ou vivant dans une famille éclatée, sans pour autant être un délinquant. Mais on sait que ces critères se retrouveront fréquemment dans les cas qui nous préoccupent. S'interroger sur la pertinence des réponses sociales à la violence, et notamment les réponses judiciaires, répond bien évidemment à une approche critique et suggère de manière plus ou moins explicite des réponses radicales.

Un autre travailleur social dans la salle :

– *Justement, avant que vous ne poursuiviez, ne pensez-vous pas que l'une des réponses à la violence passe par un changement de l'image que donnent aujourd'hui la police et la justice. Ne devraient-elles pas déjà balayer devant leurs portes respectives?*

C'est vrai qu'on leur reproche leur relative inefficacité. Le taux de résolution des affaires pénales par la police peut sembler globalement faible même si elle enregistre quelques beaux succès... Certains en déduisent, à tort, qu'il ne servirait par exemple à rien de porter plainte. Ce n'est pas une attitude très civique.

La restauration de l'image de la police est un élément capital pour servir cette politique. Elle est trop souvent disqualifiée aux yeux des habitants des quartiers chauds et des jeunes. La reconquête d'une image passe souvent par de petits changements : je pense, par exemple, que, pour améliorer les rapports jeunes-police, celle-ci doit s'interdire de tutoyer les jeunes et... les moins jeunes! Il faut qu'elle soit vigilante et intransigeante vis-à-vis des actes de violence perpétrés par certains de ses éléments qui se livrent parfois à une auto-justice très éloignée de la légalité républicaine. Alors la police pourra exiger d'être respectée et les jeunes pourront s'y référer.

On oublie trop souvent que les jeunes sont d'abord les victimes de la violence d'autres jeunes. Et comment, alors qu'ils sont interpellés en permanence, sous toutes sortes de prétextes, par des policiers qu'ils finissent par considérer comme des adversaires ou des ennemis, peuvent-ils en toute confiance se rendre au commissariat pour porter plainte le jour où ils seront à leur tour agressés?

Maintenant, pour ce qui est de la justice, on dit souvent des juges pour enfants qu'ils sont laxistes alors que l'on oublie qu'il a fallu changer la loi en 1987-1989 pour limiter le recours à la détention provisoire par les juges ! En fait, c'est plutôt la loi qui serait laxiste et non pas les juges ! Mais on dit tant de choses... Par exemple, qu'il est impossible d'incarcérer un jeune avant seize ans. C'est inexact : il peut très bien être condamné à des peines sévères. Moi-même, j'ai condamné un jeune meurtrier de quinze ans et demi à neuf ans de prison. Et nous avons infligé huit mois de prison ferme à une jeune voleuse « professionnelle » âgée seulement de quatorze ans et demi. Et vous n'avez sans doute pas oublié que le jeune meurtrier d'un adolescent de quinze ans dans la rue à Marseille a été condamné, sauf erreur, à dix ans d'incarcération. Alors, bien sûr, pour en revenir à votre question, que la police et la justice doivent balayer devant leur porte, mais il est indispensable que le citoyen connaisse mieux le fonctionnement de l'une et de l'autre.

Savez-vous que, chaque année, quatre mille mandats de dépôt sont décernés contre des mineurs, soit une augmentation de quasiment 20 % en deux ans ! Et je ne m'attache qu'aux sanctions les plus sévères. Il est donc injuste de parler de laxisme comme le font certains politiques, des policiers ou des commissaires dont on peut se demander s'ils ont suivi des cours de criminologie ou fréquenté une juridiction depuis 1922 !

On dit encore que les juges sont démissionnaires et mettent trop de temps à intervenir. En réalité, jusqu'à une période récente, pour les substituts comme pour les juges pour enfants, la priorité était explicitement à l'enfance en danger. Le parquet recevant une procédure quelques semaines après les faits mettait lui-même un certain temps à la traiter. Le juge submergé de situations d'enfants en danger ne prenait pas en priorité les affaires de vols de cyclomoteurs. Et on pouvait le comprendre ! Il faut dire qu'à l'époque on pouvait s'interroger sur l'intérêt d'une réaction urgente quand le temps se chargeait souvent de régler les problèmes... Il suffisait d'être patient – cela ne veut pas dire accepter n'importe quoi – et vers vingt-quatre-vingt-cinq ans, l'âge de l'engagement familial avec un partenaire, généralement la courbe s'inversait.

Une chose est certaine : quand elles arrivaient au juge pour enfants, soit dans quatre cas sur dix puisque le parquet classait purement et simplement 60 % des dossiers, les affaires pénales étaient traitées avec un grand décalage dans le temps.

Or on sait que le temps n'est pas le même pour les adultes et pour les jeunes. Six mois, pour nous, ce n'est rien. Pour eux, c'est une éternité. En six mois, il avait pu se passer mille choses dans leur vie. D'où le sentiment que l'on pouvait avoir d'une parfaite impunité pour les enfants. À cela s'ajoutait, pour les victimes, le sentiment de ne pas être protégées et prises en compte, d'où, également, leurs critiques acerbes contre police et justice, et les tentations d'autodéfense.

Ces critiques souvent injustes prirent encore plus d'acuité dans la dernière décennie alors que le sentiment d'insécurité devenait de plus en plus prégnant, y compris dans les endroits où il ne se passait objectivement rien de préoccupant.

– Mais la délinquance des mineurs n'a-t-elle pas changé?

Elle n'a effectivement rien à voir avec celle d'il y a cinq, dix, voire vingt ans. Elle concerne des enfants plus jeunes, pour des actes plus graves et de nature différente. Certes, on doit se méfier des statistiques policières. On peut multiplier les contrôles de police sans que pour autant la délinquance diminue ou augmente. Seule la production policière varie. Des chercheurs montrent bien combien les statistiques policières de la délinquance sont décalées par rapport à la réalité dont les policiers n'ont pas connaissance faute d'être informés ou présents sur le terrain. En d'autres termes, malgré leurs efforts, les policiers ne saisissent qu'une partie de la réalité de la délinquance.

Reste que les tendances lourdes ne peuvent pas être niées : la part des jeunes dans la délinquance générale est passée de 14 % en 1991 à 20,60 %. Ce qui signifie que près de 80 % de la délinquance est le fait des majeurs! Plus inquiétante, la part des mineurs mise en cause dans la délinquance violente de rue est de 35 % de la moyenne nationale et parfois, comme en Seine-Saint-Denis, de plus de 50 %.

Quoique contesté, le rajeunissement de la délinquance est une autre réalité. Des faits commis, il y a quelques années, par des treize-seize ans sont aujourd'hui l'œuvre des plus jeunes. On observe les premiers actes dits d'« incivilité » autour de sept ou huit ans. Les « petits anges » sont devenus les brebis galeuses. On frôle la délinquance et ceux qui passent à l'acte n'ont d'ailleurs pas une vision très claire des lignes jaunes sociales. Tout simplement parce qu'ils sont plus tôt que par le passé en situation d'échec et laissés à eux-mêmes. N'oubliez pas que, dans les couples, les divorces se produisent en moyenne autour de cinq ans et demi de mariage. Inévitablement, des enfants en très bas âge et fragilisés psychologiquement seront en proie à des difficultés au moment des premières acquisitions scolaires, gages de socialisation.

Trop d'enfants n'ont pas de père légal ou d'homme qui exerce cette responsabilité.

Plus inquiétant, ces jeunes donnent l'impression de vivre dans un monde irréel, celui des médias et des images virtuelles. Exemple, cette agression à Bondy, où un adolescent a plongé un couteau dans le corps d'un autre jeune pour lui prendre sa montre et s'est étonné qu'il ne se relève pas ! Il est mort et l'assassin commence à peine à réaliser son acte. Au moment du renouvellement de la garde à vue, dans le bureau du procureur, il était surpris qu'on ne le relâche pas immédiatement ! Comment ne pas s'inquiéter d'une telle inconséquence ?

Je disais que la délinquance a changé de nature. La rébellion transgénérationnelle et naturelle contre les parents pour affirmer sa personnalité a dérivé vers une délinquance d'asocialisation. Les jeunes vivent de plus en plus tôt et fréquentent le monde de la rue avec ses règles et ses codes. Quitter ce monde réconfortant avec ses solidarités et ses complicités n'est pas facile. Autrefois, la perspective de construire une vie familiale et affective contribuait à ce qu'un jeune aux débuts chaotiques « se range » grâce au soutien de son amie ou de sa femme, dans l'intérêt des enfants présents ou à venir. Aujourd'hui, on ne peut plus fonder beaucoup d'espoir sur l'arrivée à la maturité des vingt-cinq-vingt-six ans, quand on estime que l'on bascule de la jeunesse vers l'âge adulte. Trop de jeunes sont alors trop dégradés.

Ces réflexions de type criminologique jouent sur la stratégie judiciaire. Il y a quelques années encore, on pouvait facilement « donner du temps au temps », pour reprendre l'expression de François Mitterrand, car la délinquance (essentiellement des petits vols) était gênante mais pas dangereuse. Le jeu des assurances suffisait à garantir les victimes. Aujourd'hui, la délinquance des jeunes est plus violente... à la hauteur des violences que la vie leur inflige. Dans le passé, la proportion des actes de délinquance contre les biens par rapport aux actes de violence contre les personnes était de 9 pour 1. Aujourd'hui, elle est identique. Plus inquiétant, les vols s'accompagnent souvent de violences avec arme blanche, couteau ou cutter. Là où nous parlions d'« enfants sauvages », Jean-Pierre Chevènement, reprenant apparemment sans le savoir le propos de Françoise Dolto, parle de « sauvageons ».

De la même façon, les réponses éducatives classiques n'ont plus la même pertinence avec des jeunes singulièrement dégradés, imprégnés, qui plus est, de leurs solidarités de quartier. Dix ou quinze ans de non-éducation ou de laisser-aller ne se rattrapent pas avec un claquement de doigts. Or, ce temps éducatif est compté. Le Foyer d'action éducative installé à quelques encablures du quartier n'a pas grand impact et l'inscription dans un cursus de formation classique que l'on suivait sagement à la maison pendant deux ou trois ans n'a plus cours aujourd'hui...

De la salle :

– *Mais, monsieur le Président, dans ces conditions que faire? Certaines propositions plutôt radicales ont été avancées. Pouvez-vous nous les rappeler et nous donner votre sentiment?*

Effectivement, les partisans de l'abrogation de l'ordonnance du 2 février 1945, texte de base de la réponse à la délinquance juvénile, proposent d'abaisser la responsabilité pénale à quatorze ans comme dans d'autres pays, tels que les États-Unis ou la Grande-Bretagne. Exit du même coup la réponse spécifique à la délinquance juvénile.

Il serait question, toujours comme aux États-Unis, d'enlever aux juges leurs capacités d'atténuer certaines lois un peu rigides, et l'on reviendrait sur l'interdiction de la détention provisoire en matière délictuelle avant seize ans.

D'aucuns demandent la réouverture, si je puis dire, des centres d'éducation fermés, non pas des maisons de correction à l'ancienne, mais, pour reprendre l'expression de Jean-Pierre Chevènement aux Journées de Villepinte de novembre 1997, des « maisons... closes ». D'autres aimeraient que l'on supprime les allocations familiales aux parents de jeunes délinquants, comme si ces allocations n'étaient pas en premier lieu un droit de l'enfant alors que les parents n'en sont que les gestionnaires! Ils voudraient une loi très sévère contre les parents d'enfants délinquants, qui punirait leur négligence... et oublient juste l'existence de l'article 227-17 du code pénal dont je vous rappelle simplement les termes : « Le fait par le père ou la mère légitime, naturel ou adoptif, de se soustraire, sans motif légitime, à ses obligations légales au point de compromettre gravement la santé, la sécurité, la moralité, ou l'éducation de son enfant mineur est puni de deux ans d'emprisonnement et de 200 000 F d'amende. »

On parle aussi d'en terminer avec le juge pour enfants, compétent aussi bien pour les enfants en danger que pour les enfants délinquants, afin que les survivants se consacrent uniquement à la délinquance juvénile.

N'en jetez plus !

Ces stratégies ont été expérimentées par les travaillistes anglais sous l'autorité de Tony Blair. Avec la théorie de la délinquance zéro du maire de New York comme panache blanc ! La pression des médias est ici impressionnante pour relayer ce qui chez les chantres du tout sécuritaire est devenu une véritable obsession. Pourtant les résultats américains méritent d'être relativisés et remis en perspective quand on sait que 1 % de la population est en prison et que 25 % des jeunes Noirs ont déjà été incarcérés. Accepterions-nous de payer ce coût social en sachant que, malgré cela, les résultats sont loin d'être acquis ?

Les excités du combat politique contre la justice ont d'ores et déjà un train de retard. L'*aggiornamento* judiciaire a été engagé en 1991 et il produit déjà ses effets. Ainsi l'action engagée à Bobigny est connue, reconnue, et tend à se généraliser par-delà les critiques d'activisme et de liberticide qui lui sont faites. Il faut, d'une part, gérer les questions d'ordre public à court et moyen terme et, de l'autre, à long terme sans se prendre les pieds dans le tapis et sans négliger l'un ou l'autre des aspects. Je m'explique : on peut protéger l'ordre public à court terme en incarcérant un jeune, mais, si rien n'est fait pour le sortir de son ornière, il récidivera à moyen terme. De même, il faut juguler les jeunes qui aujourd'hui posent problème, mais dans le même temps il faut mener la politique qui s'impose pour éviter que de nouvelles vagues à long terme ne submergent la digue.

Quatre Conseils de sécurité intérieure ont été récemment consacrés à la délinquance des jeunes : juin et octobre 1998, janvier et avril 1999.

Le 8 juin 1998, devant une attaque frontale du ministère de l'Intérieur, le gouvernement cadre sa réponse dans un programme que je tiens pour remarquable et qui s'appuie sur deux axes : réagir autrement à la délinquance des jeunes et, dans le même temps, prendre toutes les mesures pour prévenir la réunion de nouveaux facteurs criminogènes.

Dans un premier temps, Lionel Jospin dans son arbitrage réaffirme l'orientation éducative suivie de longue date, en utilisant des mesures répressives s'il y a lieu. On pouvait difficilement attendre autre chose d'un Premier ministre dont le père fut le directeur de l'établissement La Mayotte et l'un des personnages emblématiques de la rééducation. L'ordonnance du 2 février 1945 ne sera pas supprimée, mais le gouvernement se donnera les moyens de l'appliquer vraiment.

Dans un second temps, les termes d'une politique de prévention sont clairement identifiés et l'on détaille les lignes d'action à suivre. Il faut soutenir les parents dans l'exercice de leurs responsabilités, faciliter l'insertion des familles issues de l'immigration. Il n'existe pas, je crois, l'équivalent d'un tel programme et d'une telle mise en œuvre dans l'histoire moderne de la justice et des réponses à la délinquance. On y retrouve, en outre, les analyses et les propositions que nous avions avancées, avec d'autres professionnels, ces dernières années.

On a pu dire que la gestion du débat politique avait été habile. La querelle Intérieur-Justice fut gérée au profit de la Justice, diplomatiquement... donc sans perdant. De fait, en s'inscrivant dans la ligne précédente, M. Jospin ne suivait pas son ministre de l'Intérieur. Et il avait raison. Mais la question centrale ayant été éludée, la réflexion atteignait ses limites : que faire pour les treize-seize ans qui, sans relever de la prison immédiate, doivent supporter une réponse judiciaire rapide? On ne pouvait différer éternellement la réponse.

Au début de l'année 1999, de retour d'un voyage où, nous dit-il, il rencontra Dieu (qui lui rappela sans doute la bataille perdue en juin 1998), le ministre de l'Intérieur décida de revenir à la charge mais, cette fois, en se focalisant sur la seule demande d'un éloignement de leur quartier des jeunes réitérants. Ce changement de tactique lui fut profitable. Le ministre de la Justice le relaya et s'engagea à mettre en place des réponses éducatives tenant compte des préoccupations sécuritaires. Pas de centres éducatifs fermés, mais une présence humaine importante pour compenser l'absence de verrous. Pas de modification de l'ordonnance de 1945, pas de changement dans l'incarcération provisoire pour les mineurs, mais une autre réponse éducative. En trois semaines, le ministre de l'Intérieur avait obtenu satisfaction et gagné ce qui lui avait été refusé en juin 1998. Et j'ose affirmer que ce qui a été décidé correspond à l'attente exprimée de longue date par les gens de terrain.

Ce qui avait été éludé en juin 1998 – se doter en nombre suffisant de structures capables d'accueillir les jeunes en crise avec un encadrement éducatif plus fort – était désormais acquis. On ose désormais parler de contrainte éducative. On sait à présent qu'il s'en est fallu de peu pour que les centres éducatifs nouveau style, les centres de placement immédiat (CPI), soient de nature carcérale. Il n'en sera rien. La présence des adultes garantira la sécurité de tous et la présence des jeunes confiés quitte à les mettre sous contrôle judiciaire pour leur marquer l'ordre du juge, en sachant que ce contrôle peut déboucher sur une incarcération, si les obligations ne sont pas respectées.

– Concrètement, qu'est-ce que cette nouvelle politique va changer ?

J'y arrive. C'est la deuxième décision importante : sans chiffrer financièrement le coût de ce programme, le gouvernement s'engage à dégager les moyens matériels pour doter les juridictions des équipes et structures nécessaires. La barre est placée très haut dans un délai très court : d'ici à 2001, il faudra recruter mille éducateurs pour les nouvelles structures d'accueil.

– La « ligne Bobigny » a donc été adoptée ?

En quelque sorte. Je vais pouvoir à présent répondre complètement à votre première question, au sujet de ce qui se joue dans les juridictions.

Une réponse judiciaire systématique à toutes les situations de délinquance, une réponse rapide avec le souci de mobiliser les parents et de prendre en compte les victimes, une approche territoriale du traitement de la délinquance à travers les contrats locaux de sécurité, on retrouve effectivement dans le programme national tous les ingrédients déjà expérimentés en Seine-Saint-Denis.

J'ajoute que le parquet est le fer de lance de cette politique. On peut dire que le « parquet nouveau » est arrivé ! Il travaille en temps réel, c'est-à-dire qu'il est informé par la police et la gendarmerie, par téléphone, dès la mise en cause de mineurs dans une affaire. Et la réaction est immédiate : enregistrement de l'affaire et premières instructions. Plus question de traiter des dossiers en errance et refroidis. Le parquet aura alors à se prononcer sur l'audition rapide ou non du jeune au tribunal, avec ses parents et la victime. Il pourra faire déférer immédiatement le mineur entre deux policiers, après une garde à vue, s'il estime que les faits ou la personnalité du jeune déjà connu le justifient. À l'inverse, si les faits sont moins graves, il saisira le juge par requête pénale, de façon plus classique. Il aura aussi la possibilité de faire venir les primo-délinquants au tribunal avec leurs parents. Il leur donnera une convocation à quatre-cinq jours. C'est le cas pour un peu plus de 60 % des jeunes qui sont appelés à suivre cette piste.

Là, ils seront reçus par un délégué du procureur qui, sous l'autorité de ce dernier, appréciera le bien-fondé d'un classement sans suite, un classement pur et simple ou sous conditions (indemnisation de la victime, réparations, obligation de suivre une scolarité ou de consulter un psychiatre, suivre un stage de citoyenneté dans le cadre de la réparation, etc.). Les parents paraissant laxistes ou désinvestis seront également remotivés... quitte à les poursuivre occasionnellement (trente cas sur huit mille cinq cents par an) devant le tribunal correctionnel. On appelle cela « le traitement autonome » du parquet, autonome par rapport aux juges qui sont submergés.

La plupart des jeunes et des parents se présentent à la justice. Les victimes sont souvent indemnisées, et il n'y a que 7 % de récidive dans l'année qui demande l'intervention du juge pour enfants ou du juge d'instruction. Dans le passé, ces cas auraient fait l'objet d'un classement sans suite, classement « sec » du parquet, où ils auraient rejoint une pile de dossiers « à traiter » plus tard par le juge... comme les deux cents dossiers que j'ai découverts à mon arrivée au tribunal de Bobigny et que personne n'avait jamais ouverts.

S'agissant de mineurs connus et déjà sous le coup d'une mesure éducative, le parquet peut à présent les faire convoquer devant le juge pour enfants par l'officier de police judiciaire (donc sans passer par un huissier) qui les entend dans un délai de dix jours. Là, ils seront mis en examen, mais pourront aussi être jugés. Ce jugement rapide en cabinet servira de base à la situation de récidive légale permettant un renvoi devant le tribunal pour enfants avec le risque d'une incarcération dès treize ans si le jeune ne change pas de comportement.

Cela afin d'assurer une réponse judiciaire permettant la prise des décisions qui s'imposent de façon immédiate : mobilisation des parents, mise en œuvre d'un mandat éducatif, éloignement du quartier, voire incarcération provisoire (si nécessaire et si cela est possible), le jugement sur le fond ayant lieu ultérieurement.

Une éducatrice :

– *Mais le parquet aura-t-il partout les moyens de cette politique ?*

C'est une vraie question. Depuis 1990, le parquet a su innover et dégager les moyens qui lui faisaient défaut. Ainsi à Bobigny, il est passé de deux à quatre substituts qui s'occupent aussi bien des jeunes délinquants que des victimes. Malgré ce renfort, la charge de travail est encore très importante. Aux substituts s'ajoutent les quatre délégués du procureur payés sur frais de justice criminelle, trois militaires du contingent et une assistante de justice.

– *Ne risque-t-on pas de dériver vers le « tout parquet », le tout répression ?*

N'exagérons rien. Il faudra, bien sûr, que les juges fassent pièce aux procureurs, sinon la justice faillira. Cela signifie que nous devons être exigeants sur les formes. Il faut veiller scrupuleusement au respect des règles de procédure et apprécier avec lucidité la culpabilité : tous ceux qui clament avec véhémence leur innocence ne sont pas obligatoirement coupables ! Cela veut dire aussi que nous devons avoir une compétence pour la prise en charge au long terme des jeunes en danger ou des délinquants.

Pour l'instant, les moyens éducatifs peinent à suivre. Près de cinq mille mesures éducatives au plan national ne sont pas exécutées faute de moyens ! C'est là où les moyens nouveaux devront être affectés en priorité : une partie des travailleurs sociaux et mille cent emplois d'agents de justice créés par la Justice. Cinquante postes nouveaux de juges pour enfants vont être créés ainsi que des postes de greffiers. Cela afin de renforcer l'hébergement des cas les plus lourds et d'assurer la prévention pour éviter que les enfants en danger ne deviennent délinquants.

Dans cette évolution, le parquet devient plus que jamais garant de l'ordre public sur le court terme tout en restant la mémoire du tribunal, tandis que le juge pour enfants s'inscrit sur la durée avec pour objectif de garantir leur droit à l'éducation avec l'appui des travailleurs sociaux.

Je voudrais ici faire deux remarques :

– chaque situation est désormais traitée à travers un échange avec le jeune et sa famille et non pas sur dossier, ce qui permet une personnalisation de la réponse judiciaire, dans l'esprit de l'ordonnance de 1945;

– le juge pour enfants reste mobilisé sur l'enfance en danger mais se consacre aux cas délinquants les plus lourds.

L'idée d'une police de proximité sera expérimentée dans une cinquantaine de sites. On se demande pourquoi on n'y a pas songé plus tôt! Il existait déjà quelques policiers îlotiers lâchés sur le bitume... mais, aujourd'hui, c'est toute une équipe qui sera spécialement affectée dans un quartier pour y traiter tous les problèmes.

– OK, mais, sur le terrain éducatif, en quoi consistent ces nouvelles structures?

– Les centres de placement immédiat (CPI) ont été créés pour éviter le recours à la détention provisoire généralisée pour les moins de seize ans et on a eu raison. Ces structures ne sont pas carcérales, même si, la nuit, elles sont fermées pour se protéger des visites extérieures inopportunes, comme dans n'importe quel foyer. Des adultes, présents en permanence, vivent avec les jeunes et les encadrent, de façon qu'ils n'aient pas la tentation de s'enfuir au premier conflit. La question centrale restant celle des activités proposées à ces jeunes à l'intérieur du CPI. Le programme prévoit pas moins de cinquante CPI, dont quinze avant la fin de l'année 1999, cent centres d'éducation renforcée quand il existe déjà 13 ex-UEER (Unité à encadrement éducatif renforcé) du programme Toubon. Un programme certes très ambitieux mais que le gouvernement est condamné à mener à bien en tenant ses engagements, car en cas d'échec le dernier rempart avant le tout carcéral s'effondrerait!

– Tout cela est bien beau, mais la crise s'aggrave et de plus en plus de jeunes sont en difficulté. Et puis comment aider un enfant en l'éloignant de sa famille? Cela contredit ce que l'on préconise depuis trente ans. N'est-on pas en pleine régression?

On pourrait effectivement s'en inquiéter, s'il n'y avait la deuxième partie du programme gouvernemental qui vise le long terme à travers une politique de prévention dont les termes sont identifiés comme suit dans le relevé de conclusions du Conseil du 8 juin 1998 :

– une politique familiale,
– une politique de justice sociale,
– une politique d'insertion,
– une politique citoyenne.

Tout cela est séduisant, mais là aussi très ambitieux. Face à la diversification des situations, la politique familiale suppose déjà de bien identifier les parents dont on parle. Au surcroît de liberté conquis par les adultes doit correspondre un surcroît de responsabilité. Si la famille classique style « Papa, maman, la bonne et moi », pour reprendre le sketch de Robert Lamoureux, existe encore, d'autres modèles de vie familiale se sont considérablement développés.

En effet, si certains enfants sont totalement privés de parents unis ou non par le mariage et sont nos nouveaux « orphelins », d'autres débordent d'adultes qui se prétendent tous responsables et se déchirent au détriment de celui dont ils sont censés s'occuper...

Reste l'essentiel et le plus important : notre droit ne garantit pas à l'enfant le droit à un père et une mère naturels. Je pense que notre loi doit être modifiée et se rapprocher d'une solution « à la suédoise » ou « à la portugaise » qui veut que les pouvoirs publics à travers la police ou les services sociaux viennent garantir à l'enfant qu'il aura un père déclaré. Il faut aussi clairement identifier ceux qui, sans être les parents biologiques, ont une responsabilité sur l'enfant. Là encore, une loi s'impose sur ce que j'appellerais « la filiation affective » pour garantir les responsabilités des beaux-parents : le gentil papa et la gentille maman doivent être investis dans leurs responsabilités, sans pour autant déposséder le père ou la mère biologique qui n'élèvent pas l'enfant. C'est possible. Comme les rapports de l'assistante maternelle avec les parents de l'enfant placé.

Il faut sortir de l'affrontement hommes-femmes pour poser la question de la condition parentale. Une nouvelle illustration de ce besoin d'adaptation législative apparaît peu à peu avec le souci d'établir l'égalité parentale, que les parents vivent ensemble ou non, mariés ou non. Les enfants n'ont pas à être sanctionnés du fait du régime matrimonial de leurs parents. À l'inverse, l'intérêt de la société est de garantir à chaque enfant deux parents responsables. Je le dis car les jeunes qui nous préoccupent et que je vois dans mon cabinet n'ont souvent aucun homme de référence. Trop d'enfants aujourd'hui manquent de père, c'est un constat que je ne développerai pas plus en avant, mais qui est patent. Une chose est sûre : ils n'y sont pour rien et les adultes doivent assumer les conséquences de leurs actes.

Des réformes législatives s'imposent, qui devront être précédées d'un débat de société car il faudra en tout état de cause faire œuvre de pédagogie sociale : les références normatives ne sont plus évidentes et les parents ne savent pas toujours ce que la loi civile leur impose. Lorsqu'ils viennent interroger le juge sur l'attitude que la loi les autorise à avoir pour affirmer leur autorité à l'égard de leur enfant, il est souvent trop tard. Il est intéressant de constater que beaucoup de parents ont interprété comme une négation de l'autorité parentale le fait que la justice ait combattu fermement la violence physique contre les enfants. Ceux-là confondent autorité et violence. Au CDPD (Conseil départemental de prévention de la délinquance) de Seine Saint-Denis, nous avons eu l'idée d'une campagne de communication télévisée sur les responsabilités parentales et les valeurs républicaines. Le principe est acté dans le Conseil de sécurité intérieure de juin 1998. Là aussi, on attend la réalisation du projet.

Enfin, il faut des actions spécifiques en direction des familles les plus fragiles. Les « maisons des parents » et autres initiatives de médiation familiale ont un rôle à jouer ici. Un programme financier a été adopté par la Délégation interministérielle à la Famille. Il multipliera les initiatives.

– *Mais que faire pour toutes ces familles étrangères, car c'est bien chez elles que se retrouvent le maximum d'enfants en difficulté aujourd'hui?*

Effectivement. Il ne faut pas se voiler la face, et je le vérifie régulièrement avec mes collègues, les jeunes les plus violents auxquels nous sommes aujourd'hui confrontés sont souvent issus de l'immigration africaine. Comment s'attaquer à leur violence intérieure? Ils font peur. Pourtant, ils ont vocation à demeurer en France, sont souvent français ou peuvent le devenir.

Le retour provisoire au pays peut être une réponse, mais il a ses limites. Il faut se mettre ici au service de l'autorité parentale. D'une façon générale, ces parents sont responsables mais, pour tel ou tel de leur enfant, ils perdent pied, ils sont impuissants. J'ai constaté aussi que certains parents vivent au pays et que ces enfants subissent des mutations d'identité complètement déstructurantes. Il faut aider ces familles à s'insérer en France, ce qui n'est pas vraiment le cas aujourd'hui.

Sur l'action sociale, je me contenterai d'insister sur l'importance d'une présence sociale et médicale dans les établissements scolaires, là où, très tôt, on peut repérer, dans une démarche non afflictive, les enfants et les jeunes en difficulté. Or, malgré les efforts décidés depuis peu, ces services de la santé scolaire et de l'action sociale en milieu scolaire sont notoirement sinistrés.

Enfin, il est indispensable de prendre en compte la parole des enfants et des jeunes. Il ne suffit pas de leur rappeler leurs devoirs, comme on le dit fréquemment, il faut une attitude sociale qui en toutes circonstances permette à ces enfants d'être respectés dans leurs droits, pour qu'on puisse exiger d'eux le respect de leurs responsabilités. Des lieux, des démarches doivent être institués qui servent de passerelles sociales.

À l'école, certains dispositifs existent qui sont souvent méconnus ou pervertis (délégué de classe, mandat au conseil d'administration, conseil départemental ou régional des élèves, etc.). La démocratie scolaire vaut mieux qu'un cours sur la démocratie ! Or l'école n'est pas le lieu du droit ! Dans des établissements comme les vôtres, il vous revient de mettre en place des conseils de jeunes comme le veut la législation. Je n'insisterai pas sur le ratage que constitue le fait de ne pas exploiter le décret du 18 février 1991 et ses circulaires d'application sur les libertés et obligations des élèves dans le secondaire. Pourquoi attendre de nouvelles révoltes lycéennes pour reconnaître les enfants et les jeunes derrière les élèves ?

Encore faut-il faire un effort pour parler des règles du jeu social aux plus jeunes et leur en expliquer le sens, afin de les légitimer. Comment rappeler une loi que l'on a toujours tue ? La loi est bien la seule matière que l'on n'apprenne pas à l'école. Les adultes (parents, enseignants, travailleurs sociaux) seraient bien en peine de mener cette tâche à bien puisque eux-mêmes ne la connaissent pas ! Chacun fonctionne à la « représentation » de la loi. D'où le jeu « À vos lois, citoyens ! » que nous avons inventé à l'APCEJ pour permettre de nouer un dialogue entre jeunes et moins jeunes sur la loi.

Reste à se comporter conformément aux lois auxquelles on se réfère. Nos hommes politiques et nos grands patrons n'en donnent pas toujours le meilleur exemple... Et, à cet égard, les jeunes sont très à vif sur la différence entre le discours théorique et l'application pratique.

– Est-ce que tous les moyens sont réunis pour servir cette politique ?

L'approche retenue est bonne, elle répond à nos besoins et à notre culture, elle s'appuie sur des pratiques professionnelles sérieuses. Une mobilisation est engagée mais, pour autant, nul n'ignore qu'il faut faire plus et mieux. On pourra toujours améliorer la réponse policière et judiciaire, rien n'endiguera la délinquance si la fracture sociale ne se réduit pas. Et que l'on ne s'y trompe pas : s'il suffisait de recruter du personnel pour s'en sortir, cela se saurait. Bien sûr, ce renfort ne sera pas négligeable pour des équipes souvent exsangues. Les mesures judiciaires prononcées pourront peut-être enfin être exécutées.

Le recrutement du personnel reste de toutes les façons un problème majeur : trouver des hommes et des femmes, et j'insiste sur la présence des hommes, capables de vivre vingt-quatre heures sur vingt-quatre avec ces jeunes en souffrance et en révolte. À vif, ils réagissent contre toutes les formes d'autorité, donc contre les adultes. Cela n'est pas donné à tout le monde d'assumer cette violence et ne s'acquiert pas avec des diplômes universitaires. Je ne nie pas le besoin de formation des travailleurs sociaux mais je maintiens la nécessité de faire appel aussi et en complément à des talents venus d'autres horizons que l'action sociale traditionnelle. Ce pays est riche de personnes d'une cinquantaine d'années, expérimentées dans leur domaine et soucieuses d'une dernière étape professionnelle d'une autre nature, susceptibles d'être une référence pour ces jeunes qui en manquent tant. Faire appel à ces bonnes volontés suppose plus de souplesse dans la gestion des équipes publiques de travailleurs sociaux.

Il faut également que les travailleurs sociaux apprennent à ne pas agir à la place des parents, mais à venir en aide et en soutien à la famille en difficulté. Cela peut passer par un éloignement provisoire du jeune de son univers familial et de son quartier, mais il ne doit jamais rompre avec son histoire. Il doit apprendre à vivre avec. Le retour de l'enfant dans son milieu familial est généralement inscrit dans le temps et l'on se doit de réfléchir à ce que l'on pourra apporter au jeune plutôt que d'essayer de l'extraire de son milieu. Il reviendra dans son quartier et dans son univers familial. Il faut maintenir ce lieu qui peut s'être distendu mais ne disparaîtra pas. Cela appelle l'action sociale à plus de modestie et à plus d'exigence.

Les détracteurs ne manqueront pas, qui s'ajouteront à ceux qui dénoncent le virage sécuritaire qu'auraient pris les pouvoirs publics. En fait, ce sont les mêmes qui résisteront au nom de leur chapelle et de leurs corporatismes, se moquant au final de ce que les jeunes vivent au quotidien.

La Chancellerie, elle-même, dans sa circulaire du 24 février 1999, partage ces analyses et appelle à des transformations dans la gestion du corps des éducateurs de la PJJ. Nous saurons rapidement si elle a réussi à se doter des moyens de gestion nécessaires à la mise en œuvre de sa politique.

Concernant l'univers carcéral, on sait les changements à apporter à nos prisons pour enfants, qu'elles soient conformes aux standards mondiaux auxquels nous prétendons nous référer. Fleury-Mérogis est une illustration de ce qu'il ne faut plus construire ; Villepinte, en revanche, est l'exemple de ce que l'on peut faire de mieux avec un centre pour mineurs (moins de dix-huit ans) détenus.

Le directeur :

– *Le plus urgent ne serait-il pas d'en venir à une politique de prévention sociale ? Je dis « en venir » car, si on en a souvent parlé, on ne l'a jamais pratiquée.*

Vous avez raison. Si l'État doit faire des efforts à travers la police et la justice, voire l'Éducation nationale, il faut que chacun, notamment les collectivités locales, se mobilise pour développer une véritable politique de prévention spécialisée à travers les clubs et équipes de prévention mais aussi l'action sociale personnalisée en faveur des familles. Pourquoi intervenir si tard alors que, dès la crèche, les enfants en souffrance peuvent être repérés ? Je renvoie ici aux constats des médecins de RMI et des crèches. Quelle perte de temps, lorsque l'on constate un problème chez un enfant de deux ans, de ne s'en occuper qu'aux premiers actes d'incivilité, vers sept-huit ans ! D'où l'importance d'un accord État-département sur la santé et le service social scolaire auquel j'appelle depuis des années. L'État tout seul n'y suffira pas. L'intérêt est que le département vienne très tôt en aide aux jeunes en difficulté, alors que le coût d'une telle intervention n'est pas encore trop élevé.

Dernier point essentiel à mes yeux : on attend trop de la justice. Il faut éviter que tout ne bascule dans le judiciaire. Pour reprendre l'idée développée par un ami magistrat, Michel Marcus, secrétaire général du Forum français des villes pour la sécurité, il faut gérer civilement les incivilités. D'ailleurs, à ce sujet, il est urgent de cerner ce que l'on entend par incivilité. Ce n'est certainement pas une agression avec une arme ! Les insultes, crachats et autres incidents de rue ou d'escalier relèvent en revanche de ce chapitre.

C'est à l'échelle territoriale, à mon avis, sous l'autorité municipale que demain les problèmes les moins graves seront gérés. Le parquet est déjà submergé et ne pourra pas faire face à tout. Et puis, trop de justice tue la justice. Elle doit être résiduelle pour avoir un impact réel. Aujourd'hui, à mon sens, on lui demande trop.

Ma conclusion est simple : on peut déjà améliorer techniquement nos réponses à la violence des jeunes, mais cela passera obligatoirement par deux axes :

Premièrement, donner des perspectives positives à ces jeunes et le plus tôt possible les encourager dans leurs efforts. Il faut qu'ils croient dans la société, et qu'ils aient confiance dans les adultes qui les environnent. À tous les niveaux, ceux qui nous préoccupent ont le sentiment d'un « no future ». Ils sont ici à l'image de nos contemporains. Où est la voix des jeunes sur l'Europe en construction ? Finalement, moi je les trouve assez sages, ils auraient mille occasions de se révolter. Ils attendent simplement de partager un gâteau plus petit que par le passé. Il est banal de rappeler que le développement économique, ici comme ailleurs, réduira les lieux de pauvreté et de précarité, source de révolte sociale.

Last but not least, il faut rendre justice à ces enfants et à ces jeunes. Cela suppose d'être sensible à la violence dont les jeunes sont les victimes. Encore faut-il les entendre et être capable d'échanger avec eux... Cela suppose de prendre en compte les droits des enfants et en cela on est vraiment loin du compte !

Je l'ai dit en préambule : la violence n'est pas artificielle ni inéluctable. La meilleure manière de protéger la société, c'est d'éviter que ne se cristallisent ces injustices qui peuvent s'accumuler sur certains enfants : la violence de leur vie au quotidien, des conditions matérielles de vie limites, etc. Mais l'essentiel est bien dans le fait que ces jeunes n'ont pas eu des adultes de confiance qui les accompagnent et les protègent. Pour certains, il n'est pas trop tard.

En d'autres termes, dans la dernière période, nous avons su prendre des résolutions pour renforcer la digue appelée à contenir une certaine désillusion des jeunes en difficulté. Les travaux doivent maintenant être réellement entrepris pour cette consolidation, mais, plus important encore, il faut en amont éviter que de nouvelles vagues plus fortes que les précédentes ne viennent submerger cette barrière sociale. La baisse du chômage sur une longue durée ouvre des perspectives ; encore faut-il que les plus défavorisés en profitent. On ne peut pas avoir fait, de tous les bords de l'échiquier politique, l'analyse d'une fracture sociale pour, deux ans plus tard, avoir une panne de mémoire.

Dans la salle :
– *Monsieur le Juge, avant de nous séparer, une question qui pour nous est très concrète : que devons-nous faire si un jeune est dans la toute-puissance à notre égard, par exemple en insultant un éducateur ou en faisant entrer de la drogue dans l'établissement ?*

(Je sens qu'il y a du vécu dans cette dernière question !) Il faut bien sûr marquer des limites, mais pour autant les jeunes ne peuvent pas être d'entrée de jeu à votre modèle. Il faut savoir reculer intelligemment. Sans rompre, c'est-à-dire sans accepter ces violations, tous les grands stratèges le savent. L'exclusion doit être maniée avec prudence, et mieux qu'on ne le fait actuellement, me semble-t-il. On ne gagne rien à rejeter ces jeunes. Il faut les convaincre et les encourager.

Parus dans la collection « Aider la vie »

Kofi Yamgnane
Droit, devoirs... et crocodile, 1992.

Du crocodile, animal totem des Bassars, la tribu dont il est issu, l'auteur a appris que nous avons autant de devoirs que de droits. Un récit porté par le charisme et la force d'âme d'un homme qui s'est entièrement dévoué à la cause des autres.

Abbé Pierre, Bernard Kouchner
Dieu et les hommes, 1993.

Les deux hommes les plus populaires de France parlent de Dieu, de la célébrité, de l'illégalité et de l'indiscipline, de la bombe démographique, de la souffrance et de la mort, du droit d'ingérence...

Martin Gray
Vivre debout, 1993.

Pour nous aider à répondre aux questions d'un monde en mutation, l'auteur de *Au nom de tous les miens* nous incite à trouver en nous-mêmes les moyens de faire face : penser, agir, créer, vivre passionnément. Une véritable leçon de vie.

Laurence Ink
Il suffit d'y croire, 1994.

Une jeune Parisienne révoltée découvre la sauvagerie des terres vierges du Québec. Aventure terrienne : l'apprentissage de la forêt, de la faune et de la solitude. Aventure intérieure aussi vers la sérénité, l'authenticité, et message d'espoir. Un grand livre de nature.

Alexandre Minkowski
Le Vieil Homme et l'amour
Donner sa chance
à chaque enfant du monde, 1994.

Conseiller scientifique de l'association Partage avec les enfants du monde, le grand spécialiste de la néonatalogie parcourt depuis des années la planète souffrante pour mettre en place des équipes de psychiatres et de psychologues pour aider les enfants victimes de toutes les détresses. Un livre-message, qui n'oublie pas les nécessités du cœur.

Sa Sainteté le dalaï-lama
et Jean-Claude Carrière
La Force du bouddhisme
Mieux vivre dans le monde d'aujourd'hui, 1994.

Au sein des monastères de Dharamsala, un échange particulièrement enrichissant entre une figure spirituelle universellement reconnue et un écrivain passionné, proche de la culture orientale : grâce à eux nous est rendu accessible tout ce que le bouddhisme peut nous apporter à nous, Occidentaux, dans notre époque de doutes et de tourments. La pensée bouddhiste se révèle ici, puissante, constructive, confiante.

Marie de Hennezel
La Mort intime
Ceux qui vont mourir nous aident à vivre, 1995.

Durant dix ans, Marie de Hennezel a été psychologue dans une unité de soins palliatifs où l'on accompagne ceux qui sont au bout de leur vie. Et cette difficile nécessité d'appréhender la fin, elle l'a vécue pleinement avec ces « mourants » qui, dans l'humilité où les a plongés la souffrance, se sont révélés des maîtres.

Un livre exceptionnel dont François Mitterrand, dans sa préface, dit qu'*il est une leçon de vie et que la lumière qu'il dispense est plus intense que bien des traités de sagesse.*

Vénérable Hénépola Gunaratana
Méditer au quotidien
Une pratique simple du bouddhisme, 1995.

Méditer pour accéder à la nature même de la réalité. C'est ce que le Bouddha réalisa il y a vingt-cinq siècles, lorsqu'il découvrit la méditation de la vision intérieure. Aujourd'hui plus que jamais, cette méditation – présentée ici avec la plus grande clarté – est la vraie réponse à nos besoins spirituels et un formidable moyen d'échapper au stress moderne.

Mario Mercier
Le Bonheur est fait d'instants successifs, 1996.

Ce poète, peintre visionnaire et écrivain, nous propose une vision du Bonheur musicale, sensitive, positive. Par l'énergie qu'il nous transmet, et par son optimisme, ce livre peut devenir un véritable compagnon.

Malhon Johnson
Au-delà du miracle, 1997.

En 1992, au cours d'une autopsie, le docteur Malhon Johnson est contaminé par le sida. Ce médecin veut l'espoir et se bat pour trouver lui-même une solution thérapeutique. Aujourd'hui, il n'y a plus de trace de la maladie dans son sang : son combat a marqué un tournant dans la guerre contre le virus.

Patrick Henry et Marie-Pierre Borde
La Vie pour rien, 1997.

Clodos, vagabonds : où qu'ils soient, ils dérangent. On les dit plus nombreux, plus jeunes, mais eux, qui n'ont plus les mots pour s'exprimer, que « disent-ils » ? Patrick Henry, qui fut leur premier médecin, et Marie-Pierre Borde, infirmière, témoignent dans cet essai d'une grande intelligence humaine.

Léon-Claude et Pierrette Lepelletier
Nous marcherons ensemble, 1997.

Il perd ses deux jambes à la fin de la guerre, elle est estropiée à la suite d'un bombardement. Tous deux ont à peine vingt ans. Mais l'amour est là et ils se font une promesse : celle de vivre. C'est cinquante ans d'une formidable bataille pour la vie et la dignité que nous raconte aujourd'hui ce couple extraordinaire.

Marie de Hennezel et Jean-Yves Leloup
L'Art de mourir
Traditions religieuses et humanisme spirituel
face à la mort aujourd'hui, 1997.

L'auteur de *La Mort intime* et le prêtre et psychologue Jean-Yves Leloup nous offrent une réflexion à deux voix sur les questions spirituelles soulevées par la mort dans notre société moderne. Ils nous disent la nécessité de réintroduire la mort dans notre champ de conscience et de pensée afin de retrouver un *Art de mourir* tel que dans les grandes traditions spirituelles.

Bruno Gaumétou
Cette vie que la mort m'a donnée, 1997.

Jeune marié, Bruno Gaumétou apprend, à vingt-trois ans, qu'il a deux cancers. Durant dix ans, la mort, la souffrance voudront être ses seules compagnes mais c'était compter sans son étonnante pulsion de vie ! Il va, par la découverte de soi – psychologique, voire spirituelle –, par une écoute de son corps qu'il soutient grâce à l'homéopathie, la diététique, donner à la vie la possibilité de gagner. Ce sont les leçons de ce combat qu'il tient aujourd'hui, avec humour et philosophie, à faire partager.

Colette Victor
Le Cœur d'un couple, 1998.

Le Cœur d'un couple est une histoire d'amour et d'espoir, pour tous ceux qui cheminent sur la voie du couple comme pour ceux qui souffrent de la perte d'un être cher, et que Colette Victor nous raconte avec émotion et générosité.

Satprem
La Clef des contes, 1998.

Depuis notre naissance au monde, nous sommes toujours en devenir. Comment s'effectue cette transformation, cette évolution, c'est un perpétuel conte de fées. Mais quelle est la clef de ce conte ?
La Clef des contes est la dernière œuvre de Satprem : penseur de demain, héritier de Sri Aurobindo, l'un des maîtres de la spiritualité indienne.

Mitch Albom
La Dernière Leçon, 1998.

Mitch Albom, grand journaliste sportif américain, retrouve son vieux professeur d'université. Atteint d'une maladie dégénérative, celui-ci a décidé d'être jusqu'au bout un homme vivant et de transmettre à Mitch sa *dernière leçon*. Ce livre qui a ému l'Amérique entière, Marie de Hennezel, auteur de *La Mort intime*, a voulu le présenter au public français.

Sa Sainteté le dalaï-lama
et Howard Cutler
L'Art du bonheur, 1998.

Je pense que le but même de la vie, c'est la recherche du bonheur. Cela me semble évident. Que l'on soit religieux ou non, que l'on croie en telle ou telle religion, nous aspirons tous à une vie meilleure.
Dans un mélange surprenant de sagesse millénaire et de bon sens, *L'Art du bonheur* est sans doute la forme la plus aboutie de la réflexion du Dalaï-Lama.

Catherine Enjolet
En danger de silence, 1999.

Sans le savoir, on souffre d'un silence : familial, social, personnel, collectif. Catherine Enjolet, fondatrice de l'association *Parrain par'Mille*, se bat contre les silences dont nos enfants sont les premières victimes et demande à des personnalités de témoigner.

Cet ouvrage a été réalisé par la
SOCIÉTÉ NOUVELLE FIRMIN-DIDOT
Mesnil-sur-l'Estrée
pour le compte des Éditions Robert Laffont
24, avenue Marceau, 75008 Paris
en octobre 1999

Imprimé en France
Dépôt légal : octobre 1999
N° d'édition : 40407 – N° d'impression : 48606